日本古代の自他認識

田中　聡　著

塙書房刊

目次

目次

序論　日本古代の夷狄研究——問題の所在——……三

第Ⅰ部　「夷人」的関係から「夷狄」身分へ

第1章　夷人論——律令国家形成期の自他認識——……一九
はじめに　日本古代における夷狄……一九
第1節　夷人観念の形成……二一
第2節　「夷人」観念と地域社会……三九
おわりに　「夷人」的関係と古代の自他認識……五一

第2章　隼人・熊襲観念の形成と受容……五九
はじめに……五九
第1節　隼人・熊襲像に関する先行研究……六一
第2節　「倭王武の上表文」の毛人・衆夷……六七
第3節　阿多隼人と海幸山幸神話……七五
おわりに……八九

第3章　隼人・南島と律令国家——南方の国制施行——……九七
はじめに……九七

第1節　「夷邪久」と「掖玖」……九八
第2節　南島への国制施行と薩摩……一〇三
第3節　南島覓国使剽劫事件の意義……一一二
おわりに……一一七

第4章　古代の南方世界——流求の実態と観念——……一二七
はじめに……一二七
第1節　『隋書』の「流求国」について……一三〇
第2節　「流求国」の社会構造と歴史的意義……一六〇
おわりに……一八二

第Ⅱ部　「夷狄」観念の変容

第5章　日本古代「夷狄」通史——蝦夷と隼人・南島の社会——……二一一
第1節　夷狄研究の三つの枠組み……二一一
第2節　毛人・隼人・流求人の登場——三世紀～七世紀前半——……二一五
第3節　「夷狄」身分の創出——七世紀後半～七二〇年代——……二二四
第4節　民と夷の境界——七三〇年代～九世紀——……二三七

第6章　民夷を論ぜず――九世紀の蝦夷認識――……二五五
はじめに……二五五
第1節　「民夷」併記史料群における「夷」……二五七
第2節　蝦夷支配の実質――「夷」対「夷」の矛盾――……二六七
おわりに……二七七
第7章　元慶戦争の歴史的意義……二八七
はじめに……二八七
第1節　研究史と分析視角……二八八
第2節　経過の復元……二九六
第3節　歴史的意義……三二三
おわりに……三二七
第8章　九・一〇世紀の東北アジア情勢と蝦夷社会の変容……三三七
はじめに……三三七
第1節　隋末・唐初期の東北アジア情勢……三三九
第2節　九世紀の北方交易ルート……三四四
第3節　蝦夷と兀惹部の関係……三四七

おわりに……三五三
結論　古代自他認識論の新たな視座……三五七
補論Ⅰ　佐渡島をめぐる古伝承――「禹武邑」の比定地について――……三六五
はじめに……三六五
第1節　『日本書紀』欽明天皇五年一二月条の性格……三六五
第2節　地名比定をめぐる諸説……三六九
第3節　倭人・粛慎人の住域……三七三
おわりに　「禹武」と「羽茂」の関係……三七七
補論Ⅱ　夷狄論の過去と現在――日本古代における自他の境界――……三七九
第1節　日本古代史研究の空間認識……三七九
第2節　三つの枠組み――「夷狄」研究における基本的問題構成――……三八〇
第3節　小括と課題……四〇〇
初出一覧……四一五
あとがき……四一七
索　引……巻末

日本古代の自他認識

序論　日本古代の夷狄研究――問題の所在――

日本古代の「夷狄」、すなわち日本列島の辺境地方に居住する、蝦夷・隼人・南島人などの異文化集団は、近代以降、「日本人」にとっての「他者」認識と不可分の問題として考究されてきた。

古代以来、各時代の文献史料に現れるさまざまな夷狄は、一九世紀後半の人類学において日本人の基層を構成する先住人種とみなされ、二〇世紀初頭には歴史学によって日本帝国文化の多様性を支える異民族と考えられた。[1] 〝日鮮同祖論〟[2]に見られる日本民族文化の混血[3]という視点や、民族文化の固有の価値を強調する論調[4]の根拠の一つは、古代以来の文献史料に現れる夷狄と「日本文化」との同質性や文化要素の混淆過程であった。そこでは夷狄が形質的・文化的特徴によって「日本人」と明確に区別される存在であったという理解が自明の前提とされていた。言い換えれば彼らは日本史のなかでの「他者」そのものであり、「日本人」の通時的な同質性・系譜的一貫性を保証する存在であったといえる。

第二次世界大戦後、こうした「日本人」の実態論的理解は、二つの視点から厳しい批判にさらされることとなった。一つはすでに一九三〇年代から紹介され、五〇年代初めに本格的に日本史学界に受容されたマルクス主義歴史学の民族論である。[5] もう一つは「東アジア世界」論であり、これは中国王朝を中心とした国際的秩序たる〝冊封体制〟[6]や、アジアの諸国家間の政治的交通が錯綜する〝国際的政治世界〟[7]のもとで、日本の国家・民族が被った影響や変容を論じる視点をもたらした。[8] 前者は「民族」自体の歴史性（資本主義時代の歴史的産物）、皇室を日本民族の自然的・超歴史的秩序の根源とみなす古来の観念の非学問性を明示し、また後者は、それまで一国一民族を暗黙裡の前提として論じられてきた日本の古代史が、地域的世界の階層秩序もしくは各国の主体的外交政策の相互規定のなかに、不可避的に組み込まれて展開したことを明らかにした。日本の国家形成も、朝鮮半島や中国の政治情勢の変動（外的契機）と国内の政治動向（内的契機）の相互関係と不可分のものとして理解されるに至ったのである。これらの視点は、さらに一九七〇年代以降、日本列島社会における民族形成過程を一国単位で先験的に措定しているという批判を受け[9]、また古代の東アジアに国際的な階層構造の存在を認めうるか否かについての議論[10]を経て、両者の方法論を統合する方向性が提示されるに至る。一つは民族理論の批判的検討により民族成立の指標を人民の領域的区分の確立と考え、そこに〝国際的契機〟としての戦争の作用を見出すもの[11]であり、もう一つは古代においても世界史的普遍性をもった一個の歴史的範疇として「古代の帝国主義[12]」という概念を設定できると考え、国家による夷狄・諸蕃をはじめとした周辺民族に対する抑圧・侵略戦争（政治的交通の究極的形態）に日本国家の本質を見ようとする説[13]であった。

これら民族史と国家史を統合させる二つの視角——民族形成を国際社会の場においてとらえ、他国家・民族との相互関係を外的契機としてその発展を段階設定する——は、東アジアにおける中国・朝鮮・日本の古代史を実証的に研究する際に広く受容され、多くの成果を挙げた。八〇年代以降は、考古学の発掘調査の成果の蓄積とも相まって、日本列島周辺地域の多様な民族集団間の関係が具体的に明らかにされ[14]、その成果を取り入れて社会人類学の民族集団・エスニシティの概念を日本古代史に適用する論[15]も現れるに至った。この説は日本古代における民族的多元性を、夷狄系・中国系・朝鮮系に分けて列挙することで明快に可視化した点に特徴があり、この「疑似民族」論は現在の通説的な夷狄研究の基盤となっている。だが、ある地域集団が「民族」にあたるのか、擬似的に認定されたそれか、それとも「倭人＝日本人」に含まれるのかを判断する指標は一貫して明らかにされていない[16]。はたして民族と疑似民族の間にはどのような違いがあるのか。また、中国・朝鮮諸国から「種」の差として認識された「倭人」[17]と、律令国家形成期に支配者によって選択された国号「日本」とを、倭人＝日本人という形で直結することは、時代や地域ごとの文化内容の差や変化を軽視し、平板な日本文化論や静態的な日本人論につながりかねないとの疑問がある。この点に関して、日本民族の文化の歴史的母体に「韓人種族の文化複合」が大規模に集合しており、七世紀末に律令国家によって達成されたこの母体の領域的支配原理に依拠した再編が、民族形成の出発点となったとする理解[18]は示唆的である。種族文化そのものが等質に存在するのでなく、統一国家形成以前に大規模な文化複合が行なわれ、それが日本古代の民族形成の基盤となるという視角や、民族の流動的性格の評価は、夷狄の実態を考える際にも有効と思われる。

以上は日本古代に実在した社会集団としての蝦夷・隼人・南島人などの実態を研究する上での論点の推移であるが、他方、夷狄を古代国家による辺境地域の社会集団を支配する上で創出された政治的観念と理解し、国家の秩序を成り立たせる空間認識のなかに夷狄を位置づけ、その支配の強固さ、日本社会への融合・同化過程を論じる学説が通説化している。古代日本においては、天皇─貴族を核とする中央支配集団によって継受された華夷思想[19]を媒介にして、〝良人─王民共同体〟[20]を「華夏」、その外縁に位置し王権によって未組織の集団を「夷狄」・「諸蕃」と設定する形で、政治的集団意識が創出された。特に夷狄に注目してみると、彼らは「王民」にとって潜在的な敵＝奴隷[21]とみなされる一方で、支配民族の長である天皇を頂点とする礼の秩序へと組み込まれるべき存在[22]でもあった。石母田正氏は律令法において設けられた夷狄関係の規定を集積し、古代国家の支配秩序を支え、辺境地域に在住して「日本人」を縁取る被差別集団として夷狄をとらえた[23]。その結果、古代国家の秩序における夷狄の位置づけが初めて明確となり、律令法規定を史料として復元された「夷狄」像は、その後多くの先行研究の依拠・継承するところとなっている[24]。

ところが他方で、「王民」と「夷狄」の基本的な服属関係、国家的身分秩序上の位置づけは、律令国家の存続する八・九世紀を通してほとんど不変であるという理解が定着することとなった。しかし、こうした考え方は当時の歴史的事実と齟齬する点を多分に含んでいると思われる。蝦夷や隼人の反乱を研究した論者は、夷狄勢力の内部に律令国家体制からの脱却をはかろうとする主体的な動向があると指摘しており[25]、さらに一歩進めて、蝦夷のなかに独自の「部族連合」の形成を見る理解[26]も示されている。このような点は、法的規定のみからは明らかにはならない。夷狄の社会的実態は法で規定されているよりももっと流動的であり、また重層的であろう。従来夷狄研究史で行なわれてきた法理念の「夷狄」の位置づけを論の大前提とする方法では、夷狄側の自立性・主体性、集団間関係の変質などが充分に考慮されていないために、実態が充分にとらえられていないのではなかろうか[27]。

一般的に、現在の「民族」集団は、他者の存在を認識し、何らかの方法で識別した差異をもとに自他の境界を設けることで、初めて特定集団に属しているという意識を得、アイデンティティを獲得・維持する。近年の思想史研究においてはこの「民族」的な自他認識それ自体も近代社会の産物であり、近代的自我が個人のなかに生まれていない前近代にその萌芽を求めることはできないと理解されている[28]。確かに近代的な意味での蝦夷「民族」の実在を、一系的に古代にまで遡って確認するのは困難であろう。だが、地域社会間に文化的な差異に基づく区分の意識があり、そうした複数社会間の対立・支配隷属関係が国家の形成によって構造化された段階において、優勢な社会から劣位に置かれた社会の成員が蔑視され、それに抗して生き残るための戦略が生み出されていくといった歴史過程は、時代や地域を問わずに確認できる現象ではないだろうか。

本書で取り上げようとする「自他認識」とは、こうした意味での個人・集団間に成立するさまざまな交通関係のもとに生じる自己―他者の関係性の相互認識を指している。史料的制約から見て、特に自らの記録を明確な形で残さなかった夷狄の側の他者観を直に知ることには困難が伴うが、官辺の史料のなかに現れる夷狄の行動から、断片的にその政治的主張等を読み取ることは可能であると考える。あるいは、外国史料など執筆・記録者の立場を異にする複数の史料をつきあわせることで、一面的なイメージが固定されやすい「夷狄」像を、多様な視点からとらえてみたい。これまで歴史学が積み重ねてきた方法論を批判的に継承しつつ、夷狄とみなされた人々・地域社会の実態を個別に分析し、それによって「夷狄」概念の内容を再考するという方法をとることで、日本古代の自他認識の一端を解明していきたい。

以下、各章の狙いと方法について挙げる。第Ⅰ部は律令国家の「夷狄」観念の成立以前（形成期）における異種認識を論じる。

第1章「夷人論―律令国家形成期の自他認識―」は、先に挙げた律令法における「夷狄」規定の多様性に注目し、律令国家による華夷秩序の日本への導入以前に、大和王権を構成する有力豪族と、日本列島周辺地域に居住する異種集団との個別的な政治的支配関係（夷人的関係）が成り立っていたこと、それが基盤となって「夷狄」観念が生み出されてゆくことを論じる。律令法規定に基盤を置く「夷狄」観念をいったん相対化し、各時代に即した異種像をとらえ直すことが狙いである。

第2章「隼人・熊襲観念の形成と受容」では、大和国家時代の九州南部について語る史料とされる記・紀の倭武尊によるクマソ征討神話、海幸山幸神話、『宋書』倭国伝所引の「倭王武の上表文」に現れた「毛人・衆夷」について、その背景となる史実を想定するとともに、それらがどのようにして観念化し、古代の九州南部の歴史像に影響を及ぼしたかを考察する。

第3章「隼人・南島と律令国家―南方の国制施行―」では、七世紀における南方海域についての地理観の変容を検討し、また国家の隼人政策・南島政策が相互に補完する形で展開し、当該地域への介入を進めていく状況と、南方の夷狄による対応について論じる。

第4章「古代の南方世界―流求の実態と観念―」は、通説的研究の「南島」観が日本の律令国家との朝貢・貢納関係のみを外的契機として想定する傾向に対して疑義を呈し、これまで史料的価値が定まらず用いられることが少なかった『隋書』流求国伝の分析を行ない、南方世界の社会像を解明して、七世紀初頭の当該地域の実態に迫ろうとしている。

続いて第Ⅱ部は、「夷狄」身分成立以後の九世紀を中心に論じる。

第5章「日本古代「夷狄」通史―蝦夷と隼人・南島の社会―」では、五世紀以前、七世紀前半まで、七世紀後半から七三〇年代、それ以後と大まかに時代を区分し、日本列島東北・北陸地方、九州南部、南西諸島にどのような社会が展開していたかを通時的に整理して、律令国家期の「夷狄」支配の特異性をとらえようと試みる。

第6章「民夷を論ぜず―九世紀の蝦夷認識―」は、史料中に見られる「不論民夷」などといった記述を取り上げ、それが東北地方における在地主義的政策に基づく公民・夷狄の融和策であるとする通説を批判する。また当の支配される夷俘が一見「被差別的アイデンティティの強制」のように見える政策に自ら荷担することの意味を考える。

第7章「元慶戦争の歴史的意義」は、八七八年に秋田で起こった夷俘の大規模な反乱事件を分析する。事件に関わっていた出羽北部・中部の村の相互関係、津軽・渡嶋蝦夷の関与、戦争発生と急速な終熄の要因、東北アジア情勢との関係などについて論じ、夷狄による「秋田河已北為已地」という政治的要求の意味を考察する。

第8章「九・一〇世紀の東北アジア情勢と蝦夷社会の変容」は、元慶戦争の背景となった九世紀末から一〇世紀前半にかけての北方世界の混乱をとらえ、渤海の崩壊前後にどのような変動が沿海州一帯で起こっていたかを論じる。当該期の渡嶋蝦夷の勢力伸長の原因の一端について、現時点での見通しを述べる。

以上が日本古代の夷狄の実態と各時期の観念に関する検討であるが、本書末尾に補論を掲載した。補論Ⅰ「佐渡島をめぐる古伝承―「禹武邑」の比定地について―」は、『日本書紀』欽明天皇五年一二月条にあらわれる佐渡島内の地名の比定を行ない、六世紀代に粛慎の一部と思われる「粛慎」が居住していた地域を推定したノートである。また補論Ⅱは「夷狄論の過去と現在―日本古代における自他の境界―」と題し、明治期以来の「夷狄」をめぐる研究の主な潮流を整理し、現在の古代夷狄研究が直面している課題について述べる。いわば夷狄論の史学史を意図した論考である。

本書はこうした作業を重ねることにより、古代日本における、列島周辺地域の異文化社会の多様な実態をまず理解するとともに、通時代的に一貫したものとしてとらえられる傾向の強い「夷狄」の観念を、その形成段階（第Ⅰ部）と変容過程（第Ⅱ部）とに分け、それぞれの同時代のなかに位置づけ直す（歴史化する）ことを試みる。それにより、国家から「夷狄」と呼ばれるという歴史的経験が、日本列島辺境地域に生きる人々の意識をどう変えたのかを考えてみたい。おそらくその過程で、現在もなお我々をとらえ続けている国家や民族という枠組みの意味を歴史学から問い直すことにつながる視点が得られるのではないか。

律令国家の生み出した「夷狄」観念が辺境地域を覆う前に存在していた個別的な集団間関係―異種認識を示すキーワードが、第1章で提示する「夷人的関係」である。本書の各章において、こうした双方向的で不安定な交通関係の実態、それに基盤を置く古代日本の人びとの自他認識の変化に注目するのは、夷狄をめぐる厖大な研究の蓄積のなかに、一方的な支配隷属関係ではなく、抗争と侵犯を繰り返しながら共存していく「民」と「夷」の関係について考えるための新たな視点を加えたいという企図による。

【序論　注】

（1）時代・地域によって多様なあり方を示す〝民族〟に明確な定義を与えるのは困難である（『文化人類学事典』、弘文堂、一九八六年の「民族」の項など参照）。ここでは本文に整理した先学の説を参考にして、さしあたり次のように考える。「歴史的に形成された文化的共同性の諸要素（言語・慣習・形質・宗教・神話・経済・領域等の共通性）の複合形態＝〝民族文化〟によって他と区別され、またそれに対する帰属意識を共有する人間集団」。この〝民族〟の存在形態を規定する条件は、その時代と地域社会における政治的統合の進展の度合いである。なお、以下の論点整理については本書補論Ⅱもあわせて参照されたい。

（2）秋定嘉和「「日鮮同祖論」の登場」（『セミナー日本と朝鮮の歴史』、東出版、一九七二年）。上田正昭「古代史学と朝鮮」（『古代の日本と朝鮮』、学生社、一九七四年）。山尾幸久「戦後歴史学の古代東アジア史認識」（『戦後価値の再検討』、有斐閣、一九八六年）。

（3）喜田貞吉「日鮮両民族同源論」（『民族と歴史』六―一、一九二一年）の附言には、「両民族が其の構成の要素を同じうし、特に古代に於ては両者殆ど同域とも謂ふべき程の深い関係を有したもので（中略）韓国の併合は決して異民族を新たに結合せしめたのではなく、一旦離れて居たものを本に復したものたる事情を叙述せんと試みた」と趣旨を説明している。彼の論の特色は、日本民族の文化を倭人系、扶余系、漢族系、アイヌ系などの文化要素が融合（混血）したものであると考える点にある。こうした発想は、岡正雄の〝日本民族＝文化の系統起源論〟（「日本民族文化の形成」、『図説日本文化史大系』1、小学館、一九五六年）に見られる方法の先駆といえるのではないか。また上田正昭「喜田古代史学の問題点」（井上光貞博士還暦記念会『古代史論叢』（上）、吉川弘文館、一九七八年、一〇六頁）では、喜田の説に対して「騎馬民族征服王朝」説の先駆という評価が与えられている。

（4）津田左右吉『文学に現はれたる我が国民思想の研究』（初出一九一六年。同全集第四巻、岩波書店、一九八九年所収）の序説では日本における統一国家の発生を「民族の内部に発生した事件」とし、国家と民族が同義で用いられる特性こそが「われ〳〵日本人の大なる幸福である」と書いている（三頁）。日本民族文化のなかに、世界に通用する精神性と、外来文化の模倣ではない独自性を見出そうとする彼の姿勢がよく表れている。小関素明「津田左右吉における天皇」（『立命館文学』四九六─四九八、一九八六年）。最終的に津田が到達した日本民族独自の価値とは、「国民の内部にあって、民族的結合の中心点となり国民的団結の核心となっている」皇室であった。津田『神代史の新しい研究』（初出一九一三年。同全集別巻一、岩波書店、一九六六年所収、一二三頁）。

（5）藤間生大「古代における民族の問題」（歴史学研究会一九五一年度大会報告『歴史における民族の問題』）。同『日本民族の形成』（岩波書店、一九五一年）。石母田正「歴史学における民族の問題」（初出一九五〇年。同著作集第一四巻、岩波書店、一九八九年所収）。一九五〇年代の初めにスターリンの「言語学におけるマルクス主義について」（『前衛』五一、一九五〇年八月号）の提起を受けて、日本民族の形成史を発展段階的にとらえようとした。藤間氏は原始時代における氏族社会が、水稲耕作の導入を機に親族共同体あるいは村落共同体に移行するのに伴い、部族組織が抑圧機構としての性格を強めつつ拡大して国家を形成するに至る過程を述べ、前近代においてナロードノスチの結合を成り立たせるための重要な媒介物として「政治領域における地域的な共通性」が機能していたことを指摘した。また石母田氏は、近代における「ブルジョア民族」の萌芽を前近代の「封建的民族」＝ナロードノスチに見ようとした。

(6) 西嶋定生「六―八世紀の東アジア」(『岩波講座日本歴史』二巻、一九六二年)。

(7) 鬼頭清明『日本古代国家の形成と東アジア』(校倉書房、一九七五年)。氏は〝冊封体制〟論が中国以外の東アジア諸国側の主体性について明確な説明をしていないこと、東アジア世界という均質な一体的世界を前近代に想定するのは難しいことを理由に、そうしたカテゴリーを先験的に定立する方法を批判して、諸国の支配者階級の具体的分析(国内での階級関係のあり方とその国際的利害関係について)を有機的、総合的に組みたてることの必要性を主張している(五二頁)。

(8) 〝国際的契機〟と国家の形成を関係づける方法はその代表例である。石母田正「日本古代における国際意識について―古代貴族の場合―」(初出一九六二年。同著作集第四巻、岩波書店、一九八九年所収)。一九六二年に書かれたこの論文において氏は、日本の古代国家が他民族(具体的には朝鮮諸国)への侵略とその支配に基盤を置く「帝国主義」的国家であると同時に、漢以来の中国「世界帝国」に朝鮮諸国とともに朝貢するという複合的な支配・被支配関係を有する「東夷の小帝国」であるという。こうした構造をもつ四世紀末以降の日本の王権は、倭国に対する国内的支配権と、朝鮮に対する小帝国の王としての支配権という二重の側面を有していた。

(9) 石上英一「古代東アジア地域と日本」(『日本の社会史』第1巻、岩波書店、一九八七年)。

(10) 菊池英夫「総説」(唐代史研究会『隋唐帝国と東アジア世界』、汲古書院、一九七九年)は、鬼頭氏の方法は「国際政治学的思考」に止っており、政府間レベル以外の国際体制、地域機構、各種の交通形態が超国家的世界を形成し、それらが逆に政府間の政策決定に影響を及ぼす点にまで分析が行なわれなかったと批判する(六八～六九頁)。

(11) 鬼頭清明「日本民族の形成と国際的契機」(『大系日本国家史』1、東京大学出版会、一九七五年)。氏は先の藤間・石母田両氏の民族理論を批判的に継承し、次のように問題をまとめた。

①ナロードノスチは「民族類型」ではなく、種族・ナロードノスチ(民族体)・ナーツィア(民族)という継起的発展段階をもつ歴史的なカテゴリーとみなすべきである。スターリンの四指標(言語・地域・経済生活・文化の共通性のなかに現れる心理的性格の共通性)は時を経て徐々に揃うものであり、その揃いつつある段階こそがナロードノスチである。種族とナロードノスチを分ける契機とは政治的領域の成立であり、ナロードノスチとナーツィアは資本主義

経済の確立によって区分される。

②日本における右の過程は、東アジアにおける国際的政治世界のなかで展開された。ナロードノスチ形成の契機となるのは大和王権の対外的「交通」であり、六世紀初頭の磐井の乱をもって政治的領域の成立とみなすことができる。

(12) 石母田正「古代における「帝国主義」について―レーニンのノートから―」(初出一九七二年。同著作集第四巻、岩波書店、一九八九年所収)。氏は特定の国家のみが帝国主義化する理由を考えるためには、古代社会の不均等発展を問題にしなければならないと主張している。

(13) 前者は実態としての民族を客観的に定義する方法をとる上で極めて重要な観点を示したが、政治的領域の確立を直接に「民族体」成立に結びつける点、及び帰属意識の成立についての見解が示されていない点は問題であろう。また「地域的共通性と人民の領域的区分は位相の異なる問題」であること(石上英一前掲9、六〇頁)、封建社会におけるナロードノスチの成熟や、ナーツィアとの差異性の軽視の傾向があることが批判されている。また後者は国家対国家の関係として取り上げられてきた交通の概念を、国家対民族に応用し、交易から文化的交流、さらには政治的基盤の差違による不均等性を反映していることを指摘した点に大きな意義を有するが、そのような国家間あるいは民族間の関係を、近代資本主義社会の特定の段階に対して用いる「帝国主義」という用語によって説明しなければならない理由が不明確であること(鬼頭前掲7、四八頁)、そして国家対民族の関係が支配―被支配関係として固定的にとらえられがちである点が問題となる。

なお、鬼頭氏は、戦後のアジア・アフリカの民族解放運動から生み出されたマルクス主義民族理論を再評価し、阪東宏『歴史の方法と民族』(青木書店、一九八五年、五七～六一頁)で示された民族形成の世界史モデルの5、東アジア的な道に依拠しつつ、日本における血縁集団(後期旧石器～縄文時代)―民俗集団(律令国家)―アジア型のフォルク―近代的民族という変容過程を措定する(「日本古代民族文化形成の諸前提」、『歴史評論』四七七、一九九〇年)。政治的領域の支配者層による統合・拡大過程と、民族文化の形成過程とを常に対置する視角が特徴的であるが、血縁集団は第一義的に血縁的紐帯を、エスニック＝グループは文化を結合原理にした集団と考えるのが一般的な理解であって、次元を異にした二つの集団を連続させる点に疑問を感じる。

(14) 工藤雅樹「古代蝦夷の社会―交易と社会組織」(『歴史評論』四三四、一九八六年)は蝦夷を民族的集団として再評価する視点を示し、また小林茂文「隼人の敗北と社会」(『続日本紀研究』二五二、一九八七年)は抑圧される隼人側に視点を置き、隼人の生活形態を出発点として対律令国家闘争を論じている。

(15) 石上英一前掲9。氏は人類学の分野において一九八〇年代以降、民族に代わるフレキシブルな内容をもつ概念として用いられるようになった〝エスニシティ〟〝民族集団〟を、日本古代史に初めて導入し、古代の日本列島にはさまざまな民族集団、擬似民族集団による〝民族的複合・多元状況〟が展開していたという考え方を示した(六一～七〇頁)。まず石母田氏の分析した化内・化外の領域構造のうち化外に隣国・蕃国・夷狄の別があることに注目し(「天皇と「諸蕃」」、初出一九七三年。同著作集第四巻、岩波書店、一九八九年所収)、これに在京夷狄の例なども含め、列島内に居住する集団と列島外からの移住集団に分けて具体的に蝦夷、唐人、粛慎などと整理している。

(16) 石上説に対しては、①「民族集団」は歴史的カテゴリーとして用いうるか否か。また何を指標としてそれを他と分けるのか。②「倭人＝日本人」そのものはどのような文化を共有するのか。③「隣国」や「蕃国」からの移住者の文化的特徴を民族集団の証拠と評価し、「倭人＝日本人およびそれと共通の祖型からの別の進化形態を有する」夷狄の文化をなぜそのように評価せず、「疑似」民族の範疇に入れるのか。両者を分かつ規準は何か(六七頁)、以上三点の疑問がある。

(17) 山尾幸久『古代の日朝関係』(塙書房、一九八九年)七四～七七頁。

(18) 山尾幸久同前書、三章4節。氏は七世紀末に成立するヤマト人が有している帰属意識を、六世紀中頃に成立していた世襲王権を根拠とする政治的統合・支配秩序(大王―族長の奉仕恒常化)に対応して成立した言語的共有性(音声言語を基盤とした文字言語)のなかに見出す。方言や生活様式といった文化要素の地域差、支配階級と一般庶民間の言語を含む格差(早川二郎「日本民族の形成過程」、初出一九三七年。『歴史科学大系』一五巻、校倉書房、一九七六年所収)等の点もこれとあわせて考慮すべきであろう。

(19) 小倉芳彦「裔夷の俘―『左伝』の華夷観念―」(『中国古代政治思想研究』、青木書店、一九七〇年)。

(20) 石母田正「古代の身分秩序」(初出一九七三年。同著作集第四巻、岩波書店、一九八九年所収)。

(21) 石母田正前掲15、二四頁。山尾幸久前掲17、四七八～四七九頁。〝良人―王民共同体〟の内部における賤民身分の支配と、周辺諸民族の夷狄としての潜在的敵＝賤視は不可分に結びついている。
(22) 山尾幸久前掲17、四七六～四七七頁。
(23) 例えば石母田正前掲15、一六～一七頁においては、『令集解』古記のみに特に見られる夷狄規定のいくつかを、他の令釈の内容とそのまま逼底させている。しかし古記には「夷狄」身分成立当時の状況を反映した具体的解釈も見られ、賦役令辺遠国条には「夷人雑類謂二毛人。肥人。阿麻弥人等類一」とある。また職員令玄蕃寮条では「在京夷狄」の例として唯一「在京唐国人」を挙げている。これらの時代的限定性を考える必要がある。この点は本書第1章で詳論する。
(24) 井上辰雄『隼人と大和政権』（学生社、一九七四年）。石上英一「古代国家と対外関係」（『講座日本歴史』2、東京大学出版会、一九八四年）。伊藤循「律令制と蝦夷支配」（田名網宏編『古代国家の支配と構造』、東京堂出版、一九八六年）。平川南「俘囚と夷俘」（青木和夫先生還暦記念会編『日本古代の政治と文化』、吉川弘文館、一九八七年）など。
(25) 中村明蔵「大宰府と隼人」（『隼人の研究』、学生社、一九七七年）や佐藤宗諄「蝦夷の叛乱と律令国家の崩壊」（初出一九六七年。同『平安前期政治史序説』、東京大学出版会、一九七七年所収）、門脇禎二「蝦夷の叛乱―その前章―」（初出一九五三年。同『日本古代政治史論』、塙書房、一九八一年所収）など。
(26) 工藤雅樹「東北北部における政治的社会の形成」（森貞次郎博士古稀記念『古文化論集』、同論文集刊行会、一九八二年）。同前掲14。
(27) 七二〇年代に捕虜として西日本各地に配された「俘囚」と、九世紀末に強大な軍事力をもって大規模な戦争を起こす「俘囚」の意味内容は大きく変化しているであろう。これを石母田正前掲20の該当部分と比較すれば、氏の俘囚についての記述の一般化が、八世紀中頃までの関係史料にのみ基づいて行なわれていることは明らかである。
(28) エティエンヌ・バリバール／イマニュエル・ウォーラーステイン『人種・国民・階級　揺らぐアイデンティティ』（原著一九九〇年。若森章孝他訳、大村書店、一九九五年）。テッサ・モーリス＝鈴木『辺境から眺める　アイヌが経験する近代』（みすず書房、二〇〇〇年）。

補注

本書で用いる「交通」という語については、石母田正氏が『日本の古代国家』（初出一九七一年。同著作集第三巻、岩波書店、一九八九年所収）第一章で示された概念規定に従っている。氏は、古代国家間の外交関係を政治的交通（戦争・外交を含む対外的諸関係）・経済的交通（商品交換・商業及び生産技術の交通）・精神的（文化的）交通（文字の使用から法の継受に至る多様な交流）の三つに分け、「交通すなわち対外的関係を規定する基準となる」とされており、私はこの〝交通〟を、国家を形成するまでには至らなかったが、短期間ながらも〝文化的共同性〟を基盤とした政治的結集を成しえた隼人や蝦夷等の一部にも適用しうるのではないかと考えている。

第Ⅰ部　「夷人」的関係から「夷狄」身分へ

第1章　夷人論——律令国家形成期の自他認識——

はじめに　日本古代における夷狄

日本古代の夷狄については、これまで日本人種の基底を構成する先住民、日本帝国文化の多様性を支える異民族、古代専制国家を解体に導く「辺境」のマイノリティと、その時代の民族観や国家観を色濃く反映した多様な解釈が与えられてきた。その底流には、夷狄を日本民族の外部に位置する「他者」とし、これらを統合・同化しつつ日本人（社会）が形成されたという民族史的歴史観がある。

このような夷狄理解を大きく転換したのが石母田正氏の王民共同体論・東夷の小帝国論であることは論をまたない。氏は律令法における蝦夷・俘囚・隼人や百済人・唐人などに関する条文の分析により、夷狄が公民を核とした律令国家の身分秩序を確立・維持するために創出された異民族的身分であると位置づけた[1]。従来それぞれ別個に検討されてきたこれらの集団は、古代日本において中国に範をとりつつ独自に構想された華夷観念を成り立たせる必要不可欠の一環となった。こうして夷狄は、いわば律令国家の生んだ「内なる他者」として再認識されることとなったのである。

以降の夷狄研究は、律令法上の夷狄身分を具体的な歴史状況と対応させ、これを実体化する方向で進められた。通説によれば、倭王権・律令国家が華夷観念に基づき一方的に設定した支配隷属関係を、列島内社会・集団間の不均等発展の結果、文明化に立ち後れた辺境社会に強制し、これを受容した地域の倭人が「異種」＝夷狄とみなされる。倭王武が朝鮮半島や日本列島周辺地域に棲む「毛人・衆夷・海北」（『宋書』倭国伝）の制圧を根拠に、自らの支配領域を「小天下」と意識しはじめたとされる五世紀後半を起点とし、貴族が自閉的な世界認識をもつようになるのと並行して蝦夷や隼人・南島人などの「疑似民族」が消滅し、エゾや琉球など中世的な民族世界が新たに展開しはじめる九世紀後半・一〇世紀初頭にその終焉を認めるという、日本古代「帝国」史像が通説化しつつある。(2)

ここに一貫して認められるのは、端的にいって夷狄を国家によって観察・区分され秩序化される他律的な「支配の客体」とみなす視点である。公民と夷狄の関係は本質的に文明と未開の関係として対置され、国家による文明化との相克が夷狄を変質させるという。しかしこれは『古事記』や六国史の世界観や歴史観を実体視したものであり、夷狄の戦乱が多くの場合、夷狄集団間の内訌と並行して起こり、郡領クラスの有力者が突然地位を捨てて反するなど、(3)複数の史料から復元できる夷狄集団の多様な行動には、こうした視点では説明できない事例も少なくない。夷狄における政治権力の形成を評価するには、石母田説以前の先行研究においていわば自明なこととされていた夷狄の外部性、あるいは政治的主体性といった重要な観点を再び想起し、「夷狄側の視点」を想定して関係史料を読み直す必要があるのではないか。

通説はまた、律令国家により創出された点に夷狄の本質を認めながら、その華夷観念をほとんど無限定に倭国段階にまで遡及するため、各時期における質的な差異が不明瞭である。その原因の一端は「帝国」概念のあいまいさにあるが、そもそも夷狄観念がどのような過程を経、偏差をもちながら共有・定着していったのかはいまだ充分に解明されていないといわざるをえない。

以上の問題関心のもと、本章では次の二点について検討を加える。まず第1節では、律令法の夷狄規定の多様性を再認識し、その前提となった独自の異種認識を確認したい。次いで第2節では、東アジア地域社会の国家・民族集団間関係のさまざまな規模の変動と、夷狄観の変容との関連を論じる。「辺境」社会の変動こそが自他認識の有り様を規定するという視点から、律令国家形成期を見通してみたいと思う。

第1節　夷人観念の形成

（1）律令法の異種認識

1　関連条文注釈に見る夷狄観の原型

これまで養老律令における夷狄の位置づけについては、戸令没落外蕃条などに見られる化内人・化外人の区分や、外蕃に含まれる範囲がどこまでかといった観点からの議論が重ねられてきた。特に焦点となった化外人の範疇については、石母田正氏の隣国・諸蕃・夷狄の三区分説以来、隣国も外蕃＝化外人の一種とする平野邦雄氏の諸蕃・夷狄二区分説、これをふまえ、帰化・招慰の対象として法的に位置づけられていない夷狄は外蕃人＝化外人に入らないとする今泉隆雄氏の説などが示されている。(4) 研究の深化により夷狄・外蕃の定義は厳密化され、より限定的に理解されるようになったもの(5)の、諸蕃と夷狄とが天皇に対しともに朝貢する立場にあり、夷狄が列島内部にあって教化に服さず、国家を形成しない点において諸蕃と区分されるという本質規定は共有されており、しかもこの位置づけ自体は九世紀に「民夷融和策」がとられ、古代的な夷狄観念が消滅するまで、さほどの変化はないという理解が通説化している。[6]

先学は日唐律令の夷狄関連条文を比較し、日本令の独自の法理を『令集解』諸説から推定するという方法をとるが、その際に律令本文中の異種観と、集解諸説の注釈中のそれとの間にあるタイムラグをあまり顧慮しない傾向があるように思う。しかし律令法の夷狄規定の実効性を考える上で、その適用された時期や対象となる異種集団自体の変化の可能性は想定されるべきだろう。ここで夷狄関連条文の注釈中、明らかに規定の適用対象や状況を個別具体的に想定していると考えられる例を挙げる。

①辺遠国に居住する「夷人雑類」の実例として、毛人・肥人・阿麻弥人・隼人を挙げている（賦役令10辺遠国条古記）。②毛人や隼人が投化した場合、毛人は外蕃同様復十年とするが、隼人はすでに朝庭が名帳を把握しているため、復の対象外となる（賦役令15没落外蕃条古記）。③新羅賊に囚われ奴婢となった竹志国人が新羅王から返還された場合、自ら帰還した場合は従良。蝦夷賊に抄略された場合も同じ扱いとする（戸令41官戸自抜条古記）。④玄蕃頭の管轄する「在京夷狄」には墮羅・舎衛・蝦夷等があり、朝聘（国使）以外の蕃人もこれに含む（職員令18治部省玄蕃寮条古記）。⑤境外消息を馳駅により急報するとは、毛人消息も含め、境外で国家を襲う動きを報告するという意味である（公式令50国有瑞条古記）。

いずれも古記であるが、まず用いられる集団呼称の限定性に注意したい。エミシを毛人と表記する例は『日本書紀』中わずか一例で、他はすべて蝦夷に統一されているが、逆に『令集解』諸説では毛人の使用例が圧倒的に多い。[7] エミシを表す本来的な用字であったと考えられる。また①に引く肥人・阿麻弥人、④の墮羅・舎衛については『令集解』中には他に見られず、特殊な事例といえる。肥人は『続日本紀』文武四年（七〇〇）六月庚辰条に南島覓国使を剽却した南九州の豪族が率いる集団として言及されている。[8] 阿麻弥人は奄美島人であり、『続日本紀』では奄美人と表記しているが、一字一音の「阿麻弥」を用いている例は『日本書紀』に多禰人・掖玖人とともに禄を賜った記事（『天武紀』一一年（六八二）七月丙辰条）一例のみである。堕羅と舎衛については次節で述べるが、『天武紀』四年（六七五）正月丙午朔条に百済王善光・新羅仕丁とともに薬・珍異物を貢納した「舎衛女・堕羅女」が見える。これらは皆、大宝令の編纂以前の具体的事例であり、これらを念頭に置いて古記の注釈が付されている。

さらに②隼人の投化や、③竹志国人が新羅賊に囚われる、⑤「境外」における毛人の攻撃といった想定も、八世紀初頭当時には現実に起こりうることであったと考えられる。②の隼人がすでに名帳に付されている段階とは、大宝二年（七〇二）八月の薩摩・多禰の反乱事件を契機とする「校戸」作業以降である。以後、養老四年（七二〇）二月に大隅国守を殺害する大規模な隼人の反乱事件が起こり、同年末に南島人二三二人への一括叙位が「懐遠人」との理由で実施されていることからみても、八世紀初めの二〇年間ほどは隼人・南島人社会のなかで、律令国家への服属をめぐる内訌が高まっていたことは容易に想像がつく。『令集解』職員令60隼人司条古記に、薩摩・大隅等国人は初め対捍したが後に服属したとあるのは、こうした状況を指すものである。投化する隼人や南島人の増加への対応は極めて現実的な問題であったろう。また③の「竹志国」は七世紀末に筑前・筑後両国が分割される以前の古い地域呼称である。[9] 文武五年（七〇一）一月に遣唐使を復活するまでの三〇余年、倭国は唐との国交を中断していたが、その間も新羅との交流は頻繁に行なわれていた。天武六年（六七七）五月に血鹿島（五島列島）に漂着した新羅人阿毗朴刺破ら七名を、八月に帰国する新羅の「請政」使に付して帰国させている。同様のことを新羅側も行なっていたであろう。⑤については次節で述べる。

以上、これらはいずれも具体性に富み、たとえば①の「夷人雑類」について「夷。東夷也。挙レ東而示レ余。推可レ知。雑類。謂二夷人之雑類一耳。」（賦役令10辺遠国条令釈）というような語義の解釈に止まる他の諸説との差は歴然としている。またそれぞれの事例が想定している時期は、大宝令以前に遡る可能性があるものが含まれていることも明らかである。古記の示すこうした認識は、七世紀後半から八世紀初頭にかけて大きく変容していった異種集団の実情と対峙するなかで生み出されたものであり、いまだ法的に整序されず流動的な解釈を許す部分も含んでいると思われる。ここに注目することで、外蕃や化内・外という華夷観念の枠組みが夷狄観自体を覆ってしまう以前の異種認識の一端を知りうるのではないか。

2　「夷人」雑類への注目

さて、右に挙げた律令国家形成期の異種集団を一括して呼ぶ際の名称として、夷狄と併存するのが『賦役令』辺遠国条の「夷人」雑類である。養老賦役令の本文は、

凡辺遠国。有二夷人雑類一之所。応レ輸二調役一者。随レ事斟量。不三必同二之華夏一。

とあり、大宝令も同文であったと考えられている。これらのもととなった唐令の同条（賦役令辺遠州条）は「諸辺遠州、有二夷獠雑類一之所。応レ輸二課役一者。随レ事斟量。不三必同二華夏一。」とほぼ同文に復元されており、唐令で「課役」とある部分が養老令では「調役」と改められている点については、夷狄に課せられた特殊課役としての「調役」が、律令国家以前のミツキの系譜を引く古い税制であり、これに合わせて改めたとの指摘[10]がある。

ところが「夷獠」雑類とあるところを「夷人」雑類と改めた点についてはこれまで看過されてきた。夷獠＝獠は六世紀から七世紀初頭にかけて大規模な反乱を起こした嶺南地方の異種集団であり、唐賦役令には彼らを対象とする具体的な招慰規定[11]がある。しかし獠のいない倭国にこの条文は不要なはずであり、もしこの辺遠国条の夷

人の内実が夷狄と全く同じならば、「夷狄」雑類と改めれば足りる。「夷人」という、八世紀以降ほとんど使用されることがなくなるような語句を選び、何を規定しようとしたのか。

まず日本令において用いられた「夷人」の源流について、この語が律令国家形成期の倭語独自のものとはいえないことは、養老律令の他の条文や記・紀などの同時代史料中に用例が見られないことから類推できる。中国における「夷人」の語義は、古代中国の南方に住む異民族の特定呼称、（華人と対比して）異民族の汎称に大別される。具体例としては、三国蜀の故地に住む「冉駹《ぜんぼう》」を主とした西南方の夷(12)（『華陽国志』巻三・蜀志汶山郡など）、あるいは北朝魏の人から見て南朝人への蔑視観を含む称呼(13)（「恥與㆓夷人㆒同」、『洛陽伽藍記』巻三・城南・龍華寺）、鞣鞨の首長李勤行に従う数千人を一括して夷人と呼ぶ（『旧唐書』巻一九九下北狄・鞣鞨伝）などが挙げられる。

こうした夷人観念についての知識が遅くとも七世紀初頭までには倭国にもたらされていたことは、『隋書』にあらわれる次の二例からも明らかである。

ａ　倭国、在㆓百済・新羅東南㆒、水陸三千里、於㆓大海之中㆒依㆓山島㆒而居。魏時、訳通㆓中国㆒。三十余国、皆自㆓称王㆒。①夷人不㆑知㆓里数㆒、但計㆑以㆑日。（中略）明年（大業四年・六〇八）、上遣文林郎裴清使於倭国。（中略）既至彼都、其王与㆑清相見、大悦曰「我聞㆔海西有㆓大隋㆒、礼儀之国、故遣㆓朝貢㆒。②我夷人、僻㆓在海隅㆒、不㆑聞㆓礼儀㆒、是以稽㆓留境内㆒、不㆓即相見㆒。（後略）」

（『隋書』巻八一・東夷伝倭国条）

ｂ　（前略）明年（六〇八）、帝復令㆑寛慰㆓撫之㆒、流求不㆑従。寛取㆓其布甲㆒而還。時倭国使来朝、見㆑之曰、「此夷邪久国人所㆑用也。（後略）」

（『隋書』巻八一・東夷伝流求国条）

ａには隋から見て東南の僻遠の地にある倭人の未開性を強調した表現（①）とともに、隋使裴（世）清を迎えた倭王が自ら遜称した表現が見られる（②）。またｂは、倭国の遣隋使が隋朝にて流求の布甲を見せられ、これは倭国から見て南方の「夷人」である「邪久国人」が用いるものだと発言したものであり、中国王朝に対して倭王自らが夷人であるという自覚を有するが、周辺の異種集団に対してはこれを夷人とみなす他者観をもつという、七世紀初頭の倭国における二重性を帯びた「夷人」観念の実在を知ることができる。ここでの夷は四夷観念に基づく「東夷」とは明らかに異質であり、むしろ南北朝期に用いられた「夷人」の観念と重なる。中国古代における夷観念の形成過程に関する最近の研究を参考にすれば、個別的な関係が成立している他の集団を夷とする観念は、夏国のごとき特定の国家を華夏と呼び慣わすような固定的な中華意識が成立するのに先んじて成立した可能性が高い[14]。四夷の空間的配置の観念が成立する以前には、王化の度合いにより各集団を「地域＋夷」等と個別に呼び分けていたようである[15]。

ここで賦役令辺遠国条古記が「夷人雑類」の例として列挙した異種集団、毛人・肥人・阿麻弥人・隼人が、居住地に方位を限定することなく一括されており、しかも呼称に「人」字を共有する点を想起したい。肥人と阿麻弥人は本拠地による名付けと思われるが、隼人はおそらく職掌から（後述）、また毛人は中国の古地理書等に現れる伝説的な異種名に因んだ名であろう。このように集団形成の契機も居住地も異なる個別の集団が、倭国家・王権との間に「○○（異種・職掌・地名等）＋人」という称呼のもと、流動的な交通関係を形成する。こうした集団関係を本章では「夷人」的関係と呼ぶ。律令国家形成期、さまざまなレヴェルで数多く展開していたと思われるこの関係のなかには、本節冒頭で挙げた賦役令没落外蕃条に見るように、毛人や隼人に対する扱いの適用基準（前提）として言及される「蕃人」や「殊俗人」（公式令遠方殊俗条跡記・穴記）などの集団も含む。これらの存在形態にも共通点が多かったと推測される。あわせてその形成過程を考えてみたい。

（2）「夷人」的関係の成り立ち

1　『日本書紀』に見る「夷人」的関係

ここに掲げた表1は、『日本書紀』に見られる異種のうち、呼称に「人」字を含むものを集成し、その成立要因ごとに分類したものである。このなかには後に律令国家の身分体系において夷狄とされる集団（掖玖人・多禰人・阿麻弥人・粛慎人・毛人・国樔人・墮羅人など。隼人も当面この範疇に入れる）、諸蕃＝外蕃に入れられる集団（新羅人・百済人・高麗人・唐人／蕃人）の両方を含むが、これら以外に倭国家の時代（七世紀前半まで）に渡来あるいは服属し、律令国家の成立とともにその一部が中央貴族・官人化し、残る大部分は公民籍につけられて旧い名称のみが残ったと思われる集団（韓人・秦人・漢人・呉人など）の記事も多い。これらも合わせて俎上に載せることで、夷狄と諸蕃が法的に分離される以前の「夷人」的関係の実質をとらえられるだろう。

まず倭国（王権）と各集団との政治的交通関係成立の契機として、①来朝貢献（朝聘など。服属儀礼の後で本国に帰還）、②流来（漂着、「唐人」『持統紀』四年一〇月条など外蕃地に没落し倭国に帰還した例など）、③投化（自らの意志で渡来・帰化）、④俘虜（戦争等による俘虜を各地に移配）、⑤各国の種・民（「粛慎人」、「新羅人」『垂仁紀』二年条など、その人物が所属する国・種名をニュートラルに示す）の五つの場合が想定できる。このうち倭国内に定住する結果となる②③④については、王権が各集団との関係を出身地・種（百済人など）、職掌（隼人など）、隷属状態（俘人など）とそれぞれ認定し、それに基づいて「〇〇人」という特定呼称を与え、移配地を選び一括居住させるという手続きがとられ、「夷人」的関係の成立に至る。

しかしこの関係は決して倭王権側からの一方的な強制によるものではなく、新来の異種集団との相互関係のな

表１　『日本書紀』の「夷人」「蕃人」関連呼称

名称	出典	備考
隼人	天孫降臨	（神代九段）火闌命
	海宮遊幸	隼人吾田君祖、奴僕・狗人となる
	履中（前）	近習隼人刺領巾、瑞歯別皇子の命により仲皇子を弑し殺される
	清寧1.10/9	雄略崩御の際、隼人は哀号し陵の側を離れず７日にして死す
	同4.8/7	蝦夷・隼人がともに内附
	欽明1.3	蝦夷・隼人がともに来帰する（８月の秦人漢人編戸記事と対応か）
	敏達14.8/15	三輪逆が殯庭を隼人に守護させる
	斉明1	蝦夷・隼人が衆を率いて内属し、入朝来献
（大隅隼人・阿多	天武11.7/3	奉物貢献・相撲奉納し大隅隼人が勝つ
隼人）	同11.7/27	（上記の隼人に）明日香寺西方で饗会あり、道俗皆見物する
（大隅阿多隼人）	朱鳥1.9/29	天武殯宮にて誄
（隼人大隅阿多）	持統1.5/22	隼人大隅阿多の魁帥、各おのが衆を領して殯宮に誄を進める
（隼人大隅阿多）	同1.7/9	隼人大隅阿多の魁帥ら337人に賞賜
	同3.1/9	筑紫大宰粟田真人朝臣ら、隼人174人・布・牛皮・鹿皮を献上
（隼人大隅）	同9.5/13	隼人大隅に饗会
	同9.5/21	西槻下で隼人相撲を観る
掖玖人	推古24.3	掖玖人３口が帰化する
（夜勾）	同24.5	夜勾人７口が来る
	同24.7	掖玖人20口来る。30口を朴井に安置するが皆還らずに死ぬ
	同28.8	掖玖人２口が伊豆島に流来
	舒明3.2/10	（同1.4/1〜2.9に田部連を掖玖に派遣し）掖玖人が帰化する
	天武11.7/25	（阿麻弥人を参照）
多禰人	天武6.2	多禰島人に飛鳥寺西槻下で饗会
	同10.9/14	多禰島人に飛鳥寺西河辺で饗会し、種々の楽を奏す
	天武11.7/25	（阿麻弥人を参照）
阿麻弥人	天武11.7/25	多禰人・掖玖人・阿麻弥人に賜禄
吐火羅国男女	白雉5.4	吐火羅国男２女２・舎衛女１、風により日向に流来
舎衛女		
（覩貨邏国男女）	斉明3.7/3	筑紫に男２女４が漂着。初め海見島に漂泊し駅送されたという
覩貨邏人	同3.7/15	須弥山像を飛鳥寺西に作り、暮に覩貨邏人を饗会（或本墮羅人）
吐火羅人	同5.3/10	妻である舎衛婦人とともに来訪
覩貨邏人乾豆・波斯達阿	同6.7/16	本土への送使を求め、後に「大国」に朝する証として妻を残し、数十人と共に西海の路に入る
舎衛女・墮羅女	天武4.1/1	百済王善光・新羅仕丁等とともに薬・珍異物を捧げ進む
粛慎人	欽明5.12	佐渡島の北の御名部碕岸に粛慎人の船が居留し、春夏に魚を捕る。島人は人ではない、鬼魅だとして近づかず。粛慎人は瀬波河浦に移るが浦神の霊威により死者多く、骨を粛慎隈に積む
大毛人	敏達10.閏2	蝦夷の魁帥綾糟が名乗る称号
国樔人	応神19.10/1	吉野行幸時に吉野河上の国樔人来朝。土毛・為人について
（国樔部）	神武即位前・戊午8/2	神武の吉野巡行中に阿太養毘部などとともに服属
俘人	天武11.4/22	越蝦夷の伊高岐那ら、俘人70戸で１郡を為すを請い許される
蕃人	持統3.1/9	出雲国司に、風浪に遭遇した蕃人の上送を命ず
諸蕃人	天武5.9/13	百寮人と諸蕃人に賜禄
秦人	欽明1.8	秦人・漢人ら諸蕃の投化者を召集し、国郡に安置し戸籍に編貫秦人戸数総じて7053戸。大蔵掾を秦人の伴造に任ずる

秦民	雄略15	秦民を臣連に分かち思いのままに駆使させる。秦造酒に秦民を与え、秦酒公は百八十種勝を率いて庸調の絹縑を朝庭に積む
	同16.7	適地に桑を植え、秦民を移して庸調を献上させる
漢人	神功5.3/7	葛城襲津彦、新羅の草羅城を抜く。その時の俘人は今の桑原・佐糜・高宮・忍海４邑の漢人等の始祖である
	欽明1.8	(秦人を参照)
	敏達13	漢人豊女（夜菩の女）得度して他の２名とともに尼となる
	崇峻3	漢人善聡ほか出家
(新漢人・高向漢人・南淵漢人・志賀漢人)	推古16.9/11	唐国に倭漢直福因・奈良訳語恵明・高向漢人玄理・新漢人大圀・学問僧新漢人日文（僧旻）・南淵漢人請安・志賀漢人慧隠・新漢人広済ら８名を遣わす
	舒明12.10/11	高向漢人玄理、新羅を伝い日本に至る
	持統7.1/16	漢人ら踏歌を奏す
	同8.1/17	漢人ら踏歌を奏す
漢手人部	雄略7注	吉備臣弟君、百済より漢手人部・衣縫部・宍人部を献上
漢部	同16.10	漢部を集めて伴造を決めさせる。漢使主に漢直の姓を与える
韓人	応神7.9	武内宿禰に命じ、諸々の韓人等（高麗人・百済人・任那人・新羅人）に韓人池を作らせる
	欽明17.10	蘇我大臣稲目宿禰らを倭国高市郡に遣わし、韓人大身狭屯倉、高麗人小身狭屯倉を置き、韓人・高麗人をそれぞれ田部とする
	皇極4.6/8	古人大兄皇子、「韓人が鞍作臣を殺した」という。韓政のために誅殺されたの意か
(韓奴)	雄略9.5	紀小弓宿禰の妻采女大海、夫の喪葬の礼として韓奴（室・兄麻呂・弟麻呂・御倉・小倉・針）６口を大伴室屋大連に贈る。吉備上道の蚊嶋田邑の家人部がこれである。
(韓子)	継体24.9	「大日本」人と任那人の間に多くの韓子が生まれるため、その所属を盟神探湯により決する
呉人	雄略14.3	身狭村主青ら、呉国使とともに呉の献じた呉人（手末才伎・漢織・呉織・衣縫）を連れて住吉津に泊まる
	同14.4/1	呉人を檜隈野に安置
新羅人	垂仁２	新羅人、任那人蘇那曷叱智に託した赤絹100匹を奪う。任那と新羅の怨みはここから起こる
(新羅国人)	神功摂政前・庚辰12/14	新羅王の妻、日本の宰を欺き殺す。天皇怒り新羅を滅ぼそうとするも、新羅国人ら王妻を殺して罪を謝す
	神功47.4	百済使、倭に貢上の途上、新羅人に献上品を交換させられる
	同62	新羅人、美女２人を沙至比跪に与えて加羅国を討たせる
	応神7.9	高麗人・百済人・任那人・新羅人が並んで来朝
	同14	百済の弓月君、人夫120県を率いて帰化するも、新羅人に妨害され加羅国に留まる。人夫を召すため葛城襲津彦を遣わす
	同16.8	(新羅を討ち葛城襲津彦と弓月人夫来る)
	同31.8	武庫水門に宿る新羅船から失火し多くの船を焼いたため、新羅人を責む。新羅王はよい匠者を賜い贖う。猪名部の始祖である
	仁徳11	新羅人朝貢。茨田堤の役に用いる
	同17.9	新羅人の朝貢せぬことを責め、新羅は改めて調絹1460匹・種々の雑物を80艘貢献する
	同53.5	新羅人の朝貢せぬことを責め、上毛野君の祖田道を遣わして攻め、数百人を殺し４邑の人民を得て帰る（蝦夷、同55年）
	允恭42.11	新羅弔問使、帰路に畝傍山を愛でて采女を奸したと誤解されたことを怒り、以後貢上物の色・船数を減らす
	雄略8.2	高麗軍、新羅人を典馬とし汝の国を破ること久しく非じという
	欽明23.7/1	新羅使本国に帰らず、河内国更荒郡毘勒野邑の新羅人祖となる

（新羅国人）	欽明23.11	新羅使本国に帰らず、摂津国三嶋郡埴廬の新羅人の先祖となる
	推古16	新羅人の化来多し
	同31	新羅、任那を付属。新羅人を討ち百済に任那を付けるべきとの声が高まり征討軍を準備するが、結局送らず
	天智1.3	唐人・新羅人、高麗を討つ。高麗の求めに応じ兵を送る
	同2.2/2	新羅人、百済南畔の４州を焼き、徳安の要地を奪取する
	天武6.5/7	新羅人阿飡朴刺破・従人３口・僧３人が五島列島血鹿嶋に漂着
	同14.3/14	漂着新羅人７口を金物儒に付けて返す
	同14.4/17	新羅人金主山帰る（同13.3の重出か）
	持統1.3/22	投化新羅人14人を下毛野国に居らしめ、「田賦い稟受ひて生業に安からしむ」（後漢書光武帝紀）
	同3.4/8	投化新羅人を下毛野国に居らしむ（上記の14人か？）
	同4.8/11	帰化する新羅人等を下毛野国に居らしむ（同2/11の新羅沙門詮吉・級飡北助知ら50人か）
	同7.2/15	帰化する新羅の韓奈末許満ら12人を武蔵国へ置く
	同7.2/30	流来新羅人牟自毛礼ら37人を同６年進調使の朴懐徳らに付す
安羅人	欽明5.3	任那は安羅を父とし、安羅人は日本府を天とし、その意に従う
任那人	垂仁２(是歳)	先皇の世に来朝した任那人蘇那曷叱智が帰国を希望したため、任那王へ賜う赤絹100匹をもたせるが、新羅人これを奪う
	応神7.9	（新羅人を参照）
	継体24.9	（韓子を参照）
	推古31	新羅王（真平）、任那を日本の「内官家」と認め、任那人達率奈末遅を吉士倉下に副える
百済人	神功46.3/1	（卓淳王が斯麻宿禰に告げるには）３年前に百済人久氐・弥州流・莫古が東方の日本の貴国を求め来る。斯麻宿禰、傔人爾波移・卓淳人過古を百済に遣わす。肖古王爾波移を厚遇
	応神7.9	（新羅人を参照）
	同8.3	百済人来朝（阿花王、貴国に無礼にして、我が国の忱弥多礼、紛南・支侵・谷那・東韓を奪われたため、王子直支を送る）
	雄略5.6/1	筑紫各羅島で武寧王生。百済人ここを主嶋と呼ぶ（武烈４に同事重出）
	継体3.2	百済百姓で任那日本県邑にある浮逃・貫絶の者を３・４世まで追り、百済に遷す
	欽明1.2	百済人己知部投化。倭国添上郡山村の己知部の祖にあたる
	敏達12	日羅、百済の策略について助言
	推古16.6/15	小野妹子、唐帝の書を百済人に盗まれたと主張
	同17.5/16	呉に向かう途中で4/4に漂着した百済僧２人・百済人75人を本国に返す
	同20	百済人味摩之、帰化して呉の伎楽を伝える
	天智4.3	神前郡の百済人に田を給う
	同5.冬	百済男女2000余人を東国に置く。僧俗を選ばず癸亥663年から３年の間官食を支給した（663年は余豊璋が唐に奔った年）
	天武6.5/3	大博士百済人率母に大山下を与える
	同13.5/14	化来する百済僧尼・俗人23人を武蔵国に安置
	同14.2/4	大唐人・百済人・高麗人あわせて147人に爵位を与える
	朱鳥1.5/9	侍医百済人億仁の病死に際して勤大壱位、封100戸を給う
	持統4.5/10	百済男女21人帰化
卓淳人	神功46.3/1	（百済人を参照）
耽羅人	継体2.12	（百済）南海中の耽羅人初めて百済国に通交
	天武7.1/22	耽羅人、京に向かう（同6.8到着の王子都羅ら）

高麗人	応神7.9	（新羅人を参照）
	雄略8.2	新羅人、国内の高麗人総てを殺害。高麗は反撃。窮地に陥った新羅は任那王に、日本府の将軍の救援を求める（新羅人を参照）
	欽明17.10	（韓人を参照）
	同26.5	高麗人頭霧唎耶陛ら投化。山城国畝原・奈羅・山村高麗人の祖となる
	天武9.11/4	高麗人19人本土に帰る（斉明の弔使）
	同14.2/4	（百済人を参照）
	同14.9/27	化来高麗人に賜禄
	持統1.3/15	投化高麗人56人を常陸国に居らしめ、「田賦い稟受ひて生業に安からしむ」（新羅人、持統1.3/22と同一表現）
唐人	斉明1.5/1	青空に龍に乗る者あり、貌唐人に似る　〈←形質による区別〉
	同6.9/5	百済使、７月に新羅が唐人を引き入れ百済を滅ぼすことを報ず
	同7.11/7	福信の獲た唐人続守言ら筑紫に至る（日本世紀曰く）
	天智1.3	（新羅人を参照）
	同10.7/11	唐人李守真（同１月に上表）、百済使人ら帰る
	天武4.10/16	筑紫より唐人30口を貢上、遠江国に安置
（大唐人）	同14.2/4	（百済人を参照）
	持統4.10/22	百済役で唐軍の捕虜となり、自身を唐人に売って他を帰国させ、自らは30年唐に留まった大伴部博府に対し、三族三世にその功を伝える
	同8.1/19	唐人、踏歌を奏す
	同8.1/23	大唐７人、粛慎２人に務広肆などを叙位

※夷・蕃関係で人を伴う呼称（「部」・「男女」などを伴うものも含む）を網羅した。

かで流動的に成り立つものであったと思われる。王権は、現行の「夷人」的関係の由来・起源譚を共有することで各集団との関係を確認し（海宮遊幸神話による王権と阿多「隼人」との擬制血縁結合[16]、応神一九年の吉野行幸を契機として始まった「国樔人」朝貢、現在の桑原・佐糜・高宮・忍海四邑の漢人が神功五年に葛城襲津彦が新羅を攻めた折の俘人であるなどの伝説的記事）、各集団の長の地位を追認することでこれを把握した。たとえば『欽明紀』元年（五四〇）八月条には、

高麗・百済・新羅・任那、並遣使献、並修㆓貢職㆒。召㆓集秦人・漢人等㆒、諸蕃投㆑化者、安㆓置国郡㆒、編㆓貫戸籍㆒。秦人戸数、総七千五十三戸。以㆓大蔵掾㆒、為㆓秦伴造㆒。

とあり、秦人・漢人らを召集して諸蕃中の投化者を安置するとともに、秦人集団数万人を管轄する秦伴造に「大蔵掾」を任命している。同一七年（五五六）冬一〇月条には蘇我大臣稲目宿禰らを倭国高市郡に

遣わし、大身狭屯倉・小身狭屯倉を置いた記事があり、韓人＝百済人と高麗人が各屯倉の田部となったという所伝を引く。同様の例は天武天皇の殯宮にて誄を進上した「隼人大隅阿多魁帥」（『持統紀』元年（六八七）五月乙酉条）などにも見られる。

また呼称の決定においても、各個人や集団の自称をもとに行なった可能性がある。たとえば百済から逃亡化来した貴信という人物は、自ら呉国人であると称した（『雄略紀』一一年七月条）。さらに『敏達紀』一〇年（五八一）閏二月条には、蝦夷数千が辺境を侵した際に魁帥綾糟等を呼び、二度と反抗せぬよう誓約を結ばせたという記事があり、そこに「魁帥者、大毛人也。」との注記が付されている。これは『日本書紀』中エミシを毛人と表記するただ一つの例だが、本来異種集団の出自を示すこの表記が残ったのは、これが当時すでに蝦夷有力者の地位を示す称号として定着していたため、そのことを王権側も無視できなかったのではなかろうか。新来の集団に新たな呼称を与える行為が政治的に極めて重大な意味を有することは、俘虜となった蝦夷に与えられた「俘囚」という呼称が後に蝦夷社会における有力豪族のステータスに転化した例からも明らかだが[17]、「夷人」的関係の成立時にも同様のことが行なわれたようである。ではこうした出自の認定を異種集団の側が王権に求める歴史的状況とは、いかなるものだろうか。

2　倭国周辺地域における異種の混住状況

表2は百済の六・七世紀の外交状況について整理したものである。

六世紀初頭の百済において、百姓が浮逃して「任那日本県邑」にあるために貫が絶えているので、その三・四世前まで遡り百済に遷して付貫し直すという政策が行なわれた（『継体紀』三年（五〇九）二月条）。『三国史記』百済本紀は翌年国内の遊食者を帰農させたとする。当時南方への支配領域拡大を画策する百済が、百済から加羅の西部地域に流入し、数世代にわたって多数定住していた状況に対し、国家との歴史的な関係を根拠とした、いわば「人的国境」による選別を行なったものと考えられる。

当時加羅には数多くの倭人が移住して「韓婦」との間に子をなし（「日本人与任那人、頻以レ児息、諍訟難レ決」『継体紀』二四年（五三〇）九月条）、その「韓子」のなかには倭王と百済王の両方に臣従する有力者も現れていた[13]。彼らは五世紀第4四半期から六世紀第1四半期にかけて、倭国と百済が密接な交通関係を結んでいたことを背景に、倭国と加羅や百済との交渉に従事した。そうした状況においては、右に挙げた史料のような「日本人」「任那人」間の子の帰属をめぐる諍い、あるいは「韓子」王臣の帰趨（百済・加羅・倭のどこに所属するか）に関する各国内部の抗争は、いつでも起こりうる事態だったと考えられる。先に見た異種集団と王権との間の「認定」作業は、このような異種集団の混住状況[19]において、まさに必須となるのではなかろうか。

倭国において異種集団が「夷人」的関係のもとに編成される嚆矢は、五世紀代を通じて主に伽耶地方から戦乱を避けて渡来した高級絹織物・金属加工・陶質土器などの手工業生産集団に求められる。この集団は「今来（新）」と呼ばれ、五世紀後半に朝鮮「弁辰安邪」（咸安）地方出身の「倭漢直」氏がその主要な集団を統率し、六世紀に入り秦氏が地方に散在する集団を「秦民」「秦人」として組織した。加羅・百済において「韓子」の所属をめぐり各集団の認定が進められたのも同じ頃である。次いで六世紀中葉以降、要請に基づく軍兵提供の対価として、百済から南朝人・百済人の諸博士が提供される。当時百済は、南朝梁の冊封を受けて密接に交流し、梁が西南方に位置する仏教国扶南から入手した仏教関連の文物の下賜を求めた（五三四・五四一の両年。『梁書』巻五四東夷伝[20]）。この時に渡来した南朝系の高度な知識をもつ集団は南淵漢人、高向漢人など、「地名＋漢人」という新

表2　百済六・七世紀外交略年表

1．隋による南朝陳の統合まで

四七二	百済、初めて北朝魏に朝貢［魏書］［北史］
四七五	北魏顕祖、余慶へ璽書を送るが、使者が風浪により漂流し百済に到達せず［魏書］［北史］ 蓋鹵王は高句麗に対し出兵しない魏への朝貢を中止［三史］ 高句麗、南北漢江流域を奪い、蓋鹵王戦死。木劦満致、しばしば百済復興への支援を要請［紀］
四七六	文周王二年四月　耽羅国（済州島）が方物を献上［三史］ 〈この頃、日本人・任那人間の韓子の所属が問題となる［紀］〉
四七八	倭王武、南朝宋順帝に上表、百済救援のため高句麗征討を要請。宋滅亡［宋書］
四七九	東城王、倭より筑紫国軍士五〇〇人に守られ帰国［紀］
四八〇	百済王牟大（東城王）、南斉に朝貢［冊府元亀］
四八一	新羅、高句麗に北境を侵されるが加羅・百済の救援で撃退 〈この頃、紀臣・物部・許勢奈率等、百済王に仕える韓子多い［欽明紀］［隋書］〉
四八四	東城王六年二月　南斉から内付を許され、朝貢使を派遣するも高句麗に阻まれる［三史］ 南斉の武王、永明年間（四八三～四九三）、牟太を「都督百済諸軍事・鎮東大将軍・百済王」に任ず［梁書］［南史］
四八六	三月、南斉に朝貢［三史］
四九〇	魏虜（北魏）数十万騎で百済を攻めるが撃退される。東城王、武勲を挙げた家臣四名を全羅道の要地に封ずるよう斉に要請［南斉書］
四九四・四九五	高句麗攻勢に新羅と手を結び対抗［三史］
四九五	東城王、再び家臣への叙正を南斉に要求［南斉書］
四九八	八月、朝貢しない耽羅国を責め謝罪させる［三史］
五〇二	南朝梁の高祖、牟太を「征東将軍」に昇進させる［梁書］［南史］
五〇三	八月、斯麻（武寧王）、倭の孚第王（即位前の継体）に、修好の継続を求める［隅田八幡宮鏡銘］
五〇七	武寧王、王子（斯我君）を倭へ派遣［紀］
五〇八	南海中の耽羅人、初めて百済国に通じる［紀］
五〇九	「任那の日本の県邑」に住む百済百姓を三・四代も遡って確認し帰還させる ［継体紀］→国内の遊食者を帰農させる記事と関連？［三史］
五一二	百済より倭へ五経博士の段楊爾来る。百済の蟾津江下流域支配に軍事的に助力した見返りか［紀］

五一六	五経博士の漢（人）高安茂来る［紀］
五二一	余隆、使いを初めて梁に派遣し通好、冊封され「使持節・都督百済諸軍事・寧東大将軍」に任ぜられる［梁書］［三史］［梁職貢図百済条］
五二四	余隆死す。梁高祖、子の余明を持節・督百済諸軍事・綏東将軍・百済王に封ず［梁書］［南史］［三史］
五二九	高句麗安蔵王の大軍が百済北境の城を抜く。百済の戦死者二〇〇〇余。倭の援将為哥岐弥有非跛、百済への敵対行為をとる［紀］ 〈五三〇頃　筑紫君磐井、新羅と結び倭王の軍と交戦し敗死する［紀］〉
五三四	三月、梁に朝貢し、毛詩博士・涅槃等経義及び工匠・画師等を請う［梁書］［南史］［三史］ 〈この頃から倭臣の安羅駐在が始まる〉
五四一	梁に朝貢し、毛詩博士・涅槃等経義及び工匠・画師等を請う［梁書］［南史］［三史］ 〈五四一～五五四年、韓子の百済臣が加羅・百済・倭との交渉にあたる［紀］〉
五四二～ 五四三	百済、韓子の王臣を倭へ遣わし、扶南財物・奴を贈る［紀］
五四八	高句麗・西人が馬津城を攻める。新羅・倭・安羅が救援兵を送る［紀］
五四九	梁への使者、侯景により囚われる［梁書］［南史］［三史］
五五二～ 五五三	高句麗から奪還した漢城・南平壌などを新羅に奪われる［紀］
五五二	百済聖明王、釈迦仏像・経論を倭国に献上［紀］
五五三	百済、倭に軍兵派遣を求める。倭国は百済に医・易・暦博士の上番を求む［紀］
五五四	百済聖明王、再び軍兵を求め、五経・医・易・暦博士を派遣。百済に兵一〇〇〇人・馬一〇〇匹を船四〇〇隻で送るが、聖明王戦死［紀］
五六七	九月、威徳王、陳に朝貢［三史］
五七〇	北朝高斉、威徳王を「使持節・侍中・車騎大将軍・帯方郡公」に任じ、百済王爵はそのままとする［北史］ （「使持節・都督・東青州諸軍事・東青州刺史」と称す［三史］）
五七一	北斉後王、威徳王を「持節・都督東青州諸軍事・東青州刺史」に任命［北史］［三史］
五七二	威徳王、北斉に朝貢［三史］
五七七	七月、陳に朝貢。一一月、余昌、初めて北朝宇文周に朝貢［周書］［北史］［三史］
五七八	宇文周に朝貢［周書］［北史］［三史］
五八一	隋に朝貢。隋の高祖、威徳王を「上開府・儀同三司・帯方郡公・百済王」に封ず。［隋書］［北史］［三史］［通典百済条］
五八二	正月、隋に朝貢［三史］

五八四	一一月、陳に朝貢［三史］
五八六	陳に朝貢［三史］
五八八	百済、倭国へ仏舎利・僧・寺工・鑪盤博士・瓦博士・画工を贈る［紀］
五八九	隋が陳を平定。浮牟羅国に漂着した隋軍船に、陳の平定を賀する上表を託す。隋文帝はこれを誉め、今後歳貢は不要であるとした［隋書］［北史］［三史］
2．百済滅亡まで	
五九八	武寧王、隋の遼東の役に軍導を申し出るが、役は中止され、事情を知った高句麗が百済国境を侵犯［隋書］［北史］［三史］
六〇二	百済僧観勒・倭国に暦・天文地理・遁甲方術を伝える［紀］
六〇七	三月、隋に朝貢し煬帝に高句麗征討を請う［隋書］［北史］［三史］
六〇八	三月、隋へ朝貢。隋の裴清は倭国に向かう際、百済の南路を通過［三史］
	〈六一〇年　隋が流求国を滅ぼし男女数千人を捕虜とする［隋書］〉
六一一	二月、隋へ朝貢し高句麗征討の期日を訊ね、ともに謀議する。しかし百済は二心を抱き、新羅と戦うようになった［隋書］［北史］［三史］
六一二	隋六軍が遼河を越えると国境の軍備を固める［隋書］［三史］
六一四	隋に朝貢するが、以後天下が乱れると朝貢も途絶えた［隋書］［北史］
六二一	一〇月、唐に遣使し果下馬を献上［旧唐書］［新唐書］［三史］
六二四	一月、唐に朝貢。唐高祖、武王を「帯方郡王・百済王」に封ず。七月に再び朝貢［旧唐書］［三史］
六二五	一一月、唐に朝貢［三史］
六二六	唐に明光鎧を献上し、高句麗の非道を訴える。唐は使者を送り和解させる。一二月再び朝貢［新唐書］［三史］／［通典百済条］
六二七	八月、武王、甥の福信を遣わして唐に朝貢し、太宗より新羅との戦いを止めるよう命じられ、陳謝するが内心では怨みを残す［旧唐書］［三史］
六二九	九月、唐に朝貢［三史］
六三〇	高句麗・百済、舒明天皇即位奉賀使を派遣［紀］
六三一	九月、唐に朝貢［三史］百済、王子余豊章を質として倭国に送る［紀］
六三二	一二月、唐に朝貢［三史］
六三六	二月、唐に朝貢［三史］
六三七	二月、唐に鉄甲と雕斧を献上。唐太宗は綵帛・錦袍を賜う［旧唐書］［三史］倭で百済大宮・大寺の建設開始［紀］
六三九	一〇月、再び唐に鉄甲と雕斧を献上［三史］
六四〇	新羅・百済ともに倭国に朝貢［紀］

六四一	三月、武王死去の旨を唐に上表、唐太宗は素服哭し、王に光禄大夫を追贈。次いで即位した子の義慈王を「柱国・帯方郡主・百済王」に封ず。王は八月に方物を献上［旧唐書］［新唐書］［三史］
六四二	義慈王、新羅の四〇数城を奪い、高句麗と結んで党項城をも狙い、唐太宗は両国に親書を送って止める［旧唐書］［新唐書］ 王子翹岐ら王族四〇余名を倭へ追放。翌年初め筑紫に着く［紀］
六四三	一月、唐に朝貢［三史］ 王子扶余豊を中心とした大規模な使節団を倭国に派遣し、ために倭国内に外交路線をめぐる対立起こる［紀］
六四四	一月、唐に朝貢。太宗は百済・新羅両国に停戦を告諭し百済陳謝［三史］
六四五	五月、義慈王、唐が高句麗征討のため新羅の兵を徴発すると聞き、それに乗じて新羅の一〇城（新唐書・太平御覧百済条等は七城）を取る［旧唐書］［三史］六月、倭国で乙巳の変起こる。原因は「韓政」という［紀］
六四八	百済、新羅の一〇数城を奪う［旧唐書］
六五一	唐に朝貢。高宗重ねて新羅との和睦を求める［旧唐書］［三史］
六五二	一月、唐に朝貢［三史］
六五五	新羅王金春秋、唐に上表し百済・高句麗・靺鞨が北境に侵入し三〇数城を奪われたと報ずる［旧唐書］［新唐書］
六六〇	百済、唐と新羅の連合軍により滅ぼされる［旧唐書］［新唐書］［通典百済条］［三史］
六六一	百済僧道弘、旧将福信周留城（任存城か）を拠点として唐に反する［旧唐書］［新唐書］
六六二	倭国、扶余豊に兵五〇〇〇をつけて返送［紀］
～六六三	余豊、福信と対立しこれを誅殺。唐・新羅連合軍、高句麗・倭の百済への援兵を白村江で大破し、余豊敗走。王子扶余忠ら、士女・倭の余衆を率いて投降する。唐は扶余隆を熊津都督に任じ、新羅と和睦させる［旧唐書］［新唐書］［紀］
六六四	難波に百済遺民を移配し「百済王」氏を名乗らせる［紀］
六六五	八月、扶余隆・新羅王金法敏と熊津城にて白馬会盟［旧唐書］［新唐書］
六七六	九月戊寅、百寮人及び諸蕃人等に禄を賜う［紀］
六七七	唐、安東都督府を遼東に移し、新羅に朝鮮半島領有を認める。扶余隆を「光禄大夫・太常員外卿兼熊津都督・帯方郡王」に任ずるが、百済の地が新羅に支配されていたため、ついに任地に赴かず死去［旧唐書］［新唐書］ 六月、倭漢氏の罪状を挙げ、将来を戒める［紀］
六八九	一月丙辰、陸奥国優矢曇郡城養蝦夷脂利古の男子、麻呂と鉄折に、出家し沙門となることを許す。辛酉、遣新羅使田中朝臣法麻呂等、新羅より帰国。 壬戌、①出雲国司に、風に遭った蕃人を都へ送付させる。②越蝦夷沙門道信に仏像・仏具・綿・布・鍬・鞍を賜う。③筑紫大宰粟田真人朝臣等、隼人一七四人と布・牛皮・鹿皮を進上［以上、紀］

※各条の出典は以下のように略記。紀…日本書紀　三史…三国史記百済本紀　中国正史はすべて百済伝

たな名を得て近畿地方一円に定住した（推古一六年）。これら漢人集団を管轄する倭漢直氏は、六世紀後半以後、倭国の国政を主導する蘇我氏を支える。

ところがこのような状況は七世紀に入り一変する。詳しくは次節で述べるが、隋・唐帝国の出現、高句麗や倭国との関係が密であった百済の滅亡、新羅による朝鮮半島統一の影響はいち早く倭国の辺境地域に及び、従来倭国との政治的交通を結んでいなかった異種集団に「夷人」的関係の形成を強いることとなる。六一〇年の流求滅亡を直接の契機として「掖玖人」が流来し、六六〇年の百済滅亡、六六八年の高句麗滅亡時にはそれぞれ遺民集団が投化し、関東地方に移配された。特に六六七年に東国へ移した百済遺民二〇〇〇余人に対しては、百済を離れてから三年間、僧俗を問わず官食を支給するという手続きをとっており（『天智紀』五年是冬条）、「夷人」的関係が法制化されつつあることを示す事例[21]と考えられる。さらに、高句麗の崩壊後政治的に不安定化した北方世界では、新来の粛慎人と日本海側の毛人（蝦夷）間に緊張状態が生まれ、「俘人」というような新たな「夷人」的関係も形成される。他方、南方世界では、七世紀最末期の律令国家の国郡制施行に対して隼人は多様な対応を示し、「南島人」という重層的な「夷人」的関係も出現する。

こうした新局面の展開と並行して唐令が受容されると、「化外人」「遠方殊俗人」「外蕃」といった新たな異種認識がもちこまれ、従来の多種多様な「夷人」的関係―「〇〇人」の集団関係がどれに該当するかが改めて問題となる。本節冒頭で検討した『令集解』古記の矛盾をも含む具体例に、その痕跡を認めることができよう。律令法策定の過程で従来個別的に把握されてきた異種の諸集団は、夷狄あるいは諸蕃としてそれぞれ一括把握されはじめる。このことを示すのが総称的に用いられる「諸蕃人」（『天武紀』五年（六七六）九月戊寅条）、「蕃人」（『持統紀』三年（六八九）一月壬戌条）であり、特に前者は百寮人と対記されている点が重要である。推古朝以来漢人集団を統括してきた倭漢直氏の七罪が問われたのも（『天武紀』六年（六七七）六月条）、そのような統括関係を否定し、律令官人制の原則を貫徹するためであろう。また斉明朝以後、飛鳥寺西槻下の広場などで饗会等が行なわれる際、隼人・毛人・粛慎・覩貨邏国人・南島人らがともに参列し、服属儀礼を行なう例が現れる（後述）。もとより多様な存在形態をとる異種集団を、律令法の「外蕃」観念などに基づく一定の原則により、「夷狄」として総括するための施策と考えられる。

以下は憶断であるが、「夷人」的関係集団からの「夷狄」分離・特化といえる右の施策に深く関わった可能性が高い集団として、亡命百済人貴族を想定できるのではないか。彼らが『日本書紀』編纂時に提出した「百済三書」は天皇に対する祖先以来の臣従の由来を述べた書といわれているが、『日本書紀』に引かれているその断片には、「忱弥多礼」・耽羅＝済州島を「南蛮」[22]とし、歴代の百済王が「天皇」に対して自国を「西蕃」（『神功紀』四九年など）と卑称するなど、中華思想に基づく空間的な夷狄・諸蕃配置の意識が明瞭である。七世紀半ばに渡来した、いわば新来の「夷人」的関係集団に他ならぬ彼らは、律令法により自らを諸蕃と位置づける際に、本来この地の「辺境」に居住してさまざまなレベルの個別的関係を構成していた毛人や隼人、多禰人などとの差別化をはかった可能性があるのではないだろうか。

第２節　「夷人」観念と地域社会

さてこうした「夷人」的関係は、北方・南方の地域社会においてどのように形成され、機能したか。七世紀における大規模な国際的変動が地域の交通関係をどう変え、自他認識にいかなる影響を及ぼしたのかについて、それぞれ具体的に考察してみたい。

（1）南方世界の変動と「夷人」の実質

九州の南西海岸から薩南諸島、琉球列島・台湾を経て中国大陸の南西海岸地方にまで至る「南方世界」では、隋による領域支配の急速な拡大（七世紀初頭）と消失、倭国による支配（七世紀第4四半期）の展開が、「夷人」的関係にも一定の変動を及ぼした。[23]

（a）流求人・掖玖人

『隋書』巻三煬帝紀大業三年（六〇七）三月癸丑条や、同巻八一東夷伝・流求国（以下、『流求国伝』と略記）などに「流求人」についての記述があり、その比定地をめぐってさまざまな解釈が行なわれてきた。私は前稿で先行研究の論点を整理し、隋・唐代の「流求」観を検討して以下の結論に達した。[24]①流求は隋の建安郡＝福州（福建）の東方海上に浮かぶ海島であり、気候は嶺南に似ている。②周辺地域からは商旅が頻繁に往来し（『隋書』巻六四・陳稜伝）、崑崙人[25]（『流求国伝』）や新羅客（劉恂『嶺表録異』下・流虬国）のなかには、流求の言語を解し、通訳する者もある。③当時隋朝にあってその住民が用いる布甲[26]を実見した倭国の遣隋使は、「此夷邪久国人所用也」と述べた。これは隋における「流求国」が、七世紀初頭の倭人の知識では「夷邪久国」[27]と呼ばれていたことを示す。後者が『推古紀』等に現れる「掖玖」と同一であるならば、『隋書』の流求＝『日本書紀』の掖玖となり、これを後の「南島人」の前身となる南島地域一帯の総称とする通説[28]の理解は成立しがたい。④六一〇年、隋は万余の兵によって流求国を滅ぼし、大勢の捕虜が連行されて以後交通は途絶える（『流求国伝』・陳稜伝など）。やがて一二世紀末の「毗舎耶」（台湾の異種）による襲撃記録の誤った混入により、『隋書』以来の流求国情報に変更が加えられ、以後流求を台湾と理解する説が現れるようになる。以上を勘案すると、七世紀初頭の流求＝掖玖は沖縄の可能性が高い（以上の論証過程については本書第４章を参照）。

隋の煬帝は三国呉による夷洲＝台湾征討（二三〇年。『三国志』巻四七・呉主黄龍二年条等）が実施されて以来、新たな情報のないこの海域に二度にわたって使者朱寛を派遣する。福州近郊の「何蛮」から情報を得て、旧南朝や、六〇一年から六〇四年にかけて潮州など五州で激しい反乱を展開した獠の後背地域に位置し、長く中国との交渉が途絶えている流求に関心をもったためであろう。当初は招慰を目的としていたが、流求がこれを拒んだために（『流求国伝』）、大規模な征討が行なわれることとなった。[29]

それではこうした流求国の滅亡と倭国との関係はあったのか。通説は流求国と「掖玖」との関係を認めないが、私見のように流求国と掖玖とを同一地域と見るなら、当時の南方世界において交易拠点の一つであった流求国の消失が周辺社会に少なからぬ影響を与えた可能性は充分に認められる。『日本書紀』には流求国崩壊の六年後、突然「掖玖（夜勾）人」帰化・投来の記事が集中的に表れるが（『推古紀』二四年（六一六）三月・五月・七月条）、倭国家が田部連を掖玖に派遣するのはさらにその一三年後（『舒明紀』元年（六二九）四月朔条）であり、国家による掖玖への招慰以前に、彼らの側から投化の行動が起きていることの意義を考えるべきであろう。また通説は七世紀初頭の沖縄に水稲耕作の痕跡が確認されず、階層差を示す住居や墳墓なども発見されていないことを根拠に、『流求国伝』の描く階層的な村落形態や発達した政治組織との矛盾を強調し、律令国家による貢納制的交易支配が当海域に統一性をもたらす七世紀後半までは、身分階層が未成熟な社会が展開していたとする。[30]

ここで『流求国伝』の村落・政治組織像を見てみよう。国のあちこちに「村」が散在し、優れた戦士のなかから自他ともに認めた者が「鳥了帥」となり、犯罪への裁断など、村の日常的支配を担当する（往往有レ村、村有ニ鳥了帥一、並以二善戦者一為レ之。自相樹立、理二一村之事一。）。山や丘の上に「洞」と呼ばれる複数の大集落があり（所レ居曰二波羅檀洞一、塹二柵三重一、環以二流水一、樹棘為レ藩。王所レ居舎、其大一十六間、琱刻禽獣。）、国内にはこれらを統べる数人の「帥」がいる（国有二四・五帥一、統二諸洞一。）。「王」・「小王」の居所があり、柵・堀・籬をめぐらして防備を固めたが、石垣は築かない。「洞」ごとに「部隊」が編成され、他「部隊」と常に対抗し、儀礼的な戦闘をしばしば行なう（勇者三五人出レ前跳噪、交レ言相罵、因相撃射。如其不レ勝、一軍皆走、遣レ人致レ謝、即共和解。）。

また政治組織や制度については、王・小王・帥・鳥了帥という特権的な地位があるものの、税制（無二賦斂一、有レ事則均税。）・文字と暦（俗無二文字一、望二月虧盈一以紀二時節一、候二草薬枯一以為二年歳一。）は存在しない。独特の刑罰が行なわれている。王独自の権限は村の部隊のなかから隊帥を認定すること（王則賜レ之以レ冠、使為二隊帥一。）、「村」の犯罪者に与える刑罰を最終決定すること（犯罪皆断二鳥了帥一。不レ伏則上二請於レ王、王令二臣下一共議定レ之。）の二点だが、いずれも調停者的な役割に止まっている。むしろ「洞」の支配者としては小王と同じ立場にあり、「歓斯」号（王号か）も共有している。加えて王の実子が「歓斯」などの特別な称号や諸権限をもたず（陳稜伝）、小王と王の間に血縁関係は確認できないことから見ても、世襲的な王権はまだ成立していない（本書第4章で詳説）。

以上より、七世紀初頭の時点で流求国ではすでに社会の階層化が進みつつあるが、通説のいうような整然と序列化した政治組織はなく、特定の血統による王位の継承も見られない、未発達な王権をいわば調停機関として有力者が共立しているような段階であると考えられる。農耕がいまだ本格的に展開していないこうした社会において階層化の主要な契機となったのは、南方世界に点在する他の島嶼社会を介した交易であろう。特に琉球列島周辺で産出するゴホウラやイモガイ・夜光貝などは貝輪や貝匙などに加工され、弥生時代以来、七世紀半ばに至るまで威信財的な価値をもつものとして珍重された[31]。流求人のなかには、定期的に到来する倭人との間に「夷人」

的関係を結び、「夷邪久国人」などと呼ばれる者も現れていたが、隋の侵攻によって中心的な流求人集団が失われてしまう。こうした状況に対応するため、残存した流求人の一部が倭国に投化し、新たに倭王権との間に「夷人」的関係を結ぶことを求めた。その結果、彼らの自称に基づく新たな呼称「掖玖人」が成立したのではないだろうか。やがて七世紀第4四半期になって行なわれるようになる律令国家への朝貢と饗会・返賜は、掖玖（この頃には屋久島を指す）人・多禰人・阿麻弥人などの新たな「夷人」的関係を生み、叙位・賜姓による身分階層の分化も進んだが、その基盤は七世紀初頭の流求人＝掖玖人社会に胚胎していたといえる。

（b）覩貨邏人・墮羅人

六五四年四月、吐火羅国の男女各二人と舎衛の女一人が日向の地に漂着した（『孝徳紀』白雉五年四月条）。次いで六五七年七月、覩貨邏国の男二人女四人が海見島を経て筑紫に漂着し、後岡本宮へ駅送され（『斉明紀』三年七月己丑条）、一二日後に飛鳥寺西に設けた須弥山のもとで饗会された（同三年七月辛丑条）。この覩貨邏国については同条に「或本墮羅人」と注記があり、吐火羅国＝覩貨邏国＝墮羅、すなわちチャオプラヤー下流域の都市国家連合ドゥヴァーラヴァティを指す[32]。また舎衛はインドのガンジス川中流域の地名のようである。六世紀中葉、それまでタイ湾の交易ルートを支配して強盛であった扶南国が弱体化し、代わって墮羅やメコン川流域の真臘が発展する。七世紀半ばに南海交易ネットワークを掌握していたのは墮羅であり、唐貞観年間の後半一〇年間（六三八〜六四九年）に五回も唐に朝貢している。これらの漂着民は唐へ派遣された使者か、もしくは商旅の民であろう。律令国家は蝦夷や南島人同様に飛鳥寺西の須弥山での饗会儀礼に参加させたが、三年後に「覩貨邏人」乾豆波斯達阿は舎衛人の妻を後に帰朝する証として残し、数一〇人とともに西海路に去ってしまう。短期的な滞在であり、漂着によって倭王権との間に偶発的に結ばれた「夷人」的関係の不安定性を表す事例である。

（c）隼人・南島人

『日本書紀』に現れる隼人のうち史実性を認められるのは、『敏達紀』一四年（五八五）八月己丑条の三輪君逆に率いられて殯宮を守護するという記事以降のものであろう。それ以前の記事には粉飾が含まれると見るべきだが、興味深いのはそうした記事、たとえば『日本書紀』履中即位前紀の仲皇子を殺害する「近習隼人」の刺領巾（履中記は「隼人曽婆加理」）に、異民族として蔑視するような文言がほとんど見られないことである。また『敏達紀』の隼人による殯宮守衛について重出する『用明紀』元年五月条では、「隼人」を「兵衛」に書き換えている。以上から、「夷人」的関係の成立当初、隼人は王族に近侍する職掌によって名付けられたものであったと考えられる[33]。

こうしたあり方が大きく転換するのは天武朝であり、この時期の隼人支配はやや先行する南島政策と一体で進められた。初めて多禰人への饗会が実施された六七七年（天武六）以降、多禰島支配を核とした南方世界への国制施行準備（六八一年の地理・風俗調査、六九五～六九九年の覓国使派遣による評家設置政策）が急速に進展し、薩摩半島南端の頴娃地域などに評が設置される（衣評。『続日本紀』文武四年六月庚辰条）。これと並行し、近畿地方へ隼人が多数移住して大隅隼人・阿多隼人として国家により固定的に把握されることとなる（『天武紀』一一年（六八二）七月甲午条）。この過程で定期的な「隼人の調」貢上が開始され[34]、また阿多隼人による自家伝承の進上、海宮遊幸神話への接合が進められていく[35]。まさに隼人への「異民族」視[36]、「夷狄」化の開始された時期であった。また個々に「夷人」的関係を結び朝貢を始めた掖玖人・阿麻弥人・度感島人と多禰人をあわせて、総称としての「南島人」が律令国家により創出される（『続日本紀』文武二年（六九八）四月壬寅条）。『持統紀』九年（六九五）三月庚午条には「遣₂務広弐文忌寸博勢・進広参下訳語諸田等於₂多禰₁。求₂蛮所₁ᴸ居。」とあり、明らかに南方の夷狄、

「南蛮」創出の過程であったが、重要なのはそこでも総称として「地域＋人」の形がとられ、毛人を蝦夷と書き換えるような変更がなされず、以後も「個別島名＋人」呼称が併用され続けることである。「夷狄」化により「夷人」的関係が重層化（南島人／○○島人）した例といえよう。

こうした律令国家の介入によって、従来の南方世界の多様な交通関係が危機に瀕するなかで、隼人と南島人の間に政治的連帯が生まれ、ついに薩摩隼人と多禰人による反乱が起こる（七〇二年）。武力による鎮圧の結果「校戸置吏」（『続日本紀』大宝二年八月丙申条）が実施されたが、この時の「名帳」把握が不充分なものであったことは、七三三年に至ってもなお郡領クラスの有力者が無姓であることから明らかである（『続日本紀』天平五年六月丁酉条）。隼人と南島人が明瞭に区別されはじめるのは、隼人が蝦夷と併記されなくなり、隼人の風俗歌舞奏上が確認されるようになる七一〇年代以後であった[37]。以後、隼人は法制上は非夷狄として扱われることとなる。

七二〇年（養老四）に隼人が大隅国守陽侯史麻呂を殺害する大規模な反乱を起こすが、以後、隼人・南島人記事そのものが急速に減り、九世紀初頭に班田が実施され、朝貢が終了して公民化のプロセスも終わる。『令集解』職員令隼人司条朱説は隼人を良人と定義するに至り、また多禰を夷狄＝南蛮とみなす観念も定着しなかった。しかし九世紀半ばになっても南九州の住民に対する「野族」視は残っており（『日本文徳天皇実録』仁寿三年（八五三）七月辛亥条[38]）、また七世紀以来の「○○島人」という呼称は以後も用いられ続ける。たとえば九九三年には、「奄美島人」が九州海岸諸国一帯を侵犯し、三〇〇人を奪取するという事件が起こった（『小右記』長徳三年一〇月一日条）。『権記』同日条では、「奄美島人」が「南蛮賊徒」と書き換えられている。律令国家による「夷狄」化の時期を経て、「夷人」的関係が単なる抽象的な観念ではなく、実際の活動などに起因する恐怖感を伴う新たな関係として重層化し再生されていく過程を、ここに見ることができよう。

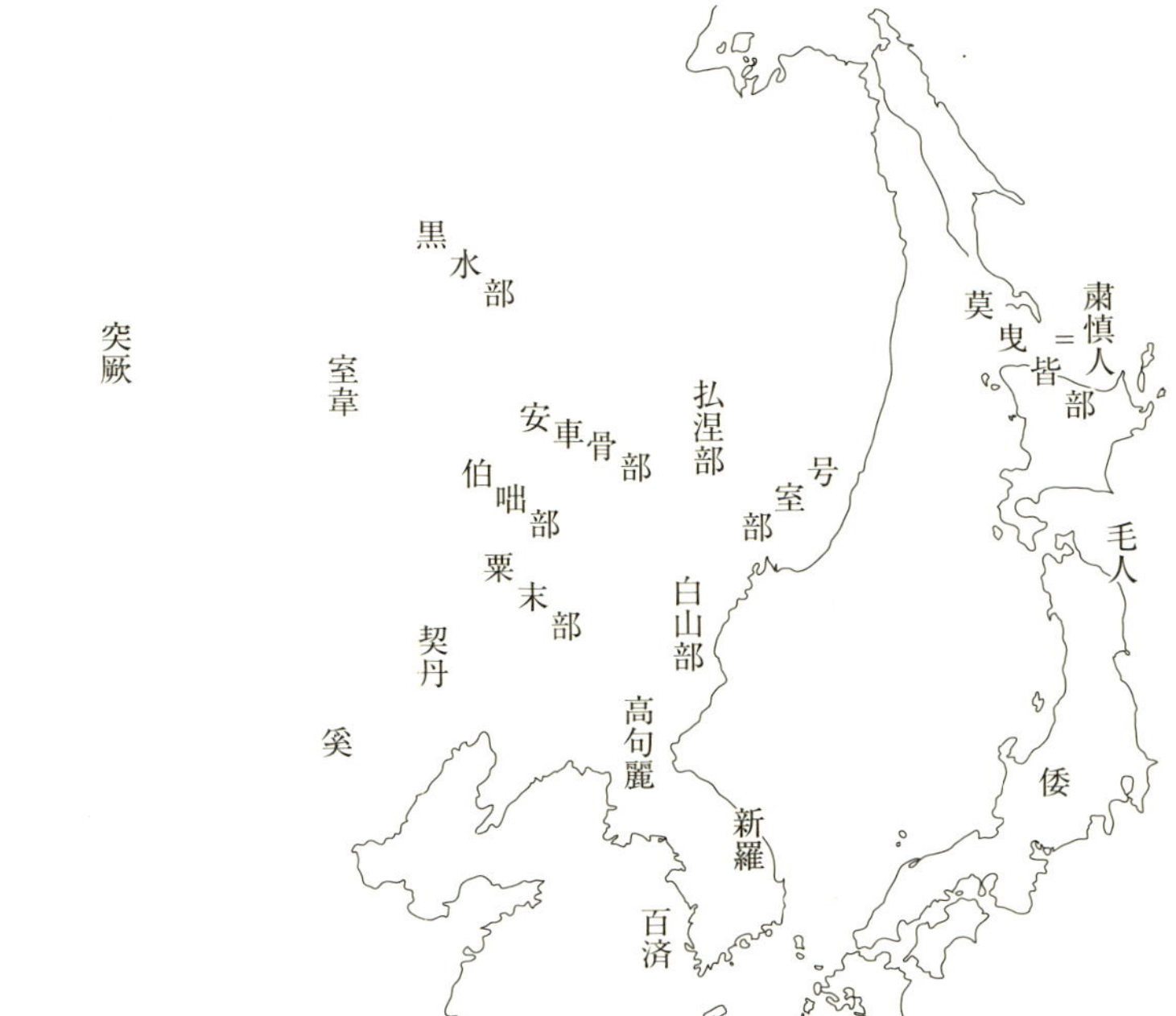

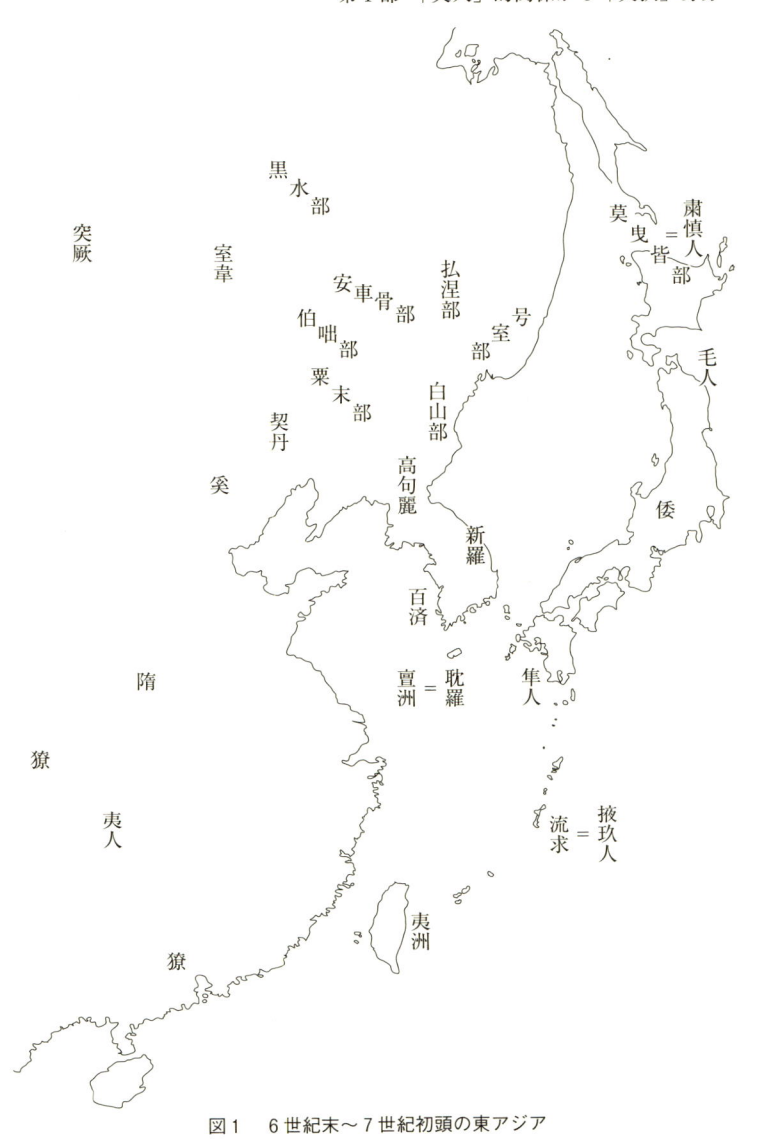

図1　6世紀末～7世紀初頭の東アジア

（2）北方世界の変動と「夷人」の変容

1　七世紀の北方世界

アムールランドからサハリン、北海道を経てクリル諸島、カムチャツカ半島に至る倭国の北方地域＝北方世界では、高句麗が滅亡してから（六六八年）、その遺民を中心とする震＝渤海が建国し唐に冊封されるまで（七一三年）の前後、地域間の交通関係が大きく変動した。主要な「夷人」的関係集団を取り上げて考察する。

（a）靺鞨諸部と『日本書紀』の粛慎人

七世紀の北方世界を考える上で看過できないのが、隋・唐の東北、アムールランド一帯に盤踞した靺鞨の諸部である（『隋書』『旧唐書』靺鞨伝、『新唐書』黒水靺鞨伝など）。隋末には強盛な七部（粟末部、伯咄部、安車骨部、払涅部、号室部、黒水部、白山部）があったが、これらは七世紀後半以後住域を変えたり、他の部に吸収されて名前が見えなくなるなど大きく変動している。七部のうち、高句麗の滅亡後に唐や新羅・渤海に吸収されず自立しえた部は払涅部、号室部、黒水部にとどまる。号室部の名称は見えなくなるが、本来挹婁中の主力集団で、アムール川河口域の窟説部、その分派と考えられる莫曳（皆）部がその後継集団となった。号室部は七世紀後半から八世紀初めにかけて、順次東北に居住域を移動した可能性を想定しうる。[39]

他方、『日本書紀』には、佐渡島周辺に「乗二一船舶一而淹留。春夏捕レ魚充レ食」する粛慎人（『欽明紀』五年（五四四）一二月条）、あるいは阿倍比羅夫が「粛慎」を討ち生羆二・羆皮七〇枚を献上した（『斉明紀』四年是歳条）、「粛慎志良須叡草」への叙位（『持統紀』一〇年（六九六）三月甲寅条）など、「粛慎人」と呼ばれる集団が現れる。「粛慎」とは、右の靺鞨諸部の動向をあわせて考えると、六世紀半ばから大船でしばしば日本海北辺に出没するこの号室・窟設部靺鞨であり、その分派である莫曳（皆）靺鞨こそ七世紀にサハリン～北海道北部にかけて展開したオホーツク文化荷負集団中の領導者層と思われる(40)。

それではこれらの「粛慎人」なる「夷人」的関係は、いつどのようにして出現したのか。この点について示唆的なのは「粛慎人」とアシハセヒトという呼称の結合過程に関する若月義小氏の見解である(41)。氏によれば、本来は特定集団の呼称ではなかった「（海の彼方から）荒々しく馳せ来る人」を指す倭語が挹婁系集団の呼称とされたのは、六六〇年五月に行なわれた蕃夷を創出する儀式の場においてである（「又阿倍引田臣闕名、献夷五十余。又於二石上池辺一作二須弥山一。高如二廟塔一。以饗二粛慎四十七人一。」『斉明紀』六年五月条）。この儀式の目的は同年一月以来来朝・滞在中だった高句麗使に、高句麗国内で通用していた蕃夷観念（実在の挹婁を『後漢書』『晋書』にある粛慎氏とみなす）が倭国にも存在することを国際的に確認させることであった。「粛慎四十七人」は単独でこの儀式に従った可能性がある(42)。ところが、七二〇年に「靺鞨国」に派遣された渡嶋津軽津司によって、アシハセヒトの故地が渤海の支配下に入ったことが確認されると（『続日本紀』養老四年正月丙子条）、「粛慎人」に代えて実際に通用する靺鞨（アシハセ）が用いられるようになるという。これはまさに「夷人」的関係の政治的な創出と終焉の過程に他ならず、その関係が内実を失うと呼称から「ヒト」が削られる点は興味深い。「夷人」的関係があくまでも双方の利害の一致によって成立し維持されるゆえであろう。

（b）都加留（＝津刈蝦夷）

よく知られているように、六五九年（斉明五）七月に派遣された遣唐使は、「道奥蝦夷男女二人」を帯同し、これを時の皇帝高宗に披露した。「伊吉連博徳書」によれば、天子の「蝦夷幾種。」との問いに対し、使人は「類有二三種一。遠者名都加留、次者名麁蝦夷、近者熟蝦夷。今此熟蝦夷。毎レ歳、入二貢本国之朝一。」と答えたという。

つまり七世紀半ばに存在が知られている蝦夷集団の最も辺遠に居住する集団であるが、他二種は「麁」「熟」と服属の度合いによる抽象的な称呼であり、他に類例がない。しかし都加留は具体的な地名（＝津軽）であり、この地に居住する蝦夷集団の自称に発するものと想像される。

なおこの際の蝦夷の風貌や、唐朝で見せた弓矢の妙技について具体的に記録している中国史書は、遣唐使の示した三種区分には全く無関心であり、「蝦夷国」「蝦蛦人」が偕朝したとするのみである。ただ今回来訪した蝦夷が「毛人」とは別であるという認識が見られる（『通典』巻一八五・辺亡一、『新唐書』巻二二〇・日本国伝など）。

（c）渡嶋蝦夷・齶田蝦夷・渟代郡蝦蛦・問菟蝦夷／柵養蝦夷

渡嶋蝦夷は、この時期北海道中央部・南部にかけて展開した擦文文化の荷負集団であろう。[43] 阿倍引田臣の率いる軍と一度も交戦していない。早々に服属の意を示し、阿倍引田臣と合力して弊賂弁島に柵を築いた粛慎と戦っている（『斉明紀』六年三月条）。また齶田蝦夷恩荷は齶田浦神に服属を誓って叙位賜禄され、渟代郡蝦蛦・問菟蝦夷らとともに無姓のまま建郡（＝立評）の主体となる（同四年四月条）。これらはそれぞれ個別地域名（地名＋蝦夷）、あるいは職掌もしくは称号を示す「柵養」を名乗る蝦夷中の有力者である（同四年七月甲申条）。[44] この地域には七一五年に至っても北方の「蝦狄」（粛慎人）の来襲に対し常に危機感を抱くような緊張した状況が続き、それが自主的な建郡要請につながった（「陸奥蝦夷第三等邑良志別君宇蘇弥奈等言、親族死亡、子孫数人、常恐レ被二狄徒抄略一乎。請、於二香河村一、造二建郡家一、為二編戸民一、永保二安堵一。」『続日本紀』霊亀元年一〇月丁丑条）。

（d）「虜」「俘人」

六六〇年代末以降激化した（a）粛慎人と（c）蝦夷間の戦闘による捕虜である。[45] 実体はアシハセヒトか、もしくは律令国家に敵対し、この時点で「越蝦夷」伊高岐那らに支配されている蝦夷集団であろう。伊高岐那から七〇戸で一郡を立てる旨要請のあった「俘人」は「虜」状態のままで越の地に留め置かれた。人的服属の形態が身分と化す例（従人・人夫等）であり、八世紀に展開する俘囚の前身となる新たな「夷人」的関係である。

2　「夷人」的関係の「夷狄」化政策

七世紀の北方世界を構成する地域集団にはおよそ以上のものがある。渤海の建国過程で靺鞨諸部間の交通関係に大規模な変動が起こり、その余波は蝦夷社会にも及んだことが明らかとなった。七世紀半ば以降、挹婁系のアシハセヒトは「粛慎人」と結合され、また東北地域では「地名＋蝦夷」を名乗る集団が現れる。阿倍引田臣を介して個別的な関係を結ぶその実質はむしろ毛人と考えるべきであり、これらは「夷人」的関係の範疇に入れてよいだろう。律令国家はまず都加留（津刈＋毛人）中の有力者の個別的投化を受け、その住地に郡を設置、これを基盤に南北の毛人・粛慎人の特定集団を把握するという形でこの時期特有の辺境支配形態＝「北方支配体制」[46]の構築を進めていった。これは南方において隼人支配の拠点を多禰に定め、飛び石的に評を設置する方式をとる同時期の政策と揆を一にしている。この支配体制は八世紀初頭まで機能し続けるが、新羅の永興湾以北への支配拡大（六七五年以降）、震の建国、唐の渤海郡王位追認以後、新羅・渤海による靺鞨諸部支配と政治的交通規制の再生が進み[47]、それまで高句麗の故地に遺存する諸部との交流を保ってきた「粛慎」に圧力がかかる。これが七一〇年代の「蝦狄」の敵対行動活発化につながったと思われる。「北方支配体制」は北海道方面までの広域を次第にカバーできなくなり、後方羊蹄・津刈等の郡を放棄、七三三年には出羽柵を秋田村高清水岡に遷し、以後ここが「狄」と接する最前線となる。七四六年に起こった渤海人・鉄利（靺鞨）一一〇〇余人の来着に際し、これを受け入れて新たな「夷人」的関係を構築することなく、来住を許さず放還する結果となったこと[48]（『続日本紀』天平一八年是年条）は、すでにこの体制が機能しえなくなっていたことを端的に表している。

一方、北方での政策転換が進められた時期にも、服属儀礼による「夷狄」化は行なわれていた。蝦夷（毛人）、粛慎人、隼人、南島人、覩貨邏国人、百済調使、大唐人等に対して同時に、飛鳥寺西槻下に設置した須弥山や宮中で饗会や叙位を行なう等の例が現れる（『日本書紀』斉明元年七月、同是歳、六年五月、持統八年一月の各条。『続日本紀』和銅三年正月、宝亀元年正月の各条他）。本来それぞれ全く別個の存在形態をとる異種集団を同じ立場で儀礼に参加させることで、「公民」や「百寮」などと対置される「夷狄」であることを自他ともに可視的に認識させるイデオロギー政策であった。[49] しかし蝦夷・南島人の朝賀同時参列は早くも七一五年以後確認できなくなる。また隼人のように公民化政策が進展し、「隼人」呼称そのものが消失していく例もあって、こうした政策の継続は難しくなった。

律令国家による異種集団間の関係調整が行き詰まった七二〇年、北方では「海道」蝦夷が、南方では隼人の反乱が起こり、以後特に北方では断続的に戦争状態が続く。[50] そのなかで、「蝦夷」「南島人」などと固定された「夷狄」の総称に変容が表れる。「蝦夷」には郡・村規模の個別地名を冠した呼び分けがなされ、また俘虜となった有力な蝦夷を呼ぶ新たな呼称として「俘囚」「夷」が定着した。また「南島人」という総称は使用されなくなり、それぞれの「島名＋人」呼称のみが用いられるようになっていく。

おわりに　「夷人」的関係と古代の自他認識

本章では、六世紀から七世紀にかけて、異種集団と倭国家・律令国家との間に形成された交通関係を「夷人」

的関係と呼び、その多様で広範な展開を考察した。この関係は国家側からの一方的な強制ではなく、個々の異種集団の主体的な関与に支えられて成立する流動的な関係であり、常に抗争や離叛の契機を含んで成り立つものであった。国家がこの関係形成に果たした主な役割とは、異種集団の認定・集団間対立への介入と相互調整であった。律令国家形成期においては華夷を空間的に配置する観念の導入に伴い、「夷人」的関係の「夷狄」「外蕃」「公民」化の進展がはかられるが、この関係は以後も変容しつつ次々と新たなヴァリエーションを生み出して機能し続けていく。

こうした多様性は、律令国家の与えた枠組み・身分規定を最大限に利用しつつ、それをもとに地域社会での序列化（利権の再配分につながる）を進めていこうとする異種諸集団の活発な行動に起因するものであった。いわば外部から与えられた自己規定を変容し、地域における抗争の局面でそれを利用してステータスを確立する戦略といえる。他者との流動的な関係のなかで相対的に自己規定していく、こうした自他認識のあり方は、広大な北方・南方世界の変動の影響を常に被る「辺境」地域において顕著に見られるが、同様の自他認識は多様な地域集団によって成り立っている倭人社会の内部にも確認できるであろう。その意味において「夷人」的関係とそれに基盤を置く自他認識は、古代日本における基本的な交通関係の典型といえるのではないだろうか。この問題を考察するには、五世紀後半の中国における地理認識と倭王武の世界観、「蕃」として一括される異種集団の自己認識、九世紀以後の流求・夷の観念の変容など、論じるべき課題は数多いが、ここでは基本的な研究視点と方法論の一端を示すにとどめたい。

【第1章　注】

（1）石母田正「日本古代における国際意識について―古代貴族の場合―」（初出一九六二年）、「天皇と「諸蕃」―大宝令制定の意義に関連して―」（初出一九六三年。ともに同著作集第四巻、岩波書店、一九八九年所収）。

（2）石上英一「古代東アジア地域と日本」（『日本の社会史』第1巻、岩波書店、一九八七年）。熊田亮介「古代国家と蝦夷・隼人」（初出一九九四年。同『古代国家と東北』、吉川弘文館、二〇〇三年所収）、同「古代国家と南島・隼人」（『歴史評論』五五五、一九九六年）など。

（3）こうした事態は、夷狄社会のなかに当初から一定の政治権力が形成されており、在地のヘゲモニーを握ろうとして抗争する状況が常態化していたことを想定しなければ説明できないと考える。田中聡「民夷を論ぜず―九世紀の蝦夷認識―」（『立命館史学』一八、一九九七年）本書第6章を参照。

（4）石母田正「天皇と「諸蕃」―大宝令制定の意義に関連して―」（初出一九六三年。同著作集第四巻、岩波書店、一九八九年所収）。平野邦雄「〝帰化〟〝外蕃〟の概念」（『大化前代政治過程の研究』5編3章、吉川弘文館、一九八五年）。今泉隆雄「律令における化外人・外蕃人と夷狄」（羽下徳彦編『中世の政治と宗教』、吉川弘文館、一九九四年）。今泉説に立てば化外は外蕃（唐・新羅・渤海など）のみを指し、律令法には夷狄の帰化は想定されていないこととなる。

（5）今泉説に対し、職員令大国条古記の「撫慰」＝招慰とする説に依りつつ、この条文が未編戸民である蝦夷を招慰し編戸することを想定しており、夷狄の帰化は八世紀初頭には律令法に規定されていた可能性があるという武廣亮平氏の反論がある（「日本古代の「夷狄」支配と「蝦夷」―その儀礼と身分―」『歴史学研究』六九〇、一九九六年）。

（6）熊谷公男「九世紀奥郡争乱の歴史的意義」（虎尾俊哉編『律令国家の地方支配』、吉川弘文館、一九九五年）など。私はこうした通説の理解とは反対に「民」と「夷」を両立させる新たな支配形態が、東北地域において九世紀以後展開したと考えている。本書第6章を参照。

（7）夷狄関連条文中で蝦夷と記しているのは、管見の限りここで引いている③④のみ。

（8）肥国を本拠地とする海人的職能集団か。田中聡「隼人・南嶋と国家―国制施行と神話―」（『日本史論叢』一二、一九八九年）六四頁。本書第3章を参照。

(9)『古事記』継体天皇条には「竺紫君石井」とあり、また大宰府木簡に「竺志前贄駅」の事例がある（『大宰府木簡概報』一—7号）。

(10) 大津透「律令収取制度の特質—日唐賦役令の比較研究」（初出一九八九年。同『律令国家支配構造の研究』、岩波書店、一九九三年所収）。なお文中の唐令条文は、『唐令拾遺補』（東京大学出版会、一九九七年）の復元に従う。

(11) 唐賦役令辺遠州条が「夷獠雑類」という具体的な集団に言及するのは、北朝末に獠の活動が活発化する一方、中国王朝の支配下で華人と雑居し課役を負担する者が現れ、斉人と区別がつかなくなるような現実の状況に対応するためである。以上は渡辺信一郎氏よりご教示を得た。また石見清裕「唐の内附異民族対象規定」（初出一九九五年。同『唐の北方問題と国際秩序』、汲古書院、一九九八年所収）によれば、住域ごと唐の支配下に組み込まれた場合に復三年を与え、状況に応じて課税するという支配形態がとられた。

(12) 工藤元男「禹の変容と五祀」（初出一九九二年。同『睡虎地秦簡よりみた秦代の国家と社会』、創文社、一九九八年所収）。

(13) 川本芳昭『魏晋南北朝時代の民族問題』（汲古書院、一九九八年）。

(14) 高津純也「先秦時代の「諸夏」と「夷狄」」（『日本秦漢史学会報』一、二〇〇〇年）。

(15) 工藤元男「秦の領土拡大と国際秩序の形成」（初出一九八四年、同前掲12所収）。

(16) 本書第2章を参照。

(17) 本書第6章を参照。なお川本芳昭氏によれば、同様のことが五世紀末から六世紀初頭の北朝魏でも問題となっていた。当時南朝からの新たな服属民が「南人」として体系化され、鮮卑族の他部族出身の「北人」との間に大規模な対立抗争が起こったという。川本芳昭前掲13参照。

(18) 同条の「吉備韓子」の他、紀臣と「韓婦」の間に生まれて百済王臣となった紀臣奈率彌麻沙（『欽明紀』二年（五四一）七月条注）や、火葦北国造刑部靫部阿利斯登の子である達率日羅（『敏達紀』一二年（五八三）是歳条）など。

(19)『隋書』巻八一百済伝は六世紀末の百済王都について、「其人雑有新羅・高麗・倭等、亦有中国人。」とする。当時の百済には「多系の文化の複合」が展開し、「未だ百済人として一体化せず、「倭」などとして識別し得」る状況であった（山尾幸久「五、六世紀の日朝関係―韓国の前方後円墳の一解釈―」『朝鮮学報』一七九、二〇〇一年）。同時期の倭国も同様の状態であったと考えられる。

(20) この点、『欽明紀』四年（五四三）九月条の百済聖明王が倭王に贈った「扶南財物・奴二口」も仏教に関連する人や文物である可能性があるように思う。

(21) 唐令には外蕃人が投化した場合の給粮規定は見られないが、給復年限に三年と一〇年の二段階がある。賦役令没落外蕃条古記所引の開元令では、夷狄を新たに招慰し戸貫に付した場合復三年とする。あるいは唐におけるこうした具体的規定を念頭に置いて日本で独自に定めた単項法があり、その適用例と考えられるのではないか。

(22) 河内春人「日本古代における礼的秩序の成立―華夷秩序の構造と方位認識―」（『明治大学人文科学研究所紀要』四三、一九九七年）。

(23) 本書第3章を参照。

(24) 流求の地理認識の詳細については、田中聡「古代の南方世界―「南島」以前の琉球観―」（『歴史評論』五八六、一九九九年）、本書第4章を参照。

(25) 当時ベンガル湾とタイ湾を結び大型船で活発に海上交易を行なった集団。伊東利勝「綿布と旭日銀貨―ピュー、ドゥヴァーラヴァティー、扶南」（『岩波講座東南アジア史』第一巻、二〇〇一年）二三〇頁。

(26) 山里純一『古代日本と南島の交流』（吉川弘文館、一九九九年）一一～一五頁。

(27) 田中聡前掲24、六九頁では「夷邪久国人」の「夷邪久」＝「幽求」＝「流求」と理解したが、本章の「夷人」理解をふまえ、「流求国」＝「邪久国」と訂正する。

(28) 鈴木靖民「南島人の来朝をめぐる基礎的考察」（田村圓澄先生古稀記念会編『東アジアと日本（歴史編）』、吉川弘文館、一九八七年）。熊田亮介「古代国家と隼人・南島」（『歴史評論』五五五、一九九六年）。山里純一前掲26、その他。

(29)『旧唐書』巻一〇九、馮盎伝。河原正博『漢民族華南発展史研究』第三章「隋唐時代の嶺南酋領」(吉川弘文館、一九八四年)を参照。

(30) 鈴木靖民前掲28。

(31) 木下尚子「南から見た貝の道―二つの交易のもたらしたもの」(『南島貝文化の研究―貝の道の考古学』、法政大学出版局、一九九六年)。

(32) 墮羅は堕和羅(旧唐書・通典)、墮羅鉢底(唐会要)などとも書き、陸真臘の西にあり南境はタイ湾に面する。桜井由躬雄「南海交易ネットワークの成立」(『岩波講座東南アジア史』一巻、二〇〇一年)一三七頁を参照。

(33) 高橋明裕「姓成立期の〝某人〟呼称について」(『古代学評論』四、一九九五年)八～九頁。

(34) 永山修一「8世紀の隼人支配の特質について―薩摩国を中心に―」(初出一九九二年。同『隼人と古代日本』、同成社、二〇〇九年所収)。本章のもととなった二〇〇一年度日本史研究会大会報告の際、鈴木拓也氏から、隼人独自の六年一班の朝貢形式は明らかに蝦夷の「調役」とは異なり、こうした儀礼・賦課形式の差は八世紀以後も均質化されず残ってゆくという意味では、夷狄の内部に前代以来の多様性・個別性が連続する面は認められるとのコメントをいただいた。確かに「夷人」的関係が連続する例は「漢人」等の一部では認められるが、そうした個別的関係にあった多様な異種集団のうちには公民・諸蕃・夷狄といった区分がもちこまれ、いわば関係が重層化していることの歴史的意義を軽視すべきではない。「夷人」的関係が国家による認定作業を必然的に伴う以上、認定基準の変質は関係のあり方そのものに決定的な影響を及ぼす。律令国家において初めて夷狄は公民という対称軸を得たのであり、この点において倭国家の時代の「夷人」的関係と決定的に異なっている。

(35) 本書第3章を参照。

(36) 隼人は律令国家に「異民族」として服属し、風俗歌舞の奏上などを行ないながらも籍帳によって把握される百姓身分であり、蝦夷と対置されるべき夷狄は南島人であるというのが現在の通説的理解である。伊藤循「蝦夷と隼人はどこが違うか」(『争点日本の歴史』3、新人物往来社、一九九一年)。同「律令国家と異民族」(『歴史学研究』六六五、一九九四年)。

(37) 永山修一「隼人をめぐって―〈夷狄〉支配の構造」（初出二〇〇一年。同前掲34所収）。
(38) 永山修一前掲37。
(39) 先行研究によれば、隋末の七部は、①粟末部（夫余系で渤海建国の主力）、②伯咄部（渤海編戸へ）、③安車骨部（六世紀代の勿吉の後継集団）、④払涅部（両唐書にあり、『高麗史』の弗奈国がその後継か）、⑤号室部、⑥黒水部（靺鞨中最も精強で、唐代には一六落に分かれ、七二六年黒水府の設置以降は歳貢）、⑦白山部（三世紀代の挹婁・粛慎の後継集団で渤海の編戸となる）からなる。うち高句麗滅亡後に唐や新羅・渤海に吸収されず自立しえた部は④⑤⑥である。若月義小「北東アジア国際関係史における列島北部地域の実像―七・八世紀を中心として―」（『京都経済短期大学論集』三・二、一九九六年）など参照。
(40) 天野哲也「極東民族史におけるオホーツク文化の位置」（上・下）（『考古学研究』二三―四、二五―一、一九七七・一九七八年）。菊池俊彦『北東アジア古代文化の研究』第二章（北海道大学図書刊行会、一九九五年）など参照。ただ若月義小前掲39が強調するように、オホーツク文化を担う人々の内実は「交易権を付託された移住系の少数の指導者層と原住集団との混血・文化複合を含めた重層性」という視点からとらえるべきであろう。
(41) 若月義小「アシハセ・粛慎考」（『弘前大学国史研究』一〇七、一九九九年）。
(42) 六八九年に筑紫大宰粟田真人朝臣が「献上」したという隼人一七四人も、これと同様の自発的投化と考えうるのではないか。『持統紀』三年一月壬戌条。
(43) 鈴木靖民「擦文期の北海道と東北北部の交流」（『国史学』一六九、一九九九年）。
(44) 「柵養」の意味については本書第6章の注26を参照。
(45) こうした状況は六六八年の高句麗滅亡に端を発する靺鞨集団の変動の余波が及んだものとする若月義小前掲41の理解に従う。
(46) 阿倍引田臣による「東北経営」の内実とは、渡嶋・越蝦夷の地域社会と新来の粛慎人の間に発生した地域紛争に介入し、国家との政治的関係の恒常化を望む蝦夷を個別的に把握し、その支配領域に評・柵を立て、蝦夷の郡領らに管轄させるというものである。あくまで地域社会間の政治的関係の調整に本領があり、羆皮・昆布などの北方産物の一定の交易規制に基づく安定した入手が可能な体制の形成を志向していた。本書第6章のもととなった田中聡前掲3で、これを「北方支配体制」と呼んだ。

(47) 古畑徹「環日本海諸「地域」間交流史の中の渤海国―七～一〇世紀における航路の変遷を中心に―」（唐代史研究会編『東アジア史における国家と地域』、刀水書房、一九九九年）。

(48) 化外人に対する衣服・食料支給政策は天皇の徳を示したり、化外人の化内化をうながすが、化外人の化内化を直ちに確定するものではない。小林隆「律令制下の化内・化内人について」（『新しい歴史学のために』二一二、一九九三年）。

(49) 武廣亮平氏はこうした扱いを「儀礼構造の上でフラット」と表現する。武廣亮平前掲5。

(50) 本書第6章を参照。

図1　日本史研究会『日本史研究』四七五、二〇〇二年をもとに作成。

第2章　隼人・熊襲観念の形成と受容

はじめに

古代の九州南部については、五世紀代の王権の朝鮮半島経営に伴う中部九州（球磨・贈於地方）進出が肥後から薩摩へと波及し、大化改新後に肥後・薩摩勢力がさらに南下して、隼人を制圧して八世紀初頭の薩摩国成立に至るという理解が、現在も通説的位置を占めている。その裏付けとなっているのは、この地域固有の墓制の展開や、八世紀における地名を冠した郡領氏族名の分布等であり、また『日本書紀』・『古事記』等の文献史料には、大和政権以来の隼人との交渉や、小碓命（倭建命）によって滅ぼされたクマソ（『日本書紀』では熊襲、『古事記』では熊曽）の物語も、律令国家以前の九州南部支配の実態を反映する史料として用いられている。さらには『宋書』倭国伝所引の「倭王武の上表文」に倭王武が西方の「衆夷」を制圧したとあり、これがクマソ・隼人を指すとする理解も一般的に見られる。

だが、こうした通説の史料解釈には、記・紀において物語の形で語られていることを即実際の歴史過程に置き換えたり、また墓制の分布から文献史料の「阿多隼人」「大隅隼人」といった勢力の支配する範囲を推測するなど、考古学的な情報を文献史料に見られる用語と直結する傾向がある。はたしてクマソや隼人の物語、中国史料の「上表文」に現れる「衆夷」は、大和王権の九州南部の実態を語るものといえるだろうか。

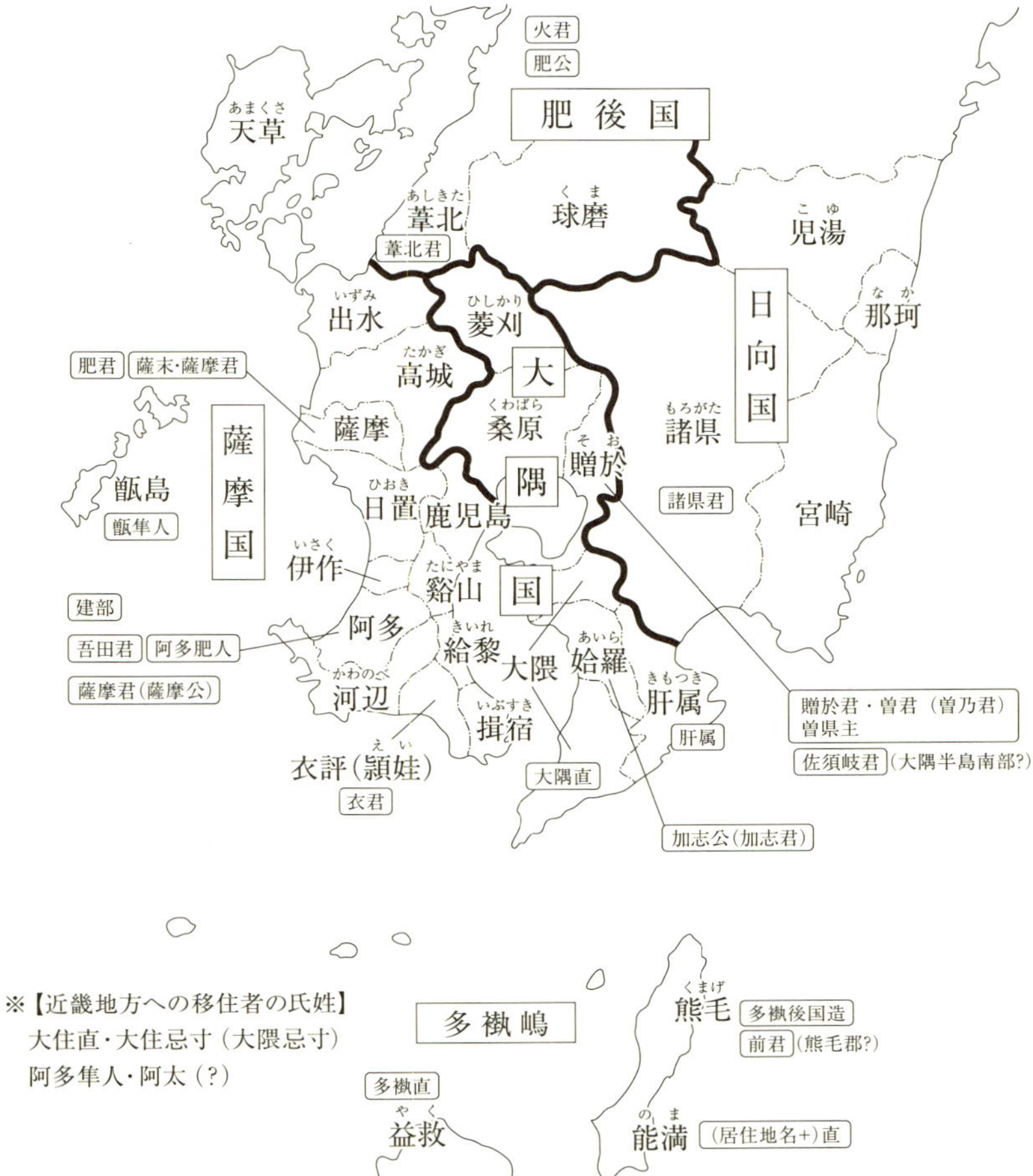

図1　文献史料に見る古代の南九州

大隅国分置後の南九州の国・郡を示した。

□の囲い文字はその地域に在住する有力氏族の氏姓を示す。

本章では、この問題について批判的検討を行なうとともに、記・紀の海幸山幸神話が隼人集団の政治的自他認識を反映している可能性について考察する。

第1節　隼人・熊襲像に関する先行研究

古代の九州南部の歴史については、戦前の津田左右吉氏[1]、戦後の井上辰雄氏[2]・中村明蔵氏[3]らの研究によって史料批判が進み、天孫族と隼人族の対決による民族対立・融合の歴史などと見る明治時代以来の理解は大きく改められ、現在の通説がつくられた。たとえば中村明蔵氏は、大和国家の時代（五世紀～七世紀前半）から律令国家形成期（七世紀後半～八世紀初頭）にかけての推移を次のように想定している。

①八代平野の氷川流域を本拠地とした肥君一族（肥後の勢力）が、大和王権の朝鮮半島経営の余波を受けて五世紀前半頃南下を開始する。肥後勢力は八代海を経て南下し、出水地方の隼人を同化してゆく。

②並行して日向の児湯・諸県地方に進出し、諸県君の子女を貢上させ、志布志湾に至る。阿多君・大隅直一族の一部が畿内に移住させられ、守衛となる（五世紀末～六世紀初め）。

③出水地方の隼人の最大勢力である薩摩君は、生産力基盤の弱さから次第に肥後勢力に駆逐されて南下し、勢力圏を川内川南側へと移す。鹿児島湾奥部の曽君の勢力圏には曽県・加士伎県が置かれた（推古朝）が、曽君は以後も勢力を維持する。天武朝に阿多隼人が畿内に大量移配されてからは、彼らに代わって薩摩君が薩摩半島南半部の最大勢力となる。

④八世紀以降、薩摩君・曽君の激しい抵抗に遭いながらも薩摩・多禰に国（島）制が施行され、遅れて大隅国

が日向国から分立するに及んで、隼人は全体的に律令国家の構造に組み込まれることとなる。五世紀代の大和王権の朝鮮半島経営に伴い、肥後勢力の中部九州（球磨・贈於地方）への進出が行なわれ、八世紀初頭の薩摩国成立に至る、という理解である。後述のように、現在は考古学的成果などもふまえてさらに新たな歴史像が構成されつつあるが、大和国家の支配が古墳時代に筑紫から南方面へ順次及ぶという、通説の基本的な枠組み自体はなお生きていると思われる。

さて、右の根拠となっているのは、南九州特有の墓制の形態・分布と、記・紀の熊襲や隼人に関する記述、そして八世紀以降の郡領氏族名の分布である。

古墳時代の南九州には大別して四種類の墓制が見られた。第一は高塚古墳（墳丘をもちその内部に石室を設け埋葬する）である。宮崎平野から大隅半島東海岸、志布志湾に注ぐ肝属川・菱田川下流域に四世紀から五世紀にかけて造営され、唐仁大塚のような九州屈指の大型前方後円墳や、多数の小円墳からなる西都原古墳群なども含まれる。薩摩半島北部西海岸（阿久根・川内川流域）にも小規模な古墳群が独立して営まれていた。第二は八代海東岸、球磨川・川内川流域に分布する地下式板石積石室墓（板石を積み上げ石室を造る）であり、第三は宮崎平野に注ぐ一ツ瀬川・大淀川、大隅半島の菱田川・肝属川流域に分布する地下式横穴墓（竪穴の底から横に掘って玄室を造る）であり、第四は薩摩半島南岸、鹿児島湾口部に分布する土壙墓である。このうち第二～四は南九州特有の墓制として、それぞれ文献史料に現れる薩摩隼人・日向（後の大隅）隼人・阿多隼人の勢力圏に比定され、これら三種の隼人が三世紀から七世紀まで各々の住域を守り並立し続けたと考えられている。[4] そうした南九州に第一の墓制＝高塚古墳が造られはじめる五世紀こそ、大和王権による九州中・南部経営の開始時期であり、その伝承が『日本書紀』・『古事記』の景行・仲哀天皇の時代に見られる熊襲征討の物語（後述）として残っているという。

また、八世紀の郡司名の分析では、『薩摩国正税帳』残簡の阿多郡条に郡領クラスとして薩摩君の名は見えるのに阿多君はないことから、この正税帳の作られた天平年間にはすでに阿多郡においては新来の薩摩君が本来の支配勢力であった阿多君にとって代わっているとして、これを薩摩君が阿多地方へと南下した結果であると理解する。

だが、こうした解釈にはいくつか疑問点がある。まず第一に、墓制の分布をそのまま文献史料に現れた「地名＋隼人」という表現と直結させられるか。たとえば薩摩半島南半部の土壙墓は阿多隼人特有のものといわれ、「衣君」（『続日本紀』文武四年六月庚辰条）が勢力を張ったと思われる半島南端部の頴娃周辺にも分布する。しかし史料上、衣君が阿多隼人とされた例はない。また、『日本書紀』持統六年閏五月己酉条は、筑紫大宰率に命じて大隅・阿多に仏教を伝えたとあるが、この場合の「大隅」「阿多」とは、大隅・薩摩半島の各南半などという広い範囲を指しているのではなく、あくまで支配の拠点としての一地域を限定的に示していると思われる。これらから見て、阿多隼人の支配領域は土壙墓文化圏と同じものではない。「地名＋隼人」とは本来彼らの自称ではなく、そこに含まれる一地域に居住する隼人集団を限定的に指した語だといえる。第一義的には律令国家が政治的必要から作り出した呼称であり、これを文化を共有する「隼人民族」の下位集団の固有名のように用いるべきではないだろう[5]。

さらに、南九州特有の墓制の造営主体・被葬者を隼人、近畿の影響の強い高塚古墳のそれを大和政権の派遣した将軍など外来者のものとみなし、両者の対立を強調する旧来の理解についても、すでに批判的な見解がなされている[6]。宮崎平野の五世紀中頃に造営された地下式横穴墓には、玄室の規模が大きく、豊富な鉄製武具の副葬も見られるものがあり、この地を支配する有力豪族（後に隼人と呼ばれる集団も含まれる）と大和王権との関係の密接さをうかがうに足る。また大隅半島の肝属川中流域の岡崎古墳群（古墳時代中期）においては、唐仁大塚など周辺の大型前方後円墳を盟主とし、その下位に位置する首長の高塚古墳と、さらにそれに従う有力者の地下式横穴墓が含まれており、日本列島の他の地域同様に須恵器・U字型鍬鋤先・イモガイ製貝釧などの広域流通財が共有されていた(7)。これらは、後に日向・大隅隼人と呼ばれる地域集団が、大和国家の時代から独立した、内部の均質な「異民族」的集団だったのではなく、大和王権との密接な関係を有する人々が多く含まれており、地域集団内部においても有力豪族とそれ以外の人々との格差が大きかったことを示している(8)。

第二の疑問点は、墓制から判明する古墳時代中・後期のこうした状況と、記・紀神話の記す熊襲の物語とは対応しているか否かである。『古事記』上巻の天地開闢の物語では、イザナキ・イザナミ両神により国土＝大八島国の一つ筑紫島が生み出された時、その四つある面の一つが熊曽国（神名は建日別）であったとする。また『古事記』中巻では、景行天皇の皇子である小碓命が熊曽建兄弟を滅ぼした折、熊曽の弟建から「倭建命」の名を奉られたこと、成務天皇の時代に国内平定がほぼ終わるが、続く仲哀天皇は新羅征服を命じる神に背いて熊曽国を征討しようとし、神の怒りに触れて急死すると物語が展開している。『釈日本紀』巻一六所引の『肥後国風土記』逸文などには熊襲を「球磨贈於《くまそお》」と記すものがあり、これを根拠の一つとして熊襲の実態を球磨（球磨川中流域・人吉盆地）の勢力と贈於（襲国）(9)の勢力を併せたものとし、この二つの地域勢力が大和国家の侵攻に対抗していた時期があり、その古い知識が筑紫地方で「熊襲」の反抗と伝えられ、その語句が後になって大和国家に継承されたとする説(10)が旧来の一般的理解となっていた。だが、この五〇km以上離れた二つの地域は、墓制の展開時期・古墳群の構成において差異が大きく、また『古事記』・『日本書紀』の記事でもそれぞれ「熊県」「襲国」があったとするのみで、両地域が合力したなどという記述は皆無であることからも、こうした解釈は成立しがたい。

『風土記』特有のクマソ表記は、やはりあくまでも西海道諸国の『風土記』編纂が進められた八世紀半ばの歴史地名観の問題として、雅語の使用などの点から考察されるべきであろう。

『古事記』は具体的な地名などを記さないが、『日本書紀』の景行一二年七月～一二月丁酉条・一三年五月条に見られる景行天皇の熊襲親征、同二七年八月～一二月条の小碓皇子の川上梟帥《かわかみたける》平定の物語には、厚鹿文《あつかや》・迮鹿文《さかや》や市乾鹿文《いちふかや》・市鹿文、取石鹿文《とろしかや》など、大隅国始羅郡鹿屋郡《かのや》と関連すると思われる「鹿文」を含む首長名が現れる。また景行天皇の親征ルートが周防～豊前国～碩田国《おおきた》（豊後国大分郡）～日向国高屋宮～襲国（大隅国囎唹郡）＝熊襲の拠点～子湯県（日向国児湯郡）～夷守《ひなもり》（後の日向国夷守駅）～熊県（肥後国球磨郡）と、『延喜式』の記す日向から大隅経由で肥後に至る駅路と同じ道筋を辿っており、これらから見て『日本書紀』の熊襲は後まで大和王権への対抗を続けた襲国（現在の鹿児島県国分市・姶良郡東部及び曽於郡北西部）の住民を指している。「熊」の字は「強く健し」「皇命に従わ」ないことを意味する修飾語と考えられる。(11)

記・紀におけるクマソの叙述はおそらくこうした地理の知識に基づくものと思われるが、問題はそれがいつ成立したものかである。クマソという地域勢力に対する、大和政権による何らかの征討行動が実際にあったとする津田左右吉氏は、その時期を、大和政権の朝鮮半島への出兵と九州北部への支配が確立する四世紀後半よりも後、『宋書』倭国伝所引「倭王武の上表文」に倭王武＝雄略天皇が西方の「衆夷六十六国」を制圧したとする四七八年よりも前の時期、すなわち五世紀初め頃とする。(12)この節の冒頭で挙げた項目でいうと②から③にかけての時期（六世紀初め以降）に、当時反大和政権的だった「襲国」のイメージを投影する形でクマソの原型が作られたという。五世紀初め・六世紀初めと、一世紀の幅があるが、これらはいずれも記・紀の示す歴史像、すなわち仁徳天皇の時代までに内政が整えられ、景行天皇の時代に辺境地域の制圧がほぼ終わり（夷狄支配の開始）、仲哀天皇の時代に神功皇后による朝鮮征討が行なわれて三韓が支配下に置かれ（蕃国の統治）、基本的な国家の姿が確立したという時代観[13]に、一定の史実の裏付けがあるとみなすものといえる。

だが、津田氏らが史実の反映としていた四世紀後半における大和政権主導の朝鮮南部の直轄支配は実証的に成り立たないことは、一九八〇年代に飛躍的に進んだ日朝関係史の研究ですでに明らかであり、また九州北部が大和政権の支配下に置かれるのは五三〇年前後の「筑紫君磐井の戦争」以後である。[14]辺境に夷狄としての蝦夷・隼人・南島を配置し、朝鮮諸国や来住外国人を蕃国・諸蕃とする華夷観念[15]は、律令国家体制の確立過程で初めて成立するものであり、七世紀の後半にならなければ現れない。[16]加えて、八世紀の人名に見られる「曽県主」「加士伎県主」などから「曽県」「加士伎県」の実在を示すとはいえず、これらは後に服属した隼人の首長に与えられた姓であると思われる。[17]姓制度の確立する律令国家形成期以降のことであろう。

以上をあわせて考えると、クマソ征討の物語の原型が成立した時期は、通説が想定する六世紀初めよりずっと後である可能性が高い。鹿児島湾奥部の囎唹地域に位置する隼人曽君の勢力が大きく伸び、しかも隼人を東方の蝦夷と対置される西方の夷狄と位置づける政治意識[18]が成立する以前、七世紀後半の斉明〜天武天皇初年頃と推定する。その後、『古事記』の編纂過程で、阿多隼人服属の物語が神話体系のなかに組み込まれ（本章第3節）、その結果、平定されたクマソに代わって隼人が現れるという、成り立ちの異なる二種類の夷狄観念を含んだ物語構造が成立し、これが『日本書紀』に継承されたと考えるのである。

第三の疑問点は、阿多君と薩摩君の対抗関係の有無である。阿多君が近畿に移住した後の阿多郡に薩摩君の名が見えるのは、必ずしも彼らによる阿多君勢力の駆逐の結果ではなく、むしろ両者の関係が親縁であることを示すのではないか。少なくとも両者が南九州で摩擦を起こしたことを史料上から読み取ることはできない。さらに九世紀の『新撰姓氏録』右京神別の「阿多御手犬養」は系譜上「薩摩君相楽」とつながっており、両者の間に同族的関係があったことがわかる。これが擬制的関係であるにしても両者の間にそれを可能としうる歴史的前提があったことは重要であろう。また、大隅・阿多隼人は天武一一年（六八二）になって突然大挙して朝貢し、一部はそのまま近畿に移住する。この行動は南九州における貢納制支配の展開の結果[19]などと説明されているが、それだけではなぜこの時期なのか説明がつかない。別の要因を考えるべきであろう。もしこれが「隼人が朝廷に服属したことを示す」目的で強制されたのであれば、その契機となるような征討行動なり使者派遣なりが史料上に現れるはずであるが、そのような記事はないのである。国家に対して「まつろはぬ」者という隼人像は、決して隼人の民族的属性などではなく、律令国家形成期の具体的な政治的関係のなかで生み出された観念と見るべきである。

第2節　「倭王武の上表文」の毛人・衆夷

（1）毛人・衆夷に関する通説の理解

『宋書』巻九七・夷蛮伝・倭国条（宋書倭国伝）の引く「倭王武の上表文」（以下「上表文」）冒頭に、周知のように以下の文章がある。

封国偏遠、作$_{二}$藩于外$_{一}$。自昔祖禰躬擐$_{二}$甲冑$_{一}$、跋$_{二}$渉山川$_{一}$、不$_{レ}$遑$_{二}$寧処$_{一}$。東征$_{二}$毛人$_{一}$五十五国、西服$_{二}$衆夷$_{一}$六十六国、渡平$_{二}$海北$_{一}$九十五国。王道融泰、廓土遐$_{レ}$畿。累葉朝宗、不$_{レ}$愆$_{二}$于歳$_{一}$。（後略）

この上表文は一般的に、『日本書紀』において雄略天皇にあてられる倭王武が南朝宋に対して、歴代の倭王が宋朝の忠実な臣下としてその天下を支えてきたことを主張し、高句麗と対峙するための後援を要請する内容と理解されている。宋書倭国伝に登場する五人の倭王（讃・珍・済・興・武）は南朝・宋の皇帝から冊封され、「使持節・都督某州諸軍事」号を得るとともに、倭国の外交権の完全な掌握を模索した。宋から与えられたこの地位は、百済と連携し、勢力を強めて朝鮮半島を南下しつつある高句麗と対峙する軍官としての最高位であった。倭王が仲介して臣下への宋朝の「将軍」号など軍官位の賜与を求め、王からこれを分配することで、倭王への一極的な権力集中を進めようとした。稲荷山鉄剣銘などに見る「杖刀人首」「典曹人」等の原初的な官僚制の編成なども相まって、倭王武＝雄略の時代は日本古代王権の形成史上、列島の領域的支配確立の画期と評価されている[20]。

そこに表れている五世紀後半の倭王とその周辺の有していた世界観については、石母田正氏がこの「上表文」から倭王による高句麗への強烈な敵愾心、百済・新羅を臣下とする意識と、現在の日本にも残り続ける朝鮮民族への偏見を読み解き[21]、これを承けて「中国的天下」と区別された独自の「倭的天下」観念が形成されていたとする西嶋定生氏[22]・鈴木靖民氏[23]、倭王武の膨張主義的な支配領域拡大政策を「帝国主義」的拡張とみなす石上英一氏[24]らの説が示されてきた。これらに共通するのは、ここでの毛人が後の日本列島東北地方の住民エミシ＝蝦夷と同一の実体と考えられることから、これらが五世紀後半における一定の歴史的実態（種族集団の実在）を根拠として構築された政治意識であるとする点である。

また、「上表文」中に見られる「五十五国」などの「国」を日本列島内の自生的な地域ごとの小「国」とし、中国王朝からの冊封を受ける封国としての倭「国」と対比して、そこに当時の倭国における「二重の国観念」の存在を読み取る中林隆之氏[25]は、毛人・衆夷・海北の「国」については実体的な種族集団を指すものではなく、倭王の宋王朝への政治的アピールのために創出された擬制的観念であるとされている。

毛人・衆夷・海北について、前者は実体としての種族集団を想定し、後者は擬制であるとする点は大きな相違点だが、両者には倭から見てそれぞれ東・西・北に設定されたこれら三集団を、華夏＝倭国に対する「夷狄」同様の存在とみなし、それを基盤としてこの時代の異種認識の延長上に律令国家期のそれを位置づけているという共通点がある。かつて石母田正氏によって提示された古代の「帝国主義」の観念は[26]、「任那日本府」を直轄的に支配する大和王権によって構想され、朝鮮半島からの撤退によって支配の実態が失われた後も、古代貴族の国際意識を規定したというものであった。現在、「任那日本府」の実在性はほぼ否定されているが、これに代わり「毛人・衆夷・海北」のセットが注目され、日本列島周辺地域を実効支配する倭王の「小中華」「小天下」が成り立つとされている。五世紀代から一〇世紀に至る長期間にわたり、中国王朝の冊封下においてもなお、こうした世界観が維持され続けたという理解であろう。

私は「上表文」から倭王武のもつ高句麗への対抗意識や、独自の支配領域観を読み取ることについては全く賛成であるが、「毛人・衆夷・海北」の存在をこの時代における「天下」意識の根拠の一つにする理解には以下の疑問をもつ。

①なぜ本来、全く成り立ちの異なる「毛人」と「衆夷」が多くの「夷」のなかから選ばれ、一括的に列記されるのか。またもし「夷」＝東夷ならば、なぜ東＝毛人、西＝衆夷とされているのか。また以降「衆夷」の語が全く見られなくなるのに対し、毛人は人名にも広く用いられるほど一般的な用法を獲得することを考えると、両者は同列には扱えぬのではないか。

②倭王に付属する将軍府の官人（宋の派遣官）の手になると思われる駢儷体の「上表文」には、当然ながら倭

王が自らを「天下」＝中華とみなすような文言は片言も見られず、徹底して軍官としての権限を行使し、宋朝に代々忠誠をつくしてきた来歴が述べられている。その同じ文中で、独自に「外夷」を設けていると主張する意図で毛人・衆夷などをわざわざ挙げるならば、礼を理解せぬ者として後の遣隋使のごとく皇帝より「无レ礼」として叱責されかねない。しかしそうならなかったことは、宋朝から見てこれらが倭の「夷狄」にはあたらないことが自明だったからではないか。

③「上表文」がいうように「祖禰」の数十年にわたる征服活動が、日本列島の東西・海北各地で行なわれた史実があるならば、なぜ武以前の四王はその功績を進言しえなかったのか。武の「上表文」のみ倭国伝全体の半分にも達する形で特記されていることは、当時強盛を極めていた高句麗による百済の一時的滅亡（四七五年）のわずか三年後という状況に関わらせて理解すべきであり、毛人や衆夷への言及もこの文脈のなかで再考する必要がある。これらの語句は、日本列島内から出土した金石文の「左治天下」等の文言から、「倭的天下」の存在を導くような理解の傍証にはならぬのではないか。

はたして中国古典籍における毛人・衆夷・海北と、記・紀や律令法条文中の蝦夷や熊襲・隼人などとは直接に関連づけて理解できるのだろうか。次に「上表文」が前提とした中国における当時の地理観念を復元し、この史料を歴史的文脈のなかに位置づけ直してみたい。

（2）「毛民」と「毛人」

「毛民」「毛人」についての最も古い記述は、戦国期から秦漢時代にわたり順次編纂された古地理書『山海経』の海外東経・大荒北経に見られる。(27) それによれば「毛民」は玄股の北に棲む、全身毛に覆われた人々であり、治水の神である禹の遠い子孫にあたる。「依」を姓として黍を食し、四鳥を使役する神仙の類とされている。ほぼ同一の記述が漢初に淮南王劉安の編となる『淮南子』の堕形訓にもある。ここでの「毛民」はあくまでも神話的な存在であり、後の「毛人」とつながる面はほとんどないといえる。

ところが四世紀初頭には、このような伝説的な「毛民」を実際に辺遠の地たる東南大海中に棲む「毛人」に結びつけて限定的に理解する地理認識が成立した。東晋元帝期の著作佐郎・記室参軍であった郭璞（二七六～三二四）が『山海経』に付した注によれば、臨海郡（現在の浙江省臨海）から東南方へ二〇〇〇里の大海中にある島嶼に「毛民」が棲んでいる。彼らは穴居して衣服がない。晋の永嘉四年（三一〇）、呉郡に数人が漂着し、その生存者に言語を教えて聞き質したところ、まさしく「毛民」であったという。郭璞自身の生存中に起こった事件の生々しい情報を注記したものと思われる。また、同じく三世紀後半から四世紀初めの別系統の地理情報が『太平御覧』巻三七三所引の「臨海水土（異物）志」・「神異経」、巻七九〇所引の「土物志」に見られる。特に「臨海水土志」は三国時代呉の丹陽太守沈瑩の撰になり、二八〇年までに成立した可能性が高い[28]。そこには「毛人洲」が張嶼にあり、毛が熊のように長く、人語を解さず、衆輩ともに鳥鼠を捕らえるとある。

おそらく「上表文」の筆者が「毛人」に言及する際、典拠として参照したのはこうした地理の知識であったと考えられよう。少なくとも宋朝では「上表文」中の「毛人」をそう理解し、記録したといえる。これをたとえば『日本書紀』景行四〇年七月戊戌条や斉明五年七月戊寅条などに描かれる「蝦夷」のステレオタイプ、凌犯を宗とし、五穀を知らず肉食するとか、父子の別なく山野を駆け回り家をもたないといった記述と比較すると、海島に棲み毛の長さが強調される上記の記事とは明らかに異質であり、両者を直接的に対応させることはできない。「上表文」の「毛人」と七世紀末の「蝦夷」との間に連続性を想定することは困難である。

（3）「衆夷」と「夷洲」

「上表文」の衆夷に、「毛人」と同じように実態の反映を認める論者は、これを九州南部住民にあてる。中国古代において、自らの集団の秩序に入っていない人々を「夷」やその類語で識別し、交戦・講和等多様な交渉を行なっている記録はすでに甲骨文・金文に表れており、春秋期には「夷狄」との間に対等な交渉が行なわれていた。(29)「夷」と対置されるべき「夏」＝「華」の概念は春秋期には未成立だった可能性が高いようだが、(30)本来「夷」は東方の異種に限定されるものではなく、「南夷」「淮南夷」などの多様な例が古くから存在していた。『宋書』夷蛮伝にも以下のような夷の列伝がある。

南　夷：林邑国・扶南国

西南夷：訶羅單国・婆皇国・婆達国・闍婆婆達国・師子国・天竺迦毗黎国

東　夷：高句麗国・百済国・倭国・荊・雍州蛮・予州蛮

しかし「上表文」が挙げている「衆夷」には、高句麗の東南大海中にある倭国から見て西方に居住するという地域的限定があり、漠然と異種の地域集団を総称的に指したものとは考えがたい。では一体「衆夷」にはどのようなイメージが含まれるのだろうか。

この文章が起草された四七〇年代の中国において、当該海域に分布する「夷」として存在が知られているものは、わずかに秦始皇帝の時代に方士徐福が移住したと伝えられ、一五〇年ほど前に三国時代の呉が実際に制圧した記録の残る「夷洲」のみである。

『三国志』呉書巻四七・呉主伝、巻五八・陸遜伝、巻六〇全琮伝には、魏の黄龍二年（二三〇）、会稽東冶の東

方海上にある夷洲を征討したという記事がある。呉軍はより遠方の亶洲には至ることができず、夷洲の数千人を捕虜として帰還した。同様の記事は『資治通鑑』巻七一・魏紀三・明帝太和四・五年にも見られ、史実の可能性が高い。この時従軍した沈瑩の実録に基づく地誌と考えられる「臨海水土（異物）志」（『太平御覧』巻七八〇・四夷部・東夷一所引）によれば、夷洲は臨海郡の東南二〇〇〇里にあり、「土地に雪霜無く、草木死せず。四面は是れ山。山夷衆まりて居する所なり。」と南方的な風土であることが特筆されている。この夷洲を海南島に比定するのはあたらず、方角と後世の「東番」（明・陳第『東番記』、一六〇三年）との風俗の共通性などから台湾に比定する説[31]の蓋然性が現時点では高いと思う。亶洲は済州島とする通説に従う。

注目すべきは、夷洲について最も詳細な記述を残す「臨海水土志」が、その所在地を「臨海の東南、郡を去ること二千里」とすることである。これはまさに晋の郭璞いうところの「毛民＝毛人」の所在と全く重なる。言い換えれば南北朝時代の中国において、毛人の棲む島と夷洲の所在地が重ねて理解されていたということである。「衆夷」はこの夷洲を念頭に置いて用いられた造語の可能性があるのではないか。

「臨海水土志」より半世紀ほど遅れて成立した『三国志』魏書巻三〇・東夷伝倭人条には、倭人が帯方郡の東南大海中にあり、郡より七〇〇〇里で北岸に到達するとし、倭の女王国の南方四千余里には「侏儒国」が、また東南方船行一年には「裸国」「黒歯国」があるとする。この黒歯国は『山海経』海外東経のなかにも毛民国の南方にある国とされており（図2参照）、『日本書紀』が注にて引用している魏志倭人伝の地理認識もまた、ここまで明らかにしてきた同時代の極東地理に関する知識を共有し、それを基盤として成り立つものであることがわかる。

「上表文」の起草者は、その使用語句のかなりの部分が『晋書』と重複する点[32]から見ても、原『晋書』編纂時

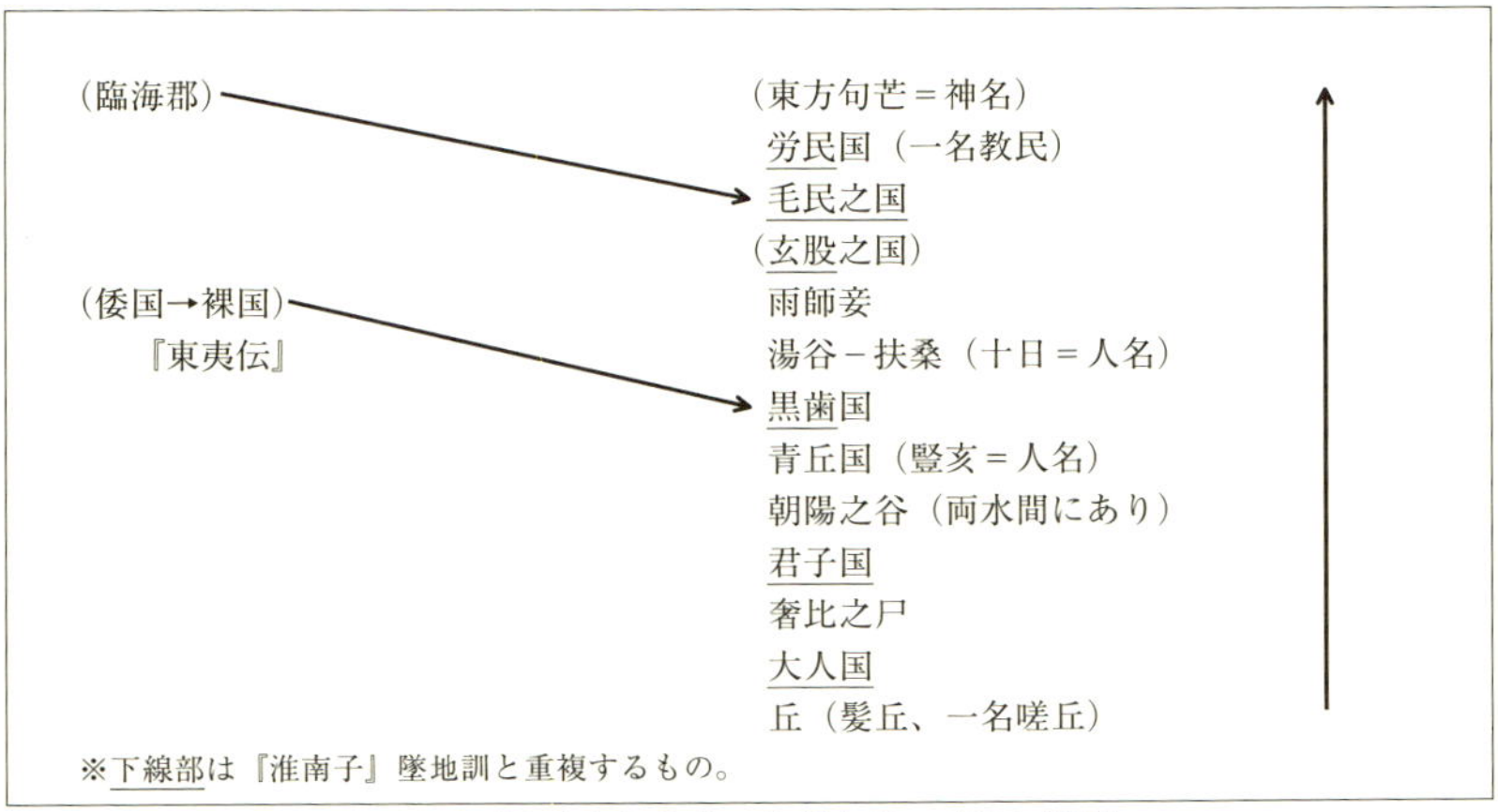

図２　『山海経』第九　海外東経の「国」配列

「海外の東南徒より東北徒に至る者。」
「帝、豎亥に命じ歩むこと東極より西極に至らしむ。五億十選九千八百歩なり。
豎亥は右手に算を把り、左手もて青丘の北を指す。一に曰く、禹、豎亥に令すと。」

の素材となった諸史料についての知識を充分にもっていたであろう。晋代には三国時代以降急速に活発化した地域間交通関係を反映して、周辺地域に関する新知見が蓄積され、そうした知識が『山海経』注などの形で注釈のなかに活かされるようになる。強大化する高句麗に対峙して朝鮮半島での軍事行動を円滑に行なうことで、王権による世襲支配の正統性を確立していかねばならない状況にある倭王武が、宋王朝に上る「上表文」を起草する際にそうした最新の知識をふまえ、宋からの評価をより高めようとすることは充分想像できるのではなかろうか。

ここでの「毛人」「衆夷」の選択は、その倭への帰属をいうことが当該期の宋王朝にとって特別な意味をもっていたゆえと考えられる。四世紀代には「帯方・高句麗の東南方向の海中に倭・夷洲・毛人がそれぞれ点在する」という地理観が形成されており、倭王は黄帝に発する古帝王の系譜の末端に位置する毛民＝毛人と、呉によって制圧された記憶の残る絶遠の夷洲附近の衆夷、この両者を支配し、宋の「天下」を支える「夷」として、自らの存在意義を中国の伝統的な地理観念を利用しつつ再構成した。逆に宋の視点に立つなら、日本列島と周辺地域の五世紀史を東アジア地域全体の変動とリンクさせて「世襲王権の形成による周辺民族・国家への帝国主義的支配」ととらえた時、研究史において「任那」が従来果たしてきた役割、つまり倭国の「東夷の小帝国」的秩序を成立させる辺境という史的位置は、今度は毛人と衆夷・海北に与えられることとなった。ところがここでの毛人・衆夷はおそらく右に見たような毛民・夷洲などの知識をもとに記されたもので、観念的な性格が強く、後の「夷狄」に直結する実体を指すとは考えがたい。方角と異民族的表象から後世の熊襲・隼人に付会した理解といわざるをえない。毛人が実体としての蝦夷と結合しうるのは、蝦夷の首領に「大毛人」という称号が与えられる六世紀末のことであり[33]、それより二〇〇年以上も前の観念をもって、「倭的天下」の存立を五世紀代にまで遡らせることはできないと考える。四・五世紀代固有の「夷」認識と、七・八世紀代のそれとは、ひとまず異質な枠組みとしてそれぞれとらえ直すことが必要ではないだろうか。

第3節　阿多隼人と海幸山幸神話

ここまでの分析により、記・紀におけるクマソの記事や「上表文」における「衆夷」をもって大和国家時代の九州南部地域について考えることは難しいことが明らかとなった。では、1節で挙げた第三の疑問点、つまり阿多隼人と薩摩・大隅隼人との関係、特に律令国家形成期における彼らの移住についてはいかに考えるか。ここでは記・紀神話のなかの隼人像に注目してみたい。具体的には『日本書紀』神代第十段にある、いわゆる日向神話のなかの「海幸山幸神話」である。この物語には天皇家の祖となる彦火火出見尊（山幸彦）の海宮遊幸と、兄・

火酢芹命（海幸彦）との争闘、敗北した兄が「守護人」「俳優之民」として弟のもとに永遠に奉仕することを誓い「隼人阿多君祖」となったこと等、天皇家に対する隼人の奉仕の事縁が語られており、これまでに歴史学、神話学、日本文学等の分野で広く隼人の服属との関係が論じられてきた。研究史について整理すると次のようになる。

a、古典的解釈―隼人族対天孫民族の闘争[34]
b、南洋神話の日本化（隼人＝インドネシア系種族説[35]）
c、隼人の伝承を改訂したもの（天武朝[36]）
d、天皇の稲米儀礼と隼人の儀礼との「宗儀系譜[37]」
e、隼人の鉤針探しの伝承が阿曇氏によって大嘗祭儀由来伝承と化したもの（隼人舞起源譚のみ奈良朝初期に追加[38]）
f、隼人の俳優縁起譚に阿曇氏の神膳奉仕由来譚が追加[39]
g、阿曇連の食膳奉仕神話が隼人服属由来譚に変化（推古朝[40]）
h、阿曇氏の成年式の物語が朝廷への服従譚となり、さらに隼人服従の物語にすりかえられた[41]

このうちaについては戦後神代の民族対立を史実として想定する立論そのものに批判が加えられ、現在ではほとんど顧慮されなくなっている。またbも、神話の類型性のみから隼人をインドネシア系人種とまでいえず、認めがたい。これに比してc～hは、海幸山幸神話の物語としての構造と、現実の歴史過程――朝廷における大嘗祭儀の成立と隼人の服属――とを関連づけている点では一致しており、この視角は妥当であろう。本章もこれを継承しつつ、物語成立の時期、原型と主題の変化等の点についての分析を行なうことにより、海幸山幸神話と阿多隼人との関係を考えてみたい。

（1）海幸山幸神話と隼人

記紀の海幸山幸神話には、記紀本文の他に『日本書紀』に異伝が四つ（以下、紀一書第一、第二という形で略記）、計六つの諸伝がある。そのすべてに共通するのは、海幸山幸の兄弟が猟具を交換し、その結果鉤を失くした弟が海宮を訪問して海神の霊力を得て兄を屈伏させるという、いわゆる海神宮訪問の物語と、海神の娘である豊玉姫と主人公の結婚・出産の物語、以上二つの物語が組み合わさって一つになっている点である。

従来の諸研究においては、この諸伝の共通点を重視し、ある諸伝で省略されたり不明瞭になっている部分を他の諸伝で補完することが多かった。たとえば山幸彦に服従し「俳優之民」となった海幸彦が吾田君小橋らの祖であること（紀本文）と、天皇の傍を離れずに「吠狗」して仕える隼人の祖であること（紀一書第二）、そして海幸彦が潮溢瓊、潮涸瓊によって溺れる様子を演じているさま（紀一書第四）は、皆一様に隼人の服属由来譚のさまざまな側面を表しているとみなされてきた[42]。

このように日本書紀の異伝を用いて記紀神話の原伝承を遡源的に復元していく方法の重要な成果の一つとして、三宅和朗氏が示された諸伝の要素比較・歴史的配列の方法[43]に注目したい。氏は、三品彰英氏による神話分析の二つの方法[44]――天孫降臨神話分析（異伝に含まれる諸要素を基礎的なものに分け、前者が古く後者が新しいとした上で、異伝そのものを神話の発展段階に応じて歴史的に配列）・神武伝説分析（要素分解後、それらを各異伝から切り離し、弥生・古墳・推古・天武持続という四時代の文化相へと分配）――を検討した結果、後者を継承されている[45]。

確かに各異伝は伝承者、時代の相違によって複雑に変化していると思われ、それを単純に原始神話期―儀礼神話期―政治神話期―知的神話期というような発展段階にそのまま充当することはできない。三宅氏の批判されるように、異伝間の成立時期の前後関係を要素の新旧のみで決定することは避けるべきであろう。よって三宅氏の、異伝を構成要素に分解してそれを現実の歴史過程に対応させ配列してゆく方法は基本的に妥当と思われるが、その場合の構成要素の扱い方については疑問が残る。

それは、複数の異伝に現れ、異伝ごとに別の位置づけが必要な要素――たとえば先に挙げた「俳優之民」「隼人」――が、各々の異伝から切り離され、ある歴史的事実の諸側面を示すという形で同列に扱われている点である。先の例でいえば、紀一書第四の海幸彦が溺れる擬態を演じている場面については一般に〝隼人舞〟の起源とされているが、これはあくまで「俳優之民」の祖たる海幸彦について述べているのであって、この異伝（紀一書第四）自体は隼人のことは一言も語っていない。(46)

また、紀一書第二の「代吠狗而奉事」すなわち隼人の狗吠儀礼については延喜式践祚大嘗祭式、隼人司式等にも詳細な規定があり、(47)令制下においては大隅忌寸・阿多君によって担われた儀式であることは定説化しているが、(48)ではなぜ紀本文にのみ「吾田（阿多）君」が現れ、他の諸伝には出てこないのであろうか。このような質的な差を含む要素を一律に「隼人服属由来譚」として一括することはできない。

各異伝は「云々」「一書」等による省略を含みながらもそれぞれ一個の完結した神話的世界を形成しており、(49)その構成要素も各異伝の物語構造のなかに位置づけられ、このことが逆に要素間の質的差違を生んでいる。よってたとえ類同性のある要素であっても、それらを即同質のものと見るのではなく、その要素を含む異伝の内的構造との関連性において各要素の質的差に注目する必要があるだろう。

以上より、三宅氏の方法を批判的に継承しつつ、具体的に海幸山幸神話の分析を行なっていきたい。表1は六つの諸伝について、九つの要素による分類を行なったものである。これに依りながらこの神話の形成過程と成立年代について考えるが、その前提作業として①〜⑨の各要素の相対的な前後関係を推定することから始める。

①まず最初は物語の主人公たる海幸山幸の兄弟についてであるが、兄弟が漁猟具をとりかえることによって弟が鉤を失い、それが海宮訪問の契機となるストーリーは、省略部分を含む紀一書第一から紀本文まですべてに共通していることから、物語の主題、弟の鉤探しと兄への復讐はこの神話の基礎であることがわかる。[50]松本信広[51]・松村武雄氏らは、これと類似したストーリーがインドネシア地域に集中して伝承されていることから、海幸山幸[52]神話を伝承したであろう隼人も「インドネシア族と血縁を有する」と考えられた（研究史ｂ）。[53]

しかしこの神話のディテールは「海驢皮」（アシカの皮、紀一書第三・記本文）のように必ずしも〝南方的〟とはいえぬ要素も認められるため、一律にインドネシア系神話だとはいえず、中国江南地方との関係も大林太良氏ら[54]によって説かれている。これらインドネシア系説、江南地方からの波及説に共通するのは、この神話の原伝承が[55]海洋氏族のものであるという点である。

②主人公以外の登場人物では、鹽土老翁[56]・海神・豊玉姫は共通し、姫の侍者（従婢）・女弟玉依姫についてはあるものとないものに分かれるので、前三者は基礎的要素といえる。このうち豊玉姫について、紀一書第一・三、記本文では「八尋大鰐」をその正体とするのに対し、紀の本文のみは「龍」とする。水神の正体を龍とするのは仏典から得た知識であることがすでに指摘されており、〝特殊な要素〟といえよう。[57]

また姫の連れている従者が海幸に気づいたとするのは紀一書第一・四、記本文であり、紀一書第三・紀本文では従者は出てこない。後者の方が話として単純であり、より古い形なのではないか。

それから、豊玉姫が残したウガヤフキアヘズノミコトを養育し、後にこれと結婚する玉依姫は、この神話においては紀一書第三、記紀本文にのみ出てくるが、この豊玉姫―玉依姫―ウガヤフキアヘズの系譜は、オシホミミ

表1　記紀「海幸山幸物語」の異伝整理

要素／異伝	①主人公(★)の名と関係	②他の登場人物	③贄の由来譚	④復讐方法（玉の有無）	⑤敷物	⑥乗物	⑦俳優人としての動作	⑧隼人服属との関係	⑨吾田君への言及
紀一書第一	火酢芹命(兄) ★彦火火出見尊(弟) ※杜樹の下に立つ。	鹽土老翁〃一云〃 海神豊五彦待者 豊玉姫(八尋大熊鰐)	赤女(赤鯛)の口に疾あり、鉤が刺っていた。	・鉤を呪詞とともに与える。 ・海神による迅風波濤。		大目鹿籠 無目堅間 大鰐			
紀一書第三	火酢芹命(兄) ★彦火火出見尊(弟)	鹽土老翁 海神 豊玉姫(八尋大熊鰐) 五依姫(女弟) ※「挙歌」二首あり。	鯛女の口に鉤あり。	・鉤と呪詞 ・潮満瓊、潮涸瓊 ・涔田と高田	海驢皮八重を鋪設	無目堅間の小船一尋鰐魚			
紀一書第四	火酢芹命(山幸・兄) ★火折尊(海幸・弟) ※湯津杜樹上で待つエピソード。	鹽筒老翁 八尋鰐(助言者) 海神　待者 豊玉姫(出産譚のみ) ※ホヲリが海宮を訪れる理由、豊玉姫が子を置いて去る理由が「云々」によって略されている。	赤女(赤鯛)・口女(鰐魚)のうち、口女が口から鉤を出す。	・鉤と呪詞・下唾・風招により海神が「瀛風邊風」「奔波」を起こす。	真床覆衾	一尋鰐魚	若活レ我者、吾生見八十連属、不レ離ニ汝之垣邊一、当為ニ俳優之民一也。」「兄著犢鼻、以レ赭塗レ掌塗レ面、告ニ其弟一曰、吾汚レ身如レ此。永為ニ汝俳優者一。乃挙レ足踏行、学ニ其溺苦之状一。初潮漬レ足時、則為ニ足占一。至レ膝時則学レ足。至レ股時則走廻。至レ腰時則捫レ腰。至レ腋時則置ニ手於胸一。		

							至㆑頸時則学㆑手飄掌。自㆑爾及㆑今、曾無㆓廃絶㆒。」		
紀 一書第二	（兄） ↓火酢芹命 ★彦火火出見尊 （弟）	海神 豊玉姫 ＊ヒコホホデミが海宮に行くまでのいきさつと、豊玉姫との結婚譚が完全に欠落。（省略か）	赤女（口女）の口に鉤あり、「海神制曰、鉤口女従㆑今以往、不㆑得㆓呑餌㆒。又不㆑得㆑預㆓天孫之饌㆒。即以㆓口女魚㆒。所㆓以不㆑進㆑御者、此其縁也。」	・鉤と呪詞 ・潮溢瓊 ・潮涸瓊	八重畳	※「海宮行き」の経緯欠落による。	「吾巳過矣。従㆑今以往、吾子孫八十連屬、恒富為㆓汝俳人㆒。一云、狗人。請哀之。弟還出㆓涸瓊㆒、則潮自息。於是、兄知㆔弟有㆓神徳㆒、遂以伏㆓事其第㆒。」	「是以、火酢芹命苗裔諸隼人等、至㆑今不㆑離㆓天皇宮墻之傍㆒、代吠狗而奉事者矣。世人不㆑債㆓失針㆒此其縁也。」	
記 本文	火照命（兄） ★火遠命（弟）	塩椎神 海神　従婢 豊玉毗売命 （八尋和迩） ※「挙歌」二首 玉依毗売命	赤海鯽魚の喉に鉤あり。	・鉤と呪詞 ・高田と下田 ・塩盈珠 ・塩乾珠	美知皮之畳八重、絁畳八重を敷き百取机代物を以て饗す。	无間勝間之小船 一尋和迩（佐比持神）	「僕者自㆑今以後、為㆓汝命㆒之昼・夜守護人而仕奉。故、至㆑今、其溺時之種種之態、不㆑絶仕奉也。」	※直前の木花之佐久夜奉売が出産した神を列挙した所に「火照命。此者隼人阿多君之祖」。と記されているが、後日の追記か。	※「隼人阿多君之祖」（上記）
紀 本文	火照降命（兄） ★彦火火出見尊 （弟） ※湯津杜樹の下で待つ。	鹽土老翁 海神 豊玉姫（龍） 玉依姫	赤女（鯛魚）の口に鉤あり。	・鉤と呪詞 （短い） ・潮満瓊 ・潮涸瓊	八重席薦	無目籠	「従㆑今以後、吾将為㆓汝俳優之民㆒。請施恩活。於是、随㆓其所乞㆒遂赦之。」	※（同右）「……號㆓火闌降命㆒。是隼人等始祖也。」	「其火闌降命、即吾田君小橋等之本祖也。」

―ヒコホノニニギ―ヒコホホデミ―カムヤマトイワレビコと続く神統譜のなかに後から割り込まされたものであることは、津田左右吉氏以来の天皇系譜研究史上で明らかにされており、[58]玉依姫の登場しない紀一書第一・二・四に比べてより新しい形であるといえる。

③主人公のなくした鉤が赤女もしくは口女の口から見つかるエピソードはすべてに共通する基礎的要素であるが、紀一書第二のみ鉤を呑んでいた口女すなわち鯔を御饌に進めないことの由来譚となっており、異質である。

④鉤を兄神に返す際に「貧鉤」（紀本文）などと呪詞を付すという話はすべてに共通しており、この神話の主題の一つが〝弟神の兄への呪能による復讐〟であることがわかる。ただ大きな相違点となっているのは、兄神を溺れさせる時に海神が直接風波をまき起こすもの（紀一書第一・四）と、潮満瓊・潮涸瓊を用いるもの（記紀本文、紀一書第二・三）とにはっきり分かれている点である。この瓊については、龍の化身同様に仏典の「如意珠」[59]に由来するものと考えられ、海神の力で「迅風波濤」が起こった紀一書第一や、山幸彦の風招に海神が応えた紀一書第四よりも新しいと考えられるのではないだろうか。

そこで注目されるのが、紀一書第一においてのみ海神の名が明らかになっていること、及び紀一書第四では主人公の弟神が海幸彦とされていることである。これら素朴な形を残した二つの諸伝の主題は、元来海神の呪能の偉大さを強調したものであり、これが海幸山幸神話の最も古い主題だったと思われる。なお紀一書第三と記本文にのみ出てくる「洿田・高田」の呪能は大王家の稲米儀礼に関係があると思われる。[60]

⑤海神が主人公を天孫と認めたことを示すのが敷物であるが、紀一書第一のみこれが欠け、紀一書第三は「海驢皮」を八重に敷くとし（記本文は「美知皮」）、紀一書第四は「真床覆衾」とされ、残る三つ[61]は「畳」を八重に敷くとなっている。紀一書第一については④で述べたことの裏付けとなるだろう。また紀一書第四の「真床覆衾」

は、神代紀第九段にニニギノミコトが降臨する際にくるまったものと同一であると考えられ、大嘗祭の儀礼との関係が説かれている[62]。それ以外の三書に共通する「畳」とは、大嘗祭時に「真床覆衾」の下に敷く「八重畳」[63]であろう。

⑥乗物としては一尋鰐・鹿籠・無目堅間の小船の三種があるが、このうち「無目堅間」のカツマについては本然的に南方語であって籠・船・筏などを指すという説[64]があり、これに依れば籠も小船も同質のものとなる。諸伝は、海宮に行く時鹽土老翁に籠に乗せられ、帰りは鰐に乗ったとするもの（紀一書第一・三、記本文）、行きに一尋鰐に乗ったもの（紀一書第四）、無目籠に乗ったもの（紀本文）に三分できる。このうち紀一書第四については八尋鰐が鹽土老翁の役割を一部代行していることから見て鰐を重視しており、また逆に紀本文では鰐が現れないことから、この二書は他に比べて異質である。乗物についての基礎的要素は行きが籠（小船）、帰りが鰐という形だったのではないか。

⑦⑧については一括して見ていく。先に述べたように従来の研究は一致してこれらの要素をすべて「隼人服属儀礼」とみなしてきた。しかし注意すべき点が三つある。まず一点目はこの話が紀一書第一・三には全く触れられていないことである[65]。また二点目は、兄神の「溺時之種々之態」（記本文）があくまで「俳優之民」の起源を表現するに止まることである。これは紀一書第四が詳細に溺れるさまを描写しているのに、紀一書第二のごとくこれが〝隼人の服属起源〟であるとはいっていないことから明らかである。このことは逆に、紀一書第二のように「俳人」を「狗人」「隼人」と同じものとする諸伝の方が紀一書第四よりも新しいことを物語っているのではないだろうか。

そして三点目は、⑦「俳優」のエピソードと、⑧隼人の任務とが異質であることである。紀一書第二・四の記述には、兄神が「自分の子孫は永く弟神の「俳人」として仕えるであろう」ことを誓う場面に表現上の類同性が見られ、記紀本文では兄神自ら俳優となることを誓っており、これらは同質の内容といえる。しかしそれは皆、兄神が弟神のもつ海の呪能を怖れた上での結果であり、「溺れる—その動作を演じる俳優之民となる」というストーリーはそれだけで完結している。このような物語の構造のなかで紀一書第二の「吠狗而奉事」は異質であり、余計な要素だといえよう。

加えて紀一書第二の⑧では服従の誓いの結果として吠狗儀礼が出てくるのに、服従の契機となった⑦には延喜式に見られるような狗吠についての詳しい描写など一切なく、また彼らがなぜ狗の擬態を行なうかにも触れず、ただ溺れる描写のみがある。[66]

以上の三点から、異伝分析の結果を見る限りでは「俳優人」由来譚と隼人舞・狗吠儀礼との間に直接の関係は認められず、逆に後者が異質な要素となっている。このことは隼人の服属由来の部分が後から追加された可能性が高いことを示しているといえよう。

⑨諸伝中で唯一紀本文のみが「吾田君小橋」という名を挙げている。同じ人物が神武記にも現れ[67]、海幸山幸神話の前段においては記本文では火照命が、紀本文では火闌降命が「隼人阿多（吾田）君の祖」とされているが、紀の四つの異伝には出ていない。この物語における重要な〝特殊要素〟といえる。

さて、ここまでの分析結果をもとに、各要素間の相対的前後関係についての私案を表2にまとめてみた。

これによってこの神話の形成過程を考えると、まず原初的形態として弟神による海宮訪問と海神の助力による兄神屈伏、及び弟神と豊玉姫との結婚・産屋での出産という二つのテーマが結合した伝承を想定できる。[68]これは海と密接に関わる生活が反映されたものであったが、大和王権との関係ができて以来、山幸が天孫ヒコホホデミ

表2　各要素の相対的前後関係

	古い要素	新しい要素
①	山幸(兄)・海幸(弟)	山幸(弟)・海幸(兄)
②	鹽土老翁 海神(豊玉彦) 豊玉姫(八尋大鰐)	海神 豊玉姫（龍） 侍者 玉依姫
③	赤女 (赤女・口女) 口女	口女
④	鉤と呪詞 海神による風波 潮満瓊・潮涸瓊 高田・洿田(下田)	
⑤	なし 海驢皮八重・施畳八重 八重畳（関薦） 真床覆衾	
⑥	籠(堅間)〈往〉 大鰐(一尋鰐)〈還〉	無目籠 一尋鰐
⑦	なし 俳優之民（俳人）	守護人
⑧		狗人 隼人
⑨		吾田君小橋(阿多君)

に擬され、それに対する海神の贄貢上と呪力による奉仕の物語となり、最終段階に至り初めて隼人吾田君の服属由来が付与されたと考えられる。

では、これを実際の歴史過程のなかに位置づけるとどうなるだろうか。この節の冒頭に整理した研究史を参照しつつ、私見を述べたい。

まずこの神話の原初的段階の担い手について、隼人とする説（a～f）と阿曇氏とする説（g・h）に分かれるが、前者には従いがたい。隼人が大和王権と本格的な政治的交通を始めるのは七世紀末であり（第1節）、要素分析の⑦～⑨を見る限りにおいてもこの段階は隼人特有の風俗伝承を含んでいるとはいえない。これに対し後者は、海神が阿曇氏の奉祭神であること、鉤を探すために魚族を集め、鉤を呑んでいた「口女」を御饌から除く（紀一書第二）のは、大嘗祭（もしくはその前段階の新嘗祭・神今食等の祭儀[69]）における阿曇氏の食膳奉仕儀礼としてふさわしいことから、基本的に妥当であるといえよう。

ただ、この神話の最も古い形は阿曇氏そのものの伝承[70]というよりむしろ伴造氏族としての阿曇連（「海人之宰」[71]）が率いていた「海人」のものだったのではないか。「海人」は元来贄の貢納をその主要な任務とする集団であり[72]、六世紀代に入ってから北九州地域の「海人」が阿曇連に管掌されるようになり[73]、その結果「海人」の服属伝承としての原海幸山幸神話が阿曇連に伝承されていったと考えられる。

右の原伝承は七世紀前半期に阿曇連の王権への奉仕を主題としたものに変わった。そこでは御饌―（新嘗祭・神今食における）食膳奉仕儀礼での阿曇連の役割が新たな主題と化すとともに、ヒコホホデミ―豊玉姫の婚姻説話が形成されはじめる[74]。また豊玉姫の本来の姿たる大鰐を龍としたり、海神から潮満・潮涸の二つの瓊をもらう（如意珠）など、仏典に依拠した文飾が加えられはじめるのもこの時以降であろう[75]。

この段階で形成された阿曇連の祭儀由来神話としての海幸山幸神話は、浄御原令制下で制定されたと思われる大嘗祭儀[76]、天武一〇年（六八一）以来の「帝紀及上古諸事」編纂などを経て記・紀神話体系中に固定されていくが、天武一一年（六八二）、隼人の多数「来朝」という事態を受けてその内容の一部が改変される。いわゆる「隼人服属伝承」要素の追加である。

研究史のg説をはじめ、隼人のもつ伝承が推古朝あたりですでに海幸山幸神話の一部となっていたとする説は、六一六年の掖玖人「来朝」や、六一〇年の隋による流求征伐[77]、当該期における国際関係の緊張などを契機として「対外基地筑紫の後背地」[78]としての隼人の住地たる南九州が注目を集めるようになったとするが、いずれも明確な根拠とはいえない。律令国家による南九州経営が計画的に南島（多禰）を起点として進められていくのは七世紀末になってのことであり、この段階においてはいまだ隼人の大量移住・朝貢[79]も始まっていない（本書第3章を参照）。また南九州と大宰府とを結ぶ朝貢ルートが確立するのは六七〇年代以降である。これらから見て、推古朝に「隼人服属伝承」がすでに海幸山幸神話に取り込まれていたという説は成り立たない。むしろ南島・隼人経営が本格的に進み、遣唐使航路の変更が政治上の重要問題としてクローズアップされてきた七世紀最末期こそ、この神話の最終的完成の時期としてふさわしいだろう。

こう考えると、海幸山幸神話の諸伝において隼人関係の要素が異質である理由も、すでに大嘗祭をはじめとする祭礼の形がほぼ完成しているところに、全体構造には触れぬように必要要素のみを（元来「海人」による俳優の描写のあったところに）後次的に追加したためと説明しうるのではないだろうか。

こうして隼人による服属儀礼（狗吠・歌舞）は〝俳優〟の起源譚として記・紀神話上に位置を得ることとなった。もう一度整理しておくと、この神話の形成過程には、海人服属伝承・阿曇連食膳奉仕伝承・隼人服属儀礼由来という三段階があり、最終段階は六八〇年代以降に成立したことが明らかになった。

（2）阿多隼人と薩摩隼人——二つの道

前項までの分析は、神話を造る側である律令国家の立場から行なったものであるが、では記・紀神話に構造的に組み込まれてゆく隼人側から見て、海幸山幸神話とは何だったのかについて最後に考えてみたい。

ここで注目したいのは、表１の要素⑨「其火闌降命、即吾田君小橋等之本祖也。」である。天武期以降、近畿地方各地に定住し、令制下において隼人司の官人として諸々の儀礼に参列し[80]、また竹籠等の製作[81]にあたった隼人には、大隅・阿多の二系列があった。両者は中央に朝貢を開始する時期も同じであり、天武の殯宮では「隼人大隅阿多魁帥」が各々衆を率いて誄を進め、後日賞賜されている[82]。こうして見ると国家の両者への対応には差が見られないのに、なぜ海幸山幸神話をはじめとする日向神話には、吾田君（阿多君）のみが現れるのだろうか。

これについて考える際に参考となるのが、中村明蔵氏の阿多と大隅の差違についての指摘[83]である。氏によると、大隅隼人は八世紀に『山背国隼人計帳』などによって集住していることがわかるが、阿多隼人は畿内各地に散在する例が多く[84]、その多くが寄口などの形をとっており、全体に衰退しているといえる。また『山城国隼人計帳』の分析を行なった岩本次郎氏によれば、この計帳に出ている大住郷の村落は、「寄口・奴碑などをもつ郷戸は少なく、同姓婚の多い、総じて階級分化のあまり進んでいない一つの共同体[85]」と考えられる。

これらから考えて、阿多と大隅は八世紀代に散在―集住という対象的な存在形態を有していたといえよう。この差が何に起因するのかは不明だが[86]、重要なのは天武一四年（六八五）に大隅直のみが忌寸姓を得ていること[87]である。これは移住したばかりの大隅隼人の代表を畿内豪族なみに評価するという破格の扱いといえるが、おそらく当該期の対隼人政策を円滑に進めるための措置であろう。推測するに、この大隅直への忌寸賜姓が、大隅直と阿多君の間に競合関係を生み、阿多君による王権への接近、たとえば彼らのもつ伝承（人名等）の奏上[88]などが行なわれた結果として、『日本書紀』本文のみに吾田君小橋なる人名が付加されたのではないだろうか。

律令国家形成期の朝廷にとって、七世紀最末における最大の外交問題の一つであった隼人・南島問題を乗り切るためには、近畿地方に移住した大隅・阿多二集団を確実に支配下に置く必要があった。そのためにとられた方法が大隅直への忌寸賜姓であり、阿多君の伝承の一部を完成に向かう記・紀の神話体系のなかに受容・固定することであったと思われる。

阿多君にとって、自らの系譜が火酢芹命に直結することは畿内における優位性（大隅忌寸に対する）の根拠に成りえたと考えられるが、海幸山幸神話そのものが隼人の服属と芸能民としての奉仕の由来を語るものであり、八世紀におけるその衰退ぶりを見ると、この海幸彦―吾田君小橋という神話的系譜はあまり現実的な効果をもちえなかったといえよう。阿多君が忌寸を賜姓されるのは、大隅隼人に遅れること一五一年後の承和三年（八三六）であった[89]。また九世紀初頭の『新撰姓氏録』右京神別には、阿多御手犬養が「火闌降命六世孫薩摩君相楽之後」とある。阿多君と薩摩君（在地勢力）との氏族系譜上の同族関係が認められているのである。ここに至り、阿多隼人にとっての記・紀神話的系譜はもはや有効性を失ったといえる。

おわりに

本章では、大和国家・律令国家による九州南部地域住民の表象について考察した。従来、大和国家期の当該地域住民を指しているといわれてきたクマソ・衆夷といった集団には特定の歴史的実態はなく、前者は七世紀第３四半期頃に日本で成立した原初的な西方の夷狄の観念、後者は中国で四世紀代の東南方海上に棲むと考えられていた夷洲のイメージを基盤とした架空の集団であって、どちらも抽象的な集団概念である。従ってこれらを重ね合わせて大和国家時代の九州南部の実態を語ることは誤りであると考える。また、これまでの「海幸山幸神話」研究の多くは、これを大和国家・律令国家による海人集団や隼人の支配を物語るものとして理解してきたが、阿多隼人側に視点を据えてみた時、天武朝以降近畿地方に移住して大隅隼人との競合関係にあった阿多隼人が、祖先の天皇への服属の神話を朝廷に提供し、神話を架上することで国家との関係を強め、大隅隼人に対抗しようとしたという過程を想定することができる。

七世紀最末から八世紀前半にかけては、彼らの故地である九州南部において、薩摩隼人が多褹人や大隅半島の隼人諸集団と連携し、律令国家の介入を排除しようと抵抗を試みた時期であった（本書第３章）。そこには大和王権—律令国家の定めた「夷狄」という新たな枠組みを拒否しようとする隼人側の動きを見ることができる。こうした途をとらず、遠方への移住と国家内部での安定した地位の確保を選んだのが阿多・大隅隼人といえよう。だがそれは決して公民身分への埋没とはならず、神話による氏族系譜の天皇家への接合、隼人司における狗吠や隼人舞の伝承、優勢な同族（薩摩隼人）との系譜的結合など、生存のためにさまざまの強かな戦略がとられてゆくこととなる。文献史料に表れた隼人像は、国家側の強制する辺境在住の服属集団という枠組みと、それを侵犯し、夷と民の間の境界線を引き直そうとする移住隼人集団との間のせめぎ合いが生み出したものといえるだろう。

【第2章　注】

（1）津田左右吉「クマソ征討の物語」（初出一九二四年。同全集第一巻、岩波書店、一九六三年所収）。
（2）井上辰雄『隼人と大和政権』（学生社、一九七四年）。
（3）中村明蔵『熊襲・隼人の社会史研究』（名著出版、一九八六年）。
（4）乙益重隆「熊襲・隼人のクニ」（『古代の日本』第三巻、角川書店、一九七〇年）。上村俊雄「墓制からみた隼人世界」（『新版古代の日本』九巻、角川書店、一九九一年）。
（5）田中聡「隼人・南嶋と国家—国制施行と神話—」（『日本史論叢』一二輯、一九八九年）本書第3章。
（6）熊田亮介「古代国家と蝦夷・隼人」（初出一九九四年。同『古代国家と東北』、吉川弘文館、二〇〇三年所収）。永山修一「鹿児島の黎明」、同「隼人と南島の世界」（ともに同『鹿児島県の歴史』、山川出版社、一九九九年所収）。
（7）橋本達也『大隅串良岡崎古墳群—第1～4次発掘調査概要報告書—』（科学研究費補助金　若手研究A（平成一四～一七年度）課題番号14701009『前方後円墳築造の境界域における古墳時代埋葬形態の多様性に関する研究』、二〇〇五年）。
（8）なお、この問題に関しては東徹志氏・鎌田洋昭氏から有益な助言を頂いた。

(9) 井上辰雄前掲2は肝属平野とする。
(10) 津田左右吉前掲1。
(11) 中村明蔵前掲3。
(12) 津田左右吉前掲1。井上辰雄前掲2もこれをほぼ踏襲する。
(13) 神野志隆光『古事記の世界観』(東京大学出版会、一九八六年)。
(14) 山尾幸久『古代の日朝関係』(塙書房、一九八九年)。同『筑紫君磐井の戦争』(新日本出版社、一九九九年)。
(15) 石母田正「天皇と「諸蕃」―大宝令制定の意義に関連して―」(初出一九六三年。同著作集第四巻、岩波書店、一九八九年所収)。
(16) 田中聡「夷人論―律令国家形成期の自他認識―」(『日本史研究』四七五、二〇〇二年)本書第1章。
(17) 永山修一前掲6「隼人と南島の世界」。
(18) 永山修一「八世紀の隼人支配の特質について―薩摩国を中心に―」(初出一九九二年)、同「隼人をめぐって―〈夷狄〉支配の構造」(初出二〇〇一年。ともに同『隼人と古代日本』、同成社、二〇〇九年所収)。
(19) 熊田亮介前掲6。
(20) 仁藤敦史「ヤマト王権の成立」(『日本史講座』第一巻、東京大学出版会、二〇〇四年)。石上英一「古代東アジア地域と日本」(『日本の社会史』第1巻、岩波書店、一九八七年)。
(21) 石母田正「日本国家の形成」(初出一九六四年。同著作集第四巻、岩波書店、一九八九年所収)。
(22) 西嶋定生『日本歴史の国際環境』(東京大学出版会、一九八五年)。
(23) 鈴木靖民「武(雄略)の王権と東アジア」(『古代を考える　雄略天皇とその時代』、吉川弘文館、一九八八年)。
(24) 石上英一「律令国家と天皇」(初出一九九二年。同『律令国家と社会構造』、名著刊行会、一九九六年所収)。
(25) 中林隆之「古代における国境編成」(『歴史評論』五八六、一九九九年)。
(26) 石母田正「古代における「帝国主義」について―レーニンのノートから―」(初出一九七二年。同著作集第四巻、一九八九年所収）。

(27) 松田稔氏によれば、大荒経の成立は、情報の新しさと個別性から見て海外経より遅れるという。同『『山海経』の海外経と大荒経』（『学苑』平成6年1月号、一九九四年）。「毛民」については白川静「古帝王の系譜」（初出一九七五年。同著作集第六巻、平凡社、一九九九年所収）他を参照。

(28) 林田芳雄「『東番記』より観たる夷洲と流求」（初出一九八六年。同『華南社会文化史の研究』、京都女子大学、一九九三年所収）。

(29) 小倉芳彦「裔夷の俘―『左伝』の華夷観念―」（初出一九六五年。同『中国古代政治思想史研究』、青木書店、一九七〇年所収。後に『小倉芳彦著作選Ⅲ春秋左氏伝研究』、論創社、二〇〇三年所収）。

(30) 高津純也「「夏」字の「中華」的用法について―「華夷思想」の原初的形態に関する序論―」（『論集　中国古代の文字と文化』、汲古書院、一九九九年）。

(31) 林田房雄前掲28。

(32) 内田清「百済・倭の上表文の原典について」（『東アジアの古代文化』八六・八七、一九九六年）。

(33) 本書第1章、第5章を参照。

(34) 喜田貞吉「日本民族の構成」（初出一九三八年。同著作集第八巻、平凡社、一九七九年所収）他。

(35) 松村武雄「海幸・山幸の神話」（『日本神話の研究』三、培風館、一九五五年）。

(36) 吉井巖「火中出産ならびに海幸山幸説話の天皇神話への吸収について」（『天皇の系譜と神話』一、塙書房、一九六七年）。広畑輔雄「海幸・山幸神話」（『記紀神話の研究―その成立における中国思想の役割』、風間書房、一九七七年）。中村明蔵「日向神話と海神文化圏の成立」（前掲3所収）。

(37) 三品彰英「神武伝説の形成」（『三品彰英論文集』一、平凡社、一九七〇年）。

(38) 次田真幸「海幸山幸神話の形成と阿曇連」（『日本神話研究』三、学生社、一九七七年）。

(39) 松前健『日本神話の形成』（塙書房、一九七〇年）。

(40) 岡田精司「記紀神話の成立」（『岩波講座日本歴史』第二巻、一九七五年）。三宅和朗「海幸山幸神話」（『記紀神話の成立』、吉川弘文館、一九八四年）。
(41) 守屋俊彦「海宮訪問神話の拡充」（『記紀神話論考』、雄山閣、一九七三年）。
(42) 三宅和朗前掲40、一一七頁。次田前掲38、一二〇～一二三頁。
(43) 三宅和朗「記紀神話の成立―課題と方法―」（前掲40所収）。
(44) 三品彰英「記紀の神話体系」（前掲37所収）。
(45) 三宅氏は三品氏が天孫降臨神話の分析で示された方法では、異伝そのものの成長・伝承・採録の過程が説明できないとした上で、異伝のなかから要素を選び、大和朝廷の政治体制・宮廷祭祀の変遷に応じて配列してゆくことによって神話の原初的形態・成立の絶対年代を想定する方法をとられる。三宅和朗前掲43、二二一～二二五頁。
(46) これを単に隼人云々という文言の省略と見ることは、紀一書第四の全体的構成から考えて正しくない。後述のように、海幸山幸神話における「隼人服属由来譚」は物語の構造上必須の要素ではなく、むしろ追加されたものと考えられ、紀一書第四においても「隼人服属」の文言がなくても物語としての一貫性がある。
(47)『延喜式』神祇七、践祚大嘗祭　班幣条
隼人司率二隼人一。分三立左右朝集堂前一。待レ開門一乃発声。
同、隼人司、習吠条
凡今来隼人。令二大衣習一レ吠。左発二本声一。右発二末声一。惣大声十遍。小声一遍。訖人更発二細声二遍一。
(48) 中村明蔵前掲3、四九頁。井上辰雄「畿内隼人の特殊技能」（前掲2所収）。
(49) 三宅和朗「神代紀の基礎的考察」（前掲40所収）。
(50) 三宅和朗前掲40、一一二～一一八頁。
(51) 松前健「豊玉姫神話の信仰的基盤と蛇女房譚」（初出一九七四年。同著作集第九巻、おうふう、一九九八年所収）。
(52) 松本信広『日本神話の研究』（初版一九三一年。平凡社、一九七一年）。

(53) 松村武雄前掲35、六七九頁。
(54) 三宅和朗前掲40、一三五頁。また大林太良氏らにより、南九州地方には産屋の分布が見られないことも指摘された。金関丈夫・大林太良「対談・隼人とその文化」(『日本古代文化の探究・隼人』、社会思想社、一九七五年)三一四頁。
(55) 大林太良「民族学から見た隼人」(同前書)三二頁など。
(56) 紀一書第二には現れないが、それはヒコホホデミが海宮に赴くことになる経緯の部分がすべて前略となっているからであろう。海宮訪問の際には鹽土老翁の助力が不可欠であり、この異伝においても略される前にはその記述があったと思われる。
(57) 津田左右吉「ヒムカに於けるホノニニギの命からウガヤフキアヘズの命までの物語」(初出一九四八年。同全集第一巻、岩波書店、一九六三年所収)。広畑輔雄前掲36、四九〇頁。
(58) 津田左右吉同前、五五四頁。吉井巖前掲36。三宅和朗前掲40など。
(59) 広畑輔雄前掲36、四九〇～四九四頁。氏は仲哀紀二年七月条にある、神功皇后が豊浦津にて得た「如意珠」は、仏典『大智度論』巻一二にあるものと同じではないかと推測する。
(60) 三品彰英前掲37、二五一～二五二頁。
(61) 『古事記』本文は、美知皮の畳と施畳をそれぞれ八重に敷くとしている(表1)。
(62) 松前健「古代王権と記紀神話」(初出一九七〇年。同著作集第六巻、おうふう、一九九八年所収)。
(63) 日本思想大系『古事記』(岩波書店、一九八二年)三六〇頁の補注を参照。
(64) 松村武雄前掲35、七三〇～七三一頁。
(65) 三宅和朗前掲40、一一四～一一七頁。紀一書第一・三の物語の構造は、山幸彦の海宮訪問―海神の娘との結婚譚という形で「兄神(海幸)の俳優」を必要とせずに完結している。
(66) 『令集解』職員令隼人司条には古辞云として隼人の服属由来があるが、そこには「己為レ犬。奉ニ仕人君一者。」と狗吠の儀礼の由来と思われるような文言はあっても、溺れる様子を演じるというような表現はない。歌舞についても「不在常人之歌舞。」とされるだけであり、隼人舞が当初から海水に溺れる擬態を表現するようなものだったかどうかは不明である。隼人の狗吠と歌舞がいつ結びつけられたのかは、なお別個の考察を要する。

(67)『古事記』神武天皇
故、坐二日向一時、娶二阿多之小椅君妹、名阿比良比売一（自レ阿以下五字以レ音）生レ子、多藝志美美命、次、岐須美美命、二柱坐也。

(68) 松前健前掲51。

(69) 岡田精司前掲40、二九三頁。同「神話と宮廷祭祀」（『歴史公論』六〇、一九八〇年）七七～七九頁。三宅和朗前掲40、一二四頁。

(70) 守屋俊彦前掲41、その他。

(71)『日本書紀』応神三年一一月条。

(72)『日本書紀』仁徳即位前紀。

(73) 木村宗文「アヅミ氏とアマ」（『新潟史学』六、一九七三年）。本文での阿曇氏についての記述は氏の見解に依った。

(74) 三宅和朗前掲40、一二五～一三三頁。このような神話内容の変化は推古紀二八年是歳条に見える「天皇記」の編纂と関係があるのではないか。推古期において阿曇連と蘇我氏とが密接な関係にあったことは、次の二氏によって説かれている。木村宗文前掲73、五八～五九頁。後藤四郎「大化前後における阿曇氏の活動」（『日本歴史』二二六、一九六九年）四頁。

(75) 広畑輔雄前掲36。

(76) 岡田精司「大化前代の服属儀礼と新嘗―食国（ヲスクニ）の背景―」（初出一九六二年。同『古代王権の祭祀と神話』、塙書房、一九七〇年所収）、同前掲69、七六頁。

(77) 三宅和朗前掲40、一二二頁。隋の流求征討に関しては本書第４章を参照。

(78) 岡田精司前掲40、三一七頁。

(79) 大挙して移住する以前に、大王の近習や有力豪族の私兵として（『敏達紀』一四年の三輪逆の事例等）、個別に王権との「夷人」的関係を有する隼人が存在した可能性はあるが、隼人が諸々の儀礼において歌舞・吠狗等を恒常的に行なうためには、かなり大勢の隼人が定期的に確保される必要がある。そのためには国家・隼人間に恒常的な政治的交通が開かれ、一定の人数が定期的に朝貢するか、隼人集団が畿内に定住する時期―天武・持統期をまたねばならないであろう。この点については小林茂文「隼人の敗北と社会」(『続日本紀研究』二五二、一九八七年)二〇頁を参照。

(80) 中村明蔵『隼人の楯』(学生社、一九七八年)参照。
(81) 小林行雄「隼人造籠考」(『日本書紀研究』第一冊、塙書房、一九六四年)。
(82) 『日本書紀』持統天皇元年五月甲子朔乙酉条、同七月辛未条。
(83) 中村明蔵「大隅と阿多」(同『隼人の研究』、学生社、一九七七年所収。後に新訂版、丸山学芸図書、一九九三年所収)。
(84) 八世紀の阿多隼人名の史料としては、山背国計帳に阿多君吉売、近江国滋賀郡古市郷には寄口として阿多隼人乙麻呂、東人、加都伎、刀自売がある。
(85) 岩本次郎「隼人の近畿地方移配地について」(『日本歴史』二三〇、一九六七年)。
(86) 中村氏は大隅と阿多の南九州における立地条件の違いから、阿多は外海に面しており、古くから南方との交易などもあって開放的であったとする(中村明蔵前掲83)。あるいはそうした社会の発展段階、形態の差が反映しているかもしれないが、推測の域を出ない。
(87) 『日本書紀』天武一四年六月乙亥朔甲午条。
(88) たとえば『日本書紀』神代第九段の神吾田津姫など。
(89) 『続日本後紀』承和三年六月壬子条。

図1　田中聡「隼人・熊襲と古代国家」(大阪府立弥生文化博物館編『日向・薩摩・大隅の原像―南九州の弥生文化―』、二〇〇七年)をもとに作成。
表1・表2　田中聡「隼人・南嶋と国家」(日本史論叢会『日本史論叢』一二、一九八九年)をもとに作成。

第3章　隼人・南島と律令国家──南方の国制施行──

はじめに

律令国家による隼人・南島支配は、七世紀の第4四半期以降、急速に進行した。その画期は天武年間の隼人の大量朝貢と大宝二年（七〇二）の薩摩隼人・多禰人反乱に伴う「校レ戸置レ吏」すなわち薩摩地方における国制施行に求められる。この点に関しては従来ほぼ共有されているようである。隼人については、五世紀以降、肥後地方から大和朝廷に従う肥君の勢力が八代海沿岸を南下し、その圧迫を受けて七世紀後半に隼人薩摩君が川内川南側に勢力圏を移して強勢となり、国郡制施行を強行する国家に激しく抵抗するもかなわず、八世紀前半にはその支配下に組み入れられるというのが一般的な理解である[1]。また南島に関しては、すでに大和国家の貢納制的支配のもとに置かれていた多禰（種子島）に対し、七世紀末に国郡制施行が進められたことへの反発が七〇〇年から七〇二年にかけての反乱につながったとされる[2]。ほとんどの先行研究は両者をあくまでも別個に展開された政策とみなしており、しかも国家の支配は一律に筑紫総領・大宰府を起点として、九州内を順次北から南へと進められたという暗黙の前提があるように思われる。

ではなぜ大隅・阿多隼人が天武一一年（六八二）になって突然大挙して朝貢するのだろうか。もしこれが「南九州隼人が朝廷に服属したこと、していることを示す[3]」目的で強制されたのであれば、その契機となるような国家的征討行動なり使者派遣なりが見られるはずであるが、少なくとも前後の隼人関連史料にそうした事象はない。ここで同時期の南島政策の展開に目を向けると、隼人の「来朝」があった六八二年には、多禰島に派遣された使者が帰還しており、また七〇〇年には多禰島に向かう途中の「南島覓国使」が薩摩・大隅の隼人豪族によって拉致され、その二年後に薩摩・多禰に国制が施行されている。当該期の一連の隼人・南島政策は密接に関係しているのではないか。両者を全く無関係として切り離さず、現地における具体的な政治情勢の推移のなかで論じるべきである。

国制施行政策が地域社会にどのような影響を与えたのかを考える際、隼人・南島人側の視点から見てみる必要があろう。小林茂文氏は、隼人の主体性を評価する立場から、その服属過程と南島問題との間に関連性を認められている(4)。本章ではこの視角を継承し、七世紀から八世紀初頭における隼人・南島の服属と抵抗に関して考察したい。まず、『日本書紀』等に見られる「掖玖」という地名について検討し、この地域における交通関係の実態をとらえる。それをふまえて当該期の国家による南島・隼人政策の相互補完的な展開を見通し、その歴史的意義を明らかにしたい。

第1節　「夷邪久」と「掖玖」

九州の南方海上に弧を描き点在する南西諸島は、古代においては部分的・一時的に律令国家の支配下に置かれ、各島の住民は「夷狄」の一種として一括的に「南島人」と呼ばれた。こうした支配形態の前身として、七世紀前半には「掖玖」地域の支配が行なわれており、ここでの「掖玖」は南西諸島を漠然と一括した称呼であるとされる。律令国家はこのまとまりの存在を前提にして、七世紀後半に貢納制支配を浸透させていった、というのが通説の描く当該海域の七世紀像である。(5)

明年（六〇八・大業四年）、帝復令₃寛慰₂撫之₁。流求不₂従、寛取₂其布甲₁而還。時倭国使来朝、見レ之曰「此夷邪久国人所レ用也」。

右は『隋書』巻八一東夷伝流求国（以下「流求国伝」）の一節であり、隋の羽騎尉朱寛による二度目の「流求」探査行の首尾について触れている箇所である。注目すべきは、「流求」よりもちかえった「布甲」を見て、ちょうど隋朝にあった遣隋使小野妹子らが(6)「夷邪久国人」の使用する物であると述べた点である。「夷邪久」はここで用いられた一例のみであり、日本の同時代史料にも出てこないが、これが『日本書紀』の推古・舒明朝（以降『推古紀』等と略記）等に現れる「掖玖」にあたるという理解は、新井白石の『南島志』（一七一九年・享保四）、伊地知季安の『南聘紀考』（一八三〇年代・天保年間）以来、ほぼ通説となっている。

『推古紀』二四年（六一六）三月条に見る「掖玖人三口帰化。」という記事は、『日本書紀』において当海域に関する初見史料である。従来説はこれを屋久島とする説と、南西諸島の総称とする説に分かれ、現在は後者が通説化している。(7)総称説は、もし「掖玖」を屋久島のみに比定すると「より日本本土（九州）に近くかつ面積の広い種子島がなぜ史書に表れないか」疑問である等を理由に、(8)『推古紀』『舒明紀』のそれを「後の南島に該当する大隅・薩摩以南の島々を漠然と指した用語」(9)などとし、これが天武朝以降屋久島を限定的に指す語に変化すると見る。『唐会要』巻九九・倭国条には「倭国東海嶼中野人。有₂耶古・波耶・多尼三国₁。」という記述が見られ、(10)八世紀以降の「掖玖」＝「耶古」が「波耶」＝隼人・「多尼」＝種子島と併記される屋久島を指すのはほぼ確かといえる。この点は、天武朝から一貫して進められてきた対隼人／南島政策の結果、律令国家による南方の「夷狄」画定政策の最終局面において七〇二年（大宝二）に発生した薩摩隼人・多禰人による反抗事件を直接的な契機として、『天武紀』以降の「南島」関連記事が多禰島司が配置された「多禰」を中心とした記述へと移り、「掖玖」は「阿麻彌」や「度感」、「信覚」等の島々の一つとして列記されるに過ぎなくなったこと（『続日本紀』霊亀元年（七一五）春正月甲申朔条など）からも明らかである。

しかし「掖玖」が七世紀前半において南西諸島全般を漠然と示す総称であったという理解については、積極的な根拠といえるものは特に見当たらない。はたして本当に総称だったのだろうか。ここで『推古紀』『舒明紀』の「掖玖（夜勾）人」関連記事を見ると[11]、『推古紀』の四例は「掖玖人」の「帰化」「来之」と本土安置の失敗、あるいは「伊豆嶋」への「流来」という、いずれも倭国家の想定外の事態を端的に記し、『舒明紀』の三例は六三〇年前後における田部連等の派遣を録している。前者はその状況に応じて「来之」「漂着」「帰化」などとはっきり書き分けられており、それぞれの時期も散発的で、単なる『日本書紀』編者の華夷観念に基づく述作[12]とは考えがたく、何らかの事実をふまえているように思う。また後者においては、『日本書紀』の編纂作業が進められた七世紀後半の世界認識においてまさに「南蛮」と呼ぶにふさわしい地域住民の帰属であるにもかかわらず、『天武紀』や『続日本紀』に見るような貢献した島名の列挙などは一切なく、ただ「掖玖」の探査が行なわれて「掖玖人」が「帰化」したと記すのみである。慎重な検討を要するが、この語句があくまで渡来民の具体的な出発地、また探検対象となる土地を指す地名として現れていることを考え合わせるなら、やはり「掖玖」は漠たる総称ではなく特定の一地方を指す語と考えるのが穏当ではないだろうか。

以上のように総称説をとらない場合、七世紀前半の「掖玖」をどこに比定するかが次に問題となる。ヤクという呼称や八世紀以降の実態から単純に考えれば屋久島と思われるが[13]、先述のように「掖玖」＝「夷邪久」と考えられる以上、六〇八年の時点ですでに倭国において知られていた「夷邪久」と同一の比定地を想定すべきである。では「夷邪久」はどこを指すのか。山里純一氏の学説整理[14]によれば、先行学説には、「流求」＝台湾説に立ち「夷邪久」＝「掖玖」を台湾から琉球群島に至る総称とする説と、倭国使のなかの「掖玖」に通じた者が「流求」＝沖縄と「邪久」とが概ね同じ風俗であると主張したと見て、「流求」＝「(夷) 邪久」＝「掖玖」とする説とに大別される。前者には、すでに彭湖諸島の存在を知る隋人が台湾人の用いる「布甲」を知らず、台湾から遠く離れた倭人が一見して「夷邪久国人」のものと言いあてられたのはなぜかというネックがあり、この矛盾を台湾と沖縄の風俗の類似や「布甲」の伝播の想定により解消しようとする。しかしこれは無理のある説明といわざるをえず、私は山里氏のいわれるように「夷邪久」＝「流求」の方がより素直な理解といえるのではないかと考える。

ただこの説をとる場合、「流求国伝」がなぜ同一の実体であるはずの「夷邪久」と「流求」を書き分けたか[15]という疑問に応える必要がある。この点については、梁嘉彬氏[16]がすでに着目している別の史料をもとにして推測を述べておきたい。一〇世紀末に成立した北宋の地誌『太平寰宇記』巻九九・江南東同一一・温州（現在の浙江省温州）の「四夷八到」の項に、「東大海八十六里。海中以外是幽求国」という記述がある。建安郡より直線距離にして二〇〇㎞東北方面にある温州の東方海中には、まさに琉球諸島がある。注目すべきはそれが「流求」ではなく「幽求」とされている点であり、『隋書』と情報源が異なる可能性がある。もしこれを「ユーチュー」または「ユークー」と発音するなら、「(夷) 邪久」と極めて似た音となると思われる。[17] 推測をさらに重ねるならば、『隋書』に記録された七世紀当初から宋代頃まで、当地の人々が「ユーチュー」「ユークー」と自らの住む島を呼称しており、一方で探査や征討による捕虜からその音を聞いた隋人が、冒頭のR音を強調して聞き取った結果、これに「流求」の字をあて、他方倭人はこれを「ヤク」と聞いて「掖玖」の字をあてた、という可能性が想定できるのではないだろうか。このように考えるならば、「流求国伝」において書き分けが行なわれている原因も、同一実体を情報源の違いから別個のものとして認識したためと説明できる。[18]

以上より私は、「掖玖」＝「夷邪久」＝「幽求」＝「流求」と考えうる余地があるように思う。天武朝の「南島」政策によって「掖玖」＝屋久島と明確に固定される以前の「掖玖」は、実体としては「流求」そのものを指した可能性が高い。

こうした視点に立って振り返ってみると、通説はこの海域の島嶼が七世紀末以降、律令国家によって「南島」と総称され、「一括支配」下に置かれることから立論し、そこに至る前史を一系的に遡り、七世紀前半にすでに後の「南島」的な地域的一体性が成立していたことを想定しているように思う。「掖玖」を漠たる総称ととらえる視点はこうした発想に支えられている。しかしこれは方法的転倒であり、『日本書紀』の「掖玖」はそれぞれ同時代の別史料との関連性において比定されるべきである。検討の結果から、少なくとも文献史料からは七世紀前半の時点ではそうした政治的一体性は確認できず、隋においても倭国においても当該期にクローズアップされているのは沖縄島のみであったと見られる。隋の滅亡後、中国では「流求」征討の記憶が反復されて地理情報のなかに残ってゆくが（本書第4章）、日本においては状況が七世紀末に大きく転換し、南西諸島の最北端に位置する多禰が八世紀前半における南島支配の中核となるに及んで、（台湾を除けば）海域内で最大の沖縄島の実態を伝える記録はほとんど消失してしまう。[19] そこに沖縄島人の律令国家に従わないという政治的意志の表明が秘められているという説[20]にはなお再考の余地があるように思われる。

第2節　南島への国制施行と薩摩

表1は、七世紀以降の隼人と南島人の動向を対照して整理したものである。これを見てまず気づくのは、時期によって国家から注目される地域に偏りがあることである。推古～舒明期には掖玖、天武朝には多禰、七世紀最末期から八世紀初頭にかけて薩摩隼人がそれぞれ集中的に紀・続紀上に現れている。しかも掖玖―多禰―隼人（南九州）と、律令国家との政治的交通を開始する地域は南から北へ、すなわち筑紫総領から見て遠い地域より近い地域へと移動していることがわかる。

右のことから想定できるのは、八世紀初頭までの国家による南島・隼人政策は、肥後の豪族を圧迫して漸次南下させていくような間接的方法で進められたのではなく、時期的に拠点を決めて集中的に行なわれたこと、そして隼人の地に直接進出するには六八〇年代を待たねばならなかったこと、この二点である。南島政策が先行し、隼人の住域に遅れて支配が及ぶと考えられないだろうか。またその背景には、激動する七世紀の東アジア情勢の影響があるのではないか。[21] 以上の見通しをもとに、七世紀以降の国家と南島の関係について順を追って見てゆく。

（1）「掖玖」の来航

すでに六世紀末の時点で、琉球諸島に棲む人々の一部は大和国家において「掖玖（夜勾）人」（『日本書紀』推古二四年三月・五月・七月条に「帰化」と来航記事）・「夷邪久国人」（『隋書』巻八一東夷伝・流求国）として知られ、周辺地域との活発な交易活動を展開していた。琉球列島周辺で産出するゴホウラやイモガイ・夜光貝などは貝輪や貝

表1　七〜八世紀の南九州・南島略年表

年代	南九州	流求・南島
五八五	隼人が三輪君逆に率いられて殯宮を守護する。（『紀』敏達一四年）	
六〇七 六〇八		隋の朱寛、流求国を探索。言語通ぜず一人を連行する。明年再び流求を慰撫するが従わず、布甲を取って戻る。倭国使、「夷邪久国人」のものという。（『隋流』）
六一〇		隋の陳稜ら、万余の兵をもって流求国を滅ぼし男女数千を虜とする。（『隋陳』）
六一六		掖玖（夜勾）人が計三〇人来航し、朴井に安置。帰還せず死去。（『紀』推古二四年）
六二〇		掖玖人二人、伊豆嶋漂着。（同　二八年）
六二九 〜 六三一		田部連を掖玖へ使わす。明年帰還し、掖玖人が「帰化」。（『紀』舒明元〜三年）
六五三	遣唐使船、薩麻沖（曲・竹嶋）で沈没。（『紀』白雉四年）	
六五四	吐火羅・舎衛人漂着（同五年）	
六五五	蝦夷・隼人内属（『紀』斉明元年）〔史実性疑問〕	
六五七	都貨羅国男女漂着。海見→筑紫→飛鳥寺西の須弥山で饗会。（同　三年）	
六五九	吐火羅・舎衛男女来る。（同　五年）	
六七七		2月　多禰島人を飛鳥寺西槻下で饗会。（『紀』天武六年）
六七九		11月　倭馬飼部造連・上寸主光父を多禰島に派遣。（同　八年）
六八一		8月　使人ら、多禰島国図と風俗情報を伝える。9月　飛鳥寺西河辺で島人を饗会し楽を奏す。（同　一〇年）
六八二	7月3日　隼人多く来訪、方物を貢ず。阿多・大隅隼人の相撲あり、大隅隼人が勝つ。27日　明日香寺西で隼人に饗会。（『紀』天武一一年）	7月25日　多禰・掖玖・阿麻彌人に賜禄。
六八三		3月　使人ら帰還。（同　一二年）
六八五	大隅直に忌寸賜姓。（同　一四年） 天武天皇の殯宮で大隅・阿多隼人が倭馬飼部とともに誄を奉る。（『紀』朱鳥元年）	↑※〔阿多隼人、自家の服属由来を含む海幸彦神話を奏上か〕

六八七	5月　大隈・阿多魁帥再び誅。7月　三三七人に賞賜。（『紀』持統元年）	
六八九	1月　筑紫大宰粟田真人朝臣、隼人一七四人と布・牛鹿皮を献上。（同　三年）	
六九二	閏5月　大隅・阿多に沙門を遣わし仏教を伝える。（同　六年）	
六九五	5月　隼人大隅に饗会。（同　九年）	3月　文忌寸博勢・下訳語諸田を派遣し蛮の居所を確認（『紀』持統九年）
六九八	〔高句麗の故地に震が建国される〕	4月　文忌寸博勢ら八名を南島覓国使として武装し派遣。（『続紀』文武二年）
六九九		7月　多褹・夜久・菴美・度感人、朝宰に従い来貢、物賜う。8月　南島の献上品を伊勢・諸社に奉る。11月　文忌寸博士・刑部真木ら帰還。（同　三年）
七〇〇	6月　薩麻比売・久売・波豆、衣評督衣君縣・助督衣君弖自美、肝属難波、肥人を従え、武装して南島覓国使を拉致。竺志惣領、犯に準じて罰す。（『続紀』文武四年）	
七〇一	〔1月　粟田真人らを遣唐使に任命〕	〔8月　大宝律令完成〕
七〇二	〔6月　遣唐使出発〕 8月　薩摩・多褹反抗。征討し、戸口数を数えて官吏を置く。 10月　薩摩隼人征討の際に祈祷した大宰所部神九処に幣帛を奉る。唱更国司らに柵を造らせる。（『続紀』大宝二年）	
七〇四	〔7月　遣唐使帰還（『続紀』慶雲元年）〕「日本国の東海嶼中に邪古・波邪・多尼の三小王がある。」→粟田真人らが唐にもたらした情報か。（『新唐書』）	
七〇七		大宰府にて南島人に叙位賜物（『続紀』慶雲四年）
七〇九	6月　大宰率～品官まで事力（駆使する丁）を半減するが、薩摩・多褹両国の国司・国師僧は例外とする。（『続紀』和銅二年） 10月　薩摩隼人郡司以下一八八人入朝。諸国騎兵五〇〇人を徴し、威儀を整えて迎える。	
七一〇	1月　隼人、蝦夷とともに大極殿での朝賀の儀に参列。日向隼人曽君細麻呂、「荒俗を教喩し聖化に馴服」させた功績により、外従五位下に叙される。（同　和銅三年）	
七一三	4月　日向国肝坏・贈於・大隅・姶羅四郡を割き大隅国を設置する。 7月　隼賊反乱征討に功のあった将軍士卒一二八〇余に叙勲。（同六年）	〔七一二年『古事記』成る〕

七一四	3月　隼人が「昏く荒れて」法に従わぬため、豊前国の民二〇〇戸を移して勧め導かせる。（同　七年）	12月　太朝臣遠建治ら、南島奄美・信覚・球美等の五二人を引率し来たる。
七一五		1月　陸奥出羽蝦夷と南島奄美・夜久・度感・信覚・球美等七七人が朝賀に参列し、方物を献上。（『続紀』霊亀元年）
七一六	5月　薩摩・大隅二国による隼人貢進制度を六年交替制とする（遠方で去来に不便、父母老疾・妻子単貧の者もあるため。『続紀』霊亀二年）	
七一七	4月　大隅・薩摩隼人ら風俗歌舞を奏す。叙位賜禄。（同　養老元年）	
七二〇	2月　隼人反乱し、大隅国守陽候史麻呂を殺す。～3月大伴宿禰旅人を征隼人持節大将軍、笠朝臣御室・巨勢朝臣真人を副将軍とする。～6月反乱軍の巣居を攻め、酋帥が争って服属。～7月征西将軍以下抄取まで物を賜う。大伴旅人は帰京、なお隼人はまだ平定しないため、副将軍以下は以後も駐屯。（同　四年）	〔5月　『日本書紀』成る〕 11月　南島人二三二人に叙位。遠人を懐くため。（『続紀』養老四年）
七二一	6月　陸奥・筑紫辺民の戦乱による疲弊のため当年の調庸を免除し、戦功を挙げた将兵には内容に応じて復一～二年を賜う。7月征隼人副将軍帰還、斬首獲虜一四〇〇余。（同　五年）	
七二二	4月　大隅薩摩多褹壱岐対馬等司の欠員を大宰府官人から補充。（同　六年）	
七二三	4月　日向・大隅・薩摩三国の士卒は軍役・年穀不登・飢寒により苦しんでいるため給復三年。5月大隅・薩摩隼人ら六二四人朝貢し、風俗歌舞を奏す。酋帥三四人に叙位賜禄。6月隼人帰郷。（同　七年）	
七二四		11月　南島人一三二人来朝し叙位。（『続紀』神亀元年）
七二八	4月　諸国郡司・隼人らに従五位・位禄を授ける。（同　神亀五年）	
七二九	6月　薩摩隼人が調物を貢納。大極殿閤門にて風俗歌舞を奏す。薩摩隼人らに叙位賜禄あり。 7月　大隅隼人が調物を貢納。大隅隼人の姶孋郡少領加志君和多利・佐須岐君夜麻等久久売を外従五位下、自余も叙位賜禄。（同　天平元年）	※〔帥大伴卿遥思芳野離宮作謌一首〕「隼人乃　湍門乃磐母　…　尚不及家里」（『万葉集』巻六） ※「肥人　額髪結在　染木綿　染心　我忘哉」（『万葉集』巻一一）
七三三	※「寄口　阿太肥人床持女」（右京計帳）	6月　多褹島熊毛郡大領安志託ら一一人に多褹後国造、益救郡大領加理伽

七三四		ら一三六人に多褹直、能満郡少領粟麿ら九六九人には住むところに因んだ直姓をそれぞれ与える。（同　天平五年） 11月　遣唐使多治比真人広成ら多褹島に来着。（同　六年）
七三五	7月　大隅・薩摩隼人二九六人、調物を貢納する。8月　隼人ら方楽を奏す。二国隼人三八二人に爵・禄を賜う。（同　7年）	大宰府、高橋連牛養を南島に遣わし、島名・港や水の在処、国への行程を記した樹牌を立てる。（『続紀』天平勝宝六年二月丙戌条）
七四〇	9月　大宰大弐藤原朝臣広嗣が反す。五道軍一七〇〇〇人をもって征討。隼人二四人に叙位し、当色服を賜い派遣する。10月　広嗣は隼人軍を率いて前鋒にあったが、征討軍の隼人の呼びかけに応じて広嗣軍の隼人が離反し、贈唹君多理志佐が広嗣の謀を知らせたことが敗因の一つとなる。10月23日広嗣ら捕縛、11月1日斬刑に処す。（同　一二年）	※〔『播磨国風土記』賀毛郡猪養野　難波高津宮御宇天皇（仁徳）の時代、日向肥人朝戸君が天照大神を奉戴した舟に猪を進上し、飼育地としてこの地を賜ったため、猪飼野と呼ばれる。〕
七四三	7月　隼人らを石原宮にて饗す。曽乃君多利志佐・前君乎佐・佐須岐君夜麻等久久売らに叙位。（同　一五年）	
七四九	8月　大隅・薩摩両国隼人、調を貢納し、土風歌舞を奏す。曽乃君多利志佐・前君乎佐・曽県主岐直志自羽志・加祢保佐に叙位。（『続紀』天平勝宝元年）	
七五三		11月　遣唐使吉備真備ら、唐からの帰路、阿児奈波島・益久（救）島を経る。（『続紀』天平勝宝六年二月丙戌条、『東征伝』）
七五四		2月　天平七年に立てた樹牌が朽ちていたので立て直す。 11月　大神朝臣多麻呂の本姓を除き多褹島に配流。（『続紀』天平勝宝六年）
七六〇		5月　大伴宿禰上足を多褹島掾に左遷。（『続紀』天平宝字四年）
七六一		3月　人を殺した葦原王を龍田真人に改姓し多褹島に流す。（同　五年）
七六二		8月　多褹島飢饉、賑給する。（同　六年）
七六三	1月　五位以上・蕃客・文武百官主典以上に朝堂で饗会し、唐吐羅・林邑・東国・隼人等楽をなす。（『続紀』天平宝字七年）	
七六四	1月　大隅・薩摩等隼人相替、前公乎佐・薩摩公鷹白・薩摩公宇志に叙位。（同　八年）	
七六五	1月　大宰大弐佐伯宿禰毛人を多褹島守に左遷する。（『続紀』天平神護元年）	
七六六		2月　多褹島等九ヵ国飢饉、賑恤を加える。（同右）
七六七	9月　隼人司の隼人一一六人に、有位無位を論ぜず爵一級を加え、正六位上には上正六位上を授く。（同　神護景雲元年）	7月　多褹飢饉、賑給する。（同　二年）

七六九	11月　大隅薩摩隼人、俗伎を奏す。薩摩公鷹白・加志公嶋麻呂・甑隼人麻比古・薩摩公久奈都・曽公足麻呂・大住直倭・大住忌寸三行に叙位、自余の隼人に物を賜う。（同　三年）
七七一	3月　隼人の帯剣を停む。（同　宝亀二年）
七七六	2月　大隅薩摩隼人、俗伎を奏す。大住忌寸三行・大住直倭・薩摩公豊継、自余八人に叙位。（同　七年）
七八三	1月　大隅薩摩隼人等を朝堂に饗す。叙位賜物あり。（同　延暦二年）

※1　史料の出典は以下のように略記。『紀』…『日本書紀』、『続紀』…『続日本紀』、『隋流』…『隋書』東夷伝流求国、『隋陳』…『隋書』陳稜伝、『唐書』…『新唐書』日本伝、『東征伝』…『唐大和上東征伝』

※2　文中の※は関連資料。なお特に断らぬ場合、同年条の出典は同一史料による。

匙、螺鈿の材料などとされ、特にゴホウラ製の腕輪は弥生時代以来、威信財的な価値をもつものとして日本列島や朝鮮半島で広く珍重された(22)。こうした交通の中核をなしたのは沖縄島にあった可能性が高い「流求国」である(23)(比定については本書第4章を参照)。『隋書』流求国伝には、原初的な政治組織（王—小王—鳥了帥）をはじめ、植生や風俗についても詳細な記述があり、また「建安郡東」の海島中には流求国以外の東夷国も見当たらぬことから、当時この地域における最大の勢力と認識されていたと思われる。

七世紀初頭の東アジアにおいては、六世紀末以降国際的秩序の中心だった隋が、国内における内乱の頻発と、突厥との軍事的衝突が続くなかで大規模な高句麗遠征を行ない、それが原因で滅亡へと向かっており、そうしたなかで六一〇年に隋による流求征伐が行なわれていることは重要である。隋末の煬帝は、三世紀初め以来長く中国王朝との交渉が途絶えている絶域、旧南朝勢力や潮州など五州で激しく反抗していた異種集団「獠《ろう》」の後背に位置する流求国に関心をもち、大業三年（六〇七）・四年（六〇八）、使者を派遣した。ところが流求国が招慰を拒絶したため、同六年（六一〇）、隋は万余の兵を送って流求国王を殺し、その宮室のある大集落「波羅壇洞」を焼き、男女数千人を連行して以後交通は途絶える（『隋書』、『冊府元亀』巻九八四外臣部）。当時この海域において重要な交易拠点の一つであった流求国の消失は、おそらく交易の担い手となっていた九州島西部海岸域・南部の住民にも多大な影響を与えたであろう。大和国家による招慰（六二九年）以前に、「掖玖人」の側から「帰化」・「投来」の行動が起こっていること（六一六年）は、大和国家と結びつくことで政治的に優位に立とうとするための主体的な政治活動であり、この海域における政治権力の再編が進みはじめたことを示唆する。国家側の対応は彼らを「朴井」（和泉国西内村か）に安置することと、十数年後に使者を派遣することに止まり、七世紀末頃のような計画性はいまだ感じられない。

（2）南島についての知識の拡大

掖玖人の「来朝」により、初めてこの地の住民と直接的な交通関係をもった大和国家は、二二年後の白雉四年（六五三）七月、高田根麻呂に従来と異なる遣唐航路の開発を命じるが、彼らは薩摩沖で遭難している。[24] 船の沈没地点（薩摩曲・竹嶋間）から考えて、彼らの目的地はすでに交通関係のあった掖玖だったのではないか。結果的にこの試みは失敗だったが、翌五年（六五四）からの五年間に覩貨邏国（チャオプラヤー川下流域、真臘国にあたるか）・舎衛国（ガンジス川中流域の国家）人らが「海見嶋」（奄美大島）に漂着するという事件が起こり、再び南方の島々が注目されるようになる。これにより律令国家の南島への知見が広がった。

（3）多禰島の支配拠点化と隼人政策との連動

六五〇年代に得た知識をもとに、国家が本格的に南島経営に乗り出すのは天武六年（六七七）になってからであった。その政策の中心に据えられたのは多禰島である。国家と多禰との関係は多禰側の「来貢」から開始されたと思われ[25]、これに対して六七七年二月、飛鳥寺西槻下という聖域[26]において饗会が行なわれた。これは南島人（「蛮」『持統紀』九年（六九五）三月庚午条）の服属儀礼としての饗会の嚆矢であった。

以後、律令国家は多禰島に支配の拠点を構築しつつ、海上交通の要地である薩摩半島西・南部、大隅半島南端部の港湾を飛び石的に把握して評を設置し、同時に薩摩君・肝属（肝属川一帯を支配）など有力な隼人集団を服属させるという形で、南島と九州南部への国郡制施行の準備を急速に進めていく。天武八年（六七九）から一一年（六八二）にかけての三年間、大乙下倭馬飼部造連を大使に、小乙下上寸主光父を小使とする南島使としては異例の使者が多禰に派遣された。彼らに与えられた使命は単なる朝貢督促[27]ではなく、多禰島を支配拠点として南の阿麻彌（奄美大島）・度感（徳之島）の探査を進める一方、北の隼人対策を行なうための基盤構築だったと思われる。そのため他の島、たとえば掖玖でも行なっていない「多禰国図」を提出し、島の位置・風俗・食物・土毛を報告する必要があったのである。まさに国制施行の第一段階[28]であったといえるだろう。

さて、多禰島を拠点とした〝北方〟すなわち隼人政策は効を奏したらしく、六八二年に多禰からの「使人」が帰還した直後の七月、初めて多数の隼人が宮廷に朝貢した。「使人」らの帰路はおそらく九州西海岸を港づたいに北上し、筑紫総領を経由するものと思われるから、必ず隼人の住地を通過したはずであり、この「使人」らの働きかけが、隼人「来朝」の直接的契機になったといえるだろう。大使倭馬飼部造連は四年後の天武喪葬の際に、大隅阿多隼人とともに誄を行なっており、両者の関係の密接さが感じられる。以後、六年相替の定期的な「隼人の調」（牛皮・鹿皮・布など、服属儀礼としてのミツキ）の上京貢上が始まり、また入貢した複数の隼人集団のうち、大隅・阿多隼人などの有力豪族はそのまま近畿地方一円に定住した。[29]注目すべきは、「使人」らに応じて最初から「隼人多来」とされるような大人数が畿内に赴くほどに、すでに隼人社会内部での豪族間の競合が進んでいたと思われることである。また朝貢・移住者はその後も増加し、持統三年（六八九）には筑紫大宰を介して一七四人の隼人が「献上」[30]されるに至る。当時の薩南諸島以南の海域支配と薩摩半島西岸・大隅半島南部の支配とが一体のものとして進められたこと、少なくともこの地域の人々にそのように認識されていたことを示唆する。

他方、六八一年以降に近畿へ移住した隼人の諸集団は、国家により大隅隼人・阿多隼人として編成され、「五畿内及び近江、丹波、紀伊等国」（『延喜式』隼人司条）に住み、多くは八世紀以後、隼人司に所属し儀礼での歌舞・楽の奏上や狗吠、宮廷の警護などを務めた。[31]だが、移住者間での優位をめぐる競合が起こる。山城国の大住郷に集住した大隅直氏に畿内の有力豪族に与えられる忌寸姓が早くも六八五年に付与されたのに比べ、阿多（＝吾田）君氏は以後も長く君姓のままであり（阿多君への忌寸賜姓は一五〇年後の八三六年）、阿多隼人の劣勢は明らかだった。そこで阿多君は自家の伝承（海宮遊幸の物語）を奉上し、天皇家の系譜に氏の始祖を接合することで、宮廷における地位の向上をはかる。これが有名な海幸彦・山幸彦兄弟の物語であり、その原型は阿曇連氏の食膳奉仕伝承だったと思われるが、[32]弟・山幸彦との争いに敗れた兄・海幸彦の子孫が俳優之民として永遠に仕えることを誓うという部分は、記・紀の編纂過程で新たに架上された阿多隼人の服属儀礼の由来譚と考えるべきである（本書第2章を参照）。

以上、六七一～六九二年における律令国家と多禰・隼人の関係は、多禰の「来朝」とそれに応じた国家側の

「使人」派遣、多禰の在地社会の変動、隼人の大量朝貢と一部移住という過程を経、大きな衝突もなく、律令国家を基準とした階層社会形成に向かって進んでいたといえる。それは国家にとっては西方への版図拡大、政治領域内における律令制的支配の貫徹につながる国制施行への第一歩であり、同時に隼人の国家的儀礼への参加（饗会―殯宮儀礼）に端を発した「夷狄」としての地位固定の始まりでもあった。また隼人・多禰にとっては従来の広範な交通関係[33]――朝鮮半島～九州～薩摩・琉球・八重山～台湾という広がりをもつ――を維持しつつ、もう一方で律令国家との新しい交通を並行させることにより、社会内部の階層分化をさらに進める方向であった。

第3節　南島覓国使剽劫事件の意義

しかしこのような交通関係は、律令国家の強圧的な政策により、もろくも崩れ去った。まず持統九年（六九五）、十数年ぶりに多禰島へと文忌寸博勢・下譯語諸田らが遣わされ、「求二蛮所一居」が行なわれた。次いで文武二年（六九八）、同じメンバーに武器が与えられ、「覓国使[34]」として南島方面に派遣された。この時期に集中して二度も遣使されたのはなぜか。またその目的は何だったのだろうか。

まず考えられるのは、遣唐使の航路変更との関連である。この時期以降八世紀を通して遣唐使の航路はそれまでの「北路」から、南島経由で東シナ海を横断する「南島路」に変更されたが、その原因については三説ある。

「新羅との関係悪化[35]」

「震（渤海の前身）建国に伴う北路放棄[36]」

「律令国家の国威発揚[37]」

右のうち新羅との国交関係はこの時期にはいまだそれほどさしせまった状態でなかったことを考えれば、第二説が直接的要因だといえる。六九五〜六九八年の「覓国使」は、その名のごとく航路を「覓める」つまり「南島路」画定こそを職務の中心としていた。

しかし、未踏査の「度感嶋」までも含め、いつ遣唐使船が通過してもよい体制を、いまだに旧来からの交通関係を温存した隼人・南島のなかにうち立てることは、非常な困難が伴ったに相違ない。これにより五〇余年後の天平勝宝六年（七五四）には、南島に天武七年（六七八）に立てられてすでに朽ち果てた航路牌を修復する由が命令されているが、その牌に書かれていた内容は、

着嶋名幷泊㆑船処、有㆑水処、及去就国行程遥見㆓嶋名㆒。

（『続日本紀』天平勝宝六年二月丙戌条）

であった。遣唐船が停泊できる港、飲料水や食料等は各島で用意しなければならず、また寄港に伴う労役人員や、未知の海路を貧弱な技術で渡らねばならぬ遣唐船に必要不可欠な挟取・水手なども調達せねばならない。

これらを行なうためには、「南島路」寄港地、すなわち南九州西沿岸地方（薩摩）―多禰―掖玖―菴美―度感の在地豪族の拠点に評（コホリノミヤケ）を設ける必要があった。[38] 持統九年（六九五）の「蛮の居を求む」とは、在地豪族ごとに住民を把握することを表しているのではないか。しかし前述のように南島・隼人は旧来のままの交通関係―共同体を保持しており、容易には立評を許さない状況にあったのだろう。「覓国使」に武力行使の権限が付与されたのはこのような状況のもとで急遽右の任務を強行する必要があったからと思われる。

その結果、多禰・掖玖・菴美・度感の来貢が実現し、一応の成功をおさめたといえる。こうして見ると七世紀最末期における「南島路」開拓は、隼人・南島に対する国制施行過程そのものであり、国家は「南島路」設置を

テコにして東北地方の蝦夷と並び最後まで支配を拒み続けた南島・隼人をも強行的に律令制的支配のなかに組み込もうとしたといえる。その過程で、これまで大和王権や中央豪族と個々に「夷人」的関係（本書第1章を参照）を結び朝貢していた掖玖人（この当時は屋久島を指す）・阿麻彌人（奄美大島）・度感島人（徳之島か）と多禰人をあわせて、四夷観念における「南蛮」にあたる総称「南島人」が新たに創出された（『続日本紀』文武二年四月壬寅条）。

こうした律令国家の強圧的な地域秩序への介入によって、従来の政治的・経済的交通関係が分断される危機に直面し、その結果、八世紀初頭の数年間に薩摩と多禰を中心に国制施行への反抗が起こることとなる。

薩摩比売久売波豆。衣評督衣君縣。助督衣君弖自美。又。肝衝難波。従二肥人等一持レ兵剽二却覓国使刑部真木等一。於レ是勅二竺志惣領一。准レ犯決罰。（『続日本紀』文武四年六月庚辰条）

右は七〇〇年に「覓国使」が南島に巡察のため赴く途中に南九州の豪族らに拉致された事件の記事である。その意義については次の三つの見解が示されている。

「薩摩の巫女的指導者が次第に強化される隼人支配政策に対して危機感を高め、衣（後の穎娃郡）評督・助督＝隼人酋長と、肝属郡の豪族を率いて反抗した事件」(39)（井上辰雄）

「覓国使の目的は南島を含む南部九州の国制推進のための調査であり、これを察知した薩摩君・衣君・肝衝等の大豪族が同盟を結んで対抗した事件」(40)（中村明蔵）

「以前より南島と隼人は隼人主導の交易を通じて歴史的交通があったが、そこに大和政権が介入し、その結果隼人の優位性が崩壊にむかったため、その状況を打開しようとして隼人が蜂起した事件」(41)（小林茂文）

順に検討していくと、まず井上説は反乱の主謀者を薩摩の巫女的首長とし、他勢力がその巫女に率いられていたとするが、この史料を読む限り、「薩摩比売久売波豆」が巫女かどうかは不明であり、他集団を従えていたとも書いていない。その点中村説は三勢力を並列関係に「同盟」としており、穏当な解釈といえよう。

両者の説は、この事件を律令国家の国制施行過程に生じた隼人住民の反発とみなす点で一致しているが、ともに重大な問題が軽視されている。それはこの時拉致されたのが、文武二年（六九八）四月に南島に遣わされて以来、二年余にわたって先述の任務を遂行した「南島覓国使」に他ならないということである。なぜ南島覓国使が薩摩・大隅の隼人らに連れ去られねばならなかったのか。加えてこの二年後、薩摩と多褹が「隔レ化逆レ命」という理由で征討されている。ここで両者が並んで討伐対象となったことをどう評価すべきか。これらの問いに答える必要がある。

一方小林説は、隼人側の主体性を評価する立場から隼人・南島間の密接な関係を指摘している。この視角は妥当だが、両者間の交流において古くから隼人が主導権を握っていたという見解には疑問がある。第2節で述べたように南島・大和国家間の政治的交通は七世紀前半に開始され、隼人はそれよりも五〇年も遅れて「来朝」しているが、これからいえることは隼人・国家、南島・国家の関係の親疎だけであって、このことを直接、大和国家との交通が始まる以前からの両者間の力関係に結びつけるのは無理である。もし国家との交通の有無で在地における優劣が決定するなら、すでに地方官人たる評督・助督となっている隼人衣君らが、わざわざ事件に荷担して優位性を放棄するはずはない。ところが彼らは実際に事件に加わり、筑紫総領に罰されているのである。また、南島が隼人と互いに優位を求めて争ったような形跡もない。やはり別の原因を想定すべきであろう。

以上の諸説への批判をふまえてこの事件について私見を述べれば、この事件の実態とは「南島路」開拓に伴う「覓国使」の評設置の強行に対し、薩摩半島の川内川河口一帯に大勢力をもつ薩摩（君）一族、同じ半島の南端部（後の穎娃郡）に盤踞している衣評督、そして大隅半島の肝属川一帯に位置する肝衡一族が連合し、「覓国使」を脅迫して連れ去ることで自分たちの勢力の拠点を守ろうとした事件だったといえる。これらの地が皆外海に面し、「南島路」に関わる航海の要衝であること、加えて鹿児島湾最奥部に居する有力豪族贈於君や、加士伎君等の勢力が加わっていないことも、「覓国使」の施政対象地域が「南島路」寄港地域にのみ限定されていたという前節の推定の裏付けとなるのではないか。

また、薩摩・衣・肝衡三勢力に率いられた「肥人」については「クマヒト＝クマソの末裔」[42]（大林太良）、「ヒビト＝肥国の人」（中村明蔵・志方正和）[43]、「コマヒト＝日向の駒飼育集団」[44]（井上辰雄）等の説がありいまだ定説を見ないが、「クマビト＝肥国を中心として広範に分布する白水郎（海人）[45]」と考えてみたい。彼らの本拠地は肥国であり、海人的職能をもって各地の豪族に属したが、「南島路」＝コホリノミヤケ設置に対し、実際に覓国使・遣唐使のために多くの労力を費さねばならない等の点で隼人と利害が一致したのだろうか。

さて、この剽劫事件の結果、隼人側はすでに西海道における懲罰権を有する「筑紫惣領」[46]に処罰され、国家の南島政策に対抗して形成された肥人との連帯も、その後事件の当事者名が史料上から消失することから見て、一度ここで潰え去ったようである。国家はいよいよ律令制の全体的施行段階に突入し、大宝二年（七〇二）の第六次遣唐使も予定通り「南島路」を通過している。

しかし、遣唐使が出発した二ヶ月後、またも薩摩の反抗勢力が、今度は国家南島政策の要である多褹とともに命に逆らうという事件を起こした。これがなぜ起こったかについては、大宝二年（七〇二）が造籍年にあたっていることが指摘されており[47]、征討の結果「校戸」が行なわれていることから見て穏当な推測といえるが、私はこの年が「南島路」利用の初年であることに注意したい。先に述べてきたように、「南島路」開拓の過程は同時に国制施行の準備過程でもあった。これに対し、薩摩・多禰の反対勢力が新たに形成した政治的な交通関係をもって国家に抵抗したのがこの事件の本質であろう。

この反乱が武力によって鎮圧された後、「戸を校《しら》べ吏を置」き、覓国使の任務を継承した唱更《しょうこう》国司(48)によって柵が築かれ（『続日本紀』大宝二年八月丙申・一〇月丁酉条）、国家は薩摩―多禰の分断支配にふみきった。なかでも「唱更国司」の設置は、七世紀末以降「使人」―「覓国使」と展開してきた南島・隼人に対応する特殊な〝辺境国司〟の完成段階だといえる。遅くとも七〇九年までには薩摩国・多禰島が置かれて国司・島司が派遣され、七一三年には日向国から肝坏・贈於・大隅・始儸の四郡を割いて大隅国が建てられたが、「隼賊」からの激しい抵抗が収まらないため、豊前国民二〇〇戸を移し、隼人を教導させた。以後、国郡制の施行によって隼人・南島人とも所属先が固定され、両者の分断支配が進んでゆくこととなる。

おわりに

本章の主張の眼目をまとめると以下の通りである。

①沖縄島は本来「ユークー」と称呼されており、これが七世紀初頭の隋による侵攻時に「流求」と記録され、少し遅れて倭国では「掖玖」と記録された。ここに二つの国家における同一の歴史的実体に対する認識のズレを見ることができる。倭国における律令国家体制の形成過程のなかで当該海域への国制施行が段階的に進むが、それは決して七世紀前半以来の施策の単なる延長ではなく、多禰を中心に「夷狄」＝「南島人」の住域を、隼人や肥人、各島人との流動的な相互関係のなかで画定してゆく営為であった。その結果、「掖玖」が指示する

対象は多禰の隣に位置する屋久島のみへと国家的に固定され、以降もう一つの「掖玖」＝沖縄島は史料上に姿を見せなくなってしまう。

②律令国家形成期における対隼人支配は、その南方に位置する「南蛮」としての「南島人」を把握する政策と不可分の関係にあった。「南島」支配の拡張の契機となったのが六五〇年代以来の遣唐使「南島路」の開拓政策であり、薩摩半島の先端（後の頴娃郡）に位置する衣評のように航路途上の島々に評を設置することが試みられた可能性がある。「南島」の設定は南方世界の島々にとって、少なくとも「南島路」の維持が意識されていた八世紀前半まで、積極的に天皇への貢献を行ない姓や官位・下賜物などの見返りを得るか、それとも関係を絶つかの政治的判断を迫るものとして作用したようである。

③また隼人と南西諸島の住民との間には律令国家形成以前からすでに長い文化的・経済的交通の歴史の蓄積があり、六九五年以降急速に進められる国制施行の準備に対応し、律令国家への帰属をめぐってかつてない緊迫した状況(49)が続くなかで生み出された両者の政治的連帯は、この関係に支えられたものであった。八世紀に入ってからの薩摩隼人と多禰を中心とした抵抗の動きは、結果として右のような一層の強圧的支配を招いたが、ここに至って両者の間に、一時的にせよ広範で強い政治的な連合が出現したことは注目すべき点である(50)。

隼人・多禰のように「夷狄」として律令国家に把握された側の視点から国郡制施行の過程を見る時、政策を遂行していく国家対服属する夷狄というように単純に対比して考えるのではなく、「夷狄」有力豪族間の対立などの内的矛盾をも併せて検討する必要がある。八世紀を通じて隼人・南島人は独自の文化に根ざした生活形態を維持したが、公民化の進展に伴い、隼人そのものについての記述が急速に消え、また「南島人」という総称も早々に放棄されて、再び「島名＋人」呼称が用いられるようになっていく。薩摩・大隅両国では延暦一九年（八〇〇）に班田制を施行し、同二四年（八〇五）に隼人朝貢が停止されて、公民化のプロセスも終了する。『令集解』職員令隼人司条朱説はついに隼人を「良人」（＝公民身分）と定義するに至った。こうして律令国家による隼人・南島人への「夷狄」視は消失するが、このことは即、彼らの「倭人」＝「日本人」への同化融合を意味するものではない。九九三年には、「奄美島人」が九州海岸諸国一帯を侵犯し、三〇〇人を奪取するという事件が起こった（『小右記』長徳三年一〇月一日条）。『権記』同日条では、ここでの奄美島人が「南蛮賊徒」と書き換えられている。この記事から貴族社会における穢れ観念の肥大と、それに伴う古代的な「夷狄」観念の消失、自閉的な王土思想の出現を看取する理解もあるが[51]、こうした具体的な記述の背後に、隼人・南島地域そのものの変容を読み取ることも可能であろう。最近では、夜光貝製品の原料生産と集積基地といわれる小湊フワガネク遺跡等の豊富な事例から、八世紀から一一世紀にかけて南島交易ルートの中心的な位置を奄美大島が占める可能性も指摘されている[52]。にもかかわらず、文献史料上に「奄美島人」の動向がほとんど現れないことの意味を考える必要がある。

こうした点を考慮すれば、国家による隼人・南島人支配は決して一方的・強制的に進められた過程ではなく、常にそれを変容しようとする地域社会側とのせめぎ合いのなかで展開されたといえるのではないだろうか。

【第3章　注】

（1）中村明蔵『隼人の研究』（学生社、一九七七年。後に新訂版、丸山学芸図書、一九九三年所収）。井上辰雄『隼人と大和政権』（学生社、一九七四年）。

（2）熊田亮介「古代国家と蝦夷・隼人」（初出一九九四年。同『古代国家と東北』、吉川弘文館、二〇〇三年所収）。

（3）中村明蔵「阿多隼人と薩摩隼人」（『続日本紀研究』一六六、一九七三年）二四頁。

（4）小林茂文「隼人の敗北と社会」（『続日本紀研究』二五二、一九八七年）。

（5）鈴木靖民「南島人の来朝をめぐる基礎的考察」（田村圓澄先生古稀記念会編『東アジアと日本（歴史編）』、吉川弘文館、一九八七年）。

（6）『日本書紀』推古一五年（六〇七）秋七月庚戌に派遣し、翌年四月に裴世清を伴い帰朝した。この遣使は『隋書』巻八一「倭国」にも大業三年（六〇七）入貢として記されている。

（7）岩波日本古典文学大系版『日本書紀』の同条頭注は「掖玖」を現在の屋久島に比定する。また総称説の嚆矢である伊地知季安は、「流求」という名称の由来を遣隋使小野妹子らが「夷邪久国」について語ったことが記録されて「流求」となったと考え、『続日本紀』や『延喜式』に見られる「多褹」「掖玖」などもまた「流求」同様に「南島」の総称とした（『南聘紀考』）。こうした見解は黒板勝美編、丸山次郎・太田亮ほか執筆の『鹿児島県史』巻一（一九三九年）以降、一般的に踏襲されている。

（8）鈴木靖民前掲5。

（9）山里純一「流求の『布甲』をめぐって」（初出一九九四年。同『古代日本と南島の交流』、吉川弘文館、一九九九年所収）。

（10）『新唐書』巻二二〇「日本」条の末尾には同様の内容が「其東海嶼中、又有邪古・波邪・多尼三小王。」と記されている。これらはおそらく同一の情報源に基づいており、大宝二年（七〇二）六月に発った遣唐使粟田朝臣真人らの報告によるという鈴木靖民前掲5の見解に従う。

（11）『日本書紀』推古二四年（六一六）三月・五月・七月、同二八年（六二〇）八月、舒明元年（六二九）四月朔、同二年（六三〇）九月是月、同三年（六三一）二月庚子の各条を参照。

（12）鈴木靖民前掲5や山里純一前掲9は『日本書紀』編者の潤色を強調する。むろんそうした可能性は否定できないが、だからといって「二月庚子」「田部連〈闕〉名」といった具体的な年月日や人名を全く机上で創作したと断定することもまたできないように思う。後者に関しては、『斉明紀』に挙げられた蝦夷・粛慎経営記事中に、その総責任者たる阿倍引田臣の名がやはり「闕レ名」で記されていることが想起される。

（13）本書第２章と本章のもととなった「隼人・南嶋と国家―国制施行と神話―」（『日本史論叢』一二、一九八九年）では当初このように理解していたが、以下論じるように七世紀前半には沖縄島、天武朝以降は屋久島を指すように変化したと前稿の見解を訂正する。

（14）山里純一前掲９。

（15）鈴木靖民前掲５。

（16）梁嘉彬「隋書流求国伝逐句考證」（『大陸雑誌』四五―六、一九七二年）。

（17）東恩納寛惇氏によれば「夷邪久」の「夷」は本来Ｒ音に近い音韻を有するという。同「隋書の流求は果して沖縄なりや」（初出一九二六年。同全集１巻、第一書房、一九七八年所収）。

（18）このように考える場合、七世紀代において「ヤク」あるいは「ユークー」と発音する名をもつ島が沖縄島と屋久島の二つあったこととなる。しかし「エラブ」あるいは「イラム」と呼ばれた島が、南西諸島一帯に口永良部島・沖永良部島・伊良部島の少なくとも三つ並存し、長く同じ名称で呼ばれたことを想起するなら、私見の推定にも成立の余地があるのではないか。また、川越泰博「『隋書』流求国伝の問題によせて」（『中国典籍研究』、国書刊行会、一九七八年）によれば、唐の大和年間（八二七～八三六年）に成立した房千里撰の『投荒雑録』（『説郛』巻二三所収）中に、「嶺南諸郡皆有二颶風一、以二四面一風俱至也。昔人或作二台風一、以下是風多上於二台湾一也。」という記述がある。「台湾」の語が七世紀の時点ですでに存在した可能性が高いことも、流求＝沖縄説の傍証となろう。

（19）『唐大和上東征伝』に現れる「阿児奈波島」は一般的に沖縄を指すとされる。鈴木靖民前掲５、山里純一前掲９、一三四～一三五頁。これに対し平田嗣全氏は、この伝記の作成過程から「阿児奈波」の音は中国人思託が耳で聞いたものを唐時代の中国語で記したものとし、従って阿児奈波はアルラプすなわちエラブとよみ、口之永良部島を指すとされた（「阿児奈波島は沖縄ではない」、『古代文化』二三―九・一〇、一九七一年）。通説はアコナハとオキナハが対応するというが、ako と oki の転訛という通説の理解に、言語学上の明確な根拠があるとは思われない。従って私は平田氏のアルラプ説を支持する。だが他方で山里氏が批判するように、阿児奈波島が奄美島の南にあったことは明白であり、口之永良部島には該当しない。これらを勘案し、私はエラブという音を活かして、奄美と沖縄本島の間に位置する「沖永良部島」がそれではないかと考えてみたい。

(20) 山里純一前掲9。

(21) 鬼頭清明「推古朝をめぐる国際的環境」（初出一九七二年。同『日本古代国家の形成と東アジア』、校倉書房、一九七六年所収）。

(22) 木下尚子『南島貝文化の研究―貝の道の考古学―』（法政大学出版局、一九九六年）。

(23) 山里純一前掲9。国分直一「会稽海外の国―台湾と琉球をめぐって―」（『古代文化』二三―九・一〇、一九七一年）には、台湾から琉球列島にかけての海域における活発な交通の存在を民俗学や考古学の事例から説明している。

(24) 森克己『遣唐使』（至文堂、一九六六年）四八頁。

(25) この時の多禰「来朝」の原因は不明だが、『日本書紀』編者にとって記録する必要があったのは、多禰との政治的交通の開始すなわち天武八年（六七九）の使者派遣の契機となった出来事なのだから、多禰側の理由には触れていないのだろう。しかし七世紀初頭に交通を開始した掖玖を通じて、多禰についての情報は入っていたはずである。にもかかわらず天武朝に至ってようやく「来朝」となるのは、この時初めて多禰の勢力が自らの利害のために筑紫総領へと赴いたことを表しているのではないか。

(26) 今泉隆雄「蝦夷の朝貢と饗給」（高橋富雄編『東北古代史の研究』、吉川弘文館、一九八六年）第二章。

(27) 鈴木靖民前掲5、三五三頁。

(28) この時畿内に連れて来られた島人らは翌一一年（六八二）秋七月にも賜禄されており、単なる朝貢にしては滞在期間が長いことから見て、（史料的には確証しがたいが）彼らのなかにはこの時に評督のような形で国家的に把握される者もいたのではないだろうか。

(29) 井上辰雄「畿内隼人の成立」（前掲1所収）、小林茂文前掲4。天武一四年（六八五）に「忌寸」を賜姓された大隅直は、この畿内移住を選んだ隼人であろう。

(30) 中村明蔵氏はこの「献上」という表現などから、当該期の隼人移住を文字通りの強制的移配とされる（「日向神話と海神文化圏の成立」、『熊襲・隼人の社会史研究』、名著出版、一九八六年）。しかしこれは粟田真人朝臣らの文飾ではないか。隼人豪族のなかには在地において劣勢であり、勢力挽回のために朝貢・移住という形で律令国家との関係を強めた者も多かったと思われる。隼人内の最大勢力たる曽君・薩摩君の名が八世紀の畿内隼人中に見えないことも裏付けとなるのではないか。

(31) 鈴木拓也「律令国家転換期の王権と隼人政策」（『国立歴史民俗博物館研究報告』第一三四集、二〇〇七年）。

(32) 松本直樹『古事記神話論』（新典社、二〇〇三年）。

(33) 小田富士雄「九州系弥生文物の対外伝播覚書」（初出一九八〇年。同著作集4、学生社、一九八五年所収）。嵩元政秀「出土銭貨の分類と特徴」（『沖縄歴史地図―考古篇―』、柏書房、一九八七年）。三島格『貝をめぐる考古学』（学生社、一九七七年）。

(34)『続日本紀』に見える「覓国使」関係史料を挙げておく。

文武二年（六九八）四月壬寅条

遣二務広弐文忌寸博士等八人于南嶋一覓国。因給二戎器一。

同三年（六九九）秋七月辛未条

多褹。夜久。奄美。度感等人従二朝宰一而来貢二方物一。授レ位賜レ物各有レ差。其度感嶋通二中国一於レ是始矣。

同年八月己丑条

奉二「于」南嶋献物于伊勢大神宮及諸社一。

同年十一月甲寅条

文忌寸博士。刑部真木等自二南嶋一至。進レ位各有レ差。

(35) 森克己前掲24。同「古代南方との交渉」（初出一九七五年。新編同著作集第二巻、勉誠出版、二〇〇九年所収）。

(36) 山尾幸久「遣唐使―律令国家におけるその意義と性質―」(『東アジア世界における日本古代史講座』六、学生社、一九八二年)。
(37) 鈴木靖民前掲5、山里純一前掲9。
(38) 笹川進二郎「『糟屋屯倉』献上の政治史的考察―ミヤケ論研究序説―」(『歴史学研究』五四六、一九八五年)八頁。田中聡前掲13。竹森友子「南島と隼人―文武4年覓国使剽劫事件の歴史的背景」(『人間文化研究科年報』二二、二〇〇七年)。
(39) 井上辰雄『熊襲と隼人』(教育社、一九七八年)。
(40) 中村明蔵前掲1。
(41) 小林茂文前掲4。
(42) 大林太良「民族学からみた古代九州」(『東アジアの古代文化　別冊』、大和書房、一九七七年)。
(43) 中村明蔵「肥人をめぐる諸問題」(前掲30所収)。志方正和「西南辺境よりみた律令国家」(『芸林』一四―一、一九六三年)。
(44) 井上辰雄「肥人と隼人」(前掲1所収)。
(45) 「肥人」についての史料を列挙する。
①『万葉集』巻一一、二四九六番
肥人　額髪結在　染木綿　染心　我忘哉
②『賦役令』集解　辺遠国条古記
夷人雑類謂毛人。肥人。阿麻弥人類。
③『右京計帳』天平五年(七三三)
寄口　阿太肥人床持売
④『播磨国風土記』賀毛郡猪養野

右　號二猪飼一者　難波高津宮御宇天皇之世　日向肥人朝戸君　天照大神坐舟於　猪持参来進レ之　可レ飼所　求申仰
仍所レ賜二此処一　而放二飼猪一　故曰二猪飼野一

(46) 鈴木靖民前掲5、三五六頁。

(47) 中村明蔵『隼人の楯』(学生社、一九七八年)一二二頁。吉田孝「律令国家の諸段階」(『律令国家と古代の社会』、岩波書店、一九八三年)四一八頁。

(48) 当時未成立だった薩摩国と日向国の一部を管区とする軍事的な国宰。この「唱更」とは『史記』呉王濞伝の「正義曰、践更、若今唱更行更者也」に従ったものと思われ、辺境防備を指している(新日本古典文学大系『続日本紀』一、岩波書店、一九八九年)。従って軍事的な職務を帯びた国司の名称であり、「唱更国」という国が令制薩摩国の前身であるという説には語義からいって従いがたい。隼人の住地たる南九州は、その特異な自然条件と地理的関係から、六年一班の班田制が施行できず、六年相替制の朝貢を課す形で支配されてきた。そのため国司の設置についても六七〇年代の「使人」、末葉から八世紀初頭の「覓国使」、そして「唱更国司」という三段階をふまえざるをえなかった。薩摩が国名になるのはこれ以後である。なお永山修一氏は、七〇二年当時「唱更国司」に該当するのは日向・薩摩両国司であるとされている(『隼人と古代日本』、同成社、二〇〇九年)。

(49) 熊田亮介氏は、七世紀の国家による南島政策を隼人政策とは別個に展開したものととらえ、六九〇年代になってこの地域に対する直接支配が南島産珍貨の直接入手を目的として始められたとし、七〇二年の事件についても「在地社会に格別の動揺は生じなかった」などと評価して、私が前掲13で示した理解を批判された(「古代国家と南島・隼人」、『歴史評論』五五五、一九九六年)。しかしこうした視点では、この事件の当事者が隼人・多褹人両方であることの説明がつかない。氏の理解に従うならば、この事件は七〇〇年の隼人・肥人による「南島覓国使」剽却事件と同様、「南島」との関係が絶たれて不利な立場となるであろう隼人のみが起こすべき事件である。すでに「ゆるやかな貢納制支配」(具体的内容は不明)のもとにあるという多褹にとって、律令国家による直轄支配とは主要な交易相手が隼人から国家に変わること以上を意味せず、隼人とともにあえてこの時期に反抗しなければならない必然性はない。国家側も、交易関係を強化するだけの目的で、「戎器」を帯びた覓国使を繰り返し派遣して「求二蛮所一居」（『持統紀』九年（六九五）三月庚午条）というような強圧的な施策を行なう必要があろうか。当時の薩摩半島・大隅半島の先端部、甑島・薩南諸島一帯の在地社会は、六九五年以降急速に進められる国制施行の準備に対応し、律令国家への帰属をめぐってかつてない緊迫した状況が続いていた。当事者である隼人や南島人にとってそれは交易形態が変化するといった単純なことではなく、従来の社会間に結ばれていた交通関係が全く変質してしまう危機的状況であり、七〇〇年の覓国使剽却事件はそれへの政治的対応に他ならない。こうした状況の結果として七〇二年の反抗事件が発生したのであり、しかも「発レ兵征討、遂校レ戸置レ吏」（『続日本紀』大宝二年八月丙申条）という結末に至っている。これを熊田氏のように在地社会に動揺なしなどと評することはできない。以上の反批判を「古代の南方世界―「南島」以前の琉球観―」（『歴史評論』五八六、一九九九年）にて行なった。本書第4章参照。

(50) 田中聡前掲13において、こうした新たな事態は、国家によって定められた「隼人」「多禰」という枠組みを超え、新しい〝民族〟形成の可能性を秘めたものだったと述べた。この主張に対してはやや過剰な解釈であるといった批判を頂いた。確かに「民族」概念についての理解が不充分であって、広域を支配する政治権力が出現する可能性を直ちに文化集団としての「民族」の形成に直結してしまっている点は問題であり、本文のように訂正したい。現時点ではもう少し長い時間幅で考えるべきだと思っている。

(51) 村井章介「王土王民思想と九世紀の転換」（初出一九九五年。同『日本中世境界史論』、岩波書店、二〇一三年所収）。

(52) 高梨修『ヤコウガイの考古学』（同成社、二〇〇五年）。

表1　田中聡「隼人・熊襲と古代国家」（大阪府立弥生文化博物館編『日向・薩摩・大隅の原像―南九州の弥生文化―』、二〇〇七年）をもとに作成。

第4章　古代の南方世界——流求の実態と観念——

はじめに

日本古代の「南島」研究においては、石母田正氏による「東夷の小帝国」論の提起[1]以来、天皇のもとに支配民族として編成される「王民共同体」から「潜在的な奴隷」として排除されつつ、帝国構造を支える化外の民＝「夷狄」の一種としての側面を明らかにすることに主な関心が向けられてきた。一九八〇年代後半には、「小帝国」論に人類学の「民族集団」の概念を導入し、古代の日本列島に「民族的複合・多元状況」が展開したとする理解[2]が現れ、そこでは「南島人」は蝦夷などとともに「疑似民族」（本来「倭人＝日本人」であるにもかかわらず共通性が意図的に隠蔽され、政治的に再編成された集団であり、「被差別的アイデンティティの強制」が行なわれている点に特徴がある）に位置づけられている。[3]

以後現在に至る「南島」研究には、多くの場合こうした視角が導入され、「南島」史を律令国家による当該海域住民の「夷狄」化、具体的には天皇への「方物」貢上・服属儀礼への参加の強制[4]と内国化に収斂する過程としてとらえる傾向が強い。たとえば鈴木靖民氏は、六七七年（天武六）以降、八世紀前半にかけて度々見られる島々からの朝貢を、一方で「生産性の低い特産物と遣唐使航路の保証が古代国家の獲得した実質的な果実であった」と評しつつ、他方で入朝儀礼の場における朝廷からの下賜物が「南島」の在地で再分配されることにより、朝貢を外的契機として「平等社会を越え、階級社会以前の階層化された社会へと移行する気運がより強められた」可能性を示唆される。(5)ここで想定されている「南島人」とは、基本的に律令国家の支配を受け入れ、いわば「夷狄」化することで文明化され、初めて階層社会の形成に向かう民である。こうした理解はその直接の前史、すなわち律令国家形成期の当海域への支配形態への理解とも当然不可分である。「南島」化する以前の南西諸島はいまだ階層化の進まない平等社会の段階にあって、一体として「掖玖」と総称されていた。(6)国家の支配は当時の在地社会の状況に対応しており、版図の拡大や遣唐使航路の確保よりもむしろ「南島」への「貢納制支配」の拡大が徐々に進められた結果、前記のような朝貢が開始されるとする。(7)律令国家の「小帝国」理念を支える実体が、具体的な施策によって先行的に用意されていたということであろう。

ところが九世紀の初めにはこうした政策や理念は見えなくなる。「南島」支配の拠点とされた「多禰島司」の経営状態が悪化して大隅国に隷することとなり（八二四年〈天長元〉）、以降「南島」についての実態に即した記録は全く途絶える。七世紀後半以来守られてきた「小中華主義」が放棄され、代わって現れるのは、もはや徳化の対象となりえない、鬼の棲む穢れに満ちた恐怖の世界と観念される「流求」であり、奄美「南蛮」であった。この転回の背景には平安京・貴族社会における穢れ観念の肥大や、王土王民思想の閉鎖的転換があり、これらによって国際社会の現実から己を切り離す世界認識が新たに生成されたことが指摘されている。(8)現在の古代「南島」史の基本的な枠組みはほぼ以上のようである。

これらに共通するのは、「南島人」を一貫して律令国家によって他律的に措定された集団とみなし、「南島人」側の主体的な活動、政治的主張の動向や、「南島」支配の流動性といった視点を過小に評価する点である。たとえば「南島人」にとって貢納制支配が有益ならば、八世紀後半以降も定期的に来貢して然るべきなのに、なぜ彼らは来なくなるのかといった現実の政治的問題を、「小帝国」観念の放棄や「夷狄」の消滅というだけで説明できるだろうか。あるいは九世紀以降の「南島」認識の転換について、村井章介氏は「南島人の側の性格変化」ではなく「中央貴族の意識のなかで、境外の夷人が徳化の対象から恐怖の発源へと変貌をとげた」[9]ことに主たる原因を認める。しかしこうした理解が成立するためには、九・一〇世紀において当該海域にこうした観念の形成をうながすような地域社会の変化がなかったのか[10]、またこの「食人種」的観念は同時期の日本に固有のものだったのか、以上について考察を要する。

さらに、先行研究の枠組みをこのように規定している要素として考慮が必要なのは、「南島」の実態を語る際に拠りどころとする史料のほとんどが日本史料だという点である。たとえば「南島人」が自主的な朝貢の主体として突然現れ、九世紀に忘れられるという経緯を辿ると考えられるのは、端的にいって日本史料がそのように残存しているからである。しかし、史料的価値が定まらぬために用いられることの少ない『隋書』をはじめとした中国史料の「流求国」関連記事は、解釈によっては「南島」以前の南西諸島の実態や、九世紀以降の同海域に関する異なった観念を明瞭に映し出す可能性がある。本章では特にこの「流求」を取り上げ、その内容の変化を見ることで、「ヤマト国家に対して非一体的な「化外」「異域」であった反面、自己内部についてもいまだ一体的な地域を形成しえていない」[11]古琉球以前、「南島」以前の「南方世界」（薩南諸島から琉球列島、台湾に至る一帯の海域）の実態を垣間見てみたい。こうした方法を、複数の交通が重層した存在形態を動態的にとらえることをめざす方法論である「北方史」[12]を想起し、日本や隋唐、琉球王国など特定の国家・民族の一系的な歴史に包摂せず同時代的な視座を追究する含意のもとに、古代「南方史」と呼ぶこととする。

第1節　『隋書』の「流求国」について

日本列島の一般的な時代区分において弥生時代から平安時代までの時期、琉球列島・八重山諸島では、沖縄考古学の時代区分にいう貝塚後期文化が共有され、一つの大きな〝南島文化圏〟〝南の文化〟[13]を形成していた。この地域に関する研究は、伊波普猷に代表される沖縄学、民俗学、国文学、考古学、言語学、歴史学などの分野によって進められており、すでに厖大な研究蓄積を有する。が、日本列島に大和国家が展開し、律令国家（最初の領域国家）の形成に向かう六・七世紀の沖縄地域についての歴史学的研究は、文献史料自体が極めて少ないために遅れているといわざるをえない。

しかし稀少な史料のなかで、『隋書』の帝紀・列伝（東夷伝・陳稜伝）・食貨志に「流求国」についての記述がかなり豊富にあることは重要である。この「流求国」に関してはそれを沖縄島と見るか、台湾に比定するかで一九三〇年代に論争が行なわれたが、いまだ決着がついておらず、結果として充分に活用されているとはいいがたい状況にある。もしこれらが古代沖縄地方を指すことが証明されたら、七世紀初頭の沖縄見聞録としての価値ははかりしれぬ大きなものとなろう。

よって本章ではまず一九三〇年代の論争を中心にこれまでの「流求国」に関する学説史整理を行ない、その問題点を指摘する。次に関連史料の検討により、「流求国」の比定地を考えた上で、史料に基づき当時の「流求」社会像を復元してみたい。これらの作業によって『隋書』その他の「流求国」関係史料の史料的性格を再評価することを目的とする。

（1）学説史上の問題点

唐の貞観一〇年（六三六）、二代皇帝太宗の命を受け、魏徴・顔師古・孔穎達らによって前王朝の正史『隋書』の帝紀五巻・列伝五〇巻が完成された。その巻三・帝紀三・煬帝（上）の大業三年（六〇七）三月癸丑条、及び巻八一・列伝四六の東夷伝のなかに「流求国」についての記事がある。これは中国正史上、現在の沖縄周辺地域の歴史的前身のことを指す可能性をもつ史料の初見例である。特に「流求国伝」は、国の所在から地勢・自然、社会構造・風俗習慣そして政治組織の存在まで、他の東夷列伝に匹敵する質量ともに豊富な情報を含んでおり、「建安郡東」の「海島」における七世紀初頭の実態を考える上で貴重な史料であるといえよう。表1は「流求国伝」の構成を整理したものであるが、［総序、政治・軍事組織の概要］［自然・文化・風俗誌］［隋との交通関係］という三部構成は他の東夷伝にも共通して見られる[14]。

この「流求国」については、新井白石が享保四年（一七一九）に著した『南島志』[15]において沖縄に比定して以来、『隋書』を端緒として中国史料上に現れる「流求」は皆「琉球」すなわち沖縄を指すものであるという理解が日本の学界においては一般化していたが[16]、一九世紀後半に至り、ヨーロッパ諸国のアジアにおける勢力伸長に伴う東洋史学の発展のなかで、これに対立する解釈がフランス人サン＝ドニー、オランダ人シュレーゲル、ドイツ人リースらによって提出され[17]、それら諸説は日本の史学界にも多大なる影響を及ぼして[18]、その後の定説のもととなっていく。これが「流求」台湾説（以下、台湾説と略記。「流求」沖縄説も同様に沖縄説とする）である。以後「流求」の該当地比定をめぐる論議が始まり、一九三〇年代前後に〝流求論争〟とも呼ぶべき状況が日本史・東洋史・沖縄史学界で顕在化するに至った。

表１　流求国伝の構成

［総序、政治・軍事組織の概要］
①所在（海島中、建安郡の東、水行５日）。地勢（山洞多い）。
②王の姓名と呼称。王の妻の呼称。
③王の住む「洞」と住宅。闘鏤樹多い。
④政治組織（帥―小王、烏了帥）。
⑤服装（男女共通、男子、婦人）。
⑥武器の種類（鉄を渇望。骨角や皮を使用）、王と小王の乗り物。
⑦軍事組織（諸洞ごとに部隊あり、部隊同士の対立→和解し「共食」。ドクロを王に捧げて隊帥に任命される）。
⑧無税だが有事には均税。刑の決定と刑罰の方法。
［自然・文化・風俗誌］
⑨暦法なし。無文字。
⑩形質的特徴。礼節なし。脱毛入れ墨。婚姻と出産。
⑪食文化（海水塩・酢・米酒。薄味）、宴の作法。
⑫葬制、殯。南境との葬送形態の差。
⑬野獣、家畜（猪・鶏多い）。農耕（焼き畑灌漑、地味豊か）。果薬の種類、気候。
⑭山海の神、戦死者、王への祭祀。
［隋との交通関係～滅亡］
⑮大業元（605）何蛮の奏上。 大業３（607）羽騎尉朱寛による第一次探査（一人連行） 大業４（608）朱寛第二次探査。（流求は慰撫に従わず、朱寛は布甲をもち帰る。倭国使「夷邪久国人の用いる物」と証言。 ⇒武賁郎将陳稜・朝請大夫張鎮州による討伐行。 義安～高華嶼～東行２日～鼊鼊嶼～１日～流求に至る。 崑崙人による慰諭に従わず→攻撃して宮室を焼き、男女数千を俘虜として帰還。以後交流絶える。

そこでの最大の争点は何といっても「流求国伝」の「流求」をどこに比定すべきかという難問であり、その解決のために記事中の地名・動植物相・諸々の固有名詞（王名や官職名など）・食人風習をはじめとした風俗・宗教・農業の発展段階などについて、歴史学、民族学、言語学、考古学等の分野からさまざまな検討が加えられたが、中国史料上の「流求」「瑠求」「琉球」関係記事の内容そのものにおける混乱[19]と分析方法上の一致点不在のために、諸説の論点が錯綜したまま明確な形での決着を見ず今日に至っている。[20]

この混乱は、その後「琉球王国」成立以前の沖縄及び台湾の研究が行なわれる際、史料的価値が定まらぬという理由で『隋書』の記述がただ紹介されるに止まり、詳しい分析が見送られるという傾向を生んだ。[21]しかし先にも述べたように、この「流求国伝」は七世紀初頭の当該地域について記した唯一の史料である。また『隋書』列伝第四七・南蛮伝の跋文には「史臣曰」として、

煬帝纂業、威加二八荒一。甘二心遠夷一、志求二珍異一。故師出於二流求一、兵加於二林邑一、威振二殊俗一、過於二秦漢遠一矣。雖レ有二荒外之功一、無レ救二域中之敗一。

とあり、「流求」征伐が六〇四年（隋仁寿四）の林邑征討（『隋書』林邑伝）に匹敵する外征とみなされていたことがわかる。これらを考え合わせるならば、「流求国伝」の史料的価値は極めて高いといえよう。近年における沖縄・台湾考古学の急速な進展を勘案すれば、論争による分析課題抽出の段階に止まっていた「流求国」問題を再び取り上げるべき時期が来ているように思われる。

では一体、〝流求論争〟において展開された沖縄説と台湾説、及び折衷説は、具体的に何を論拠として主張されていたのだろうか。ここで主要な争点を整理してみよう。[22]

1　地理的関係

「流求国伝」にはまず冒頭で「海島之中、当二建安郡東一、水行五日而至。」（表1①）と大まかな所在が記され、最後に大業六年の征討行動の際に陳稜らが辿った航路（義安―高華嶼―鼅鼊嶼―流求・表1⑮）が示されている。これらを基本的な史料とし、航行路と所要日数そして各島の比定が議論の対象となってきたが、条文の短かさを補うために用いる史料が沖縄説と台湾説で大きく異なっているのが特徴的である。前者は「建安郡の東」という方角を定点とし、郡治所在地の福州から出発して五日で沖縄島に到達しうることを、後世の冊封使による使録(23)や『広輿図』(24)等に記載された福建・那覇間の日数を挙げて証明しようとした。

これに対し後者は、この当時水行五日で沖縄に至るのは困難であろうという見通しに依り、義安（潮州）から征討軍が出発していること、及び「何蛮」の「毎二春秋二時一、天清風静、東望依希似レ有二煙霧之気一、亦不レ知二幾千里一。」という言に注目し(25)、これに元の馬端臨撰の政書『文献通考』（一二〇七年成）巻三二七の「琉球伝」に「…在二泉州之東一。有レ島、曰二澎湖一、煙火相望。水行五日而至。」という記述を加えて、南宋時の琉球は泉州の東に位置し、澎湖諸島から遠望しうる近さだったことがわかると主張して、これを隋代の流求にあてる方法をとる。

両説の対立点は「水行五日」「建安郡東」をどう解釈するか、また義安から征討軍が出発している点をどう考えるかの二点に集約しえよう。なおこれらについて両説を折衷することで解決をはかったのが、朱寛による二度の探査行は台湾、陳稜らによる遠征は沖縄をそれぞれ対象にしたものだったという伊波普猷の修正説(26)、台湾南部に移住した沖縄諸島の人々（瑯嶠族）が『隋書』の「流求国」人にあたるとする幣原坦の移住説(27)である。

2　動物の種類

「流求国伝」にはその動植物の種類について「有二熊羆豺狼一、尤多二猪雞一、無二牛羊驢馬一。」「多二闘鏤樹一」「土宜二稲、梁、床黍、麻、豆、赤豆、胡豆、黒豆等一。木有二楓、栝、樟、松、楩、楠、杉、梓、竹、藤一、果薬同レ於二江表一、風土気候与二嶺南一相類。」（表1⑬）とある。植生に関しては亜熱帯半落葉降雨林[28]が共通しており、問題はそれほどない。動物については野獣と家畜の存在をめぐって論が対立した。台湾説は最近まで台湾には熊や狼が居り、牛羊驢馬は沖縄に居ることをその証拠に挙げる。[29]沖縄説にとっては野獣の有無がネックとなるが、『李朝実録』『殊城周咨録』等にこれらが明代の沖縄にもわずかに存在したとあることを挙げて反論する説[30]もある。

3　風俗（特に食人の問題）

戦前の〝流求論争〟の際に台湾説の支持者によって沖縄説への批判の根拠とされた風俗描写が、〝食人〟を思わせる次の記述である。

国人好相攻撃、（中略）収二取闘死者一、共聚而食レ之。南境風俗少異、人有二死者一、邑里共食レ之。（表1⑦⑫）

台湾説はこれを論争の行なわれた当時の台湾先住民の土俗そのもの[31]とみなし、「兇猛な種族特有の蛮習」[32]が沖縄にあるはずはないと強調する。これに対して沖縄説は沖縄の民俗事例・口碑から食人の古俗が存在したと考える説[33]、普通の「食人」ではない「部落内食人風俗」だったという説[34]などがあり、これらはこの風習そのものに特別な文化史的意義を見出そうとするものだった。しかし両説における〝食人〟のイメージに大きな差があり（「先住民の蛮習」対「部落内の伝統的葬制」）、結局議論がかみ合わずに終わった。

4　水田農耕について

「流求国伝」中、農耕について述べているのは「厥田良沃、先以レ火焼而引レ水灌レ之。持二一挿以レ石為レ刃長尺余闊数寸一、而墾レ之。」（表1⑬）という箇所である。これについて台湾説は3同様に一九三〇年代の台湾・沖縄の実態をそのまま過去に投影し、台湾が良沃であるのに対して沖縄は瘠土であったとする[35]が、沖縄説の秋山謙蔵は明代の史料にこれと逆の状態が記されていること、台湾の美田は明治政府による開墾の成果であって、そうした現状から『隋書』の時代を直接に考えることはできないと反論した[36]。ここでの争点は土地の肥瘠についての解釈と、水田耕作の進行状態をどの程度と考えるかであり、考古学的検証が不可欠なところだといえよう。

5　言語と種族

沖縄説と台湾説が全くかけ離れた解釈を示すのが「流求国伝」中に見える固有名詞の読み方についてである。沖縄説の伊波普猷は沖縄島や宮古島の土語（方言）をもってこれらを解釈しようとした[37]。一方台湾説の東恩納寛惇は伊波説の矛盾を指摘し[38]、伊能嘉矩[39]・白鳥庫吉[40]は台湾やマレー系の諸種族語についての該博な知識を駆使して各語の意味を解こうとした。

表2を参照して明らかなように、三者三様の言語（伊能・白鳥両説はマレー系という点では一致しているが）をもって語源を解釈しているが、いずれもやや恣意的であって不自然なものが多く、一語一語が別々に考えられるために、これらのなかで王・小王の姓として冠せられる「歓斯」やその住居名「…檀洞」がなぜ共通しているのかという重大な問題にも論及がない。加えて、二〇世紀に行なわれている琉球語なりマレー語なりで、一足跳びに千年以上も前の語句が解釈可能であることの根拠が示されていないのも問題点であろう[41]。

表２　固有名詞の解釈

	〔伊能嘉矩〕	〔白鳥庫吉〕	〔伊波普猷〕
歓《huān》斯《si》	家を表す呼称 kanshi の音訳（古い歌謡 Pakanaha-zaai-San〔初育人類〕に出てくる同族始祖の男女名。Vanah-kaishi・Savonga-kaishi）。	敬称「○○様」の意をもつ kangdieng。	あぢ（あんじの前身）のこと（新井白石説）。
渴《kě (hē jiē)》刺《cī》兜《dōu》	古来からの男性の慣用名 Harato。	ratu＝王の嫡流に属する人に対する総称。よって ka＋ratu で“王”を指す普通名詞。	カハラ・チャラ＝宮古方言で「酋長」＝あぢと同義。“兜”は「～ぞ」の意か。
可《kě》老《lǎo》羊《yāng》	司察・司士・司政のうち最も神聖な地位たる司察＝karaohu。	rāya＝宏大な、荘厳な、という意味の形容詞に、ka（接頭語）、an（接尾語）を添え、名詞化したもの。	カラ＝カハラと同じく君主。“羊”は「～である」の意？
多《duō (shū)》拔《bá》荼《tú》	老女の尊称語＝Taa tah。	tuan tabatah　老成の意をもつ古音。	（荼を荼と誤読）タマツという女性名。
波羅檀	太初、神人が天から降臨した観音山麓の丘（その子である祖先がはじめて部落をつくった地）＝Haradan。“洞”は部落を指す称呼「峒」。	pa＋ratu＋an で国王の領土＝直轄地を指す。	パラ＝古代琉球語で「村」“檀”＝殿 }国殿の意（花殿）
烏（鳥）了帥	番社壮丁の一団を包有する級班（Lakel akehal）に鳥了（南部福建音 Liau-Jiau）の字をあてた。“帥”は戦士の意の漢字を添えたのみ。	（文献通考・冊府元亀から）「烏」が正しい字。烏了（Uliau）＝“頭”を指すマレー語 Ūlū・Hūlu。“帥”は渠帥の帥。	「烏」を正しいものとする。ウラウスイ→ウラオソヒ浦襲で、村長＝村を支配する人ととる。
低《tei》没《mut》檀	波羅檀に至る海岸にある大甲溪 Tomol（具体的な地名）。	rama の転音 dama の音訳＝tei＋mut か。“檀”はマライ語で土地 târah か。	
老《Lao》模《mo》	男性名 Damori（D はしばしば R と転換）→ Ramori。	父の尊称 rama が王侯の意に転じたもの。	
闘鏤	（台湾に多い）榕樹（Tuull）の古名。		
鳥槌	男性名の慣用語 Taut。	“鳥”槌の誤字。budak → wudak → udak（マライ語で“子”を指す）の音訳。王子を表す普通名詞か。	
〈方法〉	平埔番パゼツヘ部群の言語で解釈（もと台湾西部平原の中央に占居したマレー系の部族）。	（崑崙人の言葉が通じたことから）マライ語と相通じる程度の類似があるとみなす。	沖縄・宮古方言を用いて考える。

以上、五点に及ぶ〝流求論争〟時の主要な争点を概観したが、これらより沖縄・台湾両説に共通して見られる方法上の問題点を二つ挙げられるように思う。まず一つは、「流求国伝」に描写されているのはあくまでも七世紀初頭の「流求国」であるという歴史性―時間的限定に対する考慮があまり見られない点である。五つの争点について、あるものは成立年代を異とする中国の正史や類書を一律に、またある説は撰者や情報源をあまり問うことなく地誌・使琉球録などを取り上げるなど、説によって依拠する史料の年代が異なり議論がかみ合わない。もう一つは、考古学や民族学等の成果と文献史料の解釈を、それぞれのデータの質の差を顧慮せず同列に扱いがちということである。たとえば現在の風習である洗骨や、台湾で出土した考古遺物である石斧を、別の時代の文献史料中の記述にそのままあてはめるような方法がまま見られる。

これらの理解の背景には、台湾を「蕃地」とし、相対的に沖縄を開化した地とする一九二〇～三〇年代当時の観念が明らかに共有されている。その結果「流求国伝」の記事のうち食人風習らしい記述から、首狩儀礼をなお残す「未開」な台湾のイメージに重なるものを読み取るか、それとも王や師という地位の存在などから、七世紀初頭にしてある程度文明化している社会と見て、近代の沖縄との歴史的連続性を主張するかで説が分かれたといえるのではないか[42]。しかしこの文明の規準の適用は、超歴史的な評価というべきであろう。

またこの文明程度についての先入観は、「流求」をどこに比定するかのみに議論の幅を限定する役割をも果たし、その結果「流求」社会の実態（政治組織、社会生活）や、該当地域に隋の外圧が与えた影響等についての分析はほとんどといってよいほどに行なわれなかったのである。

よって、戦前の〝流求論争〟の成果を批判的に継承するためには、こうした固定観念や先入見にとらわれることなく、「流求国伝」そのものの記事内容をなるべく信頼性の高い他の史料と対比させながら読み解くという方法をとる必要があろう。そのための基礎作業として「流求」に関する文献史料を集積し、その表現形式や情報源の残存の仕方などについて比較検討を行なうことによって、それぞれの史料的価値を考えてみたい。

（2）「流求」に関する諸史料

「流求」「瑠球」「琉球」――これらは中国の福州あるいは泉州・潮州の東方海上に存在する島として史料上に現れる名称である。先学によってこれらに関する史料の収集が進められ、唐から明清に至る各王朝の正史、類書、地誌、使琉球録、随筆、詩文、漂流記その他が渉猟されたが、ここでは最も古くからの記録が残っており、しかも内容がバラエティに富んでいる中国史料を取り上げて、リュウキュウと呼ばれる地域についての情報源の変化を考える。その際に検討する史料の成立年代の下限を一四世紀後半まで、すなわち琉球中山王が明の冊封下に入る一三七二年（明洪武五）前後までに限定しておきたい。なぜなら、明代以降の史料に現れる「琉球」が沖縄を指していることは先学によってすでに明らかにされており[43]、本章で問題とする「流求」「琉球」情報の変質あるいは混乱は、「琉球」＝沖縄という観念が定着する以前に起こっている状況だからである（後述）。

表3は、当該海域に関する主要な史料の所在を成立年代の順に配列したものである。中国の福州あるいは泉州・潮州の東方海上に存在する島嶼として、史料上に「流求」「琉球」、「夷洲・亶洲」、「東番」などの称呼が現れる。これらの勢力と中国歴代王朝との国家的交通関係（侵略をも含めた）について記す正史・類書・政書等から、各時代の文人・僧侶などによる「流求」や「夷洲」観が吐露されている地誌・見聞録・詩文に至るまで、出典は多岐にわたるが、ここでは中国歴代王朝と「流求国」との国家的交通関係を中心とした記述がなされている史料に限定し、「琉球」＝沖縄という観念が定着する以前のリュウキュウ像の変遷を追ってみたい。

ここで各史料における文章表現の類同性に注目すると、次に挙げる八つの史料が、『隋書』「流求国伝」〔1〕―aの文体とほぼ同文か、または細部が変わっているのみで全体の構成がほとんど同じであることに気付く(44)（なお、以下本文中の〔1〕〔2〕などは表3と対応する）。

〔第一群〕

〔2〕北史流求国伝

〔3〕通典　流求国

〔8〕太平御覧　流求国

〔9〕太平寰宇記　流求国

関　連　事　項
230（黄龍２）正月、呉が夷洲・亶洲を探査し夷洲の数千人を得るも亶洲には到達しえず。
605（大業元）何蛮奏上。607-608（同３－４）朱寛の探査行、隋による「流求」侵略。捕虜数千人、以後交流絶える。 ＊616（推古24）掖玖人が初めて帰化。７Ｃ末～８Ｃ、南西諸島を「南島」として把握し、遣唐使通航路に組み入れる。（『日本書紀』・『続日本紀』） ＊倭国東海嶼中の野人に耶古・波耶・多尼の３国あり、みな倭国に従う。（王溥『唐会要』99、961（建隆２）成） 753（天平勝宝５）11/21～12/６鑑真ら、日本へ向かう途中「阿児奈波嶋」に停泊。（『唐大和上東征伝』） 804（延暦23）10/３空海『為大使與福州観察使書』。「失膽留求虎性」の一句あり。 853（仁寿３）８/14円珍、唐への往路「流梂国・琉球国」？　に一時漂着。（『智證大師伝』）
997（長徳３）奄美島の者＝「南蛮」が九州海岸諸国一帯を侵犯し300人を奪取。先年は大隅国人民400を奪取。（『小右記』『権記』）
1174～90（淳熙年間）毗舎耶国の酋豪が数百人を率いて対岸の泉州の村々を襲う。 1243（寛元元）９/17～23、渡宋船が暴風により「琉球国」に漂着し、米と紫苔・芋を交換。（慶政『漂到流球国記』） 1291-２年、1297年に元による「瑠求」侵攻。
1389（高麗辛昌王元）琉球国中山王察渡、初めて高麗に通好。以後倭寇の捕虜送還・交易。 1479（成宗10）済州島漂民、琉球・日本を経て朝鮮に帰国。 1603（万暦31）明、東番＝台湾の倭寇を平定。（陳第『東番記』）

表3　中国・朝鮮史料の「流求」「夷洲・亶洲」「東蕃」表記（明代以前）

No.	分類	史料名	成立年代	王朝
A	正史	陳寿『三国志』47呉主黄龍2年（230）正月条　夷洲・亶洲 a 58呉書13陸遜伝　夷洲・朱崖 b 60呉書15全琮伝　夷洲・朱崖 c	297以前	西晋
B	正史	范曄『後漢書』85東夷伝　夷洲・澶洲	445以前	南朝宋
〔1〕	正史	魏徴『隋書』81流求国伝 a 64陳稜伝 b　3煬帝紀 c　24食貨志 d　流求国	636（貞観10） 656（顕慶元）	唐
〔2〕	正史	李延寿『北史』94流求国伝 a　78陳稜伝 b	659（顕慶4）	唐
C	注	李賢『後漢書注』　夷洲・澶洲	676（儀鳳元）	唐
〔3〕	政書	杜佑『通典』186辺防2　流求国	801（貞元17）	唐
〔4〕	詩文	柳宗元「嶺南節度饗軍堂記」　流求	9世紀初	唐
〔5〕	詩文	韓愈「送鄭尚書序」　流求	823（長慶3）	唐
〔6〕	地誌	劉恂『嶺表録異』下　流虬国	9世紀末	唐
〔7〕	説話	李昉『太平広記』482　留仇国	太平興国年間（977〜984）	北宋
〔8〕	類書	李昉『太平御覧』784四夷部5　流求国 780四夷部1「臨海水土志」　夷洲	984（雍熙元） （257〜280成カ？）	北宋
〔9〕	地誌	楽史『太平寰宇記』175　流求国	10世紀末	北宋
〔10〕	類書	王欽若『冊府元亀』959　流求国 a 962・980　琉球国 b 984　琉球国 c	1013（大中祥符6）	北宋
〔11〕	編年	司馬光『資治通鑑』81隋紀5　流求国	1084（元豊7）	北宋
D		71魏紀3・72魏紀4　夷洲・亶洲		北宋
〔12〕	詩文	陸游「感昔」　流求	1159（紹興29）	南宋
〔13〕	別史	鄭樵『通志』194四夷伝1　流求	1161（紹興31）	南宋
〔14〕	地誌	趙汝适『諸蕃志』　流求国	1225（宝慶元）	南宋
E	注	胡三省『資治通鑑注』　夷洲・亶洲	1285（至元22）	元
〔15〕	政書	馬端臨『文献通考』327四夷考4　琉球国	1317（延祐4）	元
〔16〕	正史	脱脱『宋史』491　流求国	1345（至正5）	元
〔17〕	見聞録	汪大淵『島夷誌略』　琉球国	1349（至正9）	元
〔18〕	見聞録	周致中『異域志』　大琉球国・小琉球国	1365（至正25）	元
〔19〕	正史	宋濂『元史』210外夷3　瑠求	1370（洪武3）	明
〔20〕	正史	『高麗史』137　琉球国	1451（文宗元）	明
〔21〕	実録	『明実録』太祖〜　琉球	15世紀末	明
〔22〕	外交書	申叔舟『海東諸国紀』　琉球国	1471（文宗2）	明
〔23〕	実録	『李朝実録』成宗10年（1479）　琉球国		明
F	地誌	張燮『東西洋考』5　東番	1616（万暦44）	明
G	地誌	何喬遠『閩書』146　東夷志　東番	1620（泰昌元）	明
〔24〕	正史	張廷玉『明史』323外国4　琉球国	1739（乾隆4）	清

このA〜Gは文中に「流求」とは書いていないが、関連する地域や集団についての記述があることを示す。

表4　「流求国伝」の類同表現

〔1〕〈隋書〉	〔10〕〈冊府元亀〉	〔14〕〈諸蕃志〉
①居海島之中、当建安郡東、水行五日而至。土多山洞。		当泉州之東、舟行五大日程。
②其王姓歓斯氏、…有国代数也。彼王人呼之為可老羊、妻日多抜荼。		王姓歓斯、土人呼為可老。△「妻…」
③…壍柵三重、…樹棘為藩。…其大一十六間、琱刻禽獣。	…壍柵	…壍柵…殿宇多彫刻禽獣。
…如髪然下垂。		△
④国有四五帥、…村有鳥了帥、…自相樹立、理一村之事。	…鳥了帥 …自相対立…	△
⑤…従項後盤繞至額。 …婦人…為帽、其形正方。… 織闘鏤皮并雑色紵及雑毛… 綴璫施釧、…織藤為笠…。	…綴璫… 織藤之皮…	従頭後盤繞及以雑紵雑毛為衣 △「至～雑色」 △「綴毛～於頭」
⑥有刀、矟、弓、箭、剣、鈹之属。 …編紵為甲、或用熊豹之皮。		兵有…鼓之属。編熊豹皮為甲。
…令左右輿之而行、道従不過数十人。…	…舉 …機	…所乗之車刻獣為像
⑦…使為隊帥。		△
⑧無賦斂…鳥了帥…	嘗…鳥了帥日本官名…鑁、惟、尺	△
⑨俗無文字、望月虧盈以紀時節候草薬枯以為年歳。		不知節朔咊月盈虧以紀時
⑩…頗類於胡。亦有小慧。…		
…鬘、…有毛之處、…嫁娶以酒肴珠見為娉。…	黒、…文、…嫁聚以酒餚珠見為聘。…	△「男子～平復」
⑪…米麪、…亦呼王名、…揺手而舞。	…米麪、…遇得…	△「以木槽中」…米麹
⑫…挙至庭、…以布帛纏之裹以葦草、親土面殯、…		△
⑬熊熊豹狼、…雞		肉有熊羆豹狼…
厥田良沃、先以火焼而引水灌之。持一挿、以石為刃…而墾之。土宜稲…床黍、…胡豆黒豆等。木有…杉…籐…。		厥土沃壌、先用火焼、然後引水灌注、持鍤僅数寸而懇之。 △「土宜～」
⑭…祭以酒肴、闘戦殺人、…繋幡…	…祭以酒餚 …撃繙…	△
⑮…東望依希似有煙霧之気…三月煬帝…因到流求国。言不相通、掠一人而返。…流求不従、…還。…自義安浮海撃之。…有崐崘…流求不従、拒導官軍。…進至其都、頻戦皆敗、…	(帝紀の文の抄録) 「献俘万七千口頒賜百官」が付加されている。	「無他奇貨～旁有毗舎耶談馬顔等国」が付加される。 △

〔3〕〈通典〉	〔8〕〈太平御覧〉	〔9〕〈太平寰宇記〉
①…建安郡東閩州之東　…	居海島之間、建安郡東閩州之東也。土多出銅。	
②…多拔茶。	其王性…妻曰多快茶。	其王姓歓斯、土人…
③…彫禽刻獣。	…其十人十六門。…彫刻…	…塹柵、…簦。…雕刻…
	…紛然下垂。	
④（師の字がつかわれる）		
⑤…従頭後盤繞… △「其男子～不同」 △「其形正方」	…従頭盤繞 △「其男子～不同」 △「其形正方」	…纏頭髪、従後盤繞… △「其男子～不同」 △「其形正方」
⑥兵有刀…劍鼓 △「刃～助之」	兵有刀…鼓之属 △「刃～助之」	兵有𥮾箭剣鼓 △「刀～助之」△之皮
△「小王～獣形」	△「小王～獣形」	令人舉之而行… △「小王～獣形」
⑦△「出前～相罵因」△「仍以～隊帥」かわりに⑪「食皆用手」	△「出前～相罵因」△「仍～」⑪「食皆用手」入る	…瘡　△「出前～相罵因」△「仍～」
△⑧	無賦斂　△⑪	△⑪
⑨…視月…草枯…	…視月…草枯…	△「俗」…視月…而草枯…
⑩…胡人△「亦有小慧」かわりに「縦年老髪多不白」入る。	…胡人△「亦有小慧」かわりに「縦年老髪多不白」入る。	…胡人△「亦有小慧」かわりに「縦年老髪多不白」入る。
△「男子～除去」△「婦人～匹偶」△「産後～」	△「男子～除去」△「婦人～匹偶」△「産後～」	△「男子～除去」△「婦人～匹偶」△「産後～」
⑪△「其味甚薄」△「扶女～舞」	…杸槽曝、…醋、米麺　△「其味甚薄」…銜盃同飲、△「扶女～舞」	…曝、…醋、…米麺、…燕会、者呼王名後脚盃同…、揺首而舞。
⑫△「親～弔」△「南境～共食之」	△「親～弔」…櫬…、…為子者、△「南境～共食之」	△「親～弔」…櫬…、△「南境～共食之」
⑬熊羆材狼	…鶏	
土宜播種、樹桐江表、気候…△（穀・樹の種類）	宜播種、…樹桐江表、気候…△（穀・樹の種類）	土宜播種、…樹桐江表〔④紛然下垂〕…　△（穀・樹の種類）
⑭（祭→）祀　△「或依～骨角」	…祀　△「或依～骨角」	…祀　△「或依～神主」△「人間～骨角」
⑮…俙、…三年帝… （三・四年の二回の使いが一度にまとめられている） △（途中の島名） …毀 △「自爾遂絶」	…稀、…三年帝… …言語不相通 （同右） …張鎮同 △（途中の島名） …毀 △「自爾遂絶」	…大業初、…云、…天気…稀 …三年帝… 其幾千里…帝命…、何蛮言之 言語不通（三・四年分の一括） △「流求不従」 …掠人　△（途中の島名） △「載軍実」

〔2〕〈北史〉	〔13〕〈通志〉	〔15〕〈文献通考〉
①居海島、…	其国居海島、…	居海島、在泉州之東。有島、曰澎湖。煙火相望。…
②…有国世数、…妻曰多抜茶。	…有国数。彼土人…	…有国世数。彼土人…。…妻曰多抜茶。
③…塹柵…	…塹柵、…雕刻…	…塹柵、…雕刻…
…如髪下垂。	…如髪之下垂。	…如髪之下垂。
④…主一村之事。	…主一村之事。	…主一村之事。
⑤…王當… …方正… …籐…	…方正… △雑色紵 …王當	…方正… △雑色紵 …籐…
⑥有刃		
而… …十数人	而… …十数人	而… …十数人。
⑦…使便為隊帥	…使便為隊帥	…使便為隊帥
⑧		
⑨…草木…栄枯…	…草木…栄枯	…草木…栄枯…
⑩…鬚、…有毛處	…須、…有毛處	…鬚、…有毛處
⑪…米麵、…呼王名後、…	…米麵、…呼王名後…	米麴…、呼王名後…
⑫…舉至庭前、…布縛纏、裹以葦席、襯土而殯。…	…舉至庭前、…縛之、裹以葦席、襯土而殯。…	…舉至庭前、…縛之、裹以葦席、襯土而殯。…
⑬熊豺狼	熊豺狼	熊豺狼
…宜稲、禾黍、…胡黒豆 （杉→）杉 …嶺南山類。	…宜稲、禾黍、…胡黒豆 （杉→）杉	…宜稲、禾黍、…胡黒豆 （杉→）杉
⑭…肴酒 …戦闘	…肴酒 …戦闘	…殺酒 …戦闘
⑮…稀、…三年煬帝… 同到流求国…言不通 掠一人而反。 …不従、…帰。 夷邪夕国人…浮… △「崐崘人～慰諭之」 …不従…至	…稀…三年煬帝… 同到流国…言不通 掠一人而反。 …不従…帰。 義安今湖傷郡 …不聴、拒逆官軍 …毀 △「載軍実」	隋大業…稀…三年煬帝… 同到… 言語不通…反。 不従…帰。 …浮…、△「崐崘人～慰諭之」 …不従、…至 「義安湖陽郡也」 「旁有毗舎耶国～」が付加される。

※『隋書』以外は変化している部分のみを記す。△は『隋書』に存在する文のうち「～」が欠如することを示す。また…は中略。→は字の変更を表す。
※①②などは表1と対応し、〔1〕〔2〕などは表3と対応する。

〔10〕冊府元亀　琉球国・流求国
〔13〕通志四夷伝一、流求
〔14〕諸蕃志、流求国
〔15〕文献通考四夷考、琉球国

表4はこれらの各文を比較検討し、その異同を列挙したものである。これを見ると、『隋書』「流求国伝」と他の八史料とは、その情報量においてほとんど差がないことをまず確認できよう。「塹柵」が「塹柵」に、「麴」が「麺」「麹」に変わるといった単純な改字、「胡豆黒豆」を「胡黒豆」とするなどの短縮が数多く見られるが、文体そのものには変化がなく、基本的に『隋書』の文を一部書き直して収録したものといえる。特に一二世紀までに成立した史料（〔2〕北史～〔13〕通志）における新しい情報は、条項⑩の「縦年老髪多不レ白」と、条項①の建安郡についての補足「閩州之東」に過ぎず、いずれも〔3〕通典、〔8〕太平御覧（〔9〕太平寰宇記は前者だけ）にあるのみである。(45)

しかし地理的情報に関しては、〔14〕諸蕃志・〔15〕文献通考とそれ以前の史料との間に注目すべき差が見られる。まず条項①の本来「建安郡東」とあるべきところが「泉州之東」となっており、〔15〕にはさらに「有レ島、曰二澎湖一。煙火相望。」と明らかに「琉球」を澎湖諸島から至近の地とみなした表現が加えられている。しかも〔14〕〔15〕ともに、条項⑮の後に「毗舎耶国」（後述）に関する条文が付加されており、これは〔13〕通志以前にはなかった新しい地理的情報が、『隋書』以来継承されてきた「流求国」の風土・社会についての知識に添加された結果と考えられる。この地理観の変化については『隋書』「流求国」の所在を決める際の要点として、他史料との関係も含めて後述する。

次に指摘できるのは、この八史料のなかに『隋書』「流求国伝」各条文の改変の仕方によって（字句・文の入れ換えや省略方法の類同性）、〔2〕―〔13〕―〔15〕、〔3〕―〔8〕―〔9〕―〔14〕の二つの系統が認められることである。たとえば〔2〕〔13〕〔15〕に共通する改変箇所は実に三二箇所を数える。この系統（北史系統）の特徴は、『隋書』の文体にできるだけ忠実に、条項を削ることなく、細部の表現でオリジナリティを出す姿勢であろう。(46)これと対称的に、風土・習俗・征討時の航路などのディテールを削減し、条項⑪の「食皆用手」という作法を⑦の〝食人〟の際のマナーとみなしたり、大業三・四年の朱寛による二度の探査行を一括するなどの大胆な抄録を行なっているのが〔3〕〔8〕〔9〕〔14〕（通典系統）である。従来、唐代の外交に関する第一級史料としてその価値が認められている〔3〕通典こそ、〔8〕太平御覧、〔9〕太平寰宇記、〔15〕文献通考等の記事の原形であるといわれてきたが、(47)こと「流求国伝」について見る限りでは、〔15〕文献通考は〔3〕通典よりも〔13〕通志（さらに遡って〔2〕北史）の直接的影響下にあったように思われる。

さて、これまでの研究においては、『隋書』「流求国伝」と類同性の高いこれら八史料が一律に『隋書』を補うものとして用いられることが多く、特にその傾向は台湾説に顕著であった。一例を挙げれば、和田清は「流求国」を台湾に比定する論拠として、後代（宋・元）の「流求」「瑠求」もまた台湾であったことを挙げる。その際に拠りどころとするのは〔14〕〔15〕と〔16〕宋史流求国伝の「泉州之東」「…澎湖、烟火相望」という記述である。(48)しかし先にも触れたように、「流求国」の所在について右のごとき地理認識が史料上に認められるのは一三世紀に入ってなった〔14〕〔15〕以降であり、しかもこれらは「毗舎耶国」に関する記録と常にセットで現れている。〔14〕と〔15〕とは別の系統に属し、極めて忠実に前史料の文体の特色を継承しているが、「澎湖」や「毗舎耶」記事は、〔2〕北史や〔3〕通典の段階には存在しなかった全く新しい知識に基づいて書かれているのである。「建安郡東」「水行五日而至」という一二世紀後半まで（〔13〕以前）の地理認識と、「泉州之東」「旁有毗舎耶国」「有島、曰澎湖。煙火相望」という一三世紀初頭以降のそれとは、一線を画して考えねばならない。よって〔14〕〔15〕以降の史料を根拠にして唐代さらに隋代の地理観を直接類推する方法をとることはできない。

それでは、一二世紀末を境にしてこのように「流求」に対する地理観が変化した原因とは一体何なのか。それを解くために元末明初（一四世紀中～後期）に編纂された史料を見てみよう。

〔第二群〕

〔16〕宋史、流求国伝

〔17〕島夷誌略、琉球

〔18〕異域志、大琉球、小琉球

〔19〕元史、瑠求国伝

先に挙げた〔14〕〔15〕が撰ばれてから百年余後に編纂された右の四史料は、〔第一群〕の諸史料のごとく『隋書』「流求国伝」のヴァリエーションではなく、実録的な記事を多分に含んでおり、文章の形態もそれぞれに異なっている。順に見ていくと、〔16〕宋史流求国伝[49]は、「泉州之東」にある「流求国」に関して述べた前半部と、その傍らにある「毗舎耶国」についての後半部からなる短いものであり、前半は〔14〕諸蕃志に酷似し、後半は〔15〕文献通考の「毗舎耶国」に触れた部分及び〔14〕の「毗舎耶国条」とほぼ同じである。〔16〕の直接的情報源は〔14〕〔15〕といって間違いなかろう。

ここで注目したいのは、〔14〕〔15〕〔16〕の「毗舎耶（国）条」の主要な内容として、南宋の淳熙年間（一一七四～一一八九）に「国之酋豪」が数百人を率いて泉州の水澳・圍頭等の村を侵凌した事件が挙げられている点である。この大事件に関して、〔17〕〔18〕〔19〕は沈黙している。〔17〕では「琉球」の地勢と「澎湖島」との位置関係（「地勢盤穹」「自㆓澎湖㆒望㆑之甚近」）が示されるのみであり、〔19〕に至っては「瑠求」の所在が「在㆓南海之東㆒。漳・泉・興・福四州界内澎湖諸島、与㆓瑠求㆒相対、亦素不㆑通。」とされ、しかも中国との交通史を「漢、唐以来、史所不㆑載、近代諸蕃市舶不㆑聞㆑至㆓其国㆒。」とし、続いて世祖至元二八・二九年（一二九一・一二九二年）と成宗元貞三年（一二九七）に行なわれた「瑠求」征伐について述べられている。その地理についての記事から、〔17〕〔19〕の「琉球」「瑠求」は明らかに台湾を指しているといえよう。では一体、〔14〕〔15〕〔16〕の「毗舎耶国」と〔17〕〔19〕の「琉球」「瑠求」とはどう関連するのであろうか。

「毗舎耶」については、その音がヴィサヤであることを主な根拠として、台湾説の論者はこれを一様にフィリピン諸島中部のヴィサヤ島に比定する。(50) しかしこの考え方は、〔14〕諸蕃志「毗舎耶条」に、普江県に隷する「澎湖島」と「毗舎耶」とは「密邇烟火相望」とあるのに矛盾するために採用できない。しかも「毗舎耶人」は泉州を襲撃する際に「竹筏」に乗っていたとあるが（〔14〕〔15〕〔16〕）、竹製の筏で数百人が攻め寄せるにはフィリピンのヴィサヤ島と泉州の間は遠すぎるのではなかろうか。ゆえに「毗舎耶（邪）国」は、泉州から近く、「澎湖」から烟火が互いに見えるほどに近接しているところ―台湾西海岸のどこかに比定するのが至当である。

そうすると、〔14〕〔15〕〔16〕で「毗舎耶」と表現された台湾は、〔17〕〔19〕では「琉球」「瑠求」と呼ばれていたこととなる。別のいい方をすれば、〔14〕〔15〕〔16〕の「流求国」は台湾ではないところを指すことになるであろう。なぜならこの三史料ともに「流求」と「毗舎耶」を別の地域・集団として区別していることが「旁有㆓毗舎耶㆒」（宋史）という表現から明らかだからである。〔17〕〔19〕が「毗舎耶」について片言も語らない点は、一四世紀半ばから後半にかけて、当時の中国人が実感する「瑠求」が、澎湖諸島に近い台湾すなわち二百年前に侵凌を行なった「毗舎耶」そのものだったことを示している。

以上の行論において残される問題は、〔14〕〔15〕〔16〕の「流求」の所在についての記述が、「泉州之東」「澎湖、烟相望」といかにも台湾を想像させることと、右の「毗舎耶」の問題とをどう整合的に理解するかという点であるが、ここで再び先に行なった〔第一群〕についての分析結果を想起したい。そこで明らかになったのは一二世紀末を境として「流求」に関する地理観念の変容（建安郡東が泉州之東に、また澎湖についての記述が加えられる）と、〔14〕〔15〕のみが「毗舎耶」についての条文を伴っていることであった。しかも〔14〕〔15〕はそれぞれ『北史』『通典』の「流求国」記事を忠実に継承しており、これら地理観念が大きく変わった他は、内容自体ほとんど変化が見られないのである。とすれば、〔14〕諸蕃志の編纂時、三〇年あまり前の一二世紀末（南宋淳熙年間）に起こった台湾人（毗舎耶人）の泉州侵入事件についての記録を、地理的に近いが当時中国との交通関係を（国交というレヴェルでは）有していなかった伝説の「流求国」記事に付加する際に、「毗舎耶」と「流求国」の地理を混同し、前代から継承した「流求国伝」の所在地に関する記述を「毗舎耶」にあわせて書き変えたということが起こったと考えられるのではないだろうか。

改めて〔13〕通志と〔15〕文献通考の表現を比べれば、両者はわずか九箇所の字句と「毗舎耶」記事以外は全く同文である。おそらく〔15〕は〔13〕の文章に、〔14〕編纂の過程で加えられた「毗舎耶」入寇についての知識を加え、それに合うように全体の地理に関する記述を改変して完成されたのであろう。〔14〕以降、「流求国」の存在する方角が「泉州之東」とされたのも、こうした事情に依る混同をそのまま継承したからではないだろうか。そしてこの補訂を受けた条文が、ほぼそのまま〔16〕宋史の前半部に引き継がれ、〔17〕〔19〕において完全に台湾を指すようになった。〔18〕異域志の次の記述はこのような混乱の名称上の定着を示している。

大琉球国

在二建安之東去海五百里一。其国多二山洞一、各部落酋長皆称二小王一、至レ生分二彼此一不レ和。常入二中国貢一、王子及陪臣皆入二太学一読書。

小琉球国

与二大琉球国一同。其人麁俗、少入二中国一。風俗与二倭夷一相似。

先学の研究により、右の大琉球が沖縄に、小琉球が台湾に比定され、大・小の差は中国との関係の親疎による評価の表れと考えられている。(51)〔18〕をはじめとして明清代の使琉球録にも現れる二つの「琉球」(52)は、隋以来の「流求」と、「毗舎耶」との関わりで一二世紀末～一三世紀初頭に観念された「琉球」とがそれぞれ琉球王国（沖縄）、台湾を具体的に指すようになった段階で、両者を区別するために作られた呼称であろう。

以上、迂遠な史料考証を行なってきた。ここまでに明らかになったことを簡潔にまとめれば、「流求国」に関する一二世紀末までに成立した史料〔第一群〕は、『隋書』「流求国伝」の記述が二系統に分かれて継承されてきたものであり、内容的にはほとんど変化が見られない。変化が現れるのは一三世紀以降に成立した史料であり、それらは一様に台湾を指すようになる。この変化は一二世紀末の「毗舎耶」人入寇事件を契機として起こったもので、その端緒を『諸蕃志』における新しい地理情報の混入による混乱に見ることができるということである。(53)

こう考えると、従来の諸説が無批判に利用しがちであった『諸蕃志』『島夷誌略』等の史料を直接『隋書』記事の分析の根拠とすることはできない。これらを有力な論拠とした諸説の基盤も問い直す必要があろう。また〔2〕北史以下〔第一群〕の諸史料にも信用するに足る新しい情報はほとんど含まれていない。従って『隋書』「流求国伝」の「流求国」については、やはり『隋書』の関係記事そのもののなかに所在地比定の手がかりを求めるのが現段階では最も妥当な方法といえよう。次にこうした史料の限定のもと、「流求国」所在地の問題を考えてみたい。

（3）「流求国」の所在――方角と所要日数

ここでは『隋書』そのものから「流求国」の所在地を比定してみたいと思うが、その際〝流求論争〟時に争点の中心となった風俗や固有名詞等の類同性に関しては、その可否を判断する基準が見出せないので、所在地比定の材料からは一応除外しておく。ここでは「流求国」の存在地点そのものを方位と距離（到達に要する日数）で表した条文を検討の中心に据える。対象となるのは次の各条項である。

〔1〕―a、流求国伝

（1）流求国、居二海島之中一、当二建安郡東一、水行五日而至。

（2）海師何蛮等、毎二春秋二時一、天清風静、東望依希似レ有二煙霧之気一、亦不レ知二幾千里一。

（3）帝遣二武賁郎将陳稜、朝請大夫張鎮州一率レ兵自二義安一浮レ海、撃レ之。至二高華嶼一、又東行二日至二鼅鼊嶼一、又一日便至二流求一。

〔1〕―b、陳稜伝

（4）与二朝請大夫張鎮周一、発二東陽一、兵万余人、自二義安一汎レ海、撃二流求国一。月余而至。

右のうち（1）は「流求国伝」全体の総序にあたり（表1―①）、（2）は大業年間の三度の遣使の契機となった「何蛮等」の奏言、（3）（4）は大業六年（六一〇）二月に行なわれた派兵の際に隋軍の辿った道筋及び所要日数を表している。本節（1）でこれら諸条についての沖縄説と台湾説の相違点は、重点を「建安郡」に置くかそれとも「義安」に置くかにあると述べた。両説のなかでこの問題について最も詳細に論証を行なった代表例を

図１　沖縄説の航路比定地

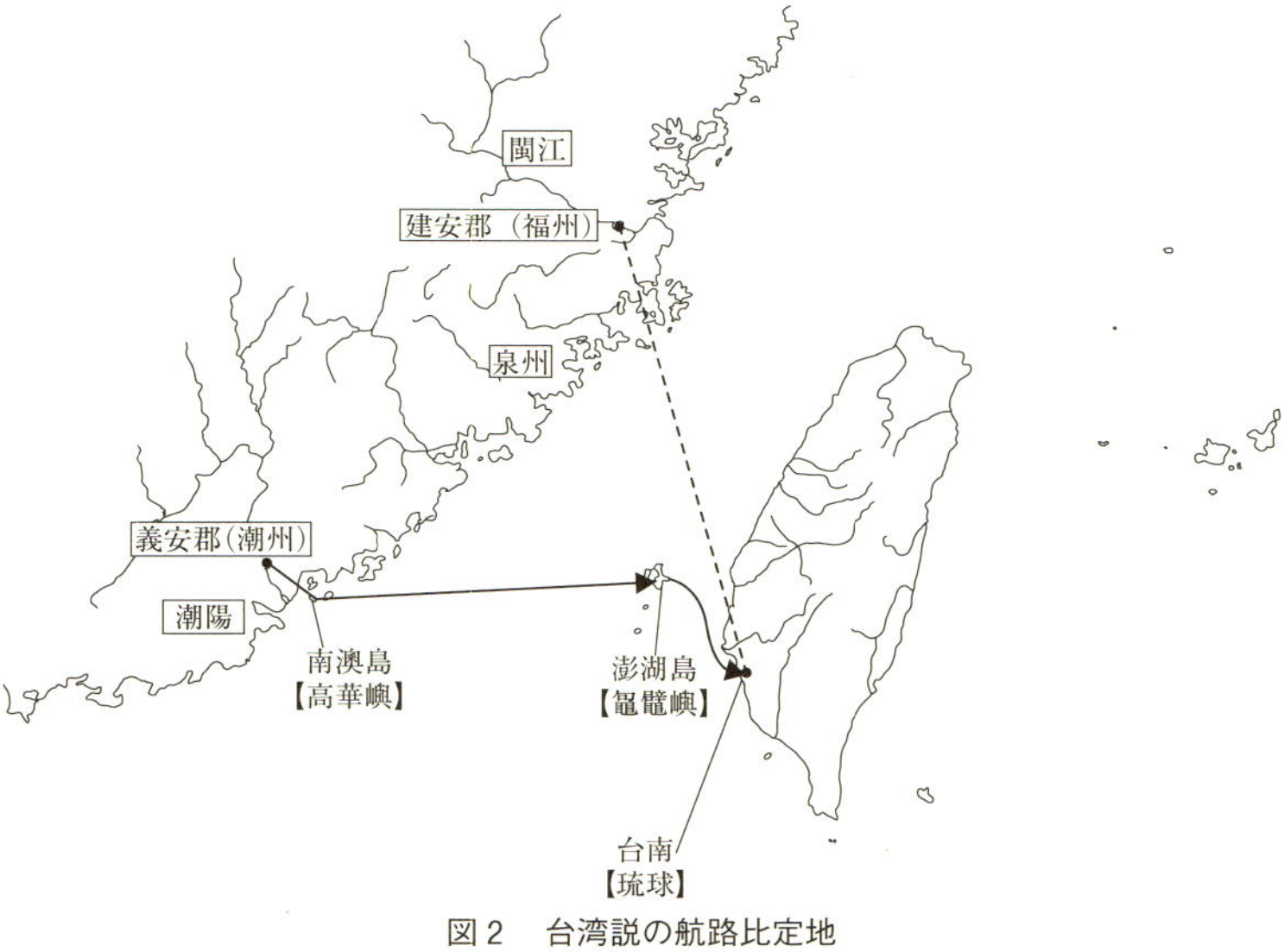

図２　台湾説の航路比定地

挙げ、双方の論理をもう一度整理してみよう。

沖縄説の秋山謙蔵は明代に国際的貿易ルールを拡大した「琉球」についての研究から、当時の中国人が実体験によって得た「琉球」に関する知識と『隋書』の「流求」像とが大体において一致することを確認し、明代「琉球」＝隋代「流求」＝現代の沖縄、という結論に達した。[55] 氏はまず隋当時の風と海流まかせの航海に現代的な航海観念をあてはめることはできないことを、明時代の福州那覇間の航行日程の不定性から論じ、「五日而至」は絶対的な日数でないとする。また（２）「煙霧之気」が望見できる云々については白髪三千丈的な修辞に過ぎず、この問題の解決にはさほど重要ではないと述べた上で、（４）「義安」（潮州）からの船出は、隋代にはいまだ福州の開発が進んでいなかったため、[56] すでに呉以降拓かれていた広東の潮州を選んだという。また「流求」に達するのに「月余」もの日数を要したのは、当時の航海が沿岸航海であり、潮州から福州付近までいったん北上してから福州あたりを起点として吹く季節風に乗って沖縄をめざしたからであるとする。つまり隋人が「流求」の所在を考える際の起点は「建安郡」だとみなしているのである。

これに対し、台湾説に立つ和田清は、条文（４）を最重要視し、これを基準として（３）を解釈する方法をとった。[57] 氏は（４）「月余而至」を航行日程ではなく「流求国」討伐全体に費やされた日数と考えるのである。その理由は、「五日而至」とあまりにも差がありすぎることと、仮に潮州から沿岸を北上し、東行に転じるポイントたる「高華嶼」が（沖縄説のいうように）福州付近にあったとしても、そこから三日（「高華嶼」から「鼅鼊嶼」まで二日、そこからさらに一日）で「流求」着というのは無理であること、「義安」郡治の圜頭から出発して東に直行すれば必ず台湾に至るであろうことの三点であり、従って（３）の「義安」「流求」間の日程も航程四日と解すべきであると結論づけた。

これら両説は「建安」郡治すなわち福州から東行五日のところに「流求」があったこと、征討軍が潮州から出発したのは福州がいまだ開発の進まない地だったからであること、以上二点についてはともに認めているが、それ以外は全く対立しており、特に（4）の「月余而至」をどうとらえるかが論を分けているといえよう。秋山説の難点は、朱寛の二度にわたる探査行の際には福州を起点としているのに（「五日而至」）[58]、陳稜らによる征討の時に潮州から一月もかけて迂回したのはなぜか、その理由が説明されていない点である。また和田説には、（3）「又東行二日…」のみから「高華嶼」の位置を福州付近とするのは根拠が薄弱であること、「義安」から東に直行するなどとはどの条文にも書かれていないこと、そして重大な問題点として、あくまで国家的行動として実施された陳稜らの征討行が、前提として行なわれた朱寛の二度に及ぶ探査行時に得た知識と全く無関係に遂行されうるだろうかということ、以上三つの難点がある[59]。

ではここでもう一度条文に戻ってみよう。「流求国伝」の（3）と、「陳稜伝」の（4）は、前者が若干詳細である点を除けば文意そのものは同じである。これらを文の構造に注目して比較すると、

（3）（陳稜ら）自二義安一浮レ海、撃レ之。至…至…便至二流求一。

（4）（陳稜ら）…自二義安一汎レ海、撃二流求国一。月余而至。

（3）の「之」は（4）の「流求国」にあたり、「浮」は「汎」と同義である。そう考えれば、（3）の「至…流求」と（4）の「月余而至」の二文もまた同じことを指しているのは明白であって、和田氏のごとき読み方は不自然である。氏に代表される台湾説の誤りは、「義安」・「高華嶼」間を何の根拠もなしに一日の航程とみなした上で、「義安」・「流求」間に東行四日の直通コースを設定し、これを（1）「五日」とほぼ一致すると考える倒立的な発想にこそ存している。しかし言うまでもなく「五日」とは「建安郡」・「流求」間の所要日数であって、

「義安」から「流求」までの日数とは別個に考えるべきであろう。そう考えれば福州からも潮州からも四日と考える台湾説よりも、福州からは五日、潮州からは一月余とする沖縄説の方が無理のない理解であるといえる。また以上の行論は、〔11〕資治通鑑の同箇所の「行二月余一至二其国一」という文とも合致するのである。そうすると（4）「月余」とは、征討軍が「義安」を発ち、一月近くを要して「高華嶼」に至り、それから二日で「鼅鼊嶼」に渡り、さらに一日で「流求国」に至ったという意味になろう。[60]

さて、右の解釈の正当性を裏付けるために次に考えねばならないのは、なぜ征討軍が朱寛の時と違う出発点＝「義安」を選んだのかという点である。従来の説はこれについて閩広の境界付近が澎湖を侵取するのに便宜な地であるとか、[61]「義安」は前漢頃から開発も進んでいたが、福州は周囲を高峻な連山と海で囲まれるという自然条件に規定されて発展が遅れていたために、[62]出発の地として「義安」が選ばれたなどと考えた。しかしこれらは何れも状況証拠に止まっており、積極的な理由とはみなしがたい。また右の説明では、陳稜らの例と逆になぜ朱寛が〝未開地〟福州から出発したのかという疑問も出てくる。一体どうして「義安」でなければならないのだろう。

これについて本章では、これまでほとんど顧慮されなかった征討軍の編成の問題を取り上げることで、より積極的な理由を考えてみたい。大業六年二月の「流求」征伐時の軍の実態を描いたものに次の史料がある（前出と重複するものは同じ番号を冠した）。

〔1〕―a、流求国伝

（3）「帝遣二武賁郎将陳稜、朝請大夫張鎮州一率レ兵自二義安一浮レ海、撃レ之。」

（5）「初、稜将二南方諸国人一従軍、有二崑崙人一頗解二其語一、遣レ人慰二諭之一。」

（6）「…虜二其男女数千人一、載二軍実一而還。」

〔1〕―b、陳稜伝

（4）「煬帝即位、授二驃騎将軍一。大業三年、拝二武賁郎将一。後三歳、与二朝請大夫張鎮周一、発二東陽一、兵万余人、自二義安一汎レ海、撃二流求国一。」

（7）「稜率レ衆登レ岸、遣二鎮周一為二先鋒一。」

（8）「稜遣二鎮周一、又先鋒、撃走レ之。」

（9）「…虜男女数千而帰。帝大悦、進稜位二右光禄大夫一、武賁如レ故。鎮周金紫光禄大夫。」

〔1〕―c、煬帝紀

（10）「武賁郎将陳稜、朝請大夫張鎮州、撃二流求一破レ之、献二俘万七千口一、頒二賜百官一。」

〔1〕―d、食貨志

（11）「又使二朝請大夫張鎮州一撃二流求一、俘虜数万。士卒深入、蒙二犯瘴癘一、餒疾而死者十八九。」

〔10〕　冊府元亀外臣部征討二、大業六年条

（12）「武賁郎将陳稜、朝散大夫張鎮州撃二琉球一破レ之。献二俘万七千口一、頒二賜百官一。」

〔11〕　資治通鑑隋紀王、煬帝大業六年

（13）「…帝遣二虎賁郎将廬江陳稜、朝請大夫同安張鎮周一、発二東陽兵万余人一、自二義安一汎レ海撃レ之。」

（14）「二月乙己、稜等献二流求俘一、頒二賜百官一、進二稜位右光禄大夫、鎮周金紫光録大夫一。」

これらから共通して読み取れるのは、征討軍は「万余人」もの規模であり（（4）（13））、これを主将陳稜（「流求」行の後遼東平定、揚玄感の乱の鎮圧に活躍した高名な武将[63]）・副将張鎮周（経歴不詳。現地の案内者として選出されたか）の二人が率いていたこと（（3）（4）（7）（8）（10）～（13））、そして征討の結果多数の「流求」人を俘虜と

して連行し（(6)(9)～(13)）、彼らは百官に頒布され（(10)(12)(14)）、陳稜らには賞賜が行なわれたこと（(9)(14)）等である。総じてかなり大がかりな国家的軍事行動であり、隋にとって大きな成果のあった征討だったといえよう。

では、征討軍を構成した「万余人」とはどこから徴兵されたのだろうか。これについて興味深いのは、条文(5)の「南方諸国人」従軍に関する記事である。軍の構成員のなかに、通訳を行なった「崑崙人」を含む「南方」――おそらく「南海中」[64]と同義であろう――の人が諸国という表現から推察されるように複数の国から徴用されて軍に加わっていたことがわかる。陳稜・張鎮周はともに現在の安徽省に含まれる廬江・同安の人であり、彼らが征旅の緒についた地は現在の浙江省金華市にあたる東陽郡だが（(4)(13)）、征討軍は三年前に朱寛が出発の地とした建安郡に直行せず、わざわざ七〇〇キロも離れた義安郡に廻り、そこを出発点とした。仮に秋山氏のいうように、明代以降の琉球航路[65]がほとんどの場合福建を出発点とした理由が、この辺りが季節風の起点にあたったからであるならば、まさに東方外海への航海に適する二月の北風に乗るには建安出発が妥当であろう。にもかかわらずあえて征討軍が義安を選んで迂回した理由は、季節風や海流といった自然条件とは別のところに求めなければならない。

私はそれを「南方諸国人」徴兵との関係で考える視点を提示したいと思う。大業三年の朱寛による調査によって「流求」が嶺南地方とよく似た「南方」的な気候であることは判明していた。征討軍が閩江口から直に海に浮かばず潮州に迂回した最大の理由は、こうした気候に適応した生活を送る「南方」の人々を軍勢に加え、その地理や風俗・沿岸航海に関する知識を利用するためだったのではないだろうか。こうした外征の際に正規軍（府兵）以外の兵種によって構成された軍を加える例は、大業八年（六一二）の第一次高句麗征討の際にも見られる。[66]浅見直一郎氏の研究[67]によれば、この時の遠征軍は少なく見積っても八〇万以上という規模であり、この厖大な兵数を確保するためには正規軍たる府兵のみでは員数が足らず、しかも主要任務を国都・辺境防備とする府兵は外征時といえども容易には動かせないため、「兵募」[68]の形で臨時に徴発した兵をもって不足分を補い、数的にはむしろこれが遠征軍の主力となったと考えられる。この「兵募」兵種の特色は隋の鷹揚府のあまり置かれなかったと推定される、従って府兵負担の少ない地域から徴せられ、しかも地域特有の技能を身につけた兵を指定している点にある。[69] 閩広の沿岸地帯（建安―義安）は緊要の地とはいえず、また「流求」征伐においても、万余という規模の兵を「流求」まで運ぶ「船艦」の航行は、潮州近辺の熟練した「水手」の参加なくしてはおそらく不可能であったろう。陳稜らが連れていった安徽地方の郷兵[70]だけでは戦えないのである。こう考えると、征討軍のなかに「兵募」のような形で潮州付近から臨時に徴発された「南方」人の軍が加えられていたことは充分ありうるのではないだろうか。

当時の潮州は南方の異民族「獠」の盤踞する〝蛮夷の地〟であり、「流求」征討の数年前の仁寿年間（六〇一～六〇五）初めにも潮（潮安＝義安）・成（蒼梧）等の五州で大規模な反乱が起こり、嶺南の大酋帥馮盎によって鎮圧されたばかりであった。[71] 諸説はおしなべてこの地域の開発が福州に比べて進行していたとするが、それはあくまでも貿易港広州近辺のみの拠点的な発展に過ぎなかったのである。従って当該期の状況を勘案してもこのことを直接に「義安」出発の根拠にあてることは難しい。むしろ、隋末唐初「東は南海郡に、西は合浦郡と接する沿海地帯と海南島の地」[72]に勢威を揮った馮氏などの大酋帥を通じて、「南方諸国人」（崑崙＝マレー・ジャワ系の人々）を含む嶺南の人々が現地で徴発されて征討軍に従ったと想定し、その兵の集結・編成のために潮州への迂回を余儀なくされたと考えた方が良いのではないか。[73]

右の考えが妥当ならば、「義安」から「高華嶼」に至る二七～三〇日間は、圍頭港を出発した「船艦」の一団が、各地で徴集された兵勢を加えつつ沿岸を福州沖まで北上するのに要した日数と理解できる。[74] これは沖縄説の想定した「流求」征討の航路とも矛盾しない結論だといえよう。

（4）小　括

以上、この節では『隋書』「流求国」の比定地を考えてきた。行論の際留意したことは、これまでの研究において七世紀初頭という時期をあまり考慮しない論が多く、その原因が関係史料の性質を度外視して隣接諸科学の成果を無批判に利用するような方法論にあるということであった。よってまず関係史料の価値を情報源の継承の形態から定めることからはじめ、一二世紀の毗舎耶人来寇事件の前後で「流求」の地理に関する記述が一変しており、それ以降は『諸蕃志』以来の混乱を継承しているために、これらの史料は『隋書』の「流求」所在を考える論拠にはならないことが判明した。こうした方法論上の批判をふまえ、『隋書』そのものの地理情報を分析することによって所在地を追究した結果、台湾説の根拠が何れも薄弱であり、設定された航路も「建安郡東」と合致しないという大きな難点があるのに対し、沖縄説は方位・行程ともに無理がなく、ネックである「義安」出発の理由も「南方諸国人」の徴発編成のためであるとするならば説明できるとの結論が得られた。

ここから即『隋書』の「流求」を現在の沖縄島の特定地点に比定するのはむろん性急であるが、この島が後に一貫してリュウキュウと呼称されたことをも勘案するならば、その可能性は充分に認められると考える。『隋書』の「流求」に関する情報源は、朱寛の二度の探査行、陳稜らによる征討で得られた隋人による見聞と、探査・征討時の捕虜からの聞き取りしかなく、時期が非常に限定している点においても実録性が高く、『隋書』の他の東夷伝と比べて遜色のない記述といえる。通説のように漠然と『隋書』の「流求」には沖縄・台湾の双方についての知識が混交しているなどと措く限り、実際に隋軍によって制圧された「流求国」の実態分析に踏み込むことは不可能なのではなかろうか。[75]

第2節　「流求国」の社会構造と歴史的意義

『隋書』列伝には、その編纂時に記録の残っていた東夷・南蛮・西戎・北狄諸国のそれぞれについて、所在・領域・王・官号・隋との通交などの他に、その国人の性情・風俗習慣・社会組織・婚姻・葬制などが記されており、これらは七世紀初め頃の各国社会を知る上で多くの示唆を我々に与えてくれる。「流求国伝」にも政治組織や社会組織に関する記述があり、これらを検討した先学はこの社会の発展段階を未開社会[76]や部族連合[77]、按司社会の前身[78]などとみなしたが、多くの場合その論拠と指標が不明確であって、「流求」社会の構造にはいまだ不明な点が極めて多い。

そこで本節では『隋書』「流求国伝」の記述のなかでも特に社会組織と政治組織に関する部分に分析を加え、七世紀当時の沖縄社会の構造を具体的に明らかにするとともに、〝南島文化圏〟全体史における「流求国」の歴史的意義を考えてみたいと思う。その際注意しなければならないのは、「流求国伝」の記述上にその情報を採録した中国人の先入観が強く反映していることである。詳しくは文中で取り上げるが、たとえば「有二熊羆豺狼一」のごとき明らかな誤解があり、またその居住する村落を「洞」と表現し、南蛮のそれと同一視している。こうした例を見れば、「流求国伝」に用いられている「王」「村」のような一見意味の自明な語に関しても無批判に字意を理解するのではなく、他の条文などと比較してその語の表現するものの実態を把握する必要があるだろう。

（1）「洞」「村」共同体と〝家〟――「流求国」の社会組織

古代沖縄の村落共同体・社会組織に関しては、民俗学・人類学等の分野から考察が進められ、「マキョ」等と呼ばれる同母を祖とする同族的集団の存在が想定されてきた(79)。最近では考古学によるグスク研究の成果(80)がこれに加わり、沖縄に本格的に農耕の定着する一〇～一二世紀の村落共同体の実態については、具体像の復元が進められつつある。

ところが文献史料による研究は、古代の沖縄を語る史料が稀少であるという制約のために遅れているといわざるをえない。考古学上貝塚後期に位置づけられる三～九世紀という長い期間のなかで、沖縄についての記録を残すのは『隋書』『太平広記』『嶺表録異』他、前節で挙げた数点の史料に過ぎない。これらのうちで例外的に詳細な情報を残す『隋書』「流求国伝」についても、先学の研究の多くはその比定地をどこに求めるかを主要な関心事としており、文中の「洞」「村」などについての史料的検討は一九三〇年代の〝論争〟以来ほとんど進展していない。よって本節では「流求国伝」「陳稜伝」等に含まれる村落共同体と〝家〟に関する記述に分析を加え、七世紀初頭の流求における社会構造の一端を明らかにしたい。次の各条を検討対象とする(81)。

〔1〕―a、流求国伝

（1）「流求国、…土多二山洞一。」

（2）「所レ居曰二波羅檀洞一、塹二柵三重一、環以二流水一、樹レ棘為レ藩。」

（3）「国有二四五帥一、統二諸洞一。洞有二小王一。往往有レ村。村有二鳥了帥一、並以二善戦者一為レ之、自相樹立、理二一村之事一。」

（4）「有二刀、矟、弓、箭、剣、鈹之属一。其処少レ鉄、刃皆薄小、多以二骨角一輔二助之一。編レ紵為レ甲、或用二熊豹皮一。」

（5）「国人好相攻撃、人皆驍健善走、難レ死而耐レ創。諸洞各為二部隊一、不二相救助一。両陣相当、勇者三五人出レ前跳噪、交レ言相罵、因相撃射。如其不レ勝、一軍皆走、遣レ人致レ謝、即共和解。収二取闘死者一、共聚而食レ之。仍以二髑髏一将向二王所一。王則賜レ之以レ冠、使レ為二隊帥一。」

（6）「無二賦斂一、有レ事則均税。」

（7）「用刑亦無二常准一、皆臨レ事科決。犯罪皆断レ於二鳥了帥一、不レ伏、則上請於レ王、王令二臣下一共議定レ之。…」

（8）「無二居臣上下之節、拝伏之礼一。」

（9）「父子同牀而寝。……嫁娶以二酒肴珠貝一為レ娉。或男女相悦、便相匹偶。…」

（10）「凡有二宴会一、執レ酒者必待呼レ名而後飲。上二王酒一者、亦呼二王名一。銜レ杯共飲、頗同二突厥一。」

（11）「其死者気将絶、挙至レ庭、親賓哭泣相弔。浴二其屍一、以二布帛一纏レ之、裹レ以二葦草一親土而殯、上不レ起レ墳。子為レ父者、数月不レ食レ肉。南境風俗少異、人有二死者一、邑里共食レ之。」

（12）「厥田良沃、先以レ火焼而引レ水灌レ之。持三一插以レ石為二刃長尺余闊数寸一、而墾レ之。土宜二稲、粱、床黍、麻、豆、赤豆、胡豆、黒豆等一。木有二楓、栝、樟、松、梗、楠、杉、梓、竹、籐一。…」

（13）「俗事二山海之神一、祭以二酒肴一、闘戦殺レ人、便将所レ殺人祭二其神一。或依二茂樹一起二小屋一、或懸三髑髏於二樹上一以レ箭射レ之、或累レ石繋レ幡以為二神主一。王之所レ居、壁下多聚二髑髏一以為レ佳。人間門戸上必安二獣頭骨角一。」

（14）「…稜撃走レ之、進至二其都一、頻戦皆敗、焚二其官室一、虜二其男女数千人一、載二軍実一而還。自レ爾遂絶。」

〔1〕―b、陳稜伝

（15）「…流求人初見二船艦一、以為二商旅一、往往詣二軍中一貿易。」

（16）「…稜進至二低没檀洞一、其小王歓斯老模率レ兵拒戦、稜撃敗レ之、斬二老模一。…分為二五軍一、趣二其都邑一。渇刺兜率二衆数千一逆拒、稜遣二鎮周又先鋒一撃走レ之。稜乗レ勝逐レ北、至二其柵一、渇刺兜背レ柵而陣。稜尽鋭二撃之一、従レ辰至レ未、苦闘不レ息。渇刺兜自以二軍疲一、引入レ柵。稜遂填レ塹、攻破二其柵一、斬二渇刺兜一、獲二其子島槌一、虜二男女数千人一而帰。…」

右の各文中、「流求人」の居住した集落を指している語は、「洞」（（1）（2）（3）（5）（16））、「邑里」（（11）、「村」（3）である。「洞」は中国人が「南蛮」の聚落を呼ぶ際の名称であり、「隋山洞而居」[82]、「散在二山洞間一、依レ樹為レ層巣而居」[83]、「…諸洞獠」[84]などと表現されるが、東夷伝のなかでこれを用いるのは「流求国」のみである。おそらく「南方人」「南蛮」の村落に近いイメージを表しているのだろう。また「邑里」は、邑・里の両方に都市国家（全住民を城郭内に居住させていた漢代の聚落[85]）という字義があるが、グスク時代の数百年前にそうした城郭は想像しにくい。この二字を合わせて「邑落」すなわちむらざと（『隋書』靺鞨伝「邑落倶有酋長」）の意味があることから、（11）は「流求国」の南境にある村落共同体という程度の意味であろう。

では「村」はどうだろうか。隋代の中国人が「往往有レ村」「理二一村之事一」という場合、それはどのような景観と内容をもった集落を指すのか。先学の研究[86]によると、中国六朝時代の「村とは漢代の郷聚・県城が魏晋の戦乱で破壊された後、そこを脱出した人民が散居した自然聚落」であり、その分布は山間の河谷など一般に城市を去ること遠い辺境の地に集中している。注目すべきは、中国内地の山岳に居住する蛮・獠が「種族繁殖と漢人の逃入とによる人口の膨張などの原因[87]」から河川沿いに平地に進出して作った聚落、また辺境にある山岳に近接した漢族未開拓の地域に異民族が営んだ聚落のことを「村」と呼んだ例が見られることである。

こうした「村」は、自然の障碍物を恃みとし、また平地では小規模な壁を周囲に巡らし、村門・村閭という門を構え、その内側で人々が密集して暮らしていた。生業は周辺の野原を拓いて耕地とし、埋葬は村外の野で行なわれる。信仰の中心には「村社」があった。[88]「村」には豪族が居てこれを保護したり、同姓同族が集居して相互に扶助を行なうこともあった。やがて彼らのなかから「村」の自律性を保障する二つの基礎的要素、すなわち水利・灌漑機能と自衛的集団を掌握し、「村」の支配者と化してゆく者が現れる。[89]

以上はあくまでも当時の中国人がもっていた「村」観念であり、これをもって「流求国」における村落像を解釈することはできないが、記述の上に幾分かこうした観念が反映している可能性はあるだろう。この点に留意しつつ、まず先に掲げた史料中で「洞」「村」について直接言及したものから見てみよう。

「村」に関する記述は条文（3）と（7）にあるがそこから読み取れることを列挙すると、「村」は国のあちこちに散在し（「往往有レ村」）、「鳥了帥」（もしくは「鳥了帥」、以下前者に一括）がこれを治めている。「鳥了帥」とは優秀な戦士のなかから自他ともに認めた者が就任し（「自相樹立」）、犯罪者に刑罰を与えることをはじめとして（「犯罪皆断レ於二鳥了帥一」）一村の生活全般を指導する存在であった（「理二一村之事一」）。このチョウリョウスイという名称に関しては諸説が解釈を加えているが、「鳥」「鳥」のどちらが本来的なのかは不明であって、[90]名称自体の意味もいまだ確定できない。何れにせよ文の内容から「村」の実質的指導者＝支配者であることは明らかである。

またこの「村」とは別に、「王」「小王」の居住する村落が「洞」として史料上に現れる。それらの史料から、

（ⅰ）山または丘陵地帯に拓かれた聚落であり、何らかの可視的標識によって「村」と識別された。（（1）（16）「都邑」）

(ii)「王」「小王」は各自に別個の「洞」を営んでいた。(〈2〉〈3〉〈16〉)
(iii) 柵や環濠、籬などを巡らして防備を固めているが、石垣はまだない。(〈2〉〈16〉「塹」)
(iv)「洞」ごとに兵士の「部隊」が編成され、他「部隊」と常に対立関係にある。それらを統率する上級職として「帥」がいる。(〈3〉〈5〉「隊帥」)

右の四点を指摘できよう。これらより確認しうるのは「洞」が軍事的性格を多分に有する聚落だということである。

しかし、「村」「洞」について史料が直接触れているのは以上の数箇条に過ぎず、これらのみから村落における生活の諸側面や、「王」「鳥了帥」が「流求国」の社会構造全体のなかで果たす機能などを知ることはできない。この問題を考えるためには、「村」「洞」における社会生活の実態を具体的に復元してゆく必要があろう。

人類学の明らかにするところによれば、人間が生活する上での活動は、個体の生存に直接関係する食物その他の消費、休息、集団存続に関わる性と生殖、これら三点を社会的に保証する相互扶養（子供の養育を含む）、生活分野全体の前提としての食料その他生活財の生産、知識や慣習・技術等の伝承や教育、娯楽や社交、生活分野を統合する諸活動（家政・宗教儀礼）、そして時と場合によって共同体の政治への参画などの分野に整理できる。[91] いわゆる〝未開社会〟[92]の生活はこれらの分野を万遍なく包括的に営まなければ成立しえず、相対的に生活主体として自立している〝家〟に依って共同生活が行なわれており、日常的な生活全般は〝家〟によって包括される（消費・休息・生殖・扶養・生活財の一部生産など）。しかし政治経済的な諸分野、たとえば外敵に対する防衛・狩猟や採集テリトリーの占有・漁場の確保・耕地開墾や整備など〝家〟々の生活基盤を構成するものや、儀礼等の非日常的な統合的分野は、規模も大きく他〝家〟との協働が不可欠であるために多くの場合共同体によって担われるという。[93]これらの点を史料や考古学等の隣接諸科学の成果に依拠して復元することにより、当時の「流求」における社会生活の一端を垣間見ることが可能となろう。

まず生活の基盤をなす生業の中心となっていた食料生産について考える。「流求国伝」の「厥田良沃、先以レ火焼而引レ水灌レ之」（(12)）という記述を見ると、陸田における焼畑農耕が開始され、稲・アワ・キビ・豆類など[94]が栽培品目となっていたようである。また食生活に言及した条文では、米と麹[95]を醸して酒を作るという（表1⑪）。酒は婚姻（(9)）、宴会（(10)）、山海の神の祭祀（(13)）などの共同飲食[96]の際に不可欠であった。

こうした記述からは初期農耕社会像が浮かび上がるが、考古学の明らかにするところとは必ずしも一致しない。当該期（貝塚中—後期）の沖縄島における食生活の復元案[97]によれば、その中心はトチ・シイのような堅果類、クズ・ワラビのごとき根茎類の植物食[98]であり、それに潮間帯下の貝類、ブダイやベラをはじめとした魚類、イノシシ等の陸獣やサメ・イルカ・クジラ等の海獣の捕食が行なわれていた。これらは貝塚や遺跡から見つかる道具類や骨角、貝殻から推定されたものである。しかし炭化米のような稲作農耕を直接裏付ける証拠となるものはいまだ発見されておらず、[99]タロイモやヤマイモ、アワ等の畑作を行なった明証もないため、[100]七世紀段階の「流求国」でどの程度農耕が導入されていたのかは不明といわざるをえない。

ただ、遺跡の立地が台地崖下から石灰岩台地上へ、さらに後背湿地をひかえた海岸砂丘上へと移動すること、またその規模の拡大、壺形土器の増加、貝塚形成の衰退、弥生農耕文化に特有の工具セット（柱状石斧・太形蛤刃石斧・扁平片刃石斧）[101]の発見などが、農耕社会への移行を示している可能性も否定できないように思う。[102]「流求国伝」に引き付けて解釈するならば、その農耕は地域的・規模的な限定のもとに営まれた副次的な生業に止まっていたと、ここでは考えておきたい。

そうすると当時の食料生産の際の作業として、堅果類や貝類の採集、網を用いた魚類の捕獲、大型陸海獣の狩猟、焼畑の諸作業（火入れ、整地、灌水、種蒔きもしくは芋さし、刈取りもしくは採り掘り）[103]及びこれらの作業や事後の調理から保存までの過程で使用する道具─石器[104]・骨角器[105]・土器[106]の製作が想定できる。こうした日常生活用具について史料に挙げられているのは製塩用の「木槽」、畑の開墾に使用する「石刃」、それに酒を入れる「杯」などであるが、この地方に特徴的な貝器についての言及はない。おそらく「流求国」を訪れた中国人の滞在期間が短く、集められた情報量が少なかったのではないだろうか。

さて、食料生産以外の生業で注目されるものとして、貝製装飾品の製作と流通[107]がある。特に北九州の弥生時代前期後半の遺跡で右手に数多くの貝輪を装着した人骨[108]が見つかっているが、その貝輪の素材が種子島以南の南西諸島にのみ存すること[109]から、この時期以降種子島を供給地とする「貝の道」が北部九州にまで延びていたのではないか[110]と考えられている。この貝輪は貝塚後期遺跡からも見つかっており[111]、前代からの製作・使用が引き続き行なわれていたと思われる。「流求国伝」には直に貝輪の使用を示唆するような記述はないが、装飾における「珠貝」や「螺」「小貝」の利用や、婚礼の際に「娉」（結納）として「珠貝」を贈る（条文（9））など、貝製品が日常生活のなかに一般的に取り入れられていたことを思わせる表現が見られる。「珠貝」はサクラ貝、「螺」はテングニシのような巻貝であろうか。特にこれが娉財としての価値を有した点は、「珠貝」が女性個人（もしくは女性側の家）の私有財産と認められていたことを示すと思われる。こうした貝製品の材料の採集と加工[112]もまた、「村」「洞」における重要な生業の一つであったろう。

以上、考古学の成果に依拠しつつ当該期の沖縄における生業を推測してきたが、右に挙げた諸生業はその規模と性質によって二つのレヴェルに分けられるように思う。一つは〝家〟（日常的居住単位[113]）で可能なもの──堅果採集、貝（食用）と魚の礁湖内での採集・漁・製塩、石器や貝器の製作（日常用の道具）や衣服の作製など、生活の基盤をなす作業であり、もう一つは〝家〟々の協働が必要と思われるもの――イノシシ等の大型獣の狩猟、焼畑の諸作業、特殊な貝器や土器の生産、住居の建造など共同体レヴェルの作業である。「村」「洞」の成員が協力して行なった共同作業の具体的内容とは後者であろう。

こうした作業を計画的に進め、また度々発生したであろう「村」内や他「村」との利害の対立を調整・緩和するために、共同体を代表する人物が「自相樹立」の形式で選出された。「鳥了帥」とは右の職務を担う地位であり、条文（7）に見られる犯罪者に対する処罰権も、決して「王」などから与えられた権限ではなく、共同体の族長として彼が有する指導権の一面の表れだと考えられる。またその選出基準が軍事的能力の有無だということも、この地位が本来他「村」との対立を武力によって解決した軍事的リーダーのためにも創出されたものであることを想像させる。仮に他の村落との対立が武力闘争にまで発展した場合には、「鳥了帥」は共同体成員を率いて戦ったであろう。こうした他村落との戦闘もまた共同体レヴェルの活動の一つとして想定できる。各々兵士集団「部隊」を組織し、また周辺に柵や濠を巡らした「洞」は、「村」の軍事的性格をより強調したものである。「部隊」同士の抗争とは、つまるところ「洞」間の敵対関係の表れに他ならない。

右に挙げてきた生業、村落防衛の他に共同体レベルで行なわれた分野として考えられるのが、条文（13）に記された神に対する祭祀である。そこでは信仰の対象として「山海之神」や戦闘で殺した敵が掲げられ、さまざまなマツリの方法が書かれている。山海の神に事えるというのは後世の沖縄に一般的な火の神（カマド神）・水の神（井泉・小川の神）・ニライの神（海神）への信仰のごときを示すのだろうか[114]。狩猟・漁撈等の豊穣を祈る儀式が行なわれた可能性はあるだろう[115]。なおここで特異な祭祀として注目されているのは敵の戦死者を神とみなすことと、頭蓋骨の崇拝である。これに関しては複葬の一形態としての崖葬の誤伝とする説[116]と、〝首狩〟習俗特有のものと見る説[117]に見解が分かれているが、これらは史料的に見て〝首狩〟や〝食人〟と直接の関係はない[118]と思われ、「村」「洞」における戦闘で殺した相手方の勇者を神として祀ることと、部落内死者の複葬という別々の祭祀をまとめて記したものであろう。こうした祭礼・儀式は「村」「洞」の結束を高める統合的機能を有し、「王」「小王」や「鳥了帥」が各村落を代表する者としてこれらを統轄したと考えられる。

以上、「流求」社会の生活において「洞」「村」共同体を単位として営まれる諸分野――食料生産を中心とした生業、防衛、祭祀を見てきたが、これらは何れも〝家〟単独では行ないえない活動領域である。それでは、社会生活の基盤となる四要素（消費、休息、生殖、相互扶養）を包括し、「洞」「村」を構成する最小の社会組織＝〝家〟の実態はどのようなものであろうか。次にこの問題を考えてみたい。

「流求国」の〝家〟に関する記述としては、「父子同牀而寝」の（9）、婚姻の形態について記す（9）後半部と、葬制に関する（11）、そして祭祀の一種に「人間門戸上必安₂獣頭骨角₁」を挙げる（13）がある。これらから言えるのは次の五点である。

（ⅰ）「父子」（母には触れず[119]）は同じ家屋・部屋に居住している。（9）
（ⅱ）男女は出自に関係なく結婚することができた。（9）
（ⅲ）婚礼時には宴が催され（酒肴）、珠貝が娉財として贈られた。（9）
（ⅳ）葬送には「親賓」も参加する。子は父のために服喪を行なう。（11）
（ⅴ）「門戸」（住居の戸口）上に獣骨角が置かれ、他家の「門戸」と区別されていた。（13）

右の（ⅰ）からは父と子が生計をともにすることがわかるが、母については他条文も含めてどこにも記されていない。また父と同居する子が未婚か否かも不明である。『隋書』列伝の他国条に見られる婚姻後の居住形式についての記述[120]が「流求国伝」には欠けており、ただ居住する家屋が一棟ごとに区別されていたことがわかるのみである。当時の家族はどのような実態を有したのだろうか。

この点について婚姻の形態から考えてみると、男女が新たに夫婦となる場合、互いの出自は問われずに自由に相手を選択できた。つまり「流求」において婚姻は没出自規制的に行なわれていたようである。『隋書』倭国伝に見られるような「姓」による外婚の規定[121]もない。このルーズな婚姻形態と、（ⅰ）の父子同居や（ⅲ）婚礼時における「娉」＝花嫁代償[122]など父系家族・夫方居住婚を思わせる記述とはそぐわないが、これをどう理解すべきか。

ここで先述の「流求」社会の生業内容を想起すれば、七世紀初頭の段階では農耕がいまだ食料生産の中心にはなりえず、食生活の中心とされたのは採集した根茎・堅果や貝類、狩猟や漁撈で得た獣・魚であった。農耕に必須な生活手段としての〝家〟ごとの耕地は未成立であって、ただ「洞」「村」ごとの山林・礁湖が共同体全体の生業のためのテリトリーとして占有されるに止まったのである[123]。よって各〝家〟が次代に継承すべき財産としての耕地はおそらく存在しておらず、当時の「流求」社会に単系出自家族や厳密な居住規制を想定することは困難であるといえよう。

従って条文（9）の父子とは父と子ではなく親子、すなわち夫・妻・未嫁子女からなる小世帯を指していると考えられる。この人数からなる単婚家族が、竪穴式もしくは平地住居に「同牀」の状態で住み、一つの炉を共有した[124]。後世の民俗事例に依れば、沖縄における伝統的な婚姻の形態[125]は、モーアスビ（野外で歌舞をたのしむ）やヤガマヤー（若者宿）で知り合った当人同士が婚姻を自ら決め、ヤガマヤーを脱退し、婚約（二合酒・オガミ）、新婚披露（クファンムイ）の儀礼の後、所によって長短の差はあるが妻問いが行なわれ、数年して妻が子供をつれて夫方に入る（ニービチ）式があり、その後独立して一家を構えるというのが一般的だったようである。これを見る限り特に夫方の婚姻に対する権限が強いとは言いがたい。条文（９）の父子同居は父方で幼児を養育するという意味ではなく、親子が一棟に住んでいるということであり、酒肴とはそれまで属していた若者宿を脱退する際にふるまわれる酒食のことではないだろうか。

さて、この単婚家族は右で考察したように一棟の住居で生活を営んでいたが、当時の生業形態は小世帯のみで独立して生計を立てることを許すものではなかった。先述の〝家〟レヴェルの作業は、こうした単婚家族のいくつかが共同体で行なったのではないか。そう考えると葬礼をともに行なう「親賓」は注目に値しよう。「親賓」の語意は「親しい賓客」であるが、『隋書』の列伝では婚姻や葬送時に参列する人々にこの語をあてている。[126]「親賓」は「親戚」（附国伝）や「親属」（突厥伝）と同様に、採集・道具生産等の生業を行なう際の〝家〟の実態であり、世代を異にする近親者の小世帯別の棟が数個集まって形成される小集落に集住していたと考えられる。

そしてこの〝家〟＝親族集団が、さらに共同体レヴェルの生業（大型獣の狩猟、焼畑、貝製品や土器の製作や交易）・他集団との抗争、婚姻相手の交換などを契機として複数集まったもの[127]が、「村」「洞」なのではないか。こう考えれば、婚姻の際に出自による規制がないのも、婚姻相手を選ぶ範囲が「村」「洞」内部で完結していたためと理解できよう。[128]

以上、「流求国」の社会構造の基盤をなす村落共同体「村」「洞」の実態を類推してきた。その結果、小世帯—〝家〟—「村」「洞」という重層的な構造を推定するに至ったが、次に問題となるのは「洞」と「村」の関係である。これについては史料上で直接両者の統属関係に触れていないため、「洞」を支配する「王」「小王」と「村」

を代表する「鳥了帥」との関係――すなわち、「流求国」の政治構造の分析から類推する以外に答えを出す方法はない。また「王」と「小王」を分けるものは何かもいまだ不明である。次にこれらについて考えてみたい。

（2）「王」と「帥」の秩序

「流求国伝」は、「洞」「村」を統治する役職として「王」「帥」「小王」「鳥了帥」を挙げる。「鳥了帥」は各村落の政治・刑法・祭祀・生産活動等を全般的に統轄し、「小王」は「部隊」を、「帥」は諸「洞」を率いる軍事的指導者であった。そして彼らの上に、一六間の邸宅（?）に居住し、特別な乗物に乗るという卓越的権力者「王」が君臨すると書かれている。こうした記述は、すでに王―小王―鳥了帥という整然とした序列を有する発達した政治組織が成立しているような印象を見る者に抱かせる。[129]だが、国家の成立に不可欠な税制や法は「有事則均税」「皆臨事科決」という原初的段階であり、暦ももたず（「望月虧盈以紀時節、候草薬枯以為年歳」）、礼制もなかった（「無君臣上下之節、拝状之礼」）。これらの点は先のイメージに反する〝未開社会〟的実態を表すと思われ、後者を重視して「流求国伝」における伝聞の誤りや編者の想像が前者のイメージ（発達した国家）に反映したと考える説もあった。[130]

しかし、この相反するイメージは、諸説が主張するような全く異質な社会形態を表現していると（発達した国家対未開な社会）言えるのだろうか。「流求国」の政治組織を論じた研究の多くは文中の「王」を倭国王や百済王と同じレヴェルの王権とみなしたために、政治組織と社会生活・文化とがかけ離れたものと理解されたのであろう。だが実際に「流求国」の「王」や「帥」が社会において他国王と同様の機能を果たしていたのかどうかは、検討を要する問題である。この点が具体的に明らかになった時、初めてイメージの齟齬を問い直すことが可能となるだろう。

それでは次に挙げる史料に基づいて考察を進めたい（前項で用いたものと重なることが多いので、それらは番号のみを記す。新たな条文には前項からの通し番号を付す）。

〔1〕—a、流求国伝（既出一六一～一六二頁）

(17)「其王姓歓斯氏、名渇剌兜、不レ知二其由来一。有レ国代数一也。彼土人呼レ之為二可老羊一、妻曰二多抜荼一。」

(18)「王乗二木獣一、令下左右一輿上之而行、導従不レ過二数十人一。小王乗レ机、鏤為二獣形一。」

その他（2）（3）（5）（6）（7）（8）（10）（13）（14）

〔1〕—b、陳稜伝（既出（16）、一六三頁）

まず注目したいのは、「王」の実質的権限の及ぶ範囲が極めて限定されている点である。「王」の独自的権限を挙げると、第一に「小王」のなかから強盛者を選んで「帥」に認定する権限がある（(3)(5)）。「流求」の政治組織の基盤にあるのは、政治を司どる役職に就く者がすべて軍事的能力の高い者から選出されるその軍政一致的構造である。(3)より、「洞」ごとに「小王」が居り、それを複数統轄する上級権が「帥」と呼ばれていることがわかる。この「帥」が(5)における「部隊」の「隊帥」だと考えれば、この二条は整合的に理解できよう。つまり左の対応関係が想定される。

（隊）帥　——　小王

諸　洞　——　洞

ここで注意すべきは、隋軍との戦闘において「小王」歓斯老模が自らの「洞」の兵を率いて、王の派遣した兵とは別に抗戦していることである（(16)）。この条文より「洞」共同体ごとに「部隊」があり、それが各「小王」

に率いられていたことがわかる。そうすると（5）の「諸洞各為二部隊一…使為二隊師一」の意味は、「小王に率いられた各部隊は対立しており、戦闘が行なわれ勝敗が決すると、両者間で和解が行なわれ（共食儀礼）、勝者の長＝小王は王より隊師に任命される」となる。

よって「帥」とは「小王」中の勝者であることが「王」によって公認された者だといえよう。この「帥」は「流求国」全体に四、五名いたようだが（(3)）、「王」「小王」のごとく地位を象徴する乗物もなく（(18)）、また「鳥了帥」が「帥」に刑の裁決を仰ぐという記述もない。具体的な職掌は不明である。このことは、「帥」が日常的に諸「洞」を支配するような地位ではなく、対立し小規模な抗争を繰り返す「小王」間の優劣を定めるための称号に過ぎないことを意味するのではないだろうか。

右の結論は、「王」が「部隊」間の衝突を抑止するような圧倒的軍事力を通常はもっておらず、ただ事後に勝者を認定することで「小王」間を調停する権限のみを有することを示している。加えて、「部隊」間の戦闘が両者ともに余力を残したところで終えられる点に注目したい。おそらくグスク期のような他集団を亡ぼす[131]ほどの規模で戦闘を行ないうるだけの経済力が各「洞」にいまだ備わっていないためだろう（(5)）。

さて、「王」の独自的権限の第二点は、犯罪者に刑罰を与える際の最終的決断権である（(7)）。「流求国」には「常准」（法律）が存在せず、「村」の犯罪に関しては「鳥了帥」がすべて処理するが、その決定が承服されぬ場合のみ「王」が「臣下」に「共議」を行なわせて裁断を下すという。「鳥了帥」が解決不能な問題として想定できるものは、「村」における〝氏族的連帯性[132]〟から大きく逸脱した個人の処置と、「村」間の対立の二つである。こうした問題に「王」が関与しうることは、「波羅檀洞（王の居所）」が「村」に対する支配共同体であることを示している。「王」はその体現者として、死刑を含む諸々の刑罰を「村」の成員に与える権限を有した[133]。

ここで問題となるのは、「王」の決定する刑の内容を共議する「臣下」の実態である。これは「小王」や「鳥了帥」には該当せず、他の局面にも現れないために具体的な機能までは不明だが[134]、前項で考察したような構造をもつ「洞」共同体で「王」家独自の家政機関が確立していることは考えられない。しかし「王」のこのような裁断権は他「洞」には及ばないことから、「臣下」の存在しうる範囲は「波羅檀洞」とその下の「村」々に限られる。推測に過ぎないが、「臣下」とは各「村」の有力者（鳥了帥を含む）と「波羅檀洞」を構成する各〃家〃の代表者が集まった合議体のごときものではないだろうか。

先に述べたように「王」は「村」成員の生殺与奪の権を有するが、それはあくまで「鳥了帥」を通して間接的に及ぶものである。「臣下」が共議しうるのは、「鳥了帥」側から申請された、「村」を越える問題に対する判決についてのみであり、それ以上の権限は「王」にも彼らにも属さない。このことは、「王」「臣下」の権限が、自立性の高い「村」や〃家〃の代表者の結集する公的権力に根ざすことを示している。「王」は公権の象徴であり、実際に権力を（各共同体の置かれた状況――自然条件・氏族の結合状態等に大きく規定されつつ）行使するのは「臣下」を構成する各族長だと考えられる。「王」の象徴性は、その「二十六間」[135]の住居の壁下に髑髏が積み重ねられていたことにもよく表れているように、宗教的な形をとって表現されたであろう[136]。

以上、「王」のもつ独自的機能を二点挙げたが、これらの何れも従来漠然と言われてきた「整然とした序列のある政治組織」という理解には合致しない。「王」の権限は主に「洞」「村」といった共同体間の調停という形で発揮されており、決して各共同体の成員に直接及ぶことはない。いわば均衡維持のための機関として機能している。この均衡が崩れるのは隋の侵攻の際だと思われるが、この点に関しては次項で述べたい。

「王」の地位はいまだ世襲ではなく[137]、また次に見るようにその実質的な権力は「小王」とほとんど同じもので

あったといえる。その共通点を列挙すると、

（ⅰ）「歓斯」という「姓」をもつ。[138]（16）（17）

（ⅱ）「〇〇檀洞」に居住する。（2）（16）

（ⅲ）特別な乗物（木獣・杌）をもつ。（18）

（ⅳ）軍事的指導者である。（14）（16）

の四点がある。このうちの（ⅰ）の「歓斯」を文字通り姓ととれば、「王」渇刺兜と「小王」老模は同姓の王族（皇帝―王子）とも考えうる。しかし、隋軍の捕虜となった「王」の子島槌は「小王」とも「歓斯」とも書かれていない。また前項で述べたような婚姻形態が一般的である社会において、姓による出自の明示が必要とは考えがたい。そして両者の洞は地理的にかなり離れた位置にある（（16））。これらより、「王」と「小王」の間に同姓同族関係のごとき血縁的な結合は想定できない。「歓斯」は首長に対する称号ではないだろうか。

また（ⅱ）は前項で見た「洞」共同体の族長にあたることを示しており、（ⅲ）は「王」「小王」の地位が他成員と異なることを象徴する。そして（ⅳ）は特別な状況下で明確化する両者の共通性――本質的に軍政一致的な構造をもつ「洞」の軍事的指導者である点の表れである。こうして見ると、両者の村落首長としての実態にはほとんど差が見当たらない。異なるのは、「王」が「都邑」（「波羅檀洞」と周辺の「洞」、及びそれらに付属する「村」）の公的権力を体現しているという点だけであるといえる。

それでは、「王」「小王」の拠りどころとする「洞」と、「鳥了帥」の治める「村」との差はどうであろうか。すでに触れたように、「波羅檀洞」は「村」々にとっての支配共同体といえるが、両者の差は「流求国」を訪れた中国人が明確に識別できるようなものであった。私はそれが規模と防禦施設という形で現れたのではないかと

考える。（5）から明らかなように、諸「洞」間には慢性的な武力衝突があったが、「村」間にはそれが見られない。「波羅檀洞」には柵、濠、籬があったとされ、（16）では陳稜軍が攻撃中にこの濠を埋めて「洞」に突入した（「稜遂填塹、攻破其柵」）とある。これは隋軍に備えた大規模なものだが、他の「洞」にも敵対する「部隊」の攻撃を避けるための柵や濠のような施設は、おそらく存在したのではなかろうか。

また常時「部隊」間で小ぜり合いを繰り返す（（5）、「国人好相攻撃、人皆驍健善走」）ためには、それを可能にするだけの経済的余剰と、規範を犯してまで他「洞」の領域に侵入しなければならない原因が、各「洞」の内部に生まれているはずである。傍証となる史料はないが、いくつかの「洞」にはすでに農耕がある程度定着し、安定した生産物の収穫が望める段階に達していた可能性があるように思う。中国人の記録者は、こうした強盛な村落と、自然の障碍物に依って営まれた小規模村落とを「洞」「村」と書き分けたのではないだろうか。「王」「小王」と「鳥了帥」の間の差違は、右のような基盤とする村落の経済力の差に起因するものであって、それが「乗物」の有無（＝階層分化の進展）や「部隊」の有無に現れていると考えられる。

以上、本項では「流求国」の政治組織について考察を行なった。その結果、諸説が主張するような政治体制・社会間のギャップは見当たらず、逆に当時の社会構造に合致した政治組織――「臣下」合議体と、第三者調整機関＝公権としての「王」を想定するに至った。また支配共同体たる「洞」と「村」との間に、経済力に基づく隔差が存在する可能性も指摘した。「王」「小王」「鳥了帥」は整然とした縦の序列など形成してはおらず、並列的に存在する同質の村落共同体の族長であり、「王」は武装された強力で他共同体を抑圧するような権力ではなく、「洞」「村」に共立された象徴的な調停機関として機能したことが明らかになった。

（3）「流求国」の政治組織の歴史的意義

しかしこうした「流求国」の政治組織は、隋軍の侵攻という外圧に対応して変化することになる。隋の大業六年（六一〇）、武賁郎将陳稜・朝請大夫張鎮周（州）に率いられた万余の兵が、「流求国」を襲った。初め「流求」側は隋軍の艦船を交易船とみなして貿易を行なったが、陳稜が先鋒として鎮周を遣わして攻撃を加えてからは、「王」歓斯渴刺兜の差し向けた兵や「小王」歓斯老模の率いる「部隊」が抗戦する。しかし隋軍の圧倒的兵力の前に老模は敗れ、衆数千を率いて「波羅檀洞」で抵抗を続けた「王」も激闘の末に斬られ、「洞」も焼き尽くされて「流求国」は滅びた。連行された捕虜数千は百官に分与されたという。これが隋による「流求国」征討の経過である。

開皇九年（五八九）に南朝陳を滅ぼし、一〇年後に突厥の内紛に介入して（啓民可汗の擁立）[139]結果的に突厥の勢力が後退した六〇〇年代の初頭、隋にとっての最大の外交課題は高句麗との関係であったが、[140]一方では南方の林邑（六〇四年）、西方の吐谷渾（六〇八年）への遠征[141]が行なわれ、これらを朝貢国としたり、領域を隋が摂取するなどの形で支配領域が拡大された時期でもあった。[142]「流求国」の場合もこうした急激な対外膨張政策の波及であると考えられる。

その波及の始まりは、大業三年（六〇七）の羽騎尉朱寛の派遣であった。この時の目的は「求訪二異俗一」に過ぎず、しかも言語が通じずやむなく「流求人」一人を掠略して帰還せざるをえなかった。[143]翌年には「慰撫」を目的として再び朱寛が遣わされ、交渉を行なったが今度は決裂し、朱寛は「布甲」をとって還ったという。そしてこの二年後に〝征伐〟が行なわれている（流求国伝、表1⑮）。こうした外圧の波及は、「流求国」の政治組織にどのような影響を与えただろうか。

ここで注目すべきは、朱寛の第二回目の探査（実質的には朝貢の要求と思われる）の際、それを拒否（「流求不従」）する外交主体が存在したこと、及び陳稜による侵攻に対して抗戦する際に、「其主歓斯渇剌兜」が兵を遣わしていることの二点である。これらは「小王」間の調停機関としての常態から大きく逸脱した権限であり、特に二点目は首長の権限を「臣下」から隔絶したものとする契機にもなりうる兵士徴発権である。一般に共同体の統一的意志＝共同性を「民会」すなわち家父長層の集合（相互間の関係）が代表する形態をとる社会においては、村落内部の問題については「民会」が生産・分配・消費から法的規制、刑罰まで日常生活の全領域に関する最高の権力機関として機能するが、対外関係と軍事については首長が「民会」よりも優越した位置を有し、共同体全体がその指揮に従ったという。[144]「流求国」の場合は「王」＝首長層の代表が「臣下」＝民会によって共立されるという形態をとるが、前項で見たように「王」の権限はあくまでも第三者的な、公権の象徴ともいうべきものに過ぎない。しかし隋軍の攻撃に際しては「数千」人（誇張も含まれようが）という規模の各「洞」「村」成員が「波羅檀洞」の「王」のもとに結集し、「王」と運命をともにしている。外的圧力の波及という非常事態にあたって、本来「洞」の首長として「王」（「小王」）が有する軍事的指導権が六〇八～六一〇年に急速に公権の体現者たる「王」渇剌兜のもとへと集められた結果が、六〇八年の入貢拒否、そして六一〇年の「衆数千」結集となって現れたのではないだろうか。

このように、隋による「流求国」征伐は、「流求国」にとっては「王」の権限を拡大する契機となりうる事件であったが、結果的には「波羅檀洞」を中心とする「洞」「村」群の成員が連れ去られるという特異な形で[145]「流求国」そのものが消失したために、権力集中の可能性の段階に止まることとなった。

しかし「流求国伝」から読み取ることができた社会像――外的契機による「王」への権限集中の可能性を秘めながらも、常態としては相対的に自立性の高い「洞」「村」が公的権力としての「王」を共立しており、しかも「洞」内ではすでに首長と成員の間に身分階層差が存在する社会――を七世紀初頭の沖縄島内に比定しうることは、次の二点を考える上で大きな意義を有する。

まず第一に、右のような階層社会を、同じ〝南島文化圏〟中に見出せるという点である。貝塚後期の遺跡の分布範囲は高宮暫定編年[146]の後Ⅲ・Ⅳ期（弥生後期・古墳～平安時代に該当する時期）の主要土器形式であり、アカジャンガー式土器・フェンサ下層式土器の分布域は沖縄諸島から奄美諸島[147]・トカラ諸島[148]付近にまで及び、〝南島文化圏〟と呼ばれるゆるやかなまとまりを有している。

この文化圏の特色は、すでに後Ⅱ期（弥生中期に該当）の頃から弥生文化の南漸が局地（地点）的に見られ、縄文時代以来の伝統的な形態をもつ土器の文化と併行・複合して〝南島文化〟の基盤を形成していること[149]と、本土の古墳文化が及ばなかったこと[150]であるが、注目すべきは後Ⅱ期の段階において、奄美大島の宇宿貝塚に階層社会の成立を想定させる女性司祭者の埋葬が見られること[151]である。同様の例は種子島にもあり[152]、〝南島文化圏〟における身分階層の分化が予想以上に早い段階で進行していたことがわかる。七世紀の後半に自発的にヤマト王権との交通関係を結ぶ「南島人」（阿麻弥人、多褹（禰）島その他）はすでにこうした階層社会を存立基盤としていたのではないだろうか。そのように考える場合、同じ〝文化圏〟に属し、考古学の復元する遺跡の規模や内容もこれらの社会と大きな差のない沖縄地域について、文献史料の記録した「流求国」の社会構造は、考古学のみでは復元しきれぬ実態を豊富に含むものとして有効なのではないかと思われる[153]。

「流求国」成立の意義の第二点は、現在の沖縄史の時代区分において一般的に原始琉球の時代という範疇[154]でとらえられてきた七世紀前後の「流求国」像を明確にすることにより、一二世紀以降のグスク期[155]への展開過程、言い換えれば「古琉球」社会の形成前史が明らかになることである。本節1項で論じた「流求国」の社会とグスク期[156]のそれとの相違点を挙げると、次の三つの点がある。その第一点は農耕社会の確立であり、第二点は鉄製品の普及、第三点が海外交易の進展である。沖縄における一〇世紀以降の農耕の定着は、グスク遺構から炭化米・麦が多量に出土することからほぼ確実である。[157]また南西諸島に鉄器が出現するのは貝塚後期のことだが、この時期の資料はいまだ宇堅貝塚の鉄斧[158]など数例に過ぎず、しかも外部からの移入品と考えられている。本格的に鉄器の製作と流布が行なわれるようになるのは一二世紀以降[159]である。条文（4）に「其処少〻鉄、刃皆薄小」とあるように、七世紀段階の「流求国」はいまだ日常生活のなかに鉄が使用されるには至っていなかった。[160]海外交易に関しては、各地のグスクから舶載の陶磁器（主体は中国の青磁）が多量に出土する。最も古いものは一一世紀末から一二世紀前半の白磁碗であるが、この頃から確実に中国陶磁が沖縄に入っている。しかし九・一〇世紀以前のものは一片も見つかっていないという。[161]海外交易の成立時期はやはり一二世紀初頭前後に求められる。

以上の三点が、一四～一五世紀にかけて形成される古琉球社会の文化的共同性の基盤を構成する要素であるが、「流求国」の社会構造においては、右の第一点と第二点を受け入れる基盤がすでに用意されつつあった。「洞」における農耕の部分的定着や、規模の大きい協業を行ないうるような共同体成員の組織の存在がそれにあたる。

加えて、「流求国」における政治的統合も、原初的な段階ではあるが「王」を中心に成立し、外的インパクトによって集権化しうるだけの条件は揃っていた。「流求国」の場合はその中心村落が消失するという形で統合も失われたが、同時期に沖縄島の他地域、〝南島文化圏〟の他の島においてはこれと同質の社会が広範に展開し、これらが数世紀の後に按司社会（グスク期）を迎えるに至るのである。この意味において、「流求国」はグスク期の直前の段階＝原始社会段階を脱して階層社会に至る過渡期にある、沖縄社会を基盤として成立した原初的国家形態の一つであるといえよう。

おわりに

本章の迂遠な分析で明らかとなった点を最後に整理しておく。

（1）隋・唐時代の「流求」像は、福州（建安）の東方海上に浮かぶ海島中の一国というものである。嶺南に似た気候風土の土地であって、崑崙人のなかには往来し「流求」の言語を話せる者もいた。隋大業年間の大規模な征討行動により、多数の「流求」人が俘虜として連行されて以降、この地との交通は途絶えて新しい情報が入らなくなる。やがて一二世紀末の「毗舎耶」人襲撃記録が『諸蕃志』において混入されることにより、従来の地理情報に変更が加えられ、その結果として『隋書』以来の「流求」を台湾と認識させる余地が初めて生じた。『隋書』「流求国伝」は、七世紀前半における沖縄地方についての実態を示すほとんど唯一の史料である可能性が高い。

（2）「流求国」の社会は、村落内部において完結した婚姻範囲のなかで出自と無関係に結ばれた男女とその未婚子女が小世帯を形成し、それが世代ごとに別棟に居住しつつも親族を単位として集住し（〝家〟）、これがさらに諸々の協業を契機として結合して「村」「洞」を形成する、という重層的構造を有している。

（3）「村」「洞」は「臣下」組織に依って重要事を決した。その際〝公権の体現者〟として各村落共同体を調停するのが「王」の役割であった。しかし「王」は首長権の拡大（集中）への指向性も有しており、外的インパクトはその契機となりえた。こうした共同体、政治社会の形態は当時の〝南島文化圏〟に広く展開していた可能性がある。

隋による「流求国」の滅亡によって、その後永く正式な国家間の政治的交通が途絶したことにより、隋を継いだ唐では新たな情報が得られず、結果として『隋書』の「流求」についての知識はほぼそのままの形で五〇〇年余にわたって継承・反復された。その過程で混入した「毗舎耶」の情報と混じり合いながら強調・固定されていくのは、食人風習の行なわれている島（『智証大師伝』仁寿三年八月一四日。八五三年）、「虎性」の住民（空海『為大使與福州観察使書』八〇三年）などという「野蛮」なイメージである。こうした認識は日本固有のものでは必ずしもなく、同時代的に国家の枠を越えて共有されてゆくと思われるが、この点については別個の検討を要する。

【第４章　注】

（１）石母田正「天皇と「諸蕃」―大宝令制定の意義に関連して―」（初出一九六三年。同著作集第四巻、岩波書店、一九八九年所収）。

（２）石上英一「古代東アジア地域と日本」（『日本の社会史』第１巻、岩波書店、一九八七年）。

（３）この説には、マジョリティである「倭人＝日本人」の「民族集団」としての歴史的規定が見られず、また「民族」と「疑似民族」の境界をどこで引くのかが不明であるという問題がある。

（４）この問題については、服属儀礼の場での「風俗歌舞」奏上の有無と「夷狄」の身分規定の関係をめぐって議論が進められており、現在のところ「夷狄」は風俗歌舞奏上を行なわないことで隼人と区分され、蝦夷と共通するという大平聡氏の理解が妥当であると考えている（「南島と古代国家」、『沖縄研究ノート』六、一九九七年）。

（５）鈴木靖民「南島人の来朝をめぐる基礎的考察」（田村圓澄先生古稀記念会編『東アジアと日本（歴史編）』、吉川弘文館、一九八七年）。

（6）「掖玖」を当該期の倭国におけるこの海域の総称とみなす通説については、本書第3章で私見を述べている。あわせて参照されたい。

（7）熊田亮介「古代国家と蝦夷・隼人」（『岩波講座日本通史』第四巻、一九九四年）。

（8）村井章介「王土王民思想と九世紀の転換」（初出一九九五年。同『日本中世境界史論』、岩波書店、二〇一三年所収）。

（9）村井章介同前論文。

（10）この点に関しては、考古学における貝塚後期後半（奈良・平安時代並行期）の「グスク的遺構」の出現時期、長崎産石鍋や亀焼土器の流通実態などについての研究に学ぶ必要があろう。安里進「グスク時代開始期の再検討」（『新琉球史古琉球編』、琉球新報社、一九九〇年）等。

（11）高良倉吉「琉球史における「古代」」（『新版古代の日本』第三巻、角川書店、一九九一年）。

（12）古代の蝦夷に関しては、「民」「夷」という二つの所属意識の重層を見ることができるように思う。田中聡「民夷を論ぜず―九世紀の蝦夷認識―」（『立命館史学』一八、一九九七年）。本書第6章。

（13）金武正紀・当真嗣一「沖縄における地域性」（『岩波講座日本考古学』五巻、一九八六年）。藤本強『もう二つの日本文化―北海道と南島の文化―』（東京大学出版会、一九八八年）。

（14）『隋書』高麗伝・百済伝・新羅伝には①国の成り立ち、出自、②隋までの中国王朝との関係、③所在地と国の範囲、④官制、政治組織、⑤税・法・軍制、⑥風俗誌、⑦隋との交通、（⑧附唐国）という共通した構成が見られ、それぞれ①～⑤、⑥、⑦⑧が本章の表1の三部と対応している。靺鞨伝は①②を欠き、③で七部族の各々を列挙し、④には「渠帥」のみが記される変則的な記述だが、全体の三部構成は他と変わらない。また倭国伝は①が欠如し、②⑦を他の各項に分けて組み込む点で他の国とは多少異なっている。

（15）『新井白石全集』第三巻（図書刊行会、一九〇六年。複製版一九七七年）に「蝦夷志」他とともに所収。

（16）伊地知季安は天保年間の『南聘紀考』において、「流求」という名称の由来を、六〇七年から翌年にかけて遣隋使として派遣された小野妹子らが「夷邪久国」について語った（『隋書』流求国伝）ものが漢字に写されて「流求」となったとし、『続日本紀』『延喜式』等にある「多褹」「掖玖」等もまた「流求」同様に「南島」の総称と考えた。この見解は丸山二郎・太田亮他編の『鹿児島県史』（一九三九年）にも踏襲されている。

(17) これらの学説出現の背景についての解説は、秋山謙蔵「流求即台湾説成立の過程」（『歴史地理』五八―六、一九三一年）三三～三八頁参照。

(18) 同前、三九頁。伊波普猷「『隋書』に現われたる琉球」（初出一九二六年。同全集第二巻、平凡社、一九七四年所収）五〇七～五〇八頁。

(19) 野口鉄郎『中国と琉球』（開明書院、一九七七年）二九頁には、『宋史』「流求国伝」までの記載内容と『元史』「瑠求伝」とが著しく相異することが指摘されている。次項で史料についての検討を行なう。

(20) 山里純一『古代日本と南島の交流』（吉川弘文館、一九九九年）第二章において「流求国伝」に関する主要学説の見解が網羅的に紹介されている。また、小玉正任『琉球と沖縄の名称の変遷』（琉球新報社、二〇〇七年）には、二〇〇六年までに発表された琉球の比定に関する文献を網羅し、要点が整理されている。

(21) 鈴木靖民前掲5、三八八頁。また高良倉吉『琉球の時代』（筑摩書房、一九八〇年）二九～三三頁には「流求国伝」の抄訳と簡略な研究史整理がなされているが、『隋書』の史料的価値についての言及はなく、『日本書紀』の「南島」関係記事を見る限り当時の日本人の「南島」認識は著しく不正確であるとして、「流求国伝」のなかの「夷邪久」などの記述を史料として活用することを留保されている。

(22) 本章の付表2は、隋書「流求国伝」について発表された諸論考を管見の及ぶ範囲で大まかに沖縄説・台湾説・折衷説に三分したものである。

(23) 伊波普猷「『隋書』の流求についての疑問」（初出一九二七年。同全集第二巻、平凡社、一九七四年所収）では、東恩納寛惇の批判に応え、徐葆光『中山伝言録』に三日で到達した冊封使があったことを挙げる。また梁嘉彬「隋書流求国伝逐句考証」（『大陸雑誌』四五―六、一九七二年）は清の冊封使陳侃らの『使琉球録』等に見られる実質的航行日程が「水行五日」と矛盾しないとする（三一〇～三一三頁）。

(24) 伊波普猷「「隋書の琉球」補遺」（初出一九二七年。同全集第二巻、平凡社、一九七四年所収）。
(25) 和田清「再び隋書の流求国について」（『歴史地理』五七―三、一九三一年）六頁。
(26) 伊波普猷前掲23。しかし、大業六年の征伐行はあくまでも大業三年の朱寛による探査行を前提とし、その際に煬帝の命に従わなかったことを名目に侵攻が行なわれたことは明白であり、こうした修正説には従いがたい。
(27) 幣原坦「台湾の瑯嶠族」（『民族』四―一、一九二八年）。この説で取り上げられた「瑯嶠族」とは、オランダ人が一七世紀の台湾について記録したもののなかに現れる人々であるが、この集団が七世紀頃から全く同じ生活を送っていたことを証明する史料は存在しない。
(28) 宮城栄昌・高宮廣衛編『沖縄歴史地図（考古篇）』（柏書房、一九八五年）二三頁。
(29) 和田清「琉球台湾の名称に就いて」（『東洋学報』一四―四、一九二四年）一〇七、一一一頁。
(30) 秋山謙蔵「隋書流求国伝の再吟味」（『歴史地理』五四―二、一九二九年）二二頁。なお伊波普猷前掲23、五四二～五四三頁には、氏の前説（前掲24）の不安材料の一つとして「熊」の有無の問題が挙げられている。
(31) 伊能嘉矩『台湾文化志』第一篇（刀江書院、一九二八年、二三頁。後に『柳田国男の本棚』第一巻、大空社、一九九七年所収）。東恩納寛惇「隋書の流求は果して沖縄なりや」（初出一九二六年。同全集第一巻、第一書房、一九七八年所収）二六三頁。
(32) 和田清前掲25、一三～一四頁。
(33) 伊波普猷前掲18、五一二～五一三頁。
(34) アグノエル「隋書の流求を台湾に比定せんとする一試案に対する批判」（『歴史地理』五八―五、一九三一年）は、部落内食人風俗は〝悪習〟どころか、死者に対する神聖な義務とみなされていることを指摘した。秋山謙蔵「流求即台湾説再批判」（『歴史地理』五九―九、一九三二年）はこれに従う。
(35) 和田清前掲29、一〇三頁。
(36) 秋山謙蔵前掲30、二三～二四頁。氏は明代の沖縄が肥沃であったことの証明として、『李朝端宗実録』景泰四年（一四五五年）三月条に見える、琉球国中山王の使者道安の「琉球国地暖、水田之穀一年再熟」という言辞などを挙げ、また台湾に関して『明史』雞籠伝の「土宜二五穀而不レ善」、明の張燮編の地誌『東西洋考』東番考の「土宜二五穀而皆早耕一」などという記述から台湾の一七世紀頃の未開拓な状況がわかるとする。

(37) 伊波普猷前掲18。

(38) 東恩納寛惇前掲31、二六三頁では、尊敬の名詞や強めの語法まで備わっているほどの高い文化的水準を有する国民が、王について問われて「あれは国王ヤン」（ヤンは「―だ」という動詞）と答えるはずはないと、伊波の説を批判している。

(39) 伊能嘉矩前掲31、一五～一九頁。

(40) 白鳥庫吉「隋書の流求国の言語に就いて」（初出一九三五年。同全集第九巻、岩波書店、一九七一年所収）。

(41) 秋山謙蔵前掲34、四三～四四頁。

(42) こうした考え方は特に台湾説に立つ論者の多くに見られる。たとえば和田清前掲29、一二三頁。同前掲25、一三頁。東恩納寛惇「伊波君の修正説を疑う」（初出一九二七年。同全集第一巻、第一書房、一九七八年所収）二七二頁。『明太祖実録』、洪武五年甲子条。『明史』列伝二一一「琉球伝」他。ここでは琉球中山王察度の名が現れる。高良倉吉前掲21、四八頁以下参照。

(43) 論者によって清代の使琉球録等を基本史料として用いる例もあるが、清の頃には琉球＝沖縄、東番または台員（台湾）＝台湾という呼称が定着している。

(44) このうち〔9〕太平寰宇記、〔10〕冊府元亀については文の順序が〔1〕他と異なるが、それは地誌・史料集という各々の史料的性格による整序が行なわれたからであり、文体そのものは変わっていない。〔9〕は各項④⑩⑫～⑮について「風俗物産」の別項を設けてそこに一括している。また〔10〕は『隋書』とほぼ同文を外臣部国邑一（流求国）、官号（琉球国）、通好（煬帝大業三年三月）、征討（煬帝大業六年）の各条に分けて収める。

(45) また〔10〕冊府元亀に征伐後の処置として「献二俘万七千口一頒二賜百官一。」とある。同様の記事は〔11〕資治通鑑にも見え（但し俘虜の数は載せない）、また〔7〕太平広記には朱寛による「留仇国」征討時に「男女口千余人」を得たという伝承を録している。〔10〕の「万七千口」は信じがたい数値だが、かなり多人数を略して還ったという点については承認しうるのではないだろうか。

(46) ただ『隋書』では大業三年のこととなっている朱寛の第一探査行の年紀を（これら北史系統は）欠いており、しかも三・四年の二回分の記事が一括されている。

(47) 石田幹之助『南海に関する支那史料』（生活社、一九四五年）一三五～一三六頁。

(48) 和田清前掲25、一八頁。

(49)『宋史』巻四九一、流求国伝

流求国在二泉州之東一、有二海島一曰二澎湖一、烟火相望。其国塹柵三重、環以二流水一、植レ棘為レ藩。以二刀稍弓矢剣鈹一為二兵器一、眎二月盈虧一以紀レ時。無地二奇貨一、商賈不レ通、厥土沃壌、無二賦斂一、有レ事則均税。旁有二毗舎耶国一。語言不レ通、袒裸盱睢、殆非二人類一。淳熙間、国之酋豪嘗率二数百輩猝一、至二泉之水澳・圍頭等村一、肆行二殺掠一。喜二鉄器及匙筯一、人閉レ戸則免、但刓二其門圏一而去。擲以二匙筯一則頫拾レ之、見二鉄騎一則争刓二其甲一、駢レ首就レ戮而不レ知レ悔。臨レ敵用二標鎗一、繫二縄十余丈一為二操縦一、蓋惜二其鉄一不レ忍レ棄也。不レ駕二舟楫一、惟縛レ竹為レ筏、急則羣舁レ之泅レ水而遁。

なお石田幹之助氏によれば、『宋史』『文献通考』は『諸蕃志』と『宋会要』その補綴に過ぎないという（前掲47、一九二頁）。

(50) 和田清前掲29、一二三頁。加藤三吾『琉球の研究』（文一路社、一九四一年）三頁など。

(51) 小葉田淳「台湾古名随想」（『日本経済史の研究』、思文閣出版、一九七八年）。

(52) 秋山謙蔵前掲30、二八～三〇頁では、明の嘉靖一一年（一五三二）に冊封使として「琉球王国」を訪れた陳侃の「閩中上天常白霽日、登二鼓山一可レ望二琉球一、蓋所レ望者小琉球也。」という言を引き、小琉球は台湾ではないとする。しかし私は、小葉田氏の示された台湾の最北端という説が良いと思う（同前、六四五頁）。

(53) ここでの結論は、中華民国の梁嘉彬氏が前掲23で示されたものに近い。氏は「流求」（琉球＝沖縄）と台湾との混乱が、南宋以来の泉州をベースとする貿易航線の拡大と閩人による澎湖・台湾への土着を背景としているとし、その端緒を文献通考（氏はこれを北史と諸蕃志の流求・毗舎耶両国条との混合と見る）と考えておられる（三〇三～三〇四頁）。私見は、通考の条文に通志との類同性を見ることと、混乱の直接的原因を毗舎耶入寇に見ることの二点で氏と異なるが、大枠において首肯できる見解である。松本雅明氏も梁氏の説を評価されている（「南島の世界」、『古代の日本』三巻、角川書店、一九七〇年、三四三頁）。

(54)『隋書』煬帝紀大業六年二月条。『冊府元亀』外臣部征討三。

(55) 秋山謙蔵「流求即台湾説再批判」（『歴史地理』五九―一、一九三二年）。同前掲30。

(56) 氏がここで依拠しているのは市村瓚次郎「唐以前の福建及び台湾に就いて」（『東洋学報』八―一、一九一八年）である。隋代に福建が未開発であった点については和田清も賛同する（同前掲25、八～九頁）。また日比野丈夫「唐宋時代における福建の開発」（初出一九三九年。同『中国歴史地理研究』、同朋舎、一九七七年所収）には、唐末に王氏が閩に入って以来、この地が貿易港として飛躍的に発展したことが詳述されている。

(57) 和田清前掲25、一〇～一一頁。氏は沖縄説に従えぬもう一つの理由として、明清代の琉球冊封使の福流間航海日程から「平均十一日余」という所要日数を算出し、「五日而至」との齟齬を指摘する（七頁）。しかし『隋書』の「五日」とは、秋山氏もいうように偶然性の高い数値であり、その後両国間の往来が途絶えていたことも考えれば明清のごとく定期的な通交があったわけでもない。従って冊封使の平均的日程をもって隋代の航行日数を説明することはできないであろう。

(58) このことは『隋書』の他の列伝において、「舟行〇日」「方角＋〇月行」という形で里数ではなく航程所要日数によってある地域の所在を示す場合、その起点になるのがこれらの語句の直前にある地点・国であることから明らかである。たとえば「室韋伝」には「南室韋北行十一日至二北室韋一」とあり、「真臘伝」にも「…去二日南郡一舟行六十日」とある。梁嘉彬前掲23、三六頁には、『魏志』「倭人伝」において倭国に至る起点を「倭人在二帯方東南海中一」という形で表すことを挙げて例証としている。

(59) 和田の論では逆に、もし「流求」が本来潮州から東へ「水行五日」ならばなぜ条文（1）が「建安郡」を起点にしているのかがわからない。氏が比定したごとく「高華嶼」＝南澳島、「黿鼊嶼」＝澎湖島、「流求」＝台南であるならば（前掲25、九頁）、どうしてこれを「建安郡東」と呼びうるのだろうか。「建安」と「義安」は緯度にして二度以上、距離にして四〇〇キロも隔たっており、「建安」の東すなわち「義安」の東とはならない。この問題を考える際の不動の定点とは、「建安郡東」という方角と、「(建安郡から) 水行五日」「(義安から) 一月余」という日数であり、これらが整合的に解決されねばならないのである。

(60) 各説の島名比定を整理しておく。〔付表1〕
(61) 和田清前掲29、一〇八頁。
(62) 市村瓚次郎前掲56、一四〜一五頁。
(63) 「陳稜伝」。野口鉄郎前掲19、八頁。
(64) 『隋書』列伝巻四七、「赤土国伝」。
(65) 秋山謙蔵前掲55、五二頁。
(66) 異民族によって編成された軍を例示すれば、『隋書』列伝巻四六「靺鞨伝」、巻四九「西突厥伝」には「遼東之役」に従軍して高句麗征討に功を挙げた酋帥がある。
(67) 浅見直一郎「煬帝の第一次高句麗遠征軍―その規模と兵種―」（『東洋史研究』四四―一、一九八五年）。
(68) 同前、三五頁。
(69) 『資治通鑑』隋紀大業七年四月条
又発二江淮以南水手一万人、弩手三万人、嶺南排鑹手三万人一、於レ是四遠奔赴如レ流。
浅見氏はこれを「兵募」による徴集兵と見る（浅見直一郎前掲67、三二頁）。

付表1　諸説における関連地名の比定

	高　華　嶼	黿　鼊　嶼	流　　求
新井白石	台　湾	惠平也島（沖縄北方）	沖　縄　島
伊波普猷	西　表　島	久　米　島	沖　縄　島
秋山謙蔵	花島（宮古・八重山辺）	九米島（久米島）	沖　縄　島
梁　嘉　彬	彭佳嶼（台湾北部海面）	久　米　島	沖　縄　島
市村瓚次郎	潮州付近の島嶼	彭　湖　島	台　湾
藤田豊八	花嶼（澎湖西南）	奎鼊嶼（澎湖東北端）	台　湾
和田　清	南　澳　嶼	澎　湖　島	台湾西南部・台南平野
伊能嘉矩	大嶼または花嶼	奎壁嶼（澎湖東北）	台湾西岸

(70)『隋書』陳稜伝に煬帝即位以前「…上以二其父一之故、拝二開府一、尋領二郷兵一。」とある。安徽地方の豪族たる陳稜らの率いていたのは彼らの領する郷兵だったのではないか。
(71)『旧唐書』巻一〇九、「馮盎伝」。隋唐の馮氏については次の論考に依る。河原正博「隋唐時代の嶺南の酋領馮氏と南海貿易」（山本達郎博士古稀記念論叢編集委員会『東南アジア・インドの社会と文化』（上）、山川出版社、一九八〇年）。中村裕一「文館詞林巻次未詳残篇「勅」考証」（初出一九七三年。同『唐代制勅研究』、汲古書院、一九九一年所収）。同「唐代の南選制と嶺南地方に就いて」（『武庫川女子大学紀要、教育学科編』第三〇集、一九八二年）。
(72)河原正博同前、三九九頁。
(73)宋の李昉撰『太平広記』巻四八二「留仇国」には、煬帝が朱寛をして留仇国を征討させた時、男女千余人と雑物産を得て南海郡に還ったとある。『隋書』他の史料には、朱寛の第二次探査行の成果としては布甲一領と挙げるのみであることから、この朱寛は多分陳稜らの誤伝であろう。ここで注意したいのは征旅の帰着点が南海郡＝広州になっていることである。推測の域を出ないが、征討軍中にこの地域から徴発された兵がかなり含まれていたのではないか。
(74)松本雅明『沖縄の歴史と文化―国家の成立を中心として―』（初出一九七一年。同著作集二、弘生書林、一九八六年所収）二九頁にはこれと同様の結論が書かれているが、論証過程や根拠は明らかにされていない。
(75)繰り返すがこの史料中の「流求」は、探査・征討の対象となった一地域、一つの島であり、決して東海中の島嶼群などを漠然と指してはいない点に留意すべきであろう。
(76)秋山謙蔵前掲30、和田清前掲25・29、東恩納寛惇前掲31など。
(77)梁嘉彬氏は部落に「村荘」が林立して大王・小王は声望を競い、名残上の「共立」を立てるといった社会とみなす（前掲23、二五頁）。また松本雅明氏は「ゆるやかな部族連合」と表現される（前掲74、二八頁）。
(78)比嘉春潮『新稿沖縄の歴史』（三一書房、一九七〇年）では、歓斯・渇刺兜・可老羊を按司の同義語「から」の音写とし、『隋書』における王は小王・帥（いずれも按司）を統べる最高権力者であり、洞は後の間切にあたる部落連合体とする。氏の主要な論拠は蔡鐸（一六四四～一七二四）らの編纂した琉球王家の歴史書『中山世譜』と各島に残る民俗事例である。

(79) 代表的なもののみを数点挙げておく。田村浩『琉球共産村落之研究』（初版一九二七年。至言社、一九七七年復刊）。伊波普猷『琉球国由来記』解説（初出一九四〇年。同全集第七巻、平凡社、一九七五年所収）。稲村賢敷『古代部落マキョから農耕村落への発達』（『沖縄の古代部落マキョの研究』、初版一九六八年。至言社、一九七七年復刊）。仲松弥秀「古層の村」（『叢書わが沖縄第四巻、村落共同体』、木耳社、一九七一年）。同「沖縄の村落―「マキ」と「村」―」（九学会連合沖縄調査委員会編『沖縄―自然・文化・社会』、弘文堂、一九七六年）。

(80) 安里進他「グスク土器の地域色と「くに」「世」―沖縄本島中・南部を中心に―」（国分直一博士古稀記念論集『日本民族文化とその周辺（考古篇）』、新日本教育図書、一九八〇年）。嵩元政秀「沖縄のグスク」（『城―日本古代文化の探究―』、社会思想社、一九七七年）。上野佳也「グスクとチャシの比較考察―弥生系高地性集落との対比において―」（『考古学雑誌』六六―三、一九八〇年）等。

(81) なおここで各条に付した番号は第1節とは別のものである。

(82) 『隋書』巻八二、南蛮列伝総序。

(83) 『旧唐書』巻一九七、東謝蛮伝。

(84) 『旧唐書』巻一〇九、馮盎伝

貞観五年。盎来朝。太宗宴賜甚厚。俄而羅竇諸洞獠叛。詔令㆘盎率㆓部落二万㆒為㆗諸軍先鋒㆖。

なお川本芳昭「六朝期における蛮の漢化について」（初出一九八一年。同『魏晋南北朝時代の民族問題』、汲古書院、一九九八年所収）を参照。

(85) 宮崎市定「中国における聚落形体（ママ）の変遷について―邑・国と郷・亭と村とに対する考察」（初出一九五七年。同全集三、岩波書店、一九九一年所収）。

(86) 宮川尚志「六朝時代の村について」（初出一九五〇年。『六朝史研究・政治社会篇』、日本学術振興会、一九五六年。平楽寺書店、一九七七年復刻）。

(87) 同前、四四八頁。
(88) 宮崎市定前掲85、二七頁。
(89) 越智重明「里から村へ」（九州大学『東洋史論集』一、一九七三年）七〇～七一頁。
(90) たとえば『冊府元亀』では「鳥」「烏」が両方用いられており、特に「鳥了帥」（土風一）の下には「日本官名」という割注がある。
(91) 清水昭俊「生活の諸相」（石川栄吉編『現代文化人類学』、弘文堂、一九七八年）。
(92) 阿部年晴「未開と文明」（同前書所収）は、「未開人」という観念があくまでも近代ヨーロッパ人によって自民族と他者とを文化的に区別するために創出されたものであることを確認し、「未開」と「文明」の対比の図式に〝視点の相互作用〟を導入して社会文化のモデルを再構築する試みを行なっている（二四四～二六六頁）。それによると「未開社会」とは、比較的小規模な集団が、経済・政治・文化などの社会的機能において、相対的な自給自足性と自律性と完結性を保っている社会である。そこでは分業は未発達であり、社会的機能が特定個人・集団に集中せず、従って階級分化も進んでいない。一般に文字をもたない例が多く、歴史的変化の価値を認めないかわりに、価値基準を神話（現存する秩序の始源に関する物語）に置く社会であるといえる。
　これに対し「文明社会」とは、複雑かつ大規模な社会であり、分業が発達し、諸々の社会的機能の中枢としての都市が発生してそこに人口が集中することによって、支配―被支配関係が発達する。「未開社会」の小規模集団に見られた自給自足性は失われ、中央集中的な権力機構＝国家が成立して、軍事的・宗教的権力を特定の個人・階級が手中に固定する。こうした社会を統治する必要に応じて文字が発明され、これによって集団の記憶の累積が容易となった。歴史的変化の速度が「未開社会」に比べてはるかに大きく、変化に価値を見出す社会である。

　すべての社会に右の二側面が含まれているが、個々の社会・文化でその組み合わせ方が異なるという（二六四頁）。本文中に用いた〝未開社会〟はこのような理念型としての概念である。
(93) 清水昭俊前掲91、五三頁。

(94)『隋書』の条文では「梁《はり》」となっているが、「粱《あわ》」の誤りであろう。
(95)「麪」は麦粉を指すが、米と合わせて醸して酒を作るのだからこれは『諸蕃志』・『文献通考』・『太平寰宇記』のように「麹」とすべきであろう。表4参照。
(96)財団法人民俗学研究所編『民俗学辞典』（東京堂出版、一九五一年）の「酒」「酒盛り」の項参照。
(97)木下尚子「南島」（『季刊考古学』一四、一九八六年）。
(98)木下尚子同前、五九頁では、製粉用石器セット（石皿・凹石・敲石・磨石）が沖縄前期以来常に一定の割合を保っていることから、食生活の基層に植物食が深く関わっていたことを指摘する。
(99)高宮廣衛「沖縄における先史時代」（『沖縄文化の古層を考える』、法政大学出版局、一九八六年）。友寄英一郎「沖縄出土の弥生式土器」（『琉球大学法文学部紀要』社会篇一四、一九七〇年）は、九州の須玖系弥生土器とともに貝塚中期頃稲作が沖縄に伝播した可能性を主張する。
(100)多和田真淳「沖縄先史原史時代の主食材料について」（『南島考古』四、一九七五年）。国分直一「南島先史時代の技術と文化」（東京教育大学文学部『史学研究』六六、一九六八年）。嵩元政秀「沖縄における原始社会の終末期」（琉大史学会『南島史論』、一九七二年）。佐々木高明「南島根栽農耕文化の流れ」（『南島の古代文化』、毎日新聞社、一九七三年）。これらは考古学・人類学の立場から、イモとアワの雑穀・根栽焼畑農耕が貝塚時代からすでに行なわれていたと考える。その傍証は八重山諸島の当該期の石器にビラ型・ピック状というイモ作農具に対応する形のものが見つかること、及び各住居で集石遺構が見られること等である。国分・佐々木両氏はこの石をストーン・ボイリングに用いたものと考えている。こうした考えに対して、藤本強前掲13、九八頁と、高良倉吉「沖縄原始社会史研究の諸問題─考古学的成果を中心に─」（『沖縄歴史論序説』、三一書房、一九八〇年）二三～二四頁は、貝塚後期遺跡の立地が農耕に不向きな海岸砂丘に集中することを理由に疑問を呈する。
(101)小田富士雄「沖縄における九州系弥生前期土器─真栄里貝塚遺物の検討─」（『南島考古』九、一九八四年）。安里進「琉球─沖縄の考古学的時代区分をめぐる諸問題（下）」（『考古学研究』一三六、一九八八年）。

(102) 金武正紀・当真嗣一前掲13、三三九頁。

(103) 野本寛一「南島の焼畑系民俗」(『焼畑民俗文化論』、雄山閣、一九八四年) は八重山・沖縄島国頭地方・奄美大島における伝統的な焼畑・猪狩の技術と民俗事例を整理し、稲作以前の粟栽培「畑作の道」が台湾から八重山、沖縄、奄美、トカラ、九州に延びていたと推測している。

(104) 先に挙げた石斧 (土掘り具または木工具) と製粉用具が多く見つかるが、石鏃などはほとんど見つからないのがこの地域の特色である。他に石錘なども見られる。

(105) 漁具としては骨針や貝錘など、食器としては貝匙・貝皿、利器として用いられたと思われる貝斧・骨錘等が挙げられる。

(106) この時期 (貝塚後期) に特徴的な土器は弥生の甕形土器に影響を受けたくびれ平底の深鉢形土器 (アカジャンガー式―フェンサ下層式) である。金武正紀・当真嗣一前掲13、三四六～三四七頁。

(107) 坪井清足「装身具の変遷」(『世界考古学大系』二、平凡社、一九六〇年) 七二～七三頁。

(108) 高倉洋彰「右手の不使用―南海産巻貝製腕輪着装の意義―」(『九州歴史資料館研究論集』一、一九七五年) は、貝輪を装着した人物が幼児の頃から選別された特殊な地位にあり、十数個の貝輪を右手に常にはめることによって生産労働への不参加を象徴していたとする。

(109) 永井昌文「「ゴホウラ」貝の生息確認と生態」(九学会連合奄美調査委員会『奄美―自然・文化・社会―』、弘文堂、一九八二年)。

(110) 三島格「貝の道―弥生時代における南海産貝使用の腕輪―」(『貝をめぐる考古学』、学生社、一九七七年) によると、腕輪の分布圏は次の二つに分けられる。

イモガイ・ゴホウラ製腕輪……種子島まで (弥生式文化の南限)

非イモガイ・ゴホウラ製腕輪……喜界島以南 (南島式土器文化)

(111) 木下尚子「弥生時代における南海産貝輪の系譜」(国分直一博士古稀記念論集前掲80所収) の第1表には沖縄島でゴホ

ウラ製の貝輪が発見された例を挙げている（三一七頁）。

(112) 貝輪の原料となるゴホウラは水深一〇～二〇メートルの海底に棲息し、それ自体採取が困難な上に、通常一個の貝から一個の腕輪しかとれないという。高倉洋彰前掲108、二九頁。

(113) 都出比呂志『日本農耕社会の成立過程』（岩波書店、一九八九年）四五七～四五八頁。

(114) 仲松弥秀前掲79「古層の村」。

(115) ここで想定しているのは後世の海神祭のような漁撈・狩猟の模倣儀礼である。外間守善『沖縄の歴史と文化』（中央公論社、一九八六年）。

(116) 松本雅明前掲74、二七～二八頁。

(117) 和田清前掲25、一三～一五頁。

(118) この条文（13）は〝流求論争〟時に多くの論者を悩ませた不可解なものを含んでいるが、沖縄論者は山海や石神の信仰が後世の沖縄の習俗に近いとし、髑髏についても崖葬や洗骨の誤伝と考えた。一方台湾論者は王宮の壁に首狩で得た髑髏を集める風習が二〇世紀まで「高砂族」のなかに残存していたことを強調した。その際にこの問題と密接に関わってくるのは、条文（5）の「収レ取ニ闘死者一、共聚而食レ之。仍以ニ髑髏一将向ニ王所一。王則賜レ之以レ冠、使為ニ隊帥一」という〝戦死者の喫人〟と、（11）の「南境」の異俗たる〝身内の死者の共食〟の、いわゆる〝食人俗〟の記述である。これらの各条について台湾説は（5）（11）（13）を首狩―食人・頭蓋骨崇拝と関連させて把握しており、沖縄説は各条を戦死・部落内食人風俗・風葬と別々に考えているという史料解釈上の明らかな相違があるが、（5）（11）についてはともに何らかの形で〝食人〟が行なわれたとみなす点では変わらない。

しかし各条から本当に〝食人〟や〝首狩〟が導き出せるのだろうか。もう一度（5）（11）（13）を検討してみよう。まず（5）であるが、この条の主題は「流求国」全体の軍事組織の成り立ち――国人の好戦的性格、諸「洞」「部隊」同士の戦闘方法、和解方法、王による「隊帥」の認定――であり、問題の文章はその両「部隊」の和解について述べたところにあたる。従来はこの部分を「（戦死者）を収め、（両軍が）共に集まって之（死者）を食べ、（残った）髑髏を王の所に持っていく」と理解しているが、私はこの解釈が間違っていると思う。〝食人俗〟についての類例を探しても、普通敵に対する憎悪・復讐を表現するために戦闘で得た捕虜の肉を食べるという形をとる〝食人〟を、両軍の和解行為として行なうような例は世界のどこにも見られない。さらに、最近ではこうした〝食人〟に関する記録の信頼性そのものが疑われはじめている。よってこの記録も〝食人〟を示しているか否かを問い直す必要がある。

加えて髑髏の扱いが問題となる。もしこれが戦死者のものであり、両軍の勝者がそれを王に示して「隊帥」の地位を得るというならば、これが〝首狩〟である可能性が出てくるが、それなら勝者敗者が一つの宴に集うはずがない。また〝首狩〟によく見られるような首の加工（彩色やミイラ化など）も見られず、あくまでも髑髏＝頭蓋骨が対象になっている。一般に〝首狩〟とは、ある程度発達した未開農耕民に見られる儀礼的殺人であり、頭に宿る霊質・生命力を得ることによって農作物の豊穣を祈るために、隣接する諸部族の首をとりに行くことである（古野清人「首狩」、同著作集四、三一書房、一九七二年）。しかし「流求国伝」の記述では、首をとる目的で戦争が行なわれるとはなっていない。よって条文（5）は〝首狩〟とは関係がないと思われる。戦死者と「王」に示される髑髏とは直接の関係はないのではなかろうか。

従って（5）の該当箇所は、「共聚而食之」の「食」の字を、「廟食」などと用いる際のマツルの意でとり、「戦死者をそれぞれ収め、両軍が和解のための共食儀礼を行なう」と理解すべきであろう。こう訓めば（5）と（13）は、戦死者をマツルという意味において通じ、ともに〝食人俗〟を表すものとはいえなくなる。

では（11）はどうだろうか。この条文は「波羅檀洞」のある地域とそれより南方の「邑里」では葬制が異なっており、南方では部落内の死者を食うのだというものである。ここで問題視すべきは、同じ条文内で二つの葬法が見られ、両者の記述のもととなる情報の質が異なっている点である。前者は死者が危篤に陥った時から土葬後までを詳しく述べているが、後者はただ一文で「共食之」と済ませている。この差はこれらに関して中国人記録者に語った人物が「波羅檀洞」のある「都邑」地域の出身だったために、自らの住む地域の例については実体験を話し、「南境」については観念像もしくは伝聞を述べたためにできた差ではないか。

人類学者のＷ・アレンズによると、世界の民族誌中に屢々現れる〝食人俗〟のほとんどは原住民の語る伝説を実話として信じた記録者によって拡大解釈されたものであって、資料的には極めて疑わしい。ある人間集団が近接する集団と競合関係にある場合、「他の集団を範疇的に正反対のものと想定し、自らの存在の意味をより深く確認しようと」して作り出される差異が、「人間の肉を食う者と食わぬ者の境界」だという（『人喰いの神話―人類学とカニバリズム』、一九七九年。後に、析島正司訳、岩波書店、一九八二年、一九三～一九四頁）。

右の理解は「流求国伝」の例を考える際に示唆的である。本文で述べたように当時の「洞」は「部隊」をなす軍事的性格の強い村落であり、互いに対立する状況にあった。この場合「都邑」（波羅檀洞）と「南境」がそうした関係にあったと考えれば、実態と関わりなく他の共同体を「死体を食うムラ」と観念することは起りうるだろう。条文（11）はこうした観念が記述上に反映したものではないだろうか。

以上の考察より、（5）（11）（13）から〝食人〟〝首狩〟を読み取るのは難しいことが明らかになった。「流求人」の頭蓋骨崇拝はこれらと別に、複葬儀礼（洗骨）などと関連させて考えるべきであろう。国分直一「南西諸島の複葬」（『環シナ海民族文化考』、開明堂、一九七六年）。

(119)『隋書』高麗伝にも「父子同川而浴、共室而寝」と、「流求国伝」同様の父子関係の強調がみられる。これらは儒教的な父系同族社会の観念の投影ではないか。

(120) 婚姻後に妻が夫宅に移る例としては、倭国（「婦人夫家、必先跨㆑犬、乃與㆑夫相見」）、林邑（「女家請㆓一婆羅門㆒、送㆑女至㆓男家㆒」）などは子供の生まれる前から移動するように書かれている。また婚姻と同時に独居するが子が幼いうちは妻の実家で養育する例（『隋書』赤土伝）や、逆に子供が生まれるまで夫が妻の家で労働する例（同鉄勒伝）などがある。

(121)『隋書』倭国伝には「婚嫁不㆑取㆓同姓㆒、男女相悦者即為㆑婚。」とあるが、このような規定が七世紀の日本で実際に機能していたとは考えられず、社会的実態と合致しているか否かは検討を要する。

(122) 人類学の研究対象となる「花嫁代償」には次の四つの機能があるという（『文化人類学事典』、弘文堂、一九八六年）。

1．嫁の嫁出によって被った経済的精神的代償

2．新しい夫嫁家族の社会経済的地位の象徴化・合法化

3．夫方妻方両親族間の経済的精神的結合の強化により夫嫁関係の永続化をはかる
4．受け取った花嫁代償によって（妻側の家の）息子の嫁が得られる
右の第2点は生まれた子供の父方集団への帰属を含んでおり、また第1・4点は嫁入婚とつながる。この慣行は多くの場合父系制・夫方居住婚と結びついて行なわれる。

(123) 但し、後述のように「村」「洞」との差違が生業の差に起因する可能性を想定した場合、「洞」のいくつかには耕地が拓かれていたかもしれない。ただそれは地域的にも規模的にも限られたものであろう。

(124) 沖縄貝塚後期遺跡の平地住居址の規模と形態はこの問題を考える上で参考となる。具志川市のアカジャンガー貝塚からは円形状の平地住居址が発見されているが、その直径は二・三～二・五メートルであった。その二基のうち一つは床面が軽石敷で、もう一基の中央部には炉のあとと見られる焼土が検出された（沖縄県具志川市教育委員会『宇堅貝塚群・アカジャンガー貝塚、発掘調査報告』、一九八〇年、四七～四八頁）。
また座間味島の古座間味貝塚の平地住居は長径四・五、短径三・四メートルの楕円状プランである（宮城栄昌・高宮廣衛前掲28、四三頁）。伊江島のナガラ原西貝塚からは、長辺九・八、短辺三・五メートルと推定される変形長方プランの平地住居が発見されているが、長辺が短辺の三倍もある理由は不明である（名嘉真武夫・安里嗣淳『伊江島ナガラ原西貝塚緊急発掘調査報告書』概報篇、一九七九年、一三・一五頁）。

(125) 瀬川清子「沖縄の婚姻儀礼」（初出一九六二年。同『沖縄文化論叢』二、平凡社、一九七一年所収）。

(126) 倭国伝には「死者斂以㆓棺槨㆒、親賓就㆑屍歌舞」とあり、林邑伝には「（婚礼の日）夫家会㆓親賓㆒、歌儛相対」とある。

(127) 都出比呂志前掲113、四七三頁。ここで示されたモデルは、本文で述べたような生業の行なわれている社会にもよく合致する。

(128) 石川栄吉『原始共同体―民族学的研究―』（日本評論社、一九七〇年）九七頁。「流求国」の村落は〝村内婚〟に該当するのではないか。

(129) 白鳥庫吉前掲40、六頁。氏は「王」よりも「帥」を上級権力と見て、「国は四・五の王国に分裂し」それを統率する大

君主はいまだ認められないとする。この理解だと「王」は「帥」のうちの一人となるが、「流求国伝」の構成からいっても「王」は国全体の統率者として〝総序〟部分に現れるのだから、氏のような解釈はできない。

(130) 松本雅明氏は「流求国伝」の描く整然とした国家組織の存在を、考古学的成果や「無税」などの記述に依拠して疑い、当時の実態は部族同士の連合が「かなり大きな集団的な活動を営みえた状態に止まる」とされる（前掲53、三四五頁）。

(131) 稲村賢敷前掲79には、糸浦の地域で昔、棚原グスクと糸浦門中との間に激しい争闘があり、糸浦門中が族滅されたという伝承を伝える。同様の伝承は他にも数多い。

(132) 江守五夫「未開社会における法的基準の発生・形態・機能」（『法社会学講座』九、岩波書店、一九七三年）では、原始共同体の内部で社会規範の基盤とされる〝氏族的連帯性〟に次の義務と権利が付随すると記されている。

①共同体財産（土地・水面・収穫物・公共建造物）の管理維持の為の協同作業の義務及びこれらから利益を平等に享受する権利

②他共同体から受けた侵害に対する血讐の相互義務とその共同体より支払われた贖罪に対する分与の権利

③他共同体に対して成員の犯した加害行為に贖罪する際の債務の共同負担義務（連帯責任）

④死亡成員の財産に対する相続権

⑤成員の婚姻の際に他共同体から支払われた花嫁代償の分与の権利

⑥成員の射止めた獲物の分与の権利

⑦孤児・寡婦等の生活困窮者に対する氏族的後見、その他

こうした共同体においては、その団体性は「共同の法的確信」（全成員に共有された権利義務意識）として存在しているという（二一一～二一二頁）。

(133) 滝村隆一『国家の本質と起源』（勁草書房、一九八一年）八九頁。

(134) 条文（18）の王に従う「数十人」がこの臣下にあたる可能性はあるだろう。

(135) この「一十六間」は建物の幅なのか奥行なのかは不明だが、広間のごときものを表現しているのだろう。実際に一辺

が二八メートルもの規模の建築物が七世紀初頭の沖縄にあったか否かは現在のところ不明だが、規模は別にして男子集会所のごとき公共の建物が存在した可能性はあると考える。「王」の住居はこうした用途に用いられたのではないか。

(136) 江守五夫前掲132、二二三〜二二五頁。原始的な社会規範は、神聖性を賦与された酋長によって体現され、その呪術＝宗教的体裁として現象化した。

(137) 条文（17）によると、「王」とその妻には本名以外に「洞」成員からの特別な呼称があった（可老羊・多抜荼）。しかし（16）に捕虜として現れる子の島槌にはそのような呼称はない。また島槌は「王」が主催したと思われる（10）の宴会（「王」の名を呼ぶ礼儀が行なわれている）にも参加していない。これらは「流求国」における「王子」の地位の未確立を示しているといえる。

(138)『隋書』では姓ではないものを姓とみなす例として、倭国伝の「倭王姓阿毎、字多利思比孤、号二阿輩雞弥一」がある。流求国伝の場合もこれと同様の誤解であろう。伊波普猷はこの「歓斯」を後代の「按司」の前身とみなした（本章表2）。直接の関係があったかどうかはわからないが、一考の余地はあろう。

(139) 護雅夫「隋・唐とチュルク国家―隋・唐「世界帝国」の性格究明によせて―」（『古代史講座』一〇、学生社、一九六四年）八八〜八九頁。

(140) 鬼頭清明『日本古代国家の形成と東アジア』（校倉書房、一九七五年）七二〜八〇頁。

(141)『隋書』西域・吐谷渾伝

帝復令下観王雄出二澆河一、許公宇文述出二西平一以掩上之、大破二其衆一。伏允遁逃、部落来降者十万余口、六畜三十余万。述追之急、伏允懼、南遁レ於二山谷間一。其故地皆空、自二西平臨羌城一以西、且末以東、祁連以南、雪山以北、東西四千里、南北二千里、皆為二隋有一。置二郡県一鎮戍、発二天下一軽罪徒居レ之。

(142) アーサー・F・ライト『隋代史』（布目潮渢・中川努訳、法律文化社、一九八二年）二三三〜二三六頁。

(143) 大業四年に「流求国」に赴いた際に、朱寛と「王」との間で交渉が行ないえていることから考えて、この時の捕虜は通訳を行なわせる目的で連行した可能性があるのではないか。

(144) 石母田正「民会と村落共同体―ポリネシアの共同体についてのノート（二）―」（初出一九六七年。同著作集第一三巻、岩波書店、一九八九年所収）二〇八～二一一頁。氏はサモアにおける地域的な首長と、フォノと呼ばれる民会を構成する家父長層（トラファーレ）との対抗関係を、過去に首長が握っていた村落の内外に関する全面的権限を、後代になって階層的に結合した（本来首長に人格的に隷属する身分であった）トラファーレが、第二次的民会としてのフォノを作り出すことによって切り崩し、村落内部の問題に関する全権を手中に収めたことによって生起したと見る。

(145) マルクスは『経済学批判の序説』（国民文庫版）のなかで、ある民族が他民族を征服する際の三つの形態として、征服民族が自らの生産様式を強制する形、被征服民族から貢納を行なわせるために止まる形、両民族の生産様式を止揚させて新たな様式を作る形を挙げる。「流求国」の場合は第一の形の極限的なものといえようか。

(146) 高宮廣衛「沖縄諸島における新石器時代の編年（試案）」（『南島考古』六、一九七八年）。同「沖縄編年のいわゆる後期遺跡について」（八幡一郎先生頌寿記念考古学論集『日本史の黎明』、六興出版、一九八五年）。

(147) 宮城栄昌・高宮廣衛前掲28、一四頁の河口貞徳氏による奄美諸島の編年の説明では、土器形式を本土系と国有形式に分けると薩南諸島が本土文化圏に属するのに対し、奄美諸島は南島文化圏として独立することがわかるという。

(148) 甲元眞之「トカラ列島の文化」（『縄文文化の研究』六、一九八二年）には、一九八二年当時までに調査された三遺跡が紹介されているが、中之島のタチバナ遺跡では弥生中期頃にあたる喜念Ⅰ式や、後期の宇宿上層式等の土器とともに竪穴式住居が三〇基、土壙一四基、炉址一四基が発見された。土器・石器の種類等から、「南島の性格を基本的には具備しながらも、屋久島（石材産出地）を通しての北方（九州）の強烈なインパクト」が想定されている（二二五頁）。土器に関しては奄美に近いようである。

(149) 高宮廣衛前掲146「沖縄編年のいわゆる後期遺跡について」、三二九～三三〇頁。現在の段階で公表されている後Ⅱ期遺跡には、九州系弥生文化の定着を想定させるもの（奄美のサウチ遺跡、沖縄島中部の宇堅貝塚―注124など）と、南島的特色を有するもの（伊江島の具志原貝塚など、縄文晩期以来の尖底・無文口縁が中心）の二種が認められ、両者は併存して弥生文化の下限を越えて継続するという。氏は一二世紀頃まで存続する後期文化後半を「続弥生」と呼称することを提案している。

(150) 金武正紀・当真嗣一前掲13、三五七頁。

(151) 河口貞徳「宇宿貝塚の埋葬―昭和五三年八月に調査した宇宿貝塚から出土した埋葬址について述べる―」(国分直一博士古稀記念論集前掲80所収) 二〇六～二〇七頁。鹿児島県笠利町教育委員会『宇宿貝塚』(一九七九年) 四九～六二頁。この女性を司祭者とみなす理由に、成人女性だが労働に従事した形跡がないこと、祭器と思われるガラス玉五顆を頸に着装していること等である。

(152) 種子島の広田遺跡（弥生中～後期）からは総数一一三体に及ぶ人骨が発見され、そのうち四二体が貝製の腕輪を着装し、そのほとんどが女性であった。これらの女性は巫女と推定されている。河口貞徳『日本の古代遺跡三八、鹿児島』(保育社、一九八八年) 二〇七～二一二頁。

(153) たとえば本書第3章で想定した「多褹（禰）」・「隼人」内部の豪族間の競合は、実態としては「流求国」における「洞」間の対抗関係のごときものではないか。「流求」の場合は近くに強国が存在しなかった（六〇七年までは）ために、前項で考察したような形態の「王」が成立しえたが、「隼人」らの場合は大宰府を通じたヤマト王権との関係が六世紀頃からすでに成立しているという前提条件に規定されたものであろう。興味深いことに、「流求人」の存在は「布甲」を用いる「夷邪久人」（表3の〔1〕a）として、七世紀初頭の倭国にもすでに知られていた。「布甲」は綿襖・綿甲に類似した布製の外套状の甲と理解されている（山里純一「流求の「布甲」をめぐって」、初出一九九四年。同『古代日本と南島の交流』、吉川弘文館、一九九九年所収）。私はここでの「夷邪久人」を『日本書紀』推古二四年三月条等に現れる「掖玖人」と同一の集団と考える。本書第1章第2節を参照。

(154) 当真嗣一「沖縄の時代区分をめぐって―とくに弥生相当期からグスク時代―」(『考古学研究』一二六、一九八五年) の図5は氏の作成された対比図である（仲原善忠・新里恵二・高良倉吉・安里進の諸氏の説）。

(155) 藤間生大「琉球民族体の形成とその後」(『歴史評論』二七二、一九七二年)。氏は琉球王国における政治的統一、全琉球人の新しい世界観の獲得、社会の新しい変化（第二尚王朝成立）を指標として、その民族形成を論じておられる。他に言語の形成や「閩人三十六姓」の問題なども重要だと思われるが、基本的に妥当な指標であろう。

(156) グスクに関しては、その性格（用途）をめぐって論争が行なわれており、これを按司の城とする説、神の天降る聖所と見る説、自衛集落の一種と考える説、按司居住所とする説などがあるがいまだ決着を見ていない。〝グスク論争〟を整理した先学の論考に次のものがある。名嘉正八郎・知念勇「沖縄のグスク初期について」（山本弘文博士還暦記念論文集『琉球の歴史と文化』、本邦書籍、一九八五年）。安里進「考古学におけるグスク論争」（『日本城郭大系』Ⅰ、新人物往来社、一九八〇年）。

(157) 安里進「沖縄の炭化米・大麦出土遺跡」（『考古学ジャーナル』五、一九六九年）。宮城栄昌・高宮廣衛前掲28、六二頁。

(158) 宇堅貝塚で出土した鉄斧は、最大長一二・九、最大幅三・六、最大厚一・二センチの板状をした両刃の斧であり、地表面下一七〇センチの黒褐色混貝砂層から検出された。共伴した山ノ口式土器（九州の弥生中期）から、この鉄斧も当該期の移入品と考えられている。沖縄県具志川市教育委員会前掲124、一三頁。

(159) 大城慧「沖縄の鉄―グスク時代出土の資料を中心として―」（『琉大史学』一六、一九八九年）によると、一二世紀段階には南西諸島全域に鍛冶遺構が現れ、また鉄器の器種としては刀子・ヤリガンナなどの工具や鏃・鎧の小札などの武具、釘などの消耗品、鎌・釣針などの日常労働具が目立ってくる。

(160) 表3の〔6〕の劉恂撰『嶺表録異』（嶺南地方の地誌）には、陵州刺史の周遇という人物が青社（浙江省）から海路閩へと向かう途中、暴風に遭って五昼夜漂流して「流虬国」に流れついたとある。その際「流虬」の人々は争って食物を釘鉄と交換したという。また表3の〔7〕『太平広記』には、朱寛が連れ帰った俘虜が「鉄鉗鑷」さえも手放したがらなかったとある。これらの史料は一〇世紀のもので、直接『隋書』の記述と結びつけることは危険だが、貝塚後期からグスク期初頭にかけての沖縄における鉄への渇望は感じ取れる。

(161) 金武正紀「沖縄における一二・一三世紀の中国陶磁器」（『沖縄県立博物館紀要』一五、一九八九年）。

付表2　「流求国」に関する主要な研究

台湾説	Hervy de St-Denys	Sur Formose et sur les iles appellees en Chinois Liecu-kieou（1874）
	Gustave Schlegel	Le paya de Lieou-kieou（1895）
	Ludwig Reiss	Greschichte der Irsel Formasa（1897）
	藤田豊八	『島夷誌略校注』（1911）
	箭内亙（編）	『東洋読史地図』（1912）
	市村瓚次郎	「唐以前の福建及び台湾」（『東洋学報』8-1,1918）
	東恩納寛惇①	「隋書の流求は果して沖縄なりや」（『沖縄タイムズ』1926）
	〃②	「伊波君の修正説を疑ふ」（〃1927）
	和田清①	「琉球台湾の名称に就いて」（〃14-4,1924）
	伊能嘉矩	『台湾文化志』（1928）
	白鳥庫吉①	「夷州及び亶州に就いて」（『史学雑誌』40-12,1930）
	加藤繁	「入唐留学僧円載に就いて」（『史学雑誌』41-7,1931）
	和田清②	「再び隋書の流求国について」（『歴史地理』57-3,1931）
	鈴木作太郎	『台湾の蕃族研究』（1932）
	白鳥庫吉②	「隋書の流求国の言語に就いて」（『民族学研究』1-4,1935）
	甲野勇	「隋書「流求国伝」の古民族学的考察（予報）」（〃3-4,1937）
	加藤三吾	『琉球の研究』（1941）
	桑田六郎	「上代の台湾」（『民族学研究』18-1,2,1953）
	官良当壮	「琉球民族とその言語」（〃18-4,1954）
	盛清沂他	『台湾史』（1976）
	張勝彦	「台湾古名考」（『台湾史研究』1981）
	譚其驤他	『中国歴史地図集』第五巻（1982）
沖縄説	新井白石	『南島誌』（1719）
	中馬康	「台湾と琉球との混同に付て」（『史学雑誌』8-11,1897）
	伊波普猷①	「『隋書』に現れたる琉球」（『沖縄教育』157,158,1926）
	秋山謙蔵①	「隋書流求国伝の再吟味」（『歴史地理』54-2,1929）
	喜田貞吉①	「隋書の流求伝に就いて」（〃54-3,1929）
	坪井九馬三	「台湾の名称について」（『歴史地理』54-6,1929）
	アグノエル①	「隋書の流求国は台湾なりしや」（『日仏会館学報仏文編』2-3,4,1930）
	〃②	「隋書の流求を台湾に比定せんとする一試案に対する批判」（『歴史地理』58-5,1931）
	秋山謙蔵②	「流求即台湾説成立の過程」（〃58-6,1931）
	〃③	「流求国即台湾説再批判」（〃59-1,1932）
	喜田貞吉②	「隋書流求の民族的一考察」（〃59-3,1932）
	比嘉春潮	『新稿沖縄の歴史』（1970）
	松本雅明①	「南島の世界」（『古代の日本』3,1970）
	〃②	『沖縄の歴史と文化』（1971）
	梁嘉彬①	「宋諸蕃志流求国毗舎耶国考證」（『大陸雑誌』44-1,1972）
	〃②	「隋書流求国伝逐句考證」（〃45-6,1972）
折衷説	伊波普猷②	「『隋書』の流求に就いての疑問」（『東洋学報』16-2,1927）
	幣原担①	「台湾の瑯嶠族」（『民族』4-1,1928）
	〃②	「瑯嶠拾遺」（『歴史地理』54-1,1929）

附記

本章第1節のもととなった旧稿「古代の南方世界―「南島」以前の琉球観―」（『歴史評論』五八六、一九九九年）の『隋書』流求国の比定について、田中史生氏から批判をいただいた（同『国際交易と古代日本』、吉川弘文館、二〇一二年）。私見に関わる批判点は下記の通りである。

（1）七世紀の地名「ヤク」は、日本列島中央部に大量のヤコウガイが長距離交易によってもたらされていたことと関連づけて理解すべきであり、その生産・加工拠点である奄美をも含む広域を指していた。よって遣隋使の言にある「夷邪久」と「流求」、『日本書紀』の「掖玖」との地理的一致を導くことは困難である。

（2）『隋書』陳稜伝の「月余而至」は、その直前に書かれた「東陽から義安を経て流求に至る行軍日程」全体と読むことも可能。

（3）北宋の李復が記した「與喬叔彦通判」（同『濡水集』巻五）に、一〇世紀末頃に福建邵武の知県・張士遜が「閩中異事」として「流求」までの経路を記している。そこには「泉州東至二大海一二百三十里、自二海岸一乗レ舟無二狂風巨浪一二日至二高華嶼一。（中略）又二日至二黿鼊嶼一。黿鼊形如二玳瑁一。又一日至二流求国一。」とあり、秋の好天には遠望できるとも書かれている。流求を泉州の東とする地理観念が一〇世紀にはすでに存在していたことが判明する（『新唐書』巻四一・地理志・泉州清源郡の一一世紀半ばの注記も同様）。以上から見て『隋書』の「流求」を沖縄に比定する説は疑問であり、（3）をふまえるならば台湾付近に求めるべきか。

右のうち、『濡水集』の記事に関しては全く見落としており、唐宋代の地誌の類に関しては他にも未見の関連史料があると思われる。ご教示に感謝したい。ただ、指摘された点についてはいずれも異論がある。

まず（1）であるが、七世紀の当該海域における「ヤク」の指す対象が、七世紀末に屋久島を指すように変化するという氏の理解は、すでに本書第3章第1節でも主張している通りであって異論はない。ただ、この呼称がヤコウガイと結びついており、七世紀前半までは生産地全域を含む地名として広く使われたとする点には、やはり明確な根拠がないと思う。もしそうであれば、「奄美掖玖」「久米掖玖」などといった複合的な呼称が出てきてもよいはずであるが、関連史料にはそれらは一切見られず、「掖玖人」「夷邪久国人」などと限定的な形でのみ登場する。この当時、当海域に広域的な国家が成立しているとも考えがたく、やはり沖縄島なり奄美大島なり、特定の一地域を指しているとすべきではないか。

（2）については、本章第1節（3）にて論じた通り、「陳稜伝」のみから「月余而至」を解釈すれば氏のような理解も可能だが、私は『隋書』中の「流求国」に関する地理情報を整合的に理解すれば、本章で示したように「流求国伝」と「陳稜伝」の進軍行程を記した文の構造の類同性に注目し、義安からの迂回ルートの設定の意味を考える方法がより蓋然性が高いと思う。

（3）は、確かに一〇世紀末の時点で、泉州以東に「流求国」が存在するという地理情報が泉州・福州近辺には存在したことがわかる。ただ、本章第1節（2）で検討した通り、そうした情報は北宋代に編纂された関連史料には（『新唐書』地理志の注記以外）反映しておらず、『隋書』の「流求国」の地理情報がほぼそのまま踏襲されている。南宋の『諸蕃志』（一二二五年）に至り、初めて「泉州之東」にあって「澎湖島」「毗舎耶国」と隣接する「流求国」が現れ、以後これが定着する。これは大きな変化であり、六〇〇年にもわたって踏襲されてきた知識を大きく書き換える契機となる事件があって初めて起こりえたことと考えられる。従って、一〇世紀に「泉州以東に流求あり」とする知識がこの地域に存在していたとしても、それが宋王朝全体で共有される基礎的な地理認識になるのは一三世紀のことであり、少なくとも『滴水集』を根拠にして、そうした地理観念を七世紀初頭にまで遡らせることは無理であると思う。なお、すでに知られた史料であるが、唐の房千里撰『投荒雑録』に「台風」の起こる地として「台湾」という地名が唐代までに実在しており（川越泰博「『隋書』流求国伝の問題によせて」、同『中国典籍研究』、国書刊行会、一九七八年）、これを現在の台湾を指す語の初見とすれば、一〇世紀末までには「台湾」「流求」の二つの呼称が併存していたことになる。比定においてこの史料をどう扱うかも併せて考えるべきであろう。

以上より、私見の大本について改める必要はないと考えるが、未見の史料によって理解を変えざるをえないこともあろう。なお考察を進めたい。

図1・図2　田中聡「古代の南方世界―「南島」以前の琉球観―」（『歴史評論』五八六、一九九九年）をもとに作成。

表3　田中聡「古代の南方世界―「南島」以前の琉球観―」（『歴史評論』五八六、一九九九年）をもとに作成。

第Ⅱ部　「夷狄」観念の変容

第5章　日本古代「夷狄」通史——蝦夷と隼人・南島の社会——

日本古代において、東北・北海道地域の蝦夷、九州南部地域の隼人、薩南諸島から琉球列島にかけて住む南島人などは、七世紀末以降、国家によって「夷狄」として明確に位置づけられ、一般の公民とは異なった支配方式のもとに置かれていた。この章では、日本列島の辺境地域・海域の古代社会の形成と変質について、主に文献史料を用いて通観する。

第1節　夷狄研究の三つの枠組み

近代以降、古代夷狄研究において問われてきた主題と理論的な枠組みを、時期を追ってごく大づかみに整理すると、①夷狄＝日本人の亜種・異民族論（一八八〇〜一九五〇年代）、②夷狄＝古代国家のマイノリティ・辺境民論（一九五〇年代〜現在）、③北方・南方史論（一九八〇年代〜現在）の三つに大別できる。

※なお、第1節は本書補論Ⅱの要旨をまとめたものであり、言及した諸説についての詳細は補論Ⅱにゆずる。

（1）夷狄＝日本人の亜種・異民族論

一八八〇年代、日本人種の起源をめぐる「コロボックル論争」が展開するなかで、人体測定や土器型式論など新来の「科学的」技法や、各地で採集した口碑の「土俗学」的分析により、原日本人に擬されたアイヌの風俗・文化の研究が盛んに行なわれた。そのなかで『日本書紀』『古事記』『風土記』などの文献史料に現れる蝦夷や土蜘蛛・隼人などがそれぞれ出自の異なる人種であり、日本人の形成史とはそれら先住者と、中国大陸から朝鮮半島を経由して日本列島に移住した「天孫人種」との混血と棲み分けの歴史であるという理解が成立する。形質人類学的概念としての人種と、文献における夷狄とを直結する理解が生まれ、一般にも広く流布することとなる。史料上の夷狄は日本人種の一部を後に構成する異種、あるいは亜種として、日本史上に位置づけられることとなった。

日清・日露戦争後、植民地の拡大により日本「帝国」の多民族化が進み、その融和が重大な課題と意識されるようになると、文化可変説の立場から、夷狄は列島僻遠の一大民族だったが、その後弱体化して日本民族の一分枝となり、その子孫の生活文化のなかに日本古来の文化の影響を現在も色濃く残す集団、とする説が喜田貞吉によって主張されるようになる（喜田一九三八）。この時、古代エミシから中世・近世エゾへ、エゾから現在のアイヌへ、あるいは琉球→沖縄という民族の系譜的関係を文献・考古史料のなかに読み取る研究が進められていく。一九二六年から二八年頃に伊波普猷・伊能嘉矩らの間に起こった論争は、『隋書』の「流求」比定地を沖縄とするか、台湾かを問うものだったが、そこでは七世紀の史料中の未開な社会像を二〇世紀初頭の台湾・沖縄のそれと直接比較する方法がとられ、結果として辺境の地域社会における停滞性が強調されることとなった（山里一九九九、田中一九九九）。こうした夷狄解釈は、一九三〇年代から五〇年代初めにかけて日本に定着したマルクス主義歴史学においてもほぼそのまま踏襲され、日本民族の歴史的形成過程を「民族の普遍的発展法則」に基づいて説明する方法論が確立されてゆく（伊豆・渡部・早川・三澤一九三七、石母田一九五二）。後に身分制・国家的イデオロギーという研究視角が導入されるまで、基本的に蝦夷・隼人・南島人は、日本人種の系譜論、あるいは異民族の文化的同化過程論の枠内にとらえられていたといえよう。

（２）国家におけるマイノリティ・辺境民としての夷狄

夷狄を実体としての人種・民族と読み替えるこうした解釈は、一九五〇年代以降、考古学・言語学の進展により、日本文化の基層としての縄文文化が北海道から沖縄（八重山諸島）にまで及んでいたという認識が共有されるなかで、一般的な理解として定着してゆく（金関一九五五、宮良一九五四、柳田一九六一）。他方、第二次世界大戦終結以後、植民地支配からの民族独立の動きが活発化する状況を背景として、新たに蝦夷を「古代専制国家内部の少数者・被差別民」と位置づける説が現れる（門脇一九五三）。「日本民族の内的発展の一環」という従来の理解を、天皇を頂点とする東洋専制国家のもとでの地域間・民族間対立という視点からとらえ直し、「蝦夷じしんの歴史」という視点の必要性を指摘した。

さらに従来それぞれ別個に検討されてきた夷狄集団間に、律令法規定における共通性（無姓・言語不通・律令官制や税収取体系からの排除など）があることに着目し、古代国家の秩序構造のなかに一括的に「夷狄」として位置づけたのが石母田正の「王民共同体」論である（石母田一九六二・一九六三）。夷狄は王民（天皇支配下の臣下・人民）を核とする律令国家内の身分秩序を確立・維持するため、諸蕃とともに創出された異民族的身分＝「化外の民」であり、同時に日本において独自に構想された華夷秩序（東夷の小帝国）を成り立たせる上で必要不可欠の構成要素であったとする。この説明は後に、「王民＝日本人」から除外されつつ、その身分秩序の輪郭を明示するために設定された「疑似民族」等と読み替えられ、現在に至る夷狄研究の主要な枠組みとなっている（石上一九八七）。「日本人」の地域社会のなかから辺境地域のそれを特定し、律令国家が一方的に夷狄と名付け、朝貢制・上番制など特異な支配形態で搾取した。このことが夷狄への差別を生み、反乱の要因にもなったと理解する。

この視点により、夷狄は初めて古代国家の全体構造のなかに明確な位置づけを得たが、視点を変えるならば国家によって観察・区分され、秩序化される他律的な「支配の客体」に他ならない。この考えに立てば、古代国家は不断に「公民」・「夷狄」間の境界を一方的に設定し続けることとなり、「夷狄」はどこまでも国内問題として論じられざるをえないだろう。国家がなぜ「夷狄」を想定し、身分として法制化して維持しなければならなかったかを考察する上で、「夷狄」と名付けられた側の視点をいかに加えるか、その方法を問う必要が認識されるようになった。

（3）北方・南方史論

一九八〇年代後半、（②の構造論的方法を継承しつつ）「国家によって観察・区分され秩序化される他律的な支配の客体」という夷狄観のみからは説明できない、夷狄集団の多様で流動的な実態を動態としてとらえる方法（蓑島二〇〇一）の模索が始まった。北方史・南方史と呼ばれる、外国史料と考古学的成果とを関連づけて、国家の枠を越えた東アジア規模での交流・交通を動態的に復元し、夷狄の行動との関連性を考察する方法論を追究する（菊池徹夫一九八四）。北方考古学の分野では、北海道北東沿岸地方・サハリン・クリル列島において八世紀頃から一四世紀前後まで展開した「オホーツク文化」の国際的研究が進み、沿海州などで同時期の遺構から、海を越えて活発な交流が行なわれていたことを裏付ける青銅製品、霊送り（北方少数民族が行なう熊などを用いた儀礼）の痕跡などが発見された。遺跡の分布地は、中国の同時代史料に現れる靺鞨・女真の分布範囲とも重なる（天野一九七七、菊池俊彦一九九五）。国家の枠を越えて確認できるモノや人の交通に注目することによって、辺境民説のいう「夷狄」像の思想的歪みを相対化するための視角を一つ加えることが可能となった。南方考古学における「貝の道」にも同じことがいえる（木下一九九六）。さらに、中国正史に継続的に記事のある「粛慎」が『日本書紀』にも数箇所現れることに注目し、七世紀末の東北アジア情勢の大変動と、同時期の国家による東北地方経略とを関連づけて理解する斬新な学説も登場した（若月一九九六・一九九九）。蝦夷や粛慎を名乗る各集団の文化的重層性や「民族」的アイデンティティの変質という問題を、いかにして動態的にとらえるかが、新たな課題となろう。独自の文字をもたず、自ら歴史を綴ることがなかった人々の思惟、行動の意味を、古代国家の残した二次史料からどのように読み取るかが問われている。

以下、古代国家による夷狄支配の深化を必然的過程とする視点からではなく、東アジア情勢の一環を形作る夷狄社会の変動の側に視点を置き、夷狄と呼ばれた人々がどのような社会を営み、他と交流していたのかをとらえた上で、そこから逆に大和国家（倭国）・律令国家（日本国）の夷狄支配を照射してみたいと思う。

第2節　毛人・隼人・流求人の登場——三世紀～七世紀前半——

（1）「夷狄」前史

文献史料上、後の夷狄に連なる地域・人々に関する、一定の実態を伴った記述と思われるものが初めて現れるのは三世紀以後である。『三国志』呉書呉主伝には魏の黄龍二年（二三〇）、三国の呉が会稽東冶の東方海上にある夷洲《いしゅう》・亶洲《せんしゅう》を征討したことを伝える。呉軍はより遠方の亶洲には至ることができず、夷洲の数千人を捕虜として帰還した。ここでの夷洲は後の台湾、亶洲は後の済州島（あるいは種子島）にあたるとの説がある（林田一九八六、手塚一九六九）。この時従軍した沈瑩《ちんえい》の実録に基づく地誌と考えられる「臨海水土志」（『太平御覧』巻七八〇・四夷部・東夷一所引）によれば、夷洲は臨海郡（現在の浙江省臨海）の東南二〇〇〇里にあり、「土地に雪霜無く、草木死せず。四面は是れ山。山夷衆まりて居する所なり。」とその南方的な風土を具体的に記す。

また四世紀初頭、中国の古地理書『山海経《せんがいきょう》』海外東経・毛民国の条に郭璞《かくはく》が付した注によれば、黄帝の系譜を引く神のうちに海外の東北方に住む「毛民」があって、「毛人」はその末裔と目されている。臨海郡の東南二〇〇〇里に浮かぶ洲島に穴居し、短小で総身に毛を生やして衣服をまとわず人語を解さなかった。かつて晋の永嘉四年（三一〇）、呉郡（蘇州付近）に毛人の船が漂着したことがあり、人との間に子をなして市井に出入りするようになって、ようやく彼らが『山海経』の「毛民」にあたることが判明したという。これらより、南北朝時代の中国において、毛人の住む島と夷洲の所在地が重ねて理解されていたことが判明する。その海域のさらに東方に位置づけられているのが、倭人・倭国である。

南宋の順帝昇明二年（四七八）に倭国から宋朝にもたらされた「倭王武の上表文」（『宋書』巻九七・夷蛮伝倭国条所引）には、よく知られているように「昔より祖禰《そでい》自ら甲冑を擐《つらぬ》き、山川を跋渉し寧処に遑《いとま》あらず。東は毛人を征すること五十五国、西は衆夷を服すること六十六国、渡りて海北を平ぐること九十五国。」とある。通説はこの毛人・衆夷・海北について、エミシという訓みの一致から毛人を蝦夷と同一の実体とみなし、また居住地の方角が西であることをほぼ唯一の根拠に、衆夷を『日本書紀』などの熊襲や隼人に、海北を朝鮮諸国にあてる。こうした辺境の諸集団を帝国主義的に制圧する当時の倭国に、すでに独自の「小天下」の観念が存在したという。しかしここでの毛人・衆夷はおそらく右に見たような毛民・夷洲などの知識をもとに記されたもので、観念的な性格が強く、後の「夷狄」に直結する実体を指すとは考えがたい。

日本の文献史料において史実性の高いと思われる「夷狄」関係の記事は、六世紀末になって現れる。『敏達紀』一〇年（五八一）、三諸岳（三輪山）に向かって大王への服属を誓った蝦夷魁帥の称号「大毛人《おおえみし》」、同一四年（五八五）に三輪君逆に率いられて敏達の殯庭を守護した「隼人《はやひと》」がそれである。前者については後代の扮飾とする説もあるが（児島二〇〇三）、エミシについての表記を「蝦蛦」で統一した『日本書紀』のなかで、政治的地位・称号を示すこの例だけが唯一「毛人」と記す意味を看過すべきではない。※

※先に見たように、すでに五世紀第３四半期の段階で漢語「毛人」が入っており、六世紀末までの百年余の間に倭語「エミシ」（東北辺境民の自称からくるものと思われるが語源は不明）があてられたと考える。「大」を付して特定する美称の成立は、倭語化なしにありえないだろう。中国史料には「大毛人」という表記は管見の限り見られない。

また後者については、同じ事態について記す『用明紀』元年五月条に、隼人とあるべきところが「兵衛」と書き換えられている（永山二〇〇九）。ともに大和国家における政治的地位もしくは職掌を示す語句であり、一定の実態を基盤とするものといえる。注目すべきはこれらが王民や中国・朝鮮からの渡来民と区別されておらず、また後の夷狄のように蔑視観を含まないことである。また隼人—兵衛の例に明らかなように、流動的で身分としての固定も行なわれていない。こうした毛人・隼人などは、一体性のある民族意識などをもたず、「秦人」や「漢人」

同様に各集団が大和王権を構成する王家・中央豪族との間に個別的に結んだ一種の交通関係であり、一様に「地名・職掌など＋人」と呼び慣わされたと考えられる。六世紀から七世紀前半期にかけて、後の夷狄につながる諸集団の一部はこのような政治的交通関係（後の律令用語「夷人雑類」を借り、これを「夷人」的関係と呼ぶ。田中二〇〇二。本書第1章を参照）を構成し、大和国家によって支配されており、これが七世紀後半における「夷狄」の形成を支える基盤となっていく。ただし東北・北海道地方、あるいは沖縄諸島・九州南部には、いまだ大和王権との関係を結んでいない集団も数多くあり、続縄文文化や貝塚後期文化の荷負者集団をそのまま蝦夷や南島人などとみなすべきではないと思う。律令国家が直接支配下にないこうした人々をも空間的に一括し、「夷狄」と認識するのは、七世紀最末期のことである（第3節を参照）。

（2）毛人支配の進展

毛人の諸集団が大和国家との間に「夷人」的関係を成立させる契機となったのは、五八九年に行なわれた東山・東海・北陸三道への遣使であろう（『崇峻紀』二年七月壬辰朔条）。行政管区としての七道が成立するのは天武朝であり（鐘江一九九三）、ここでの三道の名称は後代の文飾と見られるが、「蝦夷国境」「東方濱海諸国境」「越等諸国境」への覓国使《くにまぎのつかい》（＝クニノミコトモチ）の派遣が順次行なわれた可能性は高い（中林一九九九）。この使者の主な任務は、「調《みつき》」を課す村落（『日本書紀』では「国の邑」「村邑」などと記す）と、その管掌者（『隋書』巻八一東夷伝・倭国にいう「軍尼《くに》」）を特定し、屯倉とすることだったと考えられる。崇峻殺害の原因ともなった「東国の調」の原料を提供する屯倉（『安閑紀』に列挙。武蔵の横渟《よこぬ》・橘花《たちばな》・多氷《おおひ》・倉樔《くらす》、上毛野の緑野《みどの》、駿河の稚贄《わかにえ》、上総の伊甚《いじみ》）の設置はこの遣使を機に行なわれ、特に関東地方を本源とする中央豪族上毛野君氏の管轄する緑野屯倉には、東方に位置する毛人集団を介して入手した「狄馬」や毛皮、昆布、砂金などの特産品が集められ、大和王権に貢上された（若月一九九〇）。

考古学の成果を参照すると、すでに四世紀代以来、道奥（陸奥）の北上川流域から津軽を経て北海道の石狩低地帯へ連なる交易ルートによって、北方から続縄文文化の後北Ｃ２・Ｄ式、北大式土器が、おそらくはアシカ等の海獣やヒグマの毛皮、昆布、久慈地方産の琥珀などとともに南方へもたらされ、逆に穀物などを入れた大量の土師器が鉄とともに北方へと送られていたと見られる。この遠距離交易を主に担ったのは、各集落に在住する続縄文文化の荷負集団であり、その一部が後に毛人と呼ばれたのであろう。南方で展開する古墳文化の後期土器様式は、六世紀半ばには東北北部、六世紀末から七世紀前半には北海道中・南部にまで受容され、在来の北大式土器が伝統的な器型の特徴を残しつつ土師器化する。また東北南部では六世紀後半以降、関東系土師器の影響が顕著となり、七世紀には栗囲式が成立する。東北・北海道の社会において、古墳文化の受容に大きな地域差が見られることは、各地域集団における文化要素の選択・変容が主体的に行なわれたこと（蓑島二〇〇一）、そして背景とする北方・南方社会との交通関係の差異の表れと見てよい。

五世紀末には、北上川中流域に径四四メートルの二段築成の墳丘をもつ前方後円墳、角塚古墳が築かれる（岩手県胆沢町）。社会の階層化の進展を想像させるこの古墳は、大和国家と結んだ毛人集団の族長の墓と考えられる。ところが周辺にこれと連続する時期の古墳は見つかっておらず、この地域における政治的地位の不安定さを示している。七世紀に入り、東北以南の列島社会で古墳時代が終末を迎えるのに対し、東北・北海道地方では内径四、五メートルの低い墳丘をもつ小規模な土壙墓が広まり、九世紀まで造られ続ける。北大式土器や土師器の他に、馬具、衝角付冑、直刀・蕨手刀・刀子や鏃などの鉄製品、銙帯、銅銭などの副葬が見られ、律令国家の武力による支配を担った有力な蝦夷・俘囚の墳墓である可能性が高い（阿部一九九九）。同時期、北上川中・下流と支流の水系では急速に集落数が増え、その規模も、直径五～六メートルの中・小型竪穴住居三棟程度の集落構成から、八～一〇棟前後にまで一様に大きくなる。各住居からは土器の他、紡錘車や豊富な鉄製日用品が出土し、農耕を基盤とする社会が展開しつつあったことがわかる（相原一九九二）。

北陸地方においても古墳時代前期、新潟平野の角田山麓に菖蒲塚《あやめづか》古墳（前方後円墳）や山谷《やまや》古墳（前方後方墳）などが築造され、四世紀後半以降は内陸部の魚沼地域に主な古墳の分布地が移る。ところが古墳時代後期には越地域全体に古墳の造営が見られなくなるという（工藤一九九八）。このことは、おそらく上毛野君氏のような中央豪族化した有力な氏がこの地には存在しなかったことと関係があろう。屯倉の設置も関東より遅れて七世紀前半に進められたようである。『皇極紀』元年（六四二）九月癸酉条に「越の辺の蝦夷数千が内附《まうきつ》く」とあり、この時点までに越の拠点的な港津が把握され、ようやくこの地の毛人集団が大和国家との間に「夷人」的関係を結ぶに至ったことがわかる。この時の饗宴に蘇我大臣の宅が用いられたことから見て、蘇我氏が主導したのであろう。その背景には、六世紀以来、中国東北部から定期的に佐渡島周辺に来航し、漁撈や交易を展開していた「粛慎《あしはせ》人《ひと》」（『欽明紀』五年（五四四）一二月条）の活動の活発化、高句麗使の来訪開始（同三一年（五七〇）四月乙酉条）など、六世紀後半以来の北東アジア国際関係の変動という事態が想定できる（第3節参照。若月一九九〇、蓑島二〇〇一）。七世紀半ばの渟足《ぬたり》・磐舟《いわふね》柵の設置も、おそらくこうした事態に対応するものであり、その後それぞれ沼垂・石船評が立てられ、これら二郡は後に越国から割かれ、六九二年（持統六）までに越後国が置かれることとなる。

（3）流求人社会の一時的衰退

他方、南方世界では、六世紀末の時点で琉球諸島に住む集団の一部は倭国において「掖玖《やく》（夜勾）人」（『推古紀』二四年三月・五月・七月条に「帰化」・来航記事を一括列記）・「夷邪久国人」（『隋書』巻八一東夷伝・流求国。以下『流求国伝』と略記）と呼ばれ、「夷人」的関係がすでに成立していたことをうかがわせる。こうした交通の中核をなしたのは沖縄島にあった可能性が高い「流求国」※である。

※『隋書』巻三煬帝紀大業三年（六〇七）三月癸丑条や、同巻六四陳稜伝、『流求国伝』の「流求国」については、以下の点から沖縄を指すと考える。①建安郡＝福州の東方海上の島、嶺南に似た気候という地理情報。しかも台湾とは異なり、以後一貫して「リュウキュウ」「ユウキュウ」と呼ばれる。②崑崙人（『流求国伝』）や新羅客（劉恂『嶺表録異』下・流虬国）の商旅には流求の言語を通訳する者もある。③隋朝で流求人の布甲を実見した倭国の遣隋使は「此れ夷邪久国人の所用なり」と述べており、隋人の知る「流求国」が、七世紀初頭の倭人の知識では「夷邪久国」と呼ばれていたことを示す。「掖玖」を南島地域一帯の旧い総称とする通説には明確な根拠がない。④一二世紀末、台湾に住む「毗舎耶」人による対岸への襲撃の記録が、趙汝适の『諸蕃志』により『隋書』以来の流求国情報に誤って混入され、変更が加えられた結果、初めて流求＝台湾という解釈が現れた。⑤唐太和（大和）年間（八二七〜八三六）成立の『投荒雑録』に、嶺南諸郡に吹く台風の発する地として「台湾」が存在することが古くより知られているとある（川越一九七八）。本書第４章参照。

隋の煬帝は、三世紀初め以来長く中国王朝との交渉が途絶えている絶域、旧南朝勢力や当時潮州など五州で激しく反抗していた異種集団「獠《ろう》」の後背にまさに位置する流求国に関心をもち、大業三年（六〇七）・同四年（六〇八）に使者を派遣した。ところが流求国が招慰を拒絶したため、同六年（六一〇）、隋は万余の兵を送って流求国王を殺し、その宮室のある大集落「波羅檀洞」を焼き、男女数千人を連行して以後交通は途絶える（『流求国伝』、陳稜伝、『冊府元亀』巻九八四外臣部など）。『流求国伝』によれば、滅ぼされる以前の流求人の社会には、王・小王・帥・鳥了帥という特権的な地位があり、国内に散在する大小の「洞」「村」をそれぞれ支配していた。王独自の権限は「村」ごとに設けた戦士の「部隊」のなかから隊帥を認定すること、犯罪者に与える刑罰を最終決定することの二つだが、いずれも調停者的な役割に止まり、他の点では複数存在する小王と大差がない。中国的な文明を象徴する文字・暦はないが、有事には均しく税を集め、独特の刑罰が行なわれている点から、独自の法制があるといえる。すでに社会の階層化が進みつつあるが、整然と序列化した政治組織はなく、特定の血統による王位の継承も見られない、未発達な王権をいわば調停機関として有力者（小王・帥・鳥了帥）が共立しているような段階であった（以上の詳細は本書第4章を参照）。

沖縄諸島では、現在もなおこの当時の水田農耕の確実な痕跡は発見されていないようであるが、農耕がいまだ本格的に展開していないこうした社会において、北方における毛人と同様、南方世界に点在する他の島嶼社会を介して展開された遠距離交易を階層化の主要な契機として想定することは充分に可能だろう（鈴木一九八七）。特に琉球列島周辺で産出するゴホウラやイモガイ・夜光貝などは貝輪や貝匙、螺鈿の材料などとされ、特にゴホウラ製の腕輪は弥生時代以来、威信財的な価値をもつものとして広く珍重された（木下一九九六）。その交易の担い手となったのは琉球列島・薩南諸島の貝塚後期文化の荷負集団、また九州島西部海岸域・南部の弥生・古墳文化の荷負集団であり、七世紀に入って大和国家と恒常的な交通関係を結んだその一部が「掖玖人」や「阿麻弥《あまみ》人」・「肥人《くまびと》」（『令集解』賦役令辺遠国条古記）などと呼ばれることとなる。

当時の南方世界において重要な交易拠点の一つであった流求国の消失は、おそらく周辺社会に少なからぬ影響を与えただろう。国家による掖玖への招慰（六二九年）以前に、「掖玖人」の側から「帰化」・「投来」の行動が起こっていること（六一六年）は、単に大和国家の支配が及びはじめたのではなく、国家と結びつくことで政治的に優位に立とうとするための行為であり、この海域における政治権力の再編が進みつつあることを示唆している。

九州南部では、四世紀末以降、地下式板石積石室墓が川内川流域・不知火海沿岸及び人吉盆地にかけて造られ、五世紀半ばになると地下式横穴墓が川内川上流域・志布志湾沿岸地域に展開する。また薩摩半島東南端では、（立石）土壙墓が弥生時代後期から古墳時代まで設けられる（上村一九八四）。通説はこれらを隼人特有の墓制とし、古墳時代中期にこれらの地域に造営された西都原古墳群（宮崎県西都市）や唐仁古墳群（鹿児島県東串良町）などの高塚古墳の被葬者が大和国家の派遣した支配者であるなどとして、両者を対置する。墓制の分布域と後世の『日本書紀』・『続日本紀』などの文献史料に現れた「地名＋隼人」という名称とを直接的に対応させるのは困難だが（田中一九八九）、この地域に地域差の明瞭な、古墳とは異なる墓制が営まれていたこと、同時代の他地域と比べても墳墓の規模の差が小さく、集落の共同墓地的な性格を越えるほどの卓越的な地位を示す墓がいまだ見られない点が注目される（中村一九九二）。先に挙げた六世紀末の「隼人」は最も早い例であり、九州南部の諸集団が本格的に大和王権との交通関係を築きはじめ、阿多隼人・薩摩隼人などと住域・出身地による呼び分けが行なわれるには、天武朝をまたねばならない。

このように七世紀前半の時点で、辺境に住む異種集団の社会には地域的に大きな偏差が見られた。すでに水田農耕が定着し、遠距離交易のもたらす富によって階層分化が進展しつつあった東北地方南東部（北上川中・下流域）。卓越的な政治権力が未発達で、北方の異種集団と緊張関係に入りつつある東北西部・越の海岸地域。大和国家の影響を受けながら地域的な独自性を明確に保っている九州南部（大隅半島先端部・薩摩半島南部・鹿児島湾岸）。遠距離交易を基盤とした階層社会を形成し、流求国崩壊後の政治的再編を模索する薩南諸島から琉球列島にかけての南方島嶼群。大和国家はこれらの集団の一部を、渡来した「韓人」や「漢人」同様に「毛人」「隼人」「掖玖人」などとして把握したが、互いの間に明確な上下関係などはなく、特定集団が継続的に朝貢するなどの例もまだ見られず、支配は不安定なものに止まっていた（田中二〇〇二。本書第1章参照）。

第3節　「夷狄」身分の創出――七世紀後半～七二〇年代――

七世紀後半に律令法に基づく新たな国家体制が構築されていくなかで、列島辺境地域においても国―評・郡制の施行が段階的に進み、従来の異種集団と王権（中央豪族）間の個別的な関係が整理されていく。その際、国家は北方・南方ともに交通の要衝をまず郡治と定めて城柵を配置し、その管理者として毛人や多褹人らの有力者を登用するとともに、この人々を介して周辺の諸集団をも支配下に置くという間接的な支配方法をとった。この当時、新羅による朝鮮半島統一に際して大きな国際秩序の変動が起きており、その影響は列島辺境地域にいち早く及んでいた。律令国家成立期の新たな異種政策―「夷狄化」が急速に実現していく背景には、こうした東アジア情勢が横たわっていたと見られる。

（1）毛人から蝦夷への転換と儀礼による「夷狄化」

東北地方南部には、道奥菊多・石城・染羽・浮田《うきた》・思・白河・石背・阿尺・信夫・伊久の各国造が置かれたとされており（『先代旧事本紀』「国造本紀」）、これらの地を包摂する広域的な行政管区として、七世紀半ばに陸奥（道奥《みちのく》）国が立てられた。※

※通説に国造名の分布地を古くから大和朝廷の支配下にあった地とし、律令国家がこの地域を基盤として次第に支配領域を北方に押し広げる過程を想定するが、思国造（亘理郡か）以外ほとんどが国郡制下の郡名と一致する点を見ても、その設置時期をあまり古く遡らせることはできない。越地方や「南島」の支配が飛び石的に拠点を設け、その周辺を間接支配する形式で進められたこと、八世紀に入って、かつて評―郡を設置した地で繰り返し反乱・武装蜂起が起こっていることからも、当該期の辺境地域における領域的支配の定着や拡張を過大に評価すべきではないと思う。これらの「国造」の地位が、国郡制の施行に際して一斉に設定された可能性もある。

以後、この地域のさらに北方の仙台平野・大崎平野に、原初的な城柵ともいわれる官衙的な大規模施設が設けられ（仙台市の郡山遺跡・古川市の名生館《みょうだて》遺跡）、同時にそれぞれ宮城・名取（丹取）評が立てられた。特に郡山遺跡は第Ⅰ期（七世紀後半）・第Ⅱ期（七世紀末～八世紀初頭）ともに数多くの掘立柱建物や区画施設としての柱列、政庁的な建物（Ⅱ期のみ）をもち、多賀城の創建と前後して姿を消す。成立期律令国家の陸奥国支配の拠点として、周辺の評を統括していたと見られる。また七世紀第４四半期には、山形盆地に最上・優矢曇《うきたみ》（置賜）評が設置され、これら二郡は七一二年（和銅五）に陸奥から割かれ、新たに設けられた出羽国に属することとなる。

陸奥地方の毛人集団は評・郡のもとに再編され、その長は立郡申請を行ない郡司となり、あるいは定期的に上京して国家が華夷秩序創出と反復確認のために行なう服属儀礼に従った。「泊瀬の中流に下て、三諸岳に面ひて」

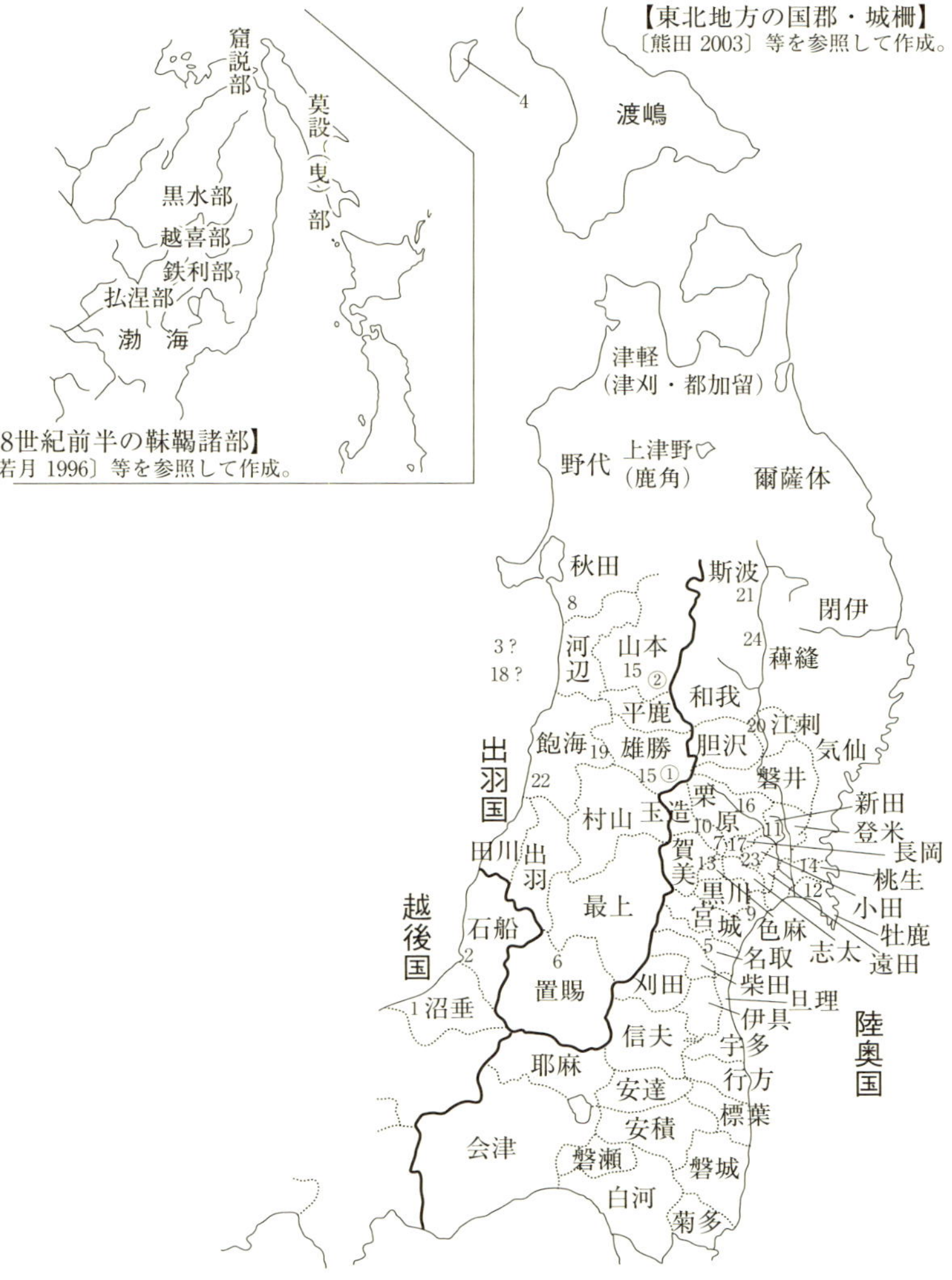
【東北地方の国郡・城柵】
〔熊田 2003〕等を参照して作成。
【8世紀前半の靺鞨諸部】
〔若月 1996〕等を参照して作成。
窟説部
莫設(曳)部
黒水部
越喜部
鉄利部
払涅部
渤海
渡嶋
津軽
(津刈・都加留)
野代
上津野
(鹿角)
爾薩体
秋田
斯波
閉伊
河辺
山本
和我
稗縫
平鹿
江刺
飽海
雄勝
胆沢
気仙
出羽国
磐井
村山
玉造
栗原
新田
登米
長岡
田川
出羽
賀美
桃生
越後国
最上
黒川
小田
石船
宮城
色麻
牡鹿
志太
遠田
名取
置賜
刈田
柴田
亘理
沼垂
伊具
陸奥国
信夫
宇多
耶麻
行方
安達
標葉
会津
安積
磐瀬
磐城
白河
菊多

図1 古代の北方世界

表１　古代城柵表

	名称（別表記）	初出年代	所　在　地	備　　考
a	波羅檀洞	608	流求国	隋軍侵攻により焼亡
1	渟足柵（沼垂城）	647	越後国沼垂郡	柵戸・柵造
2	磐舟柵（岩船柵）	648	越後国岩船郡	柵戸・修理（698、700）
3	都岐沙羅柵	658		柵造
4	弊賂弁嶋の柵	660	度嶋の別	粛慎人が妻子とともに籠もる
5	郡山遺跡（Ⅰ期） （Ⅱ期）	7C 後 7C 末	（宮城県仙台市） （宮城県仙台市）	 720年代以降放棄か
6	優矢曇郡の柵	689	陸奥国優矢曇郡	柵養蝦夷
7	名生館遺跡	7C 末	（宮城県古川市）	
b	三野城	699	日向国児湯郡	
c	稲敷城	699	日向国桑原郡	
d	唱更国司の柵	702		薩摩・多褹反乱鎮圧後に設置
8	①出羽柵 ②出羽柵 ③阿支太城 ④秋田城	709 733 760 780	越後国出羽郡 出羽国秋田村高清水岡 出羽国秋田村高清水岡	712年以降出羽国。征狄所・柵戸 正倉院文書丸部足人解に記載 狄・俘囚の要望により再建
9	①多賀城 ②多賀柵 ③多賀城	724 737 780	（宮城県多賀城市）	多賀城碑/陸奥国鎮所（『続日本紀』） 伊治公呰麻呂により焼亡
10	玉造柵（玉造城）	737	（宮城県古川市？）	「玉造等五柵」／837玉造塞
11	新田柵	737	（宮城県田尻町）	「玉造等五柵」
12	牡鹿柵	737	（宮城県矢本町？）	「玉造等五柵」
13	色麻柵	737	（宮城県中新田町？）	城生柵遺跡か。「玉造等五柵」
14	桃生柵（桃生城）	760	陸奥国牡鹿郡	（宮城県河北町・桃生町）柵戸
15	①雄勝城（１次） ②雄勝城（２次）	760 9C 初	出羽国雄勝郡 （秋田県仙北町・千畑町）	没官奴婢510名を従良し柵戸へ 払田柵遺跡か
16	伊治城	767	（宮城県築館町）	伊治公呰麻呂の反乱起こる
17	覚鱉柵（覚鱉城）	780	（宮城県古川市？）	宮沢遺跡か
18	大室塞	780	出羽国	賊の要害という
19	由利柵	780	出羽国飽海郡	賊の要害で「秋田の道」に通ず
20	胆沢城	802	陸奥国胆沢郡	（岩手県水沢市）
21	志波城	803	陸奥国胆沢郡	（岩手県盛岡市）
22	城輪柵遺跡	9C 前	（山形県酒田市）	出羽国河辺国府か
23	中山柵	804	陸奥国小田郡	
24	徳丹城	814	（岩手県矢巾町）	城下及び津軽狄俘に備える

「夷狄」の地に設けられた城柵について、文献史料や遺跡などの初出年代順に配列。数字が北方、アルファベットは南方のものである。８世紀初頭まで、730年代、760年代、780年、９世紀と設置の画期ごとに揃えて記し、同一の城柵で移転や再建が見られるものは一括した。

（『敏達紀』一〇年（五八一）閏二月条。初瀬川のなかから三輪山の神に向かい）首長が一人で服属を誓うという原初的な形から、七世紀後半には倭京飛鳥寺の西（＝甘檮丘の東の川上）に設けられた広場（「高さ廟塔のごとき」須弥山を設け、神木の槻がある）に多数の毛人や「粛慎人」を集めて天皇への服属を誓う形に変わる。儀礼の際には進物（毛皮等か）を貢上し、国家はこれを「任那」や百済、東国などと同様に「調賦《みつき》」を負わせているものと認識していた（『持統紀』二年（六八八）一一月己未条）。天武朝以後、隼人、覩貨邏国人、「蝦狄」、「南島人」等に対しても同様の服属儀礼が行なわれ、やがて都城の整備とともに、元日朝賀への参加という形に移行してゆく。本来それぞれ全く別個の存在形態をとる異種集団を同じ立場で儀礼に参加させることで、「公民」や「百寮」などと対置される「夷狄」であることを自他ともに可視的に認識させるイデオロギー政策であった（大平一九九七）。これに伴い開かれる饗会において禄物（絁・綿・布など）の賜与や位階・姓の授与が行なわれたため、国家にとって「夷狄」による天皇への「朝貢」に他ならぬこの儀礼は、参加した「夷人」諸集団の長らにとっては、天皇を頂点とする新たな秩序のなかで自らの位置をはかる場となり、またそれぞれの地域支配における権威の正統性を裏付け、六八二年に行なわれた阿多隼人と大隅隼人との相撲同様にその優劣を競う場ともなったのである（武廣一九九六）。

六五八・九年に派遣された第四次遣唐使が、連れて行って唐の皇帝高宗の前で披露した「熟《にぎ》蝦夷」は、こうした陸奥の毛人から選出された。同行した伊吉連博徳の報告によれば、遣唐副使津守連吉祥は高宗の問いに対し、「蝦夷」らの国には五穀がなく肉を食らい、屋舎もなく深山の樹木に住むと応え、高宗は「蝦夷の身面の異なるを見て、極理りて喜び怪」んだ（『斉明紀』五年七月戊寅条）。唐側の記録にも「蝦夷国」の使者が四尺もの長鬚をたくわえ、四〇歩離れたところから人の掲げる瓢を射抜く弓矢の名手であったと書かれている（『通典』巻一八五・辺亡一、『新唐書』巻二二〇東夷伝日本国）。倭国使が毛人の形質的・文化的特徴を誇張・歪曲して伝え、これら

「蝦夷」が歳貢を負うと強調する目的は、倭国が「夷狄」を従えた独自の華夷秩序を有する国家であることを、唐とその「諸蕃」である新羅をはじめとする諸国に対して明示することであった。蛙のように平伏する姿勢を意味する「蝦」に、東方の異種族を表す「夷」を合わせた「蝦夷」（蝦蛦）という文字表記は、倭国において独自の華夷観念が新たに突出しはじめるこの時期、まさに創出されたものと考えられる。これに伴い古来の「毛人」表記は「蝦夷」に改められ、『日本書紀』においてエミシを示す場合「蝦夷」が用いられるようになり、「毛人」は人名に用いられるなどの形で八世紀以降も残ってゆく（荒木一九八九～九三）。しかし唐朝において、蝦夷と毛人とはその後もあくまで別個の存在と認識されていた（河内二〇一三）。

（2）粛慎人・毛人の抗争と「北方支配体制」

いっぽう東北・北海道西部の日本海沿岸地域では、七世紀後半、毛人の住域に「粛慎人」の船師が襲来し、「渡嶋の別れ」の「幣賂弁嶋《へろべ》」（奥尻島か）に柵を築き妻子とともに立て籠もるなど、緊張が高まっていた（『斉明紀』六年三月条）。大和朝廷は阿倍臣（後に越国守阿倍引田臣比羅夫に仮託される人物）を将とする船師を派遣してこれに介入し、「粛慎人」を敗退させるとともに、有力毛人への叙位や「郡領」任命などを行なう。※この時期渟足・磐舟以北に相次いで設けられた飽田・渟代・津軽の諸「郡」や都岐沙羅《つきさら》柵、後方羊蹄《しりべし》（渡嶋の地名か）の「政所」は、こうした緊迫状況に対する軍事的防衛と、威信財として珍重されていた羆皮などの交易の国家的管轄を目的とする拠点施設と見られる。阿倍臣の常駐を裏付ける史料はなく、その管理と運営に実際に携わったのは勲位をもつ毛人中の有力者「郡領」や「柵造」、「柵養蝦夷《きこう》」らであり、不安定化している「粛慎人」・毛人集団間の折衝、柵・「郡」に属する毛人や「虜」（『天武紀』一一年四月甲申条「俘人七十戸」など。戦闘による捕虜か）

の戸口把握などにあたった。これらの官名や郡名はこの時期にしか見られず以後消失してしまう。こうした辺境支配の形式が機能する時期は限られていたと考えられる。「粛慎人」と毛人集団の間に政治的・軍事的に介入して当地域の安定を一時的に確保し、さらに毛皮などの交易品を一定の交易規制のもとで入手するこの体制を「北方支配体制」と呼んでおきたい（田中一九九七）。

※『斉明紀』四年四月から同六年五月にかけて置かれている、いわゆる阿倍臣の蝦夷国・粛慎国征討記事については、各条の関連、年代観、征討の実行主体と内実・回数、「粛慎人」の正体などをめぐりさまざまに論じられてきたが（熊谷一九八六、若月一九八五）、①討伐といいながら蝦夷との具体的な戦闘の記述が皆無であり、渡嶋蝦夷の要請に応じて阿倍臣が粛慎との交渉を試みて失敗し、柵に立て籠もる粛慎と戦っている。②阿倍臣の名を意図的に「闕名」としている。③六六〇年（斉明六）に石上池須弥山にて饗会を受けた「粛慎四十七人」は渡嶋蝦夷とは関連づけられず、個別に入貢したように書かれている等の点から、『日本書紀』が、阿倍臣比羅夫によって行なわれた限定的な東北経営（越以北の毛人との交易拠点確保）と、「粛慎人」と北海道西部海岸の毛人の争闘への国家的介入という、本来目的も実行主体も異なる施策を一連の過程として一括記載した可能性は否定できない。

こうした新しい異種支配体制が築かれるには、律令国家による貢納制支配の拡大といった漠たる要因ではなく、六六〇年代から七一〇年代にかけての北東アジア地域一帯で起こっていた国際秩序の大規模な再編という直接的な要因があったと考えるべきである。六六八年一一月の高句麗の滅亡は、その管轄下にあって比較的安定していた中国東北地方の靺鞨の諸部にも甚大な影響を及ぼしたと見られ、隋代に強盛を謳われた粟末《ぞくまつ》・伯咄《はくとつ》・安車骨《あんしゃこつ》・払涅《ふつでい》・号室・黒水・白山の靺鞨七部は以後、住域を変えたり消失するなど大きく変動している（『隋書』・『旧唐書』靺鞨伝、『新唐書』黒水靺鞨伝）。唐や新羅・震（渤海）に吸収されず自立しえた払涅部・号室部・黒水部のうち号室部は本来の住域を追われ、その一部はアムール川河口域に移動して窟説部と呼ばれ、さらにその分派がサハリンにまで展開して莫設＝莫曳（皆）部となった可能性がある（日野一九四七、若月一九九六。図1）。号室部は靺鞨諸部のなかでも古アジア系の文化（言語・毒矢・地下式住居など）をもち、「楛矢・石鏃」によって象徴される挹《ゆう》婁《ろう》（三・四世紀頃に中国東北地方一帯に居住した、勿吉―靺鞨の前身）の系統を引く集団であり、旧高句麗や倭国において「粛慎氏」の古名から「粛慎人」と呼ばれていた。七・八世紀の交、列島北部日本海沿岸地域の毛人と厳しい緊張関係にあったのはこの集団のうち、北海道に移住先を求めた一派と思われる。考古学的にはこの頃から北海道北部・東部から千島列島にかけて展開する、オホーツク文化の荷負集団の一部と重なり合う可能性が高い。

この流動的で不安定な情勢は、新羅の永興湾以北への支配拡大（六七五年以降）、粟末靺鞨・高句麗の遺民による震＝渤海の建国（六九八年）と新羅・唐との対抗、唐による渤海郡王位追認（七一三年）を経て、七二〇年頃まで続く。新羅・渤海による靺鞨諸部支配と政治的交通規制の再生が進み、それまで高句麗の故地に遺存する諸部との交流を保ってきた「粛慎人」に圧力がかかる。これが七一〇年代の「蝦狄」（「粛慎人」そのものか、あるいはその影響下にある蝦夷）の敵対活動活発化につながったと思われる。七〇九年（和銅二）には越後・陸奥で蝦夷の反乱が連動的に発生し、「蝦狄」征討のため出羽柵に武器が輸送された。七一二年（和銅五）には出羽国が設置されるが、「蝦狄」が「皇民」を脅かすことがその理由に挙げられている。また七一五年（霊亀元）には「狄徒」を恐れるという理由で香河村に、また昆布の貢献の便宜をはかるとの理由で閉伊村に、それぞれ蝦夷「百姓」側からの申請による建郡が行なわれている。

「北方支配体制」はこの頃まで機能していたが、陸奥南部の「海道蝦夷」が大規模な反乱を開始した七二〇年

図２　古代の南方世界

	地　名	史　料　で　の　表　記（出　典）
①	九州南部	波耶（唐書・唐会要）／　隼人（紀・続紀）
②	屋久島	耶古（唐書・唐会要）／　掖玖・夜勾（紀）？／　夜久・益久嶋（続紀）
③	種子島	多尼（唐書・唐会要）／　澶洲（三国志呉書）？／　多禰嶋（紀）／　多褹嶋・多祢嶋（続紀・後紀・続後紀・三実・類三）
④	口永良部島	阿児奈波（唐大和上東征伝）？
⑤	奄美大島	海見嶋・阿麻弥嶋（紀）／　奄美嶋（続紀）　／　菴美嶋（大宰府木簡）
⑥	徳之島	度感嶋（続紀）？
⑦	沖永良部島	伊藍嶋（大宰府木簡）／　阿児奈波（唐大和上東征伝）？
⑧	沖縄島	流求国（隋書・通典ほか）／　邪久国（隋書）／　流虬国（嶺表録異）／　留仇国（太平広記）／　留求（空海「為大使与福州観察使書」）／幽求国（太平寰宇記）／　阿児奈波嶋（唐大和上東征伝）／　流梂国（智証大師伝）
⑨	久米島	球美嶋（続紀）？
⑩	西表島	球美嶋（続紀）？
⑪	石垣島	信覚嶋（続紀）？
⑫	台湾島	夷洲（三国志呉書・臨海水土志）？／　流求国（隋書・通典ほか）？／　台湾（投荒雑録）
⑬	済州島	澶洲（三国志呉書）？／　耽羅嶋（紀・三国史記）

※史料は以下のように略記。
紀＝日本書紀、続紀＝続日本紀、後紀＝日本後紀、続後紀＝続日本後紀、三実＝日本三代実録、類三＝類聚三代格

以後、崩壊に向かう。この年、「靺鞨国」（号室靺鞨の故地か。『続日本紀』養老四年正月丙子条）に派遣された渡嶋津軽津司は、おそらく「粛慎人」・「蝦狄」の活動の背景を視察するためのものと考えられるが、渤海がかつての靺鞨七部の領域ほぼ全体を支配下に収めたこと、「粛慎人」の実態が靺鞨の枝部に他ならぬことを確認したようである。以後、アシハセは「靺鞨」と表記されるようになり、また「北方支配体制」の管轄領域は大幅に縮小される。渡嶋・津軽の郡は放棄され、七三三年には出羽柵を秋田村高清水岡に移し、以後ここが「狄」と接する最前線となった。七四六年に起こった渤海人・鉄利（靺鞨）一千百余人の来着に際し、来住を許さず放還する結果となったこと（『続日本紀』天平一八年是歳条）は、すでにこの体制が過去のものとなっていることを示している。

（3）「南島人」と隼人の分断

南方世界においては、「掖玖人」が来朝して二二年後の六五三年、遣唐使高田根麻呂（新たな遣唐使航路―南島路の開拓を任務の一つとしたか）が薩摩沖で遭難し、また翌年には覩貨邏国（ドヴァラヴァティ王国）・舎衛国（ガンジス川中流域の国家）人らが「海見嶋」（奄美大島）に漂着するという事件が起こった。これによって再び南方の島々が注目されるようになる。六七七年（天武六）二月、来朝した多禰島（種子島）人を飛鳥寺西槻下で初めて饗会し、以後、多禰島に支配の拠点を構築しつつ、海上交通の要地である薩摩半島西・南部、大隅半島南端部の港湾を飛び石的に把握して評を設置し（薩摩半島南端の衣評など。『続日本紀』文武四年六月庚辰条）、同時に薩摩（川内川河口の大勢力）・肝属《きもつき》（肝属川一帯を支配）など有力な隼人集団を服属させるという形で、南方世界への国郡制施行の準備が急速に進められていく。六七九年（天武八）に派遣された使人は二年がかりで周辺の探査を行ない、「多禰国図」とその地勢（京を去ること五〇〇〇余里、筑紫南海中に位置し、粳稲が豊かに実り、土毛も多い）・風俗（髪を切り草を裳とする）の情報をもたらした（『天武紀』一〇年八月丙戌条）。この使人の帰還直後から複数の隼人集団の近畿地方一円への移住※が見られ、また六年相替の定期的な「隼人の調」（牛皮・鹿皮・布など、令制調ではなく服属儀礼としてのミツキ）の上京貢上が始まっていることは、当時の薩南諸島以南の海域支配と隼人支配とが一体のものとして進められたこと、少なくともこの地域の人々にそのように認識され、社会に刺激を与えたことを意味する。

※「五畿内及び近江、丹波、紀伊等国」（『延喜式』隼人司条）に移住した隼人の諸集団は、国家により大隅隼人・阿多隼人として再編成されたが、その管掌者大隅直氏に忌寸姓が付与されたのに比べ、阿多氏は君姓であり、阿多隼人の劣勢は明らかだった。そこで阿多（＝吾田）君は自家の伝承（海宮遊幸の物語）を奉上し、天皇家の系譜に氏祖を接合することで、地位の向上をはかる。八世紀以後、両氏は隼人司に所属し儀礼での歌舞・楽の奏上や狗吠《くはい》、宮廷の警護などを務めた。本書第2章参照。

竺志大宰（惣領）を介した上京朝貢・饗会への参加は、毛人同様に南方世界においても、すでに進みつつあった社会の階層分化を一層加速させた。六九五年から六九九年にかけて派遣された覓国使《くにまぎのつかい》文忌寸博勢・刑部真木らは武装し、「蛮《ひな》の所居を求め」る、つまり班田制施行の準備として各島民を地域ごとに特定する作業を進める。その過程で、王権と個々に「夷人」的関係を結び朝貢を始めていた掖玖人（この当時は屋久島を指す）・阿麻弥人（奄美大島）・度感島人（徳之島か）と多禰人をあわせて、四夷観念における「南蛮」にあたることを示す総称「南島人」が創出された（『続日本紀』文武二年（六九八）四月壬寅条）。

国家の強圧的な地域秩序への介入によって、従来の政治的・経済的交通関係が分断される危機に直面し、隼人の薩摩氏・肝属氏と衣評督・助督である衣君が、肥人《くまひと》（肥国を本拠とする海民集団）を率いて南島覓国使を剽却（拉致）する事件（七〇〇年）を起こす。さらに二年後には多禰人と薩摩隼人による反乱が起こっており、薩摩隼人が連続して関わっていることから見て、二つの反抗事件は国家の分断支配への異議を主張するための一連の政治行動であると考えられる。その基盤には数世紀にわたって培われた南方世界一帯の多様な交通関係（本章第2節参照）に基づく、広範で根強い政治的結合があった。

反乱が武力によって鎮圧された後、「戸を校《しら》べ吏を置」き、覓国使の任務を継承した唱更《しょうこう》国司（当時未成立だった薩摩国と日向国の一部を管区とする軍事的な国宰）によって柵が築かれた（『続日本紀』大宝二年八月丙申・一〇月丁酉条）。遅くとも七〇九年までには薩摩国・多禰島が置かれて国司・島司が派遣され、七一三年には日向国から肝坏・贈於・大隅・始羅の四郡を割いて大隅国が立てられたが、「隼賊」からの激しい抵抗を伴った（『続日本紀』和銅六年七月丙寅条）。七一四年に豊前国民二〇〇戸を移し、隼人を教導させた。国郡制の施行によって隼人・南島人とも所属先が固定され、両者の分断支配が進んでゆく。

六八〇年代から七二〇年代まで、隼人は南方の「夷狄」として蝦夷と対置される存在と認識されていた（『清寧紀』四年八月癸丑条、『斉明紀』元年是歳条に両者が揃って内属したという伝説的記事があり、また天武朝には「隼人の調」を「方物」と認識）。しかし元日朝賀などの服属儀礼の場で隼人が蝦夷と並ぶのは七一〇年の一例のみであり、代わって七一五年には「南嶋奄美・夜久・度感・信覚（石垣島か）・球美（久米島か）等」が陸奥・出羽蝦夷とともに参列している（『続日本紀』霊亀元年正月甲申朔条）。七一七年には初めて上京した大隅・薩摩二国隼人による風俗歌舞の奏上が行なわれ、これ以後、隼人は法制上は非夷狄として扱われるようになり、本土（薩摩・日向・大隅）では籍帳によって人身把握される百姓身分となった。他方、南島人による朝貢は断続的に行なわれたが、神亀四年（七二七）一一月の一三二人という多数の来朝を最後に、上京朝貢は文献史料からは確認できなくなる。

こうして七二〇年代に至り、蝦夷・蝦狄・南島人を「夷狄」身分（位階と姓の国家的秩序から除外され、公民としての税負担を課されず天皇の徳化の及ぶ範囲外に位置する、独自の国家をもたない化外民）の典型とする観念が確立する（伊藤一九九二）。隼人は一方で狗吠や隼人楽など特異な文化をもって国家に服属し、令制の調とは異なるミツキの貢上を負うなど、明らかに一般の公民とは異なる支配形態であったが、他方では籍帳で把握されており、夷狄と公民の両方の要素をもつ存在であった。六世紀代以来、大和王権と個々の異種集団との間に結ばれてきた「夷人」的関係の多様性は、律令法の制定過程において公民との差異を基準として整理され、日本列島外に出自をもつ「諸蕃」か、列島周辺地域に出自をもつ「夷狄」か、分別が行なわれた。ところが隼人のような来歴をもつ中間的な集団は多く、中華を中心に支配領域を服属の度合いによって細分・配列する空間的な華夷秩序の観念を基盤とする「夷狄」では説明し切れぬ点もあり、こうした集団の位置づけを行なうために設けられたのが、賦役令辺遠国条の「夷人雑類」という独自の範疇であったと考えられる（田中二〇〇二）。本来多様である異種集団のなかに、位階制・役職を基準とする階層差（無姓郡司・勲位者／一般の夷狄）や文化的序列（公民／夷狄）をもち込み、北方・南方世界の社会構成に変容を迫る「夷狄化」政策は、当初からこのような流動的な要素を抱えており、やがて八世紀半ば以降、「夷狄」と呼ばれた人々自身の行動が、国家から与えられた他律的な自己規定そのものを変容させてゆくこととなる。

第４節　民と夷の境界――七三〇年代～九世紀――

養老四年（七二〇）二月、大宰府が、大隅国で隼人の反乱が起こり国守陽侯《やこ》史麻呂が殺された旨を奏上した。また九月には、陸奥国南部で「海道蝦夷」の反乱が始まり、按察《あぜち》使上毛野朝臣広人が殺される。南北でほぼ時を同じくして起こったこれらの事件は、当初構想されていた「夷狄化」政策が早くも破綻しはじめ、軌道修正を余儀なくされたことを示している。律令国家はこうした状況に対し、大規模な兵力を投入して鎮圧するとともに、交通路の開削・整備を進め、近隣国から移民を柵戸《きのへ》や「十郡」として配置するなどの積極統治策をとるが、八世紀最末期以降はこの方針を放棄し、地域の有力「夷狄」との妥協・共存に転じてゆく。この変化は、地域における「夷狄」に対する価値観の転換に対応して起こったといえる。

（1）政治的地位としての「夷俘」

七二〇年に北上川下流域で始まった海道蝦夷反乱は、その数年前から進められていた坂東諸国から陸奥国への大量移民（相模・上総・常陸・上野・武蔵・下野からの富民一〇〇〇戸。七一五年）や、これに伴う各郡の編戸への反発が直接の原因といわれている。ただ、①任命されたばかりの陸奥・出羽を管轄する広域行政監督官である按察使（七一九年七月以降に追加任命か）を早くも攻撃の対象として選んでいること、②北上川中・上流域に住む蝦夷（後に「山道蝦夷」と呼ばれる集団を含む）と蝦狄との対立が深刻化し、「北方支配体制」の機能が低下しはじめた時期に起こり、③国家がその鎮圧に半年以上を費やしていることから見て、この反乱を単なる不満の暴発と考えることはできない。国府や山道方面についての情報を得、一定の政治的判断を行ないうる有力者が蝦夷集団を組織していたのではないか。この蝦夷と蝦狄の密接な関係、蝦夷集団間における「政治」の二点は、以後の北方世界を考える上で見落としてはならぬ基本的な観点であると思う。

乱後、陸奥国では海道蝦夷の領域に移民を主体とした小規模な郡の集合体「黒川以北一十郡」（黒川・賀美・色麻《しかま》・富田・玉造・志太・長岡・新田《にいた》・小田・牡鹿）を設けるが、七二四年に再び反乱が起こり、今度は陸奥国大掾の佐伯宿禰児屋麻呂が殺害された。朝廷は藤原朝臣宇合を征夷持節大使とする征討軍を発するとともに、小野朝臣牛養を鎮狄将軍として出羽蝦狄の鎮圧に赴かせた。ここでもやはり海道蝦夷と蝦狄との連携が意識されている。同年、国府を郡山遺跡から多賀城へと移して常備兵である鎮兵を配置し、有力蝦夷であった遠田君《とおだ》を郡領とする遠田郡を「一十郡」と桃生郡《ものう》の間に設けて、海道と山道との連携を断つ政策がとられた（七三〇年）。

こうした分断政策と並行して、征討軍によって捕虜となった蝦夷を「俘囚」として遠隔地に移配する政策が始まり（初出は神亀二年（七二五））、また富裕な農耕民の蝦夷が自ら国家に従うことを求め、立郡や百姓身分への転換を申請し、「田夷」と呼ばれるようになった（初出は天平二年（七三〇））。この頃を境に「蝦夷」の語は急速に使用されなくなり、八世紀後半以降一〇世紀頃まで、エミシに出自をもつ服属者の呼称として、「夷」「俘（囚）」「狄」（あわせて夷俘・狄俘）が一般的に用いられるようになる。『続日本紀』以下の国史や格などの用例から見る限り、俘囚は「国家に敵対して捕虜となり、服属した経験をもち、あるいは父祖がそれを機に国家に従ったという譜第的な歴史認識を有する蝦夷」であり、夷は「国家への服属を自ら申請した蝦夷」を指している。「狄」は当初「蝦狄」を指したが、八世紀後半には奥羽北部・津軽・渡嶋蝦夷の有力者を示すようになった。俘囚の集団的な規模が小さく（服属者個人と家族）、吉弥侯部《きみこべ》のような特殊な姓によって一般公民と区別されたのは、本来

「移配される俘虜」であったという経緯によるものである。対して「夷」は服属を申請した蝦夷の地域支配を事実上追認する形となるため、高い自立性を保持した。夷俘・狄は「夷狄」を出自とするため、公民百姓が一般に負っていた租調庸の税や雑傜などの力役を課されなかった代わりに、賑給・饗給の対象とはされなかった。初め俘囚は故地を遠く離れた西海道や畿内などに移配され、朝廷に送られ官司に隷した者のなかには賤とされた例もあるが（出羽国俘囚七八名。『続日本紀』宝亀七年（七七六）一一月癸未条）、七八〇年代以降は帰降した夷とともに当土に留め置かれる。

注意すべきは、当初服属形態の違いを表すために用いられていた夷・俘・狄という呼称自体が、有力な蝦夷の政治的地位に転じていくという事実である。このことと夷俘・狄俘の当土安置とは密接に関わっている。七三七年から七七二年にかけて、国家は多賀城─出羽柵直通路開削計画（七三七年）、玉造・新田・牡鹿・色麻の諸郡に建柵（同年）、桃生城・雄勝《おがち》城造営と雄勝・平賀二郡の建郡（七五九年）、多賀・秋田両城の規模拡大（同年）、伊治城造営（七六七年）、陸奥大国造道嶋宿禰嶋足の周旋による俘囚約四〇〇〇名の改姓・調庸民化（七六九～七七二年）と、積極的な統治政策をとり、国郡制・公民制による支配領域の拡大をはかった（鈴木一九九八）。未服の地で道を拓き城柵や郡衙を建てる際、大きな財力と労働力を有し、地理や蝦夷の動向に明るい地元の夷俘らの主体的な協力は不可欠であったと思われる。たとえば七三七年の直通路開削には、田夷遠田君雄人と帰服狄の和我《わがの》君計《きみけ》安塁《あるい》が先発隊として不安定な山海二道の慰撫を行ない、帰服狄二四九人が開削に加わっている。

この当時、夷俘のなかには農耕を行ない、「狄」集団を介して渡嶋蝦夷や靺鞨との交易で得た毛皮・鷹・鷲羽のような奢侈品、あるいは「狄馬」や夷俘間の対立で生じた「俘奴婢」などの労働力を、王臣・国司がもたらす絹や鉄製品などと交換し、富を蓄積する者が現れていた（『類聚三代格』一九、延暦六年（七八七）正月二一日官符）。

彼らは状況に応じて国家による軍事行動や城柵造補・献物などに協力することで、郡司として任用され、官位を得、国家による東北経営の基盤となってゆく。積極的に改姓し、「夷狄」の境遇を脱して調庸民・公民（九世紀以降は「民」の一字で「夷」と対比される）化する夷俘が増加する一方で、あえて夷俘のままの有力者も多い。この正反対の状況は、民か夷かの主体的な選択が国家や地域における他の夷俘・公民との政治的関係を左右していたことを示している。

こうした傾向は、八世紀末から断続的に九世紀まで続く国家・蝦夷間の戦争を通じてさらに深化した。七七〇年から七八一年にかけて「海道」「山道」で連鎖的に戦争が起こるが、夷俘と国家との全面対決の契機となったのは伊治公《これはり》呰麻呂《あざ》による按察使紀朝臣広純殺害・多賀城焼き討ち（七八〇年）であった。彼は伊治城を管轄する伊治郡の大領を務め、数年前の山道蝦夷征討の功で勲第二等・外従五位下に叙された夷俘中の実力者である。その呰麻呂が反旗を翻したのは、牡鹿郡大領で同じく夷俘出身と思われる道嶋大楯が「毎《つね》に呰麻呂を凌侮し、夷俘を以て遇《あしら》ふ」ことを深く恨んだためという（『続日本紀』宝亀一一年三月丁亥条）。大楯の行動は、海道蝦夷の多く住む地において夷俘であることの政治的な意味を端的に表している。呰麻呂はもと夷俘である大楯の侮辱を理由に広純の率いる「俘軍」を誘って離叛し、大楯と広純を殺害して陸奥国府・鎮守府のある多賀城を焼亡させ、姿を消す。夷俘としてのステータスを利用して兵を集め、国家の蝦夷支配の最大拠点を攻撃したわけである。同時に紀朝臣広純らが山道侵攻への足がかりとして築いた覚鱉《かくべつ》柵を使用不能とした。背後には吉弥侯伊佐西古《いさせこ》ら、呰麻呂同様に国家側から離れて反乱軍に荷担した有力な夷俘の意向があったと想像される。他方、出羽国では「狄志良須の俘囚宇奈古」が、防御を固めるために荒廃している秋田城・由理柵の補修・賦活を要望しており、活発化する山道蝦夷との間で緊張が高まっていることがわかる。

やがて七八九年から八〇二年まで、山道蝦夷の中核にあたる北上川中流域、胆沢《いさわ》の地を主戦場とした激しい戦闘が展開された（胆沢戦争）。延暦八年（七八九）六月には、「賊帥」大墓公阿弖流為《あてるい》が巣伏村に征討軍四〇〇〇を誘導して壊滅させたが、蝦夷側にも斬獲首八九、一四箇村宅八〇〇烟が焼亡するという被害が出る。また坂上大宿禰田村麿が征夷副将軍として加わった延暦一三年（七九四）の戦闘では蝦夷側が大敗し、斬首四五七、捕虜一五〇人、馬八五頭、消失した村は七五箇所を数える。文字通りの焼土戦は戦場となった陸奥国、征討軍一〇万の兵力と兵糧の大部分を負担した坂東諸国を疲弊させ、胆沢城（八〇二年）・志波城（八〇三年）設置後を最後に、それ以北への侵攻が困難となった。山道蝦夷の側も生産基盤そのものに大打撃を被り、阿弖流為・盤具公母礼ら指導者の降伏・斬刑に至る。

通説は九世紀初頭以後の蝦夷政策の基調として、大量移民を基礎とする城柵支配の放棄、「民」と「夷」との区分をなくして両者を融和・一体化し、「蝦夷系豪族」を地方官に積極的に登用する点を挙げる。だが夷俘の動向に視点を据えるならば、蝦夷の有力者を郡司等に任用し、夷俘を当土に安置してその経済力・労働力を城柵などの設営にあて、軍事力を「俘軍」として利用する政策は、七五六年以来一貫しており、胆沢戦争の結果初めて可能となった施策とはいえない。また八三〇年以降、自然災害などの際に「民夷を論ぜず」賑給を行なう事例が見られるが（『類聚国史』巻一七一、天長七年四月二五日条など）、これは八一一年に初めて作成された「俘囚計帳」を参照し、誰が夷俘かを確認して給付されるのであり、融和ではなく民夷区分の明確化である（本書第６章）。

むしろ、九世紀の蝦夷政策の特徴は、勢力を拡大し互いに対抗し合う夷俘間のバランスの維持にこそあった。すでに胆沢戦争の間、出羽国斯波村の夷胆沢公阿奴志己《あぬしこ》らが、陸奥国伊治村の俘と胆沢との連絡を遮断する策を申し出た例があり（『類聚国史』巻一九〇、延暦一一年正月一一日条）、陸奥・出羽国司は独自の判断でこうした有力な夷俘を村長に任命し、あるいは位階を授けるなどの形で厚遇し、その権威と私兵である俘軍をもって地域社会の安定をはかる。さらに夷俘のなかから「夷長」が選出され（八一二年）、日常的な夷俘間の調整にあたった。ここに至り、夷俘は公民とともに国家による蝦夷支配を主体的に担うこととなる（民夷両立体制）。

ところが、夷俘をそうした立場にとどめておくための規制力はないに等しく、国家への帰趨は極めて不安定であった。九世紀後半になると、陸奥・出羽両国の「奥地」として史料に現れる民夷雑居地域（米代川流域を中心とする大館・鷹巣盆地、馬瀬川流域一帯か）においてしばしば「奥地俘囚」の「同種」間による殺傷が起こり、また八七五年には「渡嶋荒狄」が八〇艘の水軍で秋田・飽海両郡に襲来し、百姓二一名を殺害している（『日本三代実録』貞観一七年一一月一六日条）。このような不穏な状況にあった出羽国で、八七八年三月、秋田城が夷俘の大軍によって焼き尽くされ、鎮圧に向かった陸奥・出羽両国軍も壊滅状態に陥るという事件が起こった。元慶戦争である（本書第7章）。この事件は前年の凶作と出羽国司の苛政、権門勢家による略奪的な馬・鷹・金・皮衣などの交易に対して不満を募らせた夷俘の反乱であるといわれているが、単純な武装蜂起ではなく、「秋田河」（雄物川）以北から国司を排除し、夷俘の管理下に置くという明確な政治目標を掲げた軍事行動であったと考えられる。事件の発生から六月下旬までは雄物川と米代川にはさまれた出羽南部地域一帯の一五村が「賊村」連合を構成し、征討軍を圧倒していた。ところが六月末に秋田城南方の「向化俘地」三村（添河・覇別・助川）が離叛してから勢いが衰え、八月末に「近城反虜」五村（大河・堤・姉刀・方上・焼岡）三〇〇人余が降伏し、九月末に「奥賊」七村（上津野・火内・榲淵・野代・河北・腋本・方口）の「賊首」が秋田城に至り、戦争は終息に向かう。一時的に政治的連合を構成する「近城反虜」と「奥賊」には規模や生業の面で看過できぬ差異があるが、ともに渡嶋狄・津軽俘囚の脅威を受け、また村内に少なからぬ数の百姓が住んでいる点などは共通している。

このように、九世紀末における夷俘とは、村を設けて国家支配の末端を担う一方、国家との戦争にも容易に加担しうる、自立性の強い存在であり、北方世界においては律令国家の「夷狄」身分を越えた支配的地位であった。こうした状況こそ、一〇世紀以降展開する俘囚勢力（安倍氏・奥州藤原氏）の地域支配につながるものといえる。

（2）隼人・南島人の「消失」と南方世界の変容

八世紀初頭までの「夷狄化」政策の過程で、南方世界では隼人と南島人が分断され、隼人は非夷狄の範疇に入れられた。七二〇年二月に起こった隼人の反乱は大規模であり、征隼人持節大将軍（征西将軍）大伴宿禰旅人らによる征討が終息したのは翌年七月のことであり、その斬首獲虜は一四〇〇余人に及んだ（『続日本紀』養老五年七月壬子条）。以後、薩摩国には「隼人十一郡」と総称される、一郡が一・二郷からなる、小規模な郡（阿多・薩摩・日置・鹿児島・甑島・河辺《かわのべ》・頴娃《えの》・谿山《たにやま》・伊作《いさく》・揖宿《いぶすき》・給黎《きひれ》）が設置され、隼人の有力者や、薩摩郡の肥君や阿多郡の建部など豊前・豊後・肥後国からの移民を郡司に任命して支配していた（天平八年薩摩国正税帳。井上一九七四）。そこで基本台帳として用いられる「名帳」は朝貢者歴名のような不充分なものに止まった。この点は七〇二年の薩摩・多禰反乱事件の後で作成された名帳とも共通しており、七三三年に至ってもなお多禰・掖玖の郡領クラスの有力者の多くが無姓のままであった（熊毛《くまげ》郡大領安志託、益久《やく》郡大領加理伽、能満《のま》郡少領粟麿ら。『続日本紀』天平五年六月丁酉条）ことは、それまで南島で本格的な造籍が実施されていなかったことを示すものである。

八世紀を通じて隼人・南島人は独自の文化に根ざした生活形態を維持したが、公民化の進展に伴い、隼人そのものについての記述が急速に消え、また「南島人」という総称も早々に放棄されて、かつて「夷人」的関係において用いられていた「島名＋人」呼称が再び用いられるようになっていく。薩摩・大隅両国では延暦一九年（八〇〇）に班田制を施行し、同二四年（八〇五）に隼人朝貢が停止されて、公民化のプロセスも終了する。『令集解』職員令隼人司条朱説は隼人を良人と定義するに至った。

こうして隼人・南島人の「夷狄」視は北方の蝦夷と異なり消失するが、このことは彼らの「倭人」＝「日本人」への同化融合を意味するものではない。九世紀半ばになっても南九州の住民に対する蔑視観は残っていた（薩摩国の揩前福依売《くんさきふくよりめ》という女性は「野族と云ふといへども礼儀を閑《なら》ひ」老父母に孝養をつくす孝女である。『日本文徳天皇実録』仁寿三年（八五三）七月辛亥条）。また九九三年には、「奄美島人」が九州海岸諸国一帯を侵犯し、三〇〇人を奪取するという事件が起こった（『小右記』長徳三年一〇月一日条）。『権記』同日条では、ここでの奄美島人が「南蛮賊徒」と書き換えられている。この記事から貴族社会における穢れ観念の肥大と、それに伴う古代的な「夷狄」観念の消失、自閉的な王土思想の出現を看取する学説（村井一九九五）もあるが、こうした具体的な記述の背景に、南方世界そのものの変容を読み取ることも可能ではないだろうか。近年では、夜光貝製品の原料生産と集積基地といわれる小湊フワガネク遺跡等の事例から、八世紀から一一世紀にかけて南島交易ルートの中心的な位置を奄美大島が占める可能性も指摘されている（高梨二〇〇五）。これを勘案すれば、南方世界において鉄製品と水田農耕が本格的に受容され、島ごとにグスクが営まれる「古琉球」時代へ（高良一九九一、安里一九九八）と大きく転換するこの時期、奄美島人の広範で活発な交易活動などに起因する、具体的な恐怖感をも伴った新たな「南蛮」認識が、この地域社会において構築されつつあった可能性がある。

律令国家による実質二〇年間ほどの「夷狄」化の時期を経て、かつての「夷人」的関係が単なる貴族の脳裡における抽象的な観念ではなく、実質的な意味をもつものとして北方・南方世界においてそれぞれ重層化し、再生されていく過程をここに認めることができるだろう。

【主要参考文献】

相原康二「古代の集落と生活」（『新版古代の日本』第九巻、角川書店、一九九二）
安里　進『グスク・共同体・村　沖縄歴史考古学序説』（榕樹書林、一九九八）
阿部義平『蝦夷と倭人』（青木書店、一九九九）
天野哲也「極東民族史におけるオホーツク文化の位置」（上・下）（『考古学研究』二三―四・二五―一、一九七七）
荒木陽一郎「蝦夷の呼称・表記をめぐる諸問題」（『弘前大学国史研究』八七・八八・八九・九四・九五、一九八九〜九三）
石上英一「古代東アジア地域と日本」（『日本の社会史』第1巻、岩波書店、一九八七）
石母田正「歴史学における民族の問題」（初出一九五二。同著作集第一四巻、岩波書店、一九八九）
石母田正「天皇と「諸蕃」―大宝令制定の意義に関連して―」（初出一九六二。同著作集第四巻、岩波書店、一九八九）
石母田正「日本古代における国際意識について―古代貴族の場合―」（初出一九六三。同右）
伊豆公夫・渡部義通・早川二郎・三澤章『日本歴史教程』第一冊（白揚社、一九三七）
伊藤　循「蝦夷と隼人はどこが違うか」（『争点日本の歴史』第三巻、新人物往来社、一九九一）
井上辰雄『隼人と大和政権』（学生社、一九七四）
大平　聡「古代国家と南島」（『沖縄研究ノート』六、一九九七）
門脇禎二「「蝦夷」の反乱―その前章―」（初出一九五三。同『日本古代政治史論』、塙書房、一九八一）
金関丈夫「琉球の言語と民族の起源」（初出一九五五。『叢書　わが沖縄』三巻、木耳社、一九七一）
鐘江宏之「「国」制の成立―令制国・七道の形成過程―」（笹山晴生先生還暦記念会『日本律令制論集』上、吉川弘文館、一九九三）
上村俊雄『隼人の考古学』（ニュー・サイエンス社、一九八四）
川越泰博「『隋書』流求国伝の問題によせて」（『中国典籍研究』、国書刊行会、一九七八）
菊池徹夫『北方考古学の研究』（六興出版、一九八四）

菊池俊彦『北東アジア古代文化の研究』（北海道大学図書刊行会、一九九五）
喜田貞吉「日本民族の構成」（初出一九三八。同著作集第八巻、平凡社、一九八〇）
木下尚子『南島貝文化の研究―貝の道の考古学』（法政大学出版局、一九九六）
工藤雅樹『古代蝦夷の考古学』（吉川弘文館、一九九八）
熊谷公男「阿倍比羅夫北征記事に関する基礎的考察」（高橋富雄編『東北古代史の研究』、吉川弘文館、一九八六）
熊田亮介『古代国家と東北』（吉川弘文館、二〇〇三）
河内春人『東アジア交流史のなかの遣唐使』（汲古書院、二〇一三）
児島恭子『アイヌ民族史の研究』（吉川弘文館、二〇〇三）
鈴木拓也『古代東北の支配構造』（吉川弘文館、一九九八）
鈴木靖民「南島人の来朝をめぐる基礎的考察」（田村圓澄先生古稀記念会編『東アジアと日本（歴史編）』、吉川弘文館、一九八七）
高梨　修『ヤコウガイの考古学』（同成社、二〇〇五）
高良倉吉「琉球史における「古代」」（『新版古代の日本』第三巻、角川書店、一九九一）
田中　聡「隼人・南嶋と国家―国制施行と神話―」（『日本史論叢』一二、一九八九）
田中　聡「民夷を論ぜず―九世紀の蝦夷認識―」（『立命館史学』一八、一九九七）
田中　聡「古代の南方世界―「南島」以前の琉球観―」（『歴史評論』五八六、一九九九）
田中　聡「夷人論―律令国家形成期の自他認識―」（『日本史研究』四七五、二〇〇二）
武廣亮平「日本古代の「夷狄」支配と「蝦夷」―その儀礼と身分―」（『歴史学研究』六九〇、一九九六）
手塚隆義「孫権の夷洲・亶洲遠征について」（『史苑』二九―三、一九六九）
中林隆之「古代における国境編成」（『歴史評論』五八六、一九九九）
中村明蔵『隼人と律令国家』（名著出版、一九九二）

永山修一『隼人と古代日本』（同成社、二〇〇九）
林田芳雄「『車番記』より観たる夷州と琉求」（初出一九八六。同『華南社会文化史の研究』、京都女子大学、一九九三）
日野開三郎「靺鞨七部の住域について」（初出一九四七。『東洋史学論集』一五、一九九一）
蓑島栄紀『古代国家と北方社会』（吉川弘文館、二〇〇一）
宮良当壮「琉球民族とその言語」（初出一九五四。『叢書　わが沖縄』三巻、木耳社、一九七一）
村井章介「王土王民思想と九世紀の転換」（初出一九九五。同『日本中世境界史論』、岩波書店、二〇一三）
柳田国男『海上の道』（初出一九六一。同全集第二一巻、筑摩書房、一九九八）
山里純一『古代日本と南島の交流』（吉川弘文館、一九九九）
若月義小「律令国家形成期の東北経営―その実態と性質―」（『日本史研究』二七六、一九八五）
若月義小「越のミヤケと「越国」―令前「越国守」とその「任所」―」（『立命館史学』一一、一九九〇）
若月義小「北東アジア国際関係史における列島北部地域の実像―七・八世紀を中心に―」（『京都経済短期大学論集』三―二、一九九六）
若月義小「アシハセ・粛慎考」（『弘前大学国史研究』一〇七、一九九九）

図1・図2・表1　田中聡「蝦夷・隼人と南島の社会」（日本史研究会・歴史学研究会共編『日本史講座』1巻、東京大学出版会、二〇〇四年）をもとに作成。
表2　田中聡「民夷を論ぜず―九世紀の蝦夷認識―」（立命館史学会『立命館史学』一八、一九九七年）をもとに作成。

表２　八・九世紀蝦夷略年表

区分	西暦（年号）	蝦夷・夷俘の動向	律令国家の施策	出典
北方変動期	668	＊＊高句麗滅亡を契機に靺鞨の一部が沿海州一帯で大規模な移動を開始し、そのインパクトが日本海対岸に直接、あるいはサハリン経由で北海道の北部・西部に及ぶ（オホーツク文化の形成）。		
	690年代		⇒この前後、阿倍臣による「北征」により、粛慎（莫曳皆靺鞨）、日本海側の蝦夷が和解。“北方支配体制”成立（～733年）。	紀 唐書 通典
	708（和銅元）		9　越後国の請により出羽郡を建てる。	続紀
	709（和銅２）	7～9　陸奥・越後二国の蝦夷が反乱。蝦狄征討のため、出羽柵に武器を輸送する。		〃
	710（和銅３）		正　隼人・蝦夷元日朝賀に参列、賜禄。	〃
	712（和銅５）		10　陸奥国最上・置賜２郡→出羽国に附属。	〃
	713	＊＊渤海建国		
	715（霊亀元）		正　陸奥出羽蝦夷・南島人が元日朝賀に参列し方物を献上、賜禄。	〃
		10　蝦夷邑良志別君宇蘇弥奈…香河村に建郡要請（狄徒を恐れる）		〃
		蝦夷須賀君古麻比留…閇村に建郡要請（昆布貢献のため）		〃
	718（養老２）		5　陸奥の一部を分割し石城・石背の２国を建てる。	〃
	720（養老４）		正　渡嶋津軽津司諸君鞍男ら６人を靺鞨国に送り、風俗を観察。	〃
		9　蝦夷反乱し、按察使上毛野朝臣広人を殺す（～722年４月）。《この頃から陸奥鎮所へ私穀献上の功による叙位増加》		〃
	724（神亀元）	3　海道蝦夷反し、陸奥国大掾佐伯宿禰児屋麻呂を殺す。征夷将軍・鎮・将軍を同時に任命。《石城・石背両国、陸奥国に再統合か》		〃
	725（神亀２）	閏正　俘囚を144人→伊予国、578人→筑紫、15人→和泉監に配置する。将兵に叙勲・賜物。〈俘囚初出〉		〃
	728（神亀５）		4　白河・玉造軍団を置く。《鎮兵体制の整備進む》	〃
	730（天平２）	正　田夷村に郡家を置くことを許す。〈田夷初出〉		〃
	733（天平５）		12　出羽柵を秋田村高清水岡に遷す。雄勝村に郡を建て民を置く。	〃
戦間期Ⅰ	737（天平９）	2～4　鎮守将軍大野朝臣東人、田夷遠田君雄人・帰服・和我君計安塁を利用しつつ多賀柵～出羽柵の直通ルートを開削するも、未だ帰服しない蝦夷の征討は取りやめる。		〃
	740年代	＊＊突厥の崩壊により渤海の領域最大となる。（払涅部・鉄利部併呑）		
	746（天平18）	＊＊渤海人・（靺鞨の）鉄利人、1100余人が亡命を求めて来るが、結局出羽国に一時安置したのみで衣粮を与えて放還。		〃
	749（天平勝宝元）	正　＊＊陸奥守百済敬福、黄金900両を献上。		〃
	758（天平宝字２）	6　（前年８月～）帰降夷俘1694人に種子を与えて水田耕作させ（王民化）、辺境防衛にあてることを許す。		〃

戦間期Ⅰ	767（神護景雲元）		10　浮浪人を徴発して桃生城をつくらせ柵戸を置く。	続紀
			10　伊治城完成、有功の将兵・蝦夷俘囚らに叙位。	〃
	769（神護景雲３）		3　桃生・伊治城に柵戸配置。	〃
	769～772	俘囚改姓進む。（４年間で約4000人）		〃
山海二道戦争	770（宝亀元）	8　蝦夷宇漢米公宇屈波宇ら、「一二の同族を率いて必ずや城柵を侵さん」と公言し、「賊地」に帰還。		〃
	772（宝亀３）	10　＊＊下野国の百姓870人が陸奥へ逃亡。		〃
	774（宝亀５）		1　蝦夷俘囚の入朝を停止。	〃
		7　＊＊陸奥国行方郡に神火が発生。		〃
		7/25　海道蝦夷、衆を集めて橋を焚き道を封鎖。桃生城の西郭を壊す。坂東諸国より派兵し、賊本拠地＝遠山村を攻めようやく鎮める。（～10月）田地が荒廃したため当年の課役田租を免ず。		〃
	776（宝亀７）		4　山海二道賊の征討用意。	〃
		5　出羽国志波村賊反す。官軍不利、坂東の騎兵を投入。		〃
			9　陸奥俘囚395人を大宰府管内へ。	〃
			11　陸奥兵3000、胆沢賊を征討。 出羽俘囚358人を大宰府・讃岐国へ78人は賤として諸司へ配分。	〃
	777（宝亀８）	3　陸奥夷俘来降者あり。	4　山海両賊征討。	〃
			9　征夷のため当年租庸調を免ず。	〃
		12　出羽国蝦賊強く、器杖を失う。		〃
	778（宝亀９）	6　陸奥出羽両国の征戦有功者に叙勲。外正六位上吉弥侯伊佐西古・勲第二等伊治公呰麻呂→外従五位下。		〃
	780（宝亀11）	1　賊が長岡の百姓家を焼く。	2　胆沢経営の拠点として覚城を建てることを許す。	〃
		3　栗原郡大領伊治公呰麻呂反し、伊治城にて按察使紀朝臣広純・牡鹿郡大領道嶋大楯を殺す。陸奥介大伴宿禰真綱のみは多賀城まで送り届けた。→国司ら逃亡後、賊徒は多賀城内を略奪し、焼亡。		〃
			5　征討軍を送るも攻撃の機を逸す。	〃
			5　出羽国司に、渡嶋狄に厚く饗給するよう命ず。	〃
		8　出羽国・志良須の俘囚宇奈古ら、防御基地として荒廃したままの秋田城・由理柵の復活を請う。→復興を決定。		〃
			12　出羽の要害五ヵ所を警固。	〃
	781（天応元）	5　「賊中之首」＝伊佐西古・諸絞・八十嶋・乙代らは「一以千当」で充分な余力（賊衆4000余）を残している。→未だ斬首僅か70余。		〃
			8～9　征夷失敗。叱責・叙勲。	〃
戦間期Ⅱ	783（延暦２）		6　雑色之輩・浮宕之類・散位子・郡司子弟を専習の兵となす。	〃
	786（延暦５）		8　東山・東海二道の軍士戎具を検ず。	〃
	787（延暦６）	1・王臣百姓と夷俘（鉄・綿⇔馬・奴婢）との交易を禁ず。		類三
	788（延暦７）		3　軍粮を多賀城へ運搬。常陸国神賤を兵士とする。	続紀

胆	789（延暦８）		3　５万余の征夷軍、現地入り。	続紀
			5　衣川で停滞した征夷軍を叱責。	〃
		6　賊帥夷阿弖流為、兵1500余をもって巣伏村に征討軍4000を誘い込み壊滅させる。双方に大きな被害。 征討軍…戦死45、矢で負傷245、北上川で溺死1036 蝦夷側…斬獲首89、14ヵ村（宅800烟）焼亡		〃
			9　征夷軍帰還。次の征夷準備開始。	〃
	790（延暦９）		閏3　諸国に革甲2000領、軍粮14万を用意させる。	〃
		5　遠田郡領遠田公雄人に、「田夷之姓」を改め遠田臣と名乗ることを許す。		〃
			10　有功者4840余人に叙勲。五畿七道の「富饒之輩」に私財により甲を造らせる。	〃
沢	791（延暦10）		1　軍士・戎具の巡検。	〃
	792（延暦11）	1　斯波村夷胆沢公阿奴志己ら、伊治村の俘を遮断する計略を申し出る。物を与え放還。		類史
		7　入朝を望む夷爾散南公阿破蘇を兵300騎で迎え、威勢を示す。		〃
		10　俘囚吉弥侯部真麻呂・大伴部宿奈麻呂→外従五位下。		〃
		10　夷俘爾散南公阿破蘇・宇漢米公隠賀→勲第一等。 俘囚吉弥侯部荒嶋→外従五位下。「外虜を懐く功」による。		〃
			11　出羽国平鹿・最上・置賜三郡の狄田租を永免とする。	〃
戦	793（延暦12）		2　征東使を征夷使と改める。	紀略
	794（延暦13）		2～　征夷大使・副使辞見、現地へ。	〃
			6　蝦夷を征す。	〃
		10　征夷軍大勝（将軍＝大伴弟麿・副将軍＝坂上大宿禰田村麿） 斬首457・捕虜150・獲馬85・焼失した村落75ヵ村		〃
	795（延暦14）		1～2　征夷軍凱旋・叙勲。	〃
		5　吉弥侯部真麻呂父子、俘囚大伴部阿弖良に殺される。→日向移配		類史
争		閏11　出羽の夷地志理波村に渤海国使ら68人が漂着して劫略される。		〃
			12　諸国の逃亡軍士340人を陸奥に配して柵戸とする。	紀略
	796～798	《在地豪族に叙勲・賜姓、他国に移配された帰降夷俘を撫恤》		
	797（延暦16）	11　従四位下坂上大宿禰田村麿を征夷大将軍とする。		〃
	798（延暦17）	4　大宰府所管諸国の俘囚の調庸を免ず（一身）。		類三
Ⅱ		6　相模・武蔵・常陸・上野・下野・出雲等国に帰降夷俘への時服禄物による優恤を命ず。		類史
	799（延暦18）	2　新田郡百姓弓削部虎麻呂夫妻を、「夷語」を習い夷俘を扇動した罪で日向へ流す。		後紀
			3　出羽国山夷禄を停止。	〃
		12　野心を改めぬ俘囚吉弥侯部黒田らを土佐へ移配。		〃
	800（延暦19）	5　陸奥国の帰降夷俘が不穏な動き→佃30町を雑用に充てる。		類史
		夷俘が移配先の諸国で百姓と衝突→坂上田村麿に巡検させる。		〃
	801（延暦20）		2～10　田村麿による征夷	紀略
	802（延暦21）		1　胆沢城造営。坂東浪人4000を置く。	〃

胆沢戦争Ⅱ		4　夷大墓公阿弖流為・盤具公母礼、種類500余を率いて降伏。	紀略
		（７月入京、８月斬刑）“胆沢戦争”終結。	（紀略）
		6　渡嶋・の方物（皮）を王臣諸家が官より先に買うことを禁止。	類三
戦間期Ⅲ	803（延暦22）	2～3　志波城を造営。	紀略
		4　有功の夷俘に賜姓・叙勲。	類史
	804（延暦23）	1　小田郡中山柵に軍粮を運搬。	後紀
		5～11　志波・胆沢間の通路を整備。	〃
	805（延暦24）	12　天下徳政の相論→軍事の停止へ。	〃
	807（大同２）	3　陸奥国司が妄りに夷俘を村長に任命したり、位を授けることを禁止。	類史
	810（弘仁元）	10　陸奥国気仙郡に来た渡嶋・200余の越冬を許し、衣粮を給う。	後紀
奥地紛争Ⅰ	811（弘仁２）	3　<u>はじめて「俘囚計帳」作成</u>。	〃
		2～10　爾薩体・幣伊二村征討で俘軍1000が活躍。	〃
		閏12　文屋朝臣綿麻呂、38年戦争終結宣言。	〃
戦間期Ⅳ	812（弘仁３）	6　夷俘内から「夷長」を選出。	〃
		9　田夷396人に公民の姓を与える。	〃
	813（弘仁４）	11　<u>諸国介以上１人を夷俘専当とする</u>。	類史
	814（弘仁５）	12　官司百姓が夷俘を呼称する際、<u>官位か姓名を用いるよう命ず</u>。	後紀
	815（弘仁６）	1　摂津・美濃・丹波・播磨等五品（＝五位）夷俘の節会参加を許可。	〃
		3　延暦６年格により、権貴の家・富豪の輩が陸奥出羽両国で夷狄から馬を買うことを禁止。	類三
		8　陸奥国鎮兵制を一時廃止。	〃
	816（弘仁７）	8　因幡・伯耆両国の俘囚らが意に任せて入京・越訴→訓導を命ず。	類史
		10　<u>帰服して６年以上の夷俘に口分田を授け、田租を収めさせる</u>。	〃
	817（弘仁８）	9　常陸国、夷俘がまだ貧乏を免れないため、しばらく田租免を請う。	〃
	818（弘仁９）	4　<u>七道諸国介以上を夷俘専当とする</u>。	〃
	822（弘仁13）	9　常陸の俘囚吉弥侯部小槻麻呂、帰化20年を経て編戸民となることを求め、許される。	〃
	826（天長３）	3　俘囚２人を度す。	〃
	828（天長５）	閏３　百姓に酒食や稲を提供した豊前・豊後の俘囚に叙位。	〃
	830（天長７）	4　１月に出羽国で起こった大地震で困窮する民・夷を問わず賑給。	〃
		＊＊昨年11月以来の疫病で困窮する百姓を養う者の出身を預かり叙位。	
	831（天長８）	2　甲斐国の俘囚吉弥侯部三気麻呂・草手子の２烟を<u>「魚塩の便」</u>のため駿河国に附貫する。	類三
		11　安芸国の俘囚長吉弥侯部佐津古ら、華風に馴れ教喩に向かいつつあるため、外位を授ける。〈俘囚長の初出〉	類史

戦間期Ⅳ	832（天長９）	7	出羽国に、窮弊した百姓・夷俘への賑給を命ず。	類史
	835（承和２）	6	俘囚・第二等宇漢米公何毛伊、従八位下爾散南公志礼初に、「逆類」へ従わなかったことをもって、外従五位下を授ける。	〃
		12	夷俘・商旅之輩が許可なく意のままに越境することについて、①陸奥の白河・菊多・（セキ）を長門国関に准えて勘過、②陸奥出羽按察使・国司・鎮守府等を叱責。	類三
山道紛争	836（承和３）		《836年春～翌春にかけて、奥羽の百姓が妖言・騒擾し、「奥邑之民」は居住地を逃れ出ている。（『続後紀』承和４、４／21条）》	続後紀
	837（承知４）	2	陸奥国の要請により、弩師１人を置く（狄に備えるため）。	〃
		4/16	陸奥国司に命じ、玉造寒温泉石神への災異（噴火？）の鎮謝と、夷狄への教誘を行なう。	〃
		4/21	陸奥国栗原・賀美両郡百姓が、「栗原・桃生以北俘囚」の常ならぬ状態に対して逃げ出す者多く、抑留できず。４・５月の間援兵1000人を発して事変に備える。	〃
	839（承和６）	4	伊賀国名張郡山中の私鋳銭群盗17人を、近衛・俘夷が索捕する。	〃
		4/26	陸奥国、「奥県百姓」が頻繁な灾（＝災）星・地震を畏れて逃走し、また胆沢・多賀両城間の「異類」の「抗弦」（兵士）数千が不穏であることにより、４・５月の間援兵1000の徴発を請う。	〃
	840（承和７）		《五位俘囚が朝参時、旧来通り大夫の末席におらず、内外位構わず授位の順に朝堂内に雑居することが慣例化し、問題視される。》	法曹
		3/26	陸奥国、「奥邑之民」が「庚申」と称し「潰出之徒」を抑制できないゆえ、援兵2000を徴発することを求む。→これを許し、「民夷」を制して威徳を施すよう命じる。	続後紀
	841（承和８）	2	＊＊出羽国百姓20668人に賜復１年（年穀不登で飢饉のため）。	〃
戦間期Ⅴ	843（承和10）	2	播磨国飾磨郡人の「元夷種」散位正七位下・綿麻呂に「春永連」を賜姓。	〃
	844（承和11）	7	出羽国最上郡人の外従八位上・勲七等伴部道成と男４人・同姓者等７人に、「吉弥侯」姓を賜う。	〃
	845（承和12）	正	＊＊陸奥・出羽両国の御鹿尾・熊膏・昆布・沙金・薬草等を貢上する使いには、今後初位已下子弟をあてる。（近年、国司が妄りに憲法を顧みず「浮遊之輩」を差発して多量の「私荷」を「公物」に乗じて運搬し、ために人馬が斃れている―美濃国からの報告）	〃
	847（承和14）	4	近江国蒲生郡の俘囚２人に、「勲功之苗裔」をもって外従五位下を授ける。	〃
		7	日向国、既に俘囚が殆ど死に尽くしたため、俘囚禄料稲17600束を省く。	〃
	848（承和15）	2	上総国、反乱した俘囚57人（首謀は丸子廻毛ら）の斬獲を上奏。	〃
奥地紛争Ⅱ	850（嘉祥３）	6	出羽国、「夷落」の動静を占うため史生１員を陰陽師に換える。	文実
		10	出羽国で大地震、邑居震蕩・城柵傾頽、圧死者多い。→11月、租調を免じ、「民狄」を問わず倉庫を開き食料を貸し振るまう。	〃
	854（仁寿４）	5	陸奥国の穀10000石をもって、俘夷に賑給。	〃
	855（斉衡２）	正	陸奥国、「奥地俘囚」が「同種」で殺傷を行なっているため、援兵2000人の差発を求む。→農要の時期に多くの人衆を動かして遠方に屯することは反感を買う可能性が	〃

奥地紛争Ⅱ			ある。従って①「近城兵1000」を選び、「和誘其心」し鍛錬して衝要を守れ。②騒擾の原因となった飢困に対しては、料籾10000斛を「民俘」を論じず賑給せよ。	
戦間期Ⅵ	858（天安２）	5	近江国の「俘夷之徒」が意に任せてふるまうため、往年の国司が私に勇健者を長と定めたが夷は服従せず。→夷外従八位下・爾散南公澤成を正式に「夷長」とし、管轄させる。	文実
	859（天安３）	正	出羽国秋田郡の俘囚道公宇夜古・宇奈岐、「幼くして野心を棄て、深く「異類」を愧じ、仏理に帰依し、苦しみて持戒を願う」ゆえに得度を許す。	三実
	861（貞観３）	3	＊＊軍用に堪える馬は牡牝問わず陸奥国外に出すことを厳禁（権貴の民が勝手に往来し馬を捜し求めることが絶えぬため）。	類三
	862（貞観４）	5	常陸国久慈郡人丸子部妖人、茨城郡俘囚吉美侯酒田麻呂、父母に孝なるをもって位三階を進む。	三実
	866（貞観８）	4	播磨国賀古・美嚢２郡の夷俘長宇賀古秋野・尺漢公手纏ら５人、妄りに越境して近江と往来する。→近江国守三原朝臣永道を専当国司し、以後堺から出してはならない。	〃
		11	近江国夷長２人を命ず。	〃
	869（貞観11）	5	陸奥国で大地震。津波城下まで押し寄せ、溺死者1000許。圧死者多く、城郭の崩壊数知れず。→「民俘」を論じず振恤を加え、被害の大きい者には租調を課さず。	〃
		12	大宰府に夷俘を配置し、新羅海賊襲来などの警急に備える（２番に分けて各々100人ずつとし、月毎に交替。諸国夷俘料利稲から支出）。	〃
	870（貞観12）	12	上総国に「野心」をもち群盗となった夷俘への教唆を命じる。	〃
	873（貞観15）	12/7	陸奥国、俘夷が境に満ち、吏民が恐懼しているため、五大菩薩像を造り国分寺に安置して、「蛮夷之野心」を鎮めたいという。	〃
		12/23	陸奥守安倍朝臣貞行、国司が労効によらず意に任せて爵・禄を与えており、また国中で虚納・富饒酋豪への賂が横行していると報告。夷俘位階は毎年叙法を立てて「有功之胤」を選び、虚納については国司の公廨で補填させる。《“民夷両立体制”確立》	〃
元慶戦争	875（貞観17）	5/10	下総国俘囚が反乱し、官寺を焼き人民を殺略。→武蔵・上総・常陸・下野等国から各々300人の兵を発して追討。	〃
		5/15	出羽国が狄徒に給う年料禄を狭布10000端と定める。	類三
		6～7	下野国、反虜を殺獲し、帰降俘囚４人。	三実
		11	出羽国、渡嶋荒狄が水軍80艘で秋田・飽海両郡の百姓21人を殺略したことを報告。	〃
	876（貞観18）	6	陸奥鎮守府、夷俘を養って得た罪（常に殺生を行う／正月・５月に俘への饗を行なう）を減らすため、最勝王経を講じ（僧22口）、吉祥天悔過を修めさせる（僧７口）。	類三
	878（元慶２）	3	“元慶戦争”（～翌年）出羽から津軽・渡嶋まで波及。	三実
		6	夷俘側よりはじめて「秋田河以北為己地」との要求が出される。	〃
		6～9	「賊村」15村が三分し、それぞれ国家に帰服・休戦。	〃
	880（元慶４）	2	出羽国の雄勝・平鹿・山本３郡は国府より遠く、昔から「叛夷之種」が民と雑居しており、しかも近年「不登」が続き、「民夷難和」状態である。→調庸復２年＋１年、不動穀6209石７斗を３郡の狄俘803人に給う。	〃
	881（元慶５）	6	近江国司、夷俘禄料の正税穀50斛の支給に際し、上奏を経ず時に応じて行なうことを永例とするよう求める。	〃

元慶戦争		8　出羽国、元年の不作・2年の反乱で国内が騒擾した時、「義従俘囚」「諸郡田夷」「渡嶋狄」等に不動穀を用い大饗したことの追認を求める。	三実
	883（元慶7）	2　上総国市原郡の俘囚30余人（＝俘夷群盗）が反乱し、官物を盗み、人民を殺略し、民の廬舎を焼いて山中に逃亡。諸郡人兵1000＋人夫夫を徴発して10日間程で平定する。	〃
	884（元慶8）	《6月～886年6月、出羽国秋田・飽海両郡の城中や海岸に石鏃が降る。陰陽寮、「凶狄陰謀兵乱」の兆しと占う。》	〃
	886（新羅憲康王16）	＊＊春、新羅の北鎮を「狄国人」（宝露国・黒水国人）が訪れ、新羅と和を通じることを望むとの文言を書した木片を樹に掛けて去る。	史記
	887（仁和3）	5　藤原保則の言を容れ、出羽国府を秋田河口近くから高台へ遷す。	三実
	893（寛平5）	閏5　出羽国、渡嶋狄と「奥地俘囚」が戦闘に及ぼうとしている旨を告ぐ。→国宰に命じ、城塞を警固し、軍士を選練させる。	紀略
		7　＊＊陸奥国内の戸口不足の原因は、課役を逃れるために他郷や京内に逃亡しているため。→京畿七道で逃亡者を調査し、皆本貫に返すよう命じる。	〃
	894（寛平6）	4　＊＊奥羽両国に警固を命じる。	〃
戦間期Ⅶ	895（寛平7）	3　大宰府博多警固所に夷俘50人を加え、頻繁な「新羅凶賊」襲来に備える。	類三
	903（延喜3）	7　＊＊陸奥出羽両国より飛駅上奏あり。	紀略
	905（延喜5）	6　陸奥出羽等国司が妄りに俘囚に叙位することを禁止。	類三

※この略年表は六国史・日本紀略を軸として、八・九世紀の蝦夷に関する主な記事を時代順に配列したものである。動向と施策の欄にある数値は月を示す。＊＊は関連する事項。
右端には各条の出典を以下のように略記した。

紀…日本書紀　続紀…続日本紀　後紀…日本後紀　続後紀…続日本後紀　文実…日本文徳天皇実録　三実…日本三代実録　類史…類聚国史　紀略…日本紀略　類三…類聚三代格　法書…法曹類林　通典…通典　唐書…旧唐書・新唐書北狄伝　史記…三国史記

第6章　民夷を論ぜず——九世紀の蝦夷認識——

はじめに

日本古代の蝦夷は、日本列島の東北地方や北海道に住み、六国史をはじめとした史料において、特異な風俗や反抗的な気性など、「未開の異民族」的表象をもって語られる存在である。これまで、蝦夷を日本・アイヌの民族形成史のなかに位置づけ、また蝦夷の「夷狄」身分という側面に注目するなど、さまざまな視角から研究が進められてきた。そこでは、律令国家が蝦夷を一般の公民と区別・対置し、他と異なる方法で支配したことが明らかにされてきたが、両者を区分する際の要因については相反する理解が見られる。一つは、蝦夷と公民との間に元来、形質的（『日本書紀』所引「伊吉連博徳書」に記された熟蝦夷の外見など）あるいは文化的（意思疎通に訳語の介在を要する「夷語」・生活形態など）な差異があり、律令国家はこれを前提としつつ支配領域の拡大と蝦夷の公民化を進めたとするもの。[1] もう一つは、国家が天皇を中心・頂点とする中華帝国的秩序を構築する時、帝国に服従すべき「夷狄」の具体像を蝦夷に求めたことによって、「東夷の小帝国」（石母田正氏）が成立しえたとするものである。[2] 前者が蝦夷・公民の区分を、いわば「民族」的差異に基づく実体上のものととらえるのに比べ、後者は律令国家の政治理念による蝦夷＝「夷狄」像の創出が、初めて両者が本質的に異質であるという観念や差別を生んだというように、その擬制的・観念的性格を強調する。

私は、成立期の律令国家が華夷秩序を構成する「夷狄」を創出する際に、その法的・行政的な実体として、関東や北陸等の人民ではなく東北地方の毛人—蝦夷を選択したことに、やはり一定の根拠が存在したはずであると考える。前者のいう文化的・形質的要素は差異を構築し、維持する上での基盤となったのではないか。蝦夷・公民の区分は、律令国家による一方的な設定・強制によるだけでは社会に受容されえなかっただろう。但し、史料中の蝦夷像には中国の古典を典拠とした文飾により、著しく「野蛮」なイメージを強調するものも確かに見られる。また後者がいうように、古代の蝦夷が近代のネーションのごとき強固な「民族」的一体性をもってはいなかったことも自明であり、ここにはあからさまに律令国家の華夷観念が反映している。以上を考慮すると、史料中の蝦夷像は、律令国家の成立に先行して存在する文化的・形質的差異という実体を利用しつつ、それを「夷狄」にふさわしい形に歪曲・誇張し、また蝦夷内部の文化的多様性を単純化・整理し再構成して生まれた観念であり、これによって「華夏」＝公民との対置が可能になったといえよう。

しかし右の理解にはなお不明な点がある。それはこうした区分の形成と定着の過程において、当事者たる蝦夷がいかに関与したかという点である。この実体と観念は、東北の在地社会においてはいかにして関連づけられ、現実化してゆくのだろうか。公民と蝦夷との間の境界線は、誰によってどういうプロセスで引かれるのか。またどのような局面において両者の差異が反復確認されるのか。これらの点が次に問われるべきであろう。

この問題を考察する上で注目すべきは、蝦夷に関する史料のなかにしばしば「民夷（民俘）を論ぜず」饗給を行なうとか、「民夷和し難し」などと、「民」と「夷」「俘」を併記する表現が現れることである。以下の各節では、ここでの「夷」の意味を問うことを通して、日本古代における蝦夷認識の有り様を再考したいと思う。

第1節　「民夷」併記史料群における「夷」

「民」「夷（俘）」を併記する史料は管見の限り一〇例あるが、ここでは類似の内容、たとえば「夷俘」[3]と「平民」とを対比する表現が含まれるものなども加えて考えてみたい。当面これらを一括して「民夷」併記史料群と呼んでおく（以下「史料群」と略記）。次に掲げる表1は、その全二八例を年代順に配列したものだが、これらは内容によって大きく三種類に分けることができる。以下典型例を挙げ、それぞれの「民夷」の意味内容を見てゆく。

タイプA　事例15・17・19・26

九日己酉。前陸奥守従五位坂上大宿禰當道卒。（中略）當道家行廉正。軽レ財重レ義。在レ任有二清理之称一。境内粛如。民夷安レ之。居レ貪无レ資。臨二於棺斂一。所レ有布衾一条。而遺愛在レ人。至レ今見レ思。

『日本三代実録』貞観九年三月九日己酉条（事例19）

（前略）此国。民夷雑居。田地膏腴。土産所出。珍貨多端。豪吏幷兼。無レ有二紀極一。私増二租税一。欲加二徭賦一。（中略）公施以二朝典一。教二示百姓一。厳張二憲法一。勿レ令二侵犯一。若吏有二不法一者。捕而案レ之。由レ是百姓安堵。夷道清平。時陸奥国夷狄有二訴訟一者。皆至二出羽国一而取決。（後略）

三善清行撰『藤原保則伝』（延喜七年。事例26）

Aの「民夷」は、東北地方特に陸奥における在地住民総体を指す。蝦夷政策に直接携わった地方官の卒伝・伝

表１　民夷併記史料群一覧

年月日・出典	併記項目	関連地域	内　　容	分類
1 和銅５（712）９／23『続日本紀』	蝦狄／皇民（百姓）	出羽	北道の蝦狄を鎮圧した後、永く狄部の安寧を保つため、出羽国を建てる。	B’
2 延暦２（783）６／６『続日本紀』	夷虜／皇民 ＊皇民間の格差	坂東諸国	常に乱れ梗をなす夷虜に備えるため、坂東の雑色之輩・浮宕之類を（軍団兵と同じ皇民であるとの名目で）徴発。	B’
3 延暦６（787）１／21『類聚三代格』19	夷俘／百姓（王臣及国司）	陸奥	王臣百姓が、賊である夷俘と交易を行ない敵を富ませることを禁断。	B’
4 延暦９（790）10／21『続日本紀』	蝦夷／皇民 ＊皇民間の格差	左右京・五畿内・七道諸国	蝦夷を征する際、富饒之輩・諸国百姓のなかに、同じ皇民でありながら軍役を逃れる者がいた。よって土人浪人及王臣を論ぜず、財が甲を造るに足るか検録せしめる。	B’
5 延暦19（800）５／22『類聚国史』190	夷俘／百姓（良民）	甲斐	夷俘が「狼性」を改めず百姓に乱暴をはたらくので、国司に教喩させる。	B’
6 弘仁４（813）２／25『日本後紀』	俘囚／土民（平民）	（不定）	飢饉の際これまで対象外であった俘囚を、以後平民に准じて賑給例に加える（勲位・村長・給粮の類は含まない）。	C’
7 弘仁４（813）11／21『類聚国史』190	夷俘／平民	播磨備前備中筑前筑後肥前肥後豊前	夷俘は性が平民と異なり、朝化に従っても野心を忘れない。各国司は教喩・慰撫に努め、もし叛逆・入京越訴に至れば、専当人等が状に准じ罪を科せ。	B’
8 弘仁５（814）12／１『日本後紀』	夷俘／官司百姓	（不定）	官司百姓が帰降した夷俘の姓名を称さず、単に夷俘と号することを、すでに皇化に慣れた夷俘が恥じている。以後官位もしくは姓名で呼称せよ。	B’
9 弘仁７（816）11／21『類聚国史』190	夷俘・俘囚／平民	因幡伯耆	夷俘は性が平民と異なり、皇化に従っても野心はなお存する。意のままに入京し小事を越訴するのは国吏の失政である。専当国司が状に准じ罪を科せ。	B’
10天長７（830）４／25『類聚国史』171	夷／民	出羽	出羽国の地震で被害に遭った百姓の居業・震陥を、地震使と所在官吏とで議量し、①当年租調を免じ、②民夷を論ぜず賑給、③屋宇を修築、④失職させず、⑤遺体は早く埋葬せよ。	C
11天長９（832）７／27『類聚国史』190	夷俘／百姓	出羽	出羽国、百姓の窮弊を言上。賑給を行ない、夷俘もこの内に含む。	C’
12承和４（837）２／８『続日本後紀』	夷狄／平民	陸奥	弓馬の戦闘は夷狄の生習であり、平民の十はその一にも敵わない。この狄に備えるため鎮守府に弩師１人を置く。	B’
13承和６（839）４／26『続日本後紀』	異類／百姓	陸奥	奥県百姓が災星・地震の頻発を畏れて逃げ、また胆沢・多賀両城間には異類の兵が多いため、援兵の徴発を許す。	B’
14承和７（840）３／26『続日本後紀』	夷／民	陸奥	奥邑の民が庚申と称して逃げ出し抑制がきかない。民夷を制し威徳を施せ。	B

15嘉祥3（850）8／4 『日本文徳天皇実録』	夷／民	陸奥出羽（按察使）	坂上大宿禰清野卒伝。天長10年3月に陸奥出羽按察使となり、転出まで「夷民和親して、関塞事なし」。	A
16嘉祥3（850）11／23 『日本文徳天皇実録』	狄／民	出羽	地震により大被害。租調を免じ「民狄を問はず」倉廩を開き貸し振るまう。	C
17斉衡元（854）8／16 『日本文徳天皇実録』	夷／民	陸奥	鎮守将軍伴宿禰三宗卒伝。「病にて卒す。民夷これを傷む」。	A
18斉衡2（855）1／27 『日本文徳天皇実録』	俘／民	陸奥	（奥地俘囚が同種で殺傷し、警固のため援兵を差発－1/15条）農繁期のため援兵に代えて城兵を選抜するとともに「民俘を論ぜず」籾10000斛を賑給。	C
19貞観9（867）3／9 『日本三代実録』	夷／民	陸奥	前陸奥守坂上大宿禰當道卒伝。在任中「清理」と称され、「境内粛如、民夷安んず」。	A
20貞観11（869）10／13 『日本三代実録』	夷／民	陸奥	陸奥国境で地震・津波により城宇が崩壊し、百姓にも被害。国司に命じ「民夷を論ぜず」死者に収殯を加え、存者には振恤を手厚くする。	C
21貞観15（873）12／7 『日本三代実録』	俘夷／吏民	陸奥	俘夷が境に満ちて吏民が恐懼するため五大菩薩像を国分寺に安置。	B'
22貞観17（875）5／10 『日本三代実録』	俘囚／良民（農民）＊「俘虜怨乱」と表現	下総	俘囚が叛乱し、官寺を焼き良民を殺略する。坂東諸国の兵をもって追討。	B'
23貞観17（875）11／16 『日本三代実録』	狄／百姓	出羽	渡嶋荒狄叛し、水軍80艘で秋田・飽海両郡の百姓21人を殺略。	B'
24元慶2（878）4／28 『日本三代実録』	凶類／良民（賊徒）	出羽	＊以下24～27は“元慶戦争”関連。「凶類が滋蔓し、良民を殺略する」	B'
25元慶2（878）6／8 『日本三代実録』	異類／人民	陸奥出羽	両地には異類が群居し、是非に暗く、礼儀が簡略である。近年「梟声転大し狼心益狂して、我が人民を殺略す」。	B'
26元慶2（878）～4年 『藤原保則伝』 延喜7（907）撰	夷（蝦夷）／民（百姓） 夷虜・夷狄 雑種夷人 夷種	出羽陸奥	出羽は「民夷雑居し、田地膏腴にして土産所出、珍貨多端なり。」保則、朝典を施し「夷道」を清平にしたため、陸奥夷狄までも出羽で訴訟。	A
27元慶4（880）2／25 『日本三代実録』	夷（狄俘）／民	出羽	山北の雄勝・平鹿・山本3郡は国府より遠く、賊地に近接しており、昔より「叛夷の種が民と雑居」している。頃年不登が続き、もし優恤を加えなければ「民夷和し難し」。調庸1年を復し不動穀6209石7斗を狄俘803人に給う。	C
28元慶7（883）2／9 『日本三代実録』	俘囚／人民	上総	市原郡俘囚30余が官物を盗み、人民を殺略。所郡人兵1000人で追討する。	B'

＊「民」と「夷（俘）」を同一文中に併記する史料を年代順に並べた。
＊右端の分類記号は以下の内容を示す。（'を付したものは類似表現をもつもの）
　A　両者を併せて在地住民総体を指す。
　B　民と夷とを対抗・敵対するグループとして対置。（両者の異質性を強調）
　C　戦乱や自然災害、飢饉などで困窮した際、同等に賑給・饗給の対象とされる。

記に現れ、その善政を讃え、死を傷む文脈のなかで用いられている。事例15の坂上大宿禰清野[4]、17の伴宿禰三宗[5]、19の坂上大宿禰當道の三者は、いずれも平常時の統治を本来的性格とする鎮守府の責任者たる鎮守将軍として、従来の地方出身の鎮守将軍と異なり中央から赴任して実績を挙げた人物であり、いわゆる軍事貴族の先駆である[6]という共通点がある。また26の藤原朝臣保則は、八七八年（元慶二）に出羽北部で発生した「元慶戦争」の際に、出羽権介として急遽着任し事態の収拾にあたったことで知られる典型的な「良吏」である。各事例の主題は彼らの功績を記念することにあり、ここでの「民夷」は「良吏の治世を支える辺境住民」として造形された、観念的な性格の強いものといえる。

ただ注意すべきは、「民」「夷」の関係そのものに対しては何の評価もなされず、両者はあたかもそれが自然なあり方であるかのように、無造作に列記されている点である。また、以前から雑居状態が継続している（事例25や27にも同様の表現が見られる）両者が、良吏の施政によって「和親」（事例15）しても、それ以降「夷」と「民」が一体化し融合するような事態までは想定されていない。こうした点から見て、タイプAは「民」と「夷」が別個の存在であることを不変の前提としており、しかもそうした両者が全く同列・対等の関係で国司・鎮守府のもとに属す形態を、理想的な支配体制と観念していると考えられる。

タイプB　事例14（類例…1〜5・7〜9・12・13・21〜25・28）

壬寅。勅㆓符陸奥守正五位下良峯朝臣木連。前鎮守将軍外従五位下匝瑳宿禰末守等㆒。省㆓今月十八日奏㆒。知㆑発㆓援兵二千人㆒。案㆓奏状㆒云。奥邑之民。共称㆓庚申㆒。潰出之徒不㆑能㆓抑制㆒。是則懲㆓乂往事之所為㆒也。自㆑非㆓国威㆒。何静㆓騒民㆒。事須㆘調㆓発援兵㆒。将候㆗物情㆖。其粮料者。用㆓当所穀㆒。但上奏待㆑報。恐失㆓機事㆒。仍且発且奏者。夫預備㆓不虞㆒。古今不易之道也。是以依㆑請許㆑之。宜㆘能制㆓民夷㆒。兼施㆗威徳㆖。

『続日本後紀』承和七年三月壬寅条（事例14）

七日戊戌。（中略）陸奥国言。俘夷満レ境。動事ニ叛戻一。吏民恐懼。如レ見ニ虎狼一。望請准ニ武蔵国例一。奉レ造ニ五大菩薩像一。安ニ置国分寺一。粛ニ蛮夷之野心一。安ニ吏民之怖意一。至レ是許レ之。

『日本三代実録』貞観一五年一二月七日戊戌条（類例21）

Bは「民」と「夷」を対抗するグループのように対置するもの。ただし「民夷」を列記する一〇例のなかではわずか一例に過ぎず、他の類例はみな夷俘・狄などと「平民」「百姓」などを対比する例である点には留意したい。これらによれば、「夷」は常に叛する可能性を宿しており、近辺に雑居する吏民から恐れられている。両者が和解できないのは、彼らが「狼性」「野心」を本性とするため（事例5・9）、別のいい方をすれば「異類」（事例25など）だからである。ここでの認識を端的にまとめると以上のようになろう。

このように双方の非和解性を強調する点にこの類型の特色があるが、各事例には顕著な共通点がある。それはどの場合も、国家対蝦夷または蝦夷対蝦夷の武力対立が「民」「夷」の相違を強調する背景となっていることである。特に戦争の直前か直後の時期にこのことが認識される例がほとんどであり、各条の内容もAなどと比べて具体的に対抗状況を描くものが多い。たとえば事例1は七〇九年（和銅二）の陸奥・越後における蝦狄反乱後の不安定な在地の現況をふまえ、2・3・4は七八一年（天応元）の征夷活動がさしたる成果を挙げずに終わり、次の征夷の準備を進めるという切迫した状況のなかで、それぞれ蝦夷を「賊」と認識している。

また九世紀初頭の事例5・7・9はともに、夷俘が移配地で問題を起こした場合、その原因を彼らが服属後も本性である「野心」を改めない点に求める。特に7と9は、冒頭「夷俘之性。異ニ於平民一。雖レ従ニ朝化（9では皇化)。未レ忘二野心一。」と始まり、よって国司らにより教唆させたが、近年些事を訴えるために勝手に入京する夷俘が絶えない。そこで「専当人等准レ状科レ罪。」(9では「専当国司准レ状科處。」)させた、と結ぶ。全体の構成も表現も酷似している。対象となる地域などは異なるが、この時期、西日本に配された夷俘の入京越訴が広範に見られるようになり、これが夷俘の「野心」の顕現として新たに認識され、しかもそれが類型化されつつあったことを示す例といえる。加えて同時期の事例8は、官司・百姓が呼称において帰降夷俘を差別するという事態である。これは八世紀後半に激化した蝦夷対律令国家の戦争の結果、各地へ移配された夷俘が在地社会に定着するなかで、現実の問題として、双方の境遇格差が一般の百姓にも夷俘自身にも意識されるようになったことを示している。右に見た「野心」観念が受容され、反乱を起こした夷俘が「荒狄」「凶類」など(事例23・24)と恐怖感を伴い表現されるようになるという事態は、この新たに成立した夷俘への強い差別感と表裏をなすものといえる。このような表現は八世紀代の史料には見られないことである。

こうして九世紀初頭に、貴族から百姓に至る広い階層によって新たにとらえ直された夷俘の異質性は、東北地方で再び軍事的緊張が高まった承和年間(八三〇〜八四〇年代)以降、さらに強調されることとなった。それを端的に示すと思われる語句が「異類」(事例13・25)である。詳細は次節に譲るが、この時期奥羽では「奥邑」の百姓が大挙して「潰出」すなわち逃亡することが度々起こっていた。その原因としては地震の頻発、天候不順による連年の不作などとともに、胆沢・多賀両城間の「異類」の不穏な動向に恐れをなしたことが挙げられている(事例12・13)。ここでの「異類」はその住域から見ても明らかに夷俘、あるいは未服属の蝦夷を指す[7]。Bと分類した史料群のなかで唯一「民夷」を列記する事例14が直面した状況とは、まさにこのようなものであった。つまり緊張関係にある百姓と異類＝夷俘・蝦夷、異質な「民」と「夷」とを併せて「能く制し、威徳を施す」べきことが、陸奥国司・鎮守府に求められていたのである。

タイプC　事例10・16・18・20・27（類例…6・11）

（前略）如レ聞。出羽国地震為レ災。山河致レ変。城宇頽毀。人物損傷。百姓無辜奄遭二非命一。誠以政道有レ虧。（中略）所以特降二使臣一。就加二存撫一。其百姓居業震陥者。使等与二所在官吏一議量。脱二当年租調一并不レ論二民夷一。開二倉廩一賑給。助二修屋宇一。勿レ使レ失レ職。壓亡之倫早従二葬埋一。務施二寛恩一。式称二朕意一。

『類聚国史』巻一七一　天長七年四月二五日条（事例10）

戊申。陸奥国飛駅奏。請レ加二発援兵二千人一。勅曰。夫辺要之寄。安危攸レ繋。慎レ微慮レ萌。理固宜レ然。但時臨二農要一。人競二耕稼一。而多動二士衆一。遠行屯戍。恐懐二患役之嗟一。終乏二如帰之志一。凡用レ兵之道。未二必貴レ多。苟奮二其力一。一以当レ千。宜下便簡二抜近城兵一千人一。和二誘其心一。精二練其武一。能守二衝要一。以備中機急上。又知二騒擾之由一。発二於飢困一。故賜二賑給料籾一万斛一。事須下不レ論二民俘一。務加二優恤一。開以二恩恵一。慰中其窮窘上。

『日本文徳天皇実録』斉衡二年正月戊申条（事例18）

Cは、地震・津波などの自然災害、連年の不作、断続的な戦乱などによって困窮した「民」「夷（狄）」に対し、従前のように百姓（平民）のみの救済策を講じるのではなく、双方とも同様に賑給・饗給の対象とするというもの。こうした事態は八世紀代には見られない。東北北部地域での蝦夷間抗争がほぼ収まった八一三年（弘仁四）、俘囚を移配した各国に対し、「飢饉之苦。彼此応レ同。」であるとの理由から、以後平民に准じて賑給の対象とする制が立てられたのが、最も早い類例である（類例6）。以降も地震による大きな被害が出た際、官衙・住居の再建や一定期間の免租・調などの復興策と併せて、賑給が「民夷（狄）不レ問」一律に実施されている（事例10・

16・20)。あるいは八五〇年代の陸奥における俘囚「同種」間抗争に遭遇した「民俘」(事例18)、「元慶戦争」後なお「民」「夷」関係が不安定な出羽山北三郡の「狄俘」(事例27)に対して、当国の動用穀(これが不足する場合は不動穀[8])を給付している。注意すべきは、右に挙げた事例18に明らかなように、「民夷」への賑給の際に給与・貸与(事例16)する米や布などの質・量において、両者を何ら差別せず同列に扱っていることである。

こうした状況は、八世紀代に天皇による公民への仁愛強調というイデオロギー政策としての性格が濃厚であった賑給が、九世紀以降は具体的な「飢疫民救済政策」の性格を強め、班田農民の再生産に積極的に関与するようになるという、賑給政策の一般的推移と軌を一にするように見える。これらの事例に関しては、これまで蝦夷公民化政策の大きな方針転換として注目され、蝦夷の調庸民化政策の強化[10]、また「民」「夷」の区分を次第に曖昧にして、両者の社会的融合をうながす施策などと考えられてきた[11]。だが、タイプCをはたしてそのように理解できるであろうか。事例18や27を見ると、それぞれ賑給料として(民夷併せて)糀一万斛、(狄俘のみに)六二〇九石七斗と、極めて具体的な数値が挙げられている。また『日本三代実録』元慶五年八月一四日条には、「元慶戦争」の際に律令国家に従った俘囚や夷・狄に対する饗給で、不動穀三二三七斛五斗を無断で用いたとある。これらより、饗給の際に「民」「夷」双方の員数が確定された上で実施されていたことが判明する。この場合、給付の根拠として員数を記録・管理する台帳が不可欠と思われるが、「夷」についてのそれは、おそらく俘囚への賑給の嚆矢(類例6)の二年前、八一一年(弘仁二)に初めて一律に作成された「俘囚計帳」であろう。また「夷」のうちの「勲位・村長・給粮の類」(類例6)も、恒常的な賜禄以外に上記A・B・Cの賑給の対象に含める場合は、それぞれの「位記」が根拠となったであろう。つまり実際の賑給の場においては、あくまでも「夷」は「夷」として、「民」は「民」として給付を受けるのであり、両者の区分は九世紀末(元慶年間)に至ってもなお厳然と守られている。

また九世紀の賑給が公民の具体的な困窮状況に際して行なわれたものであり、その例に「夷」をも含めるということは、確かに国家が公民に対するのと同様に「夷」の生存・再生産にも積極的に関与するようになったことを意味しよう。しかし、このことは直ちに両者の同一視や、蝦夷の公民化にはつながらない[12]。事例20は陸奥国境で八六九年（貞観一一）に発生した大規模な地震とそれに伴う津波に関する勅であるが、「百姓何辜。罹二斯禍毒一。撫然愧懼。責深在レ予。」と天譴思想に基づく一文に続いて、「不レ論二民夷一」撫恤を行なうことを命じている。全体の論理からいって、ここでは清和天皇が「民」と「夷」の双方の被害に対して自らの不徳を侘びているのであり、天皇から見て両者は全く差等なく同列に位置する。もしこの前提に「民夷」を一体のものとして扱う観念があるなら、ここでことさら「夷」に触れずとも両者を「民」の一語で一括すれば足りるはずだが、そうはなっていない。これは明らかに「民」・「夷」を別個のグループとする観念を前提とし、これまで天皇の徳が及ばなかった「夷」すなわち服属した蝦夷＝夷俘をも、以降は公民とともに「天下」にあって徳を享受すべきものとする施策と解すべきであり、その意味において、この賑給は八世紀に劣らず極めてイデオロギー的性格の強いものといえる。むしろ賑給を契機として「民」と「夷」の区分が再確認され、それを前提とした上で異質な両者が天皇の治世をそれぞれ支えるという観念が、タイプCの背景にあると考えられる。

このように考えた時はじめて、一見対立するタイプAとBを整合的に理解できるのではないか。振り返ってみると、タイプAの「民夷」は「民」と「夷」がともに「良吏」を支える関係、またBの「民夷」は、「異類」とさえ畏怖された「夷」と「民」との間の不断の緊張関係を示す。前者は共同、後者は対抗と、全く逆の事態を指すようであるが、ここにCをあわせると一つの共通項が浮かぶ。それは「民」と「夷」とが明確に別個の存在とされ、両者の区分は九世紀を通じ一貫して守られており、律令国家はこれを常態と認めた上で在地安定策を講じているということである。言い換えると、「民夷を論ぜず」行なわれる政策とは、両者の融和ではなく安定した両立をめざしたものであった。九世紀半ば以降、一方で叙位や改賜姓によって「夷」の境遇から脱する夷俘の有力者がおり、他方これと並行して、「夷長」（八五八年）や「俘魁」（八七八年）のように、自ら「夷」「俘囚」であることを標榜する夷俘もまた絶えないという事実は、以上の結論とも整合的であると思われる。

さて、ここまでの迂遠な分析によって、九世紀においては「夷」と「民」の区分は曖昧化せず、むしろ明確化する傾向にあることが明らかになった。「民夷を論ぜず」の意味を右のように理解すると、次に問題となるのは八世紀代の「民」「夷」分割支配から両者の融和・一体化へ、という蝦夷政策の展開を想定する、近年の有力な学説[13]との不整合であろう。本章では当面、「民」と併記する「夷」の実体を、文脈から夷俘（夷＋俘囚。蝦夷のなかで律令国家に従っている者）と考えて論を進め、九世紀においては国家公認のもとで双方が対等に両立する形態が通常であったと結論づけた。しかし通説は、「民」を主に関東から移住した農民を主体とする「移住系住民」、「夷」を「エミシ系住民」つまり多様な蝦夷集団総体ととらえ、当初対抗していた両者が七七〇年代から八一〇年代にかけて陸奥で展開した、いわゆる「三十八年戦争」での蝦夷の壊滅的な敗北を契機として、「民夷を論ぜず」統治する形式が成立するという具体的過程を考えている。

どうやら私見と通説の大きな差異はこの「夷」の理解にあるようである。仮にこれを本章のように、蝦夷一般とは異なる九世紀特有の存在形態と評価するならば、こうした形態はどのような過程を経て成立したのか。またなぜこのような形で律令国家に把握されることとなったのだろうか。これらの問題を追究することは、つまるところ夷俘・公民にとって「夷」と「民」を区分するとはどういうことか、その意味を問うことにつながる。次節では八・九世紀の蝦夷記事を通観しつつ「民」と「夷」の関係を再検討するが、その際分析の中心を、時期としては通説が「民」「夷」分断支配の典型、また後の融和政策の前提ととらえる「三十八年戦争」の前後、地域的には「民夷（狄）」列記史料が集中して見られる陸奥・出羽両国に置き、考察を進めたい。

第2節　蝦夷支配の実質――「夷」対「夷」の矛盾――

七七〇年代から九世紀初めにかけて展開した律令国家と蝦夷との軍事的衝突は、戦乱の続いた期間から「三十八年戦争」、また東北地方全域への影響の大きさから「東北大戦争」[14]などと呼ばれている。その経緯と歴史的意義はおおよそ次のように理解されてきた。律令国家による八世紀前半までの蝦夷支配方式は、「寛典」をもって蝦夷を「教導馴従」する一方で、柵戸や鎮兵を坂東諸国など他地域から植民し、これら移住者すなわち「民」主導で支配を進める方式（武装植民）であった。しかしこれが未服蝦夷やいったん服属した夷俘すなわち「夷」の反乱によって破綻し、八世紀末には一〇万人という大軍でようやく鎮圧するに至る（軍事征服）[15]。この背景には、稲作農耕の定着、律令国家側との公的・私的な物資流入などによる社会の自律的発展を基礎とし、また桃生城の造営や族長層への位階・蝦夷爵分与など、天平宝字年間以降の律令国家による積極的な東北経営を外的契機とした、蝦夷社会の急速な政治的成長がある[16]。こうした大がかりな征討行動によって、律令国家の支配は北上川中流域から津軽・渡嶋（北海道）[17]にまでも及んだが、一方で戦乱の長期化に伴い、主戦場となった陸奥中・南部、兵と兵糧の大部分を負担した関東の在地社会は疲弊の極みに達した。そこで征夷は中止され、以後「エミシ系の新興豪族」を積極的に登用してその支配力を活用し、「民」「夷」区分をなくして両者を一本化する新たな支配形態へと転換した、という。[18]

こうした理解において、俘囚の遠隔地への移配や、七八九年（延暦八）に征夷軍を大いに破ったことで知られる大墓公阿弖流為ら戦争首謀者の斬刑に象徴されるハードな対蝦夷政策が展開した八世紀末は、典型的な「民」と「夷」の分離政策期とされる。またそこでの主要な矛盾は両者の恒常的な厳しい対抗関係にあるといわれている。[19]前節で疑問を呈した「民夷」一括賑給に対する通説の評価、繰り返すとこの施策を「民」「夷」の区分をなくして両者を融和するものとする理解は、八世紀代の両者が九世紀代とは対照的に非和解的な関係にあったという前提に立つといえるだろう。

しかしこの視点については、以下のような疑問をもたざるをえない。

①「三十八年戦争」の原因を律令国家の「民」を基盤とした強制的支配に対する「夷」の反発・抵抗と考える場合、念頭に置くべき点がある。それは長期化する征夷の主要な負担がどこに課せられていたかという問題である。城柵の軍制について先学が明らかにされたところによれば、[20]八世紀の奥羽の城柵では、城司の下に軍団兵士（陸奥国では六団一〇〇〇〇人が上限）が恒常的に置かれ、これを補完する鎮兵（同、上限は三八〇〇人）が坂東諸国などから徴発されていた。他の地域に比べて格段に大きな兵力を維持するために用いられたのは、奥羽両国の正税・公廨であり、特に鎮兵粮の財政負担の大きさは、八一五年（弘仁六）に「百姓苦㆑役無㆑過㆓鎮兵㆒。」（『類聚三代格』巻一八、弘仁六年八月二三日条）として陸奥国鎮兵制が一時的に廃止されたほどであった。以上より明らかなように、大規模な征夷行動のために人的・物的負担の多くを負うのは陸奥・出羽両国と坂東諸国の百姓＝「民」なのであり、当時の東北・関東地方における最大の矛盾はここに集中している。言い換えれば律令国家（具体的には奥羽国司・城司）対「民」の矛盾こそが常に基盤にあるのであって、この状況は九世紀半ばにおいても陸奥

「奥邑之民」が毎年のごとく国外へ流出し（八三六～八四〇年。第1節の事例14など）、八七九年の時点でも「国内黎氓。苦二来苛政一。三分之一。逃二入奥地一。所レ遺之民。承二数年之弊一。无二自存之方一。」（『日本三代実録』元慶三年三月二日条）と、基本的には変わるところがなかった。八・九世紀を通じて見られるこの矛盾は、直接的に「民」と「夷」が敵対するところから生み出されたものというよりは、まさに国家による「苛政」の果実である。

②それでは具体的な戦争の過程において、あるいはその直前・後の時期、「民」と「夷」が直接的に対決するような事態はどの程度あっただろうか。この点を考えるには、「夷」の軍事行動への加担のしかたを具体的に追究する必要があるが、第5章末に掲げた「八・九世紀蝦夷略年表」の反乱・戦争の項を見ると興味深い点に気付く。それは、東北地方における蝦夷・夷俘の軍事行動が、ほとんどの場合律令国家の在地支配を象徴する城柵、または人物（奥羽両国司・按察使や郡領）を最初から直接の攻撃対象に設定しており、近辺に散居する百姓のみを襲撃した例はほぼ皆無ということである。[21] 次の史料はこうした蝦夷の姿勢をよく表している。

蝦夷宇漢米公宇屈波宇等。忽率二徒族一。逃二還賊地一。差レ使喚レ之。不二肯来帰一。言曰。率二一二同族一。必侵二城柵一。（後略）

『続日本紀』宝亀元年八月己亥条

宇漢米公氏は同族の名が八・九世紀を通じて陸奥や近江などで確認でき、七九二年（延暦一一）には宇漢米公隠賀が「荒夷」を懐柔した功で勲一等を授けられていることから、国家にとっても無視しえぬ在地への影響力をもつ陸奥「夷」中の有力な氏であったと考えられる。ここでは宇屈波宇が何らかの理由で一族を率いて本来の居住地に引き揚げてしまい、召喚の使いに対して「必ずや城柵を侵すであろう」と不気味な返答をしている。彼らとの関係は不明であるが、その四年後（七七四年）に「三十八年戦争」の端緒となる海道蝦夷の反乱が起こり、この言葉と符合するかのように桃生城の西郭が破壊されている。他にも七八〇年（宝亀一一）の伊治公呰麻呂の反乱時には多賀城が略奪・焼亡され、八七八年（元慶二）に発生した九世紀最大の夷俘反乱＝「元慶戦争」では、最初から秋田城とその周辺の「公私舎宅」が主な攻撃対象となっている。[22]さらに詳しい分析を要するが、政治の極限的な形態である戦争の局面において、律令国家対「夷」の先鋭な敵対はあっても「民」と「夷」が直接的に対抗する状況は一貫して見られないこと、この点については少なくとも確認できるのではないか。

③以上のような観点に立つ場合、新たに二つの問題が生ずる。一つは「民」「夷」の対抗を本質的関係と見ないとすれば、当時の戦争の発生要因は何に求めるべきかという点であり、もう一つは「民」と「夷」の通常的な関係をいかに考えるかという点である。後者は本章全体の課題であるから、他の分析作業をすべて終えたところで改めて考えてみたい。また前者については、本節の副題に掲げた点、つまり「民」と「夷」ではなく「夷」と「夷」の矛盾という観点から、戦争の展開を具体的にとらえ直そうと思う。こうした見通しを立てる理由は、以下の現象を整合的に説明する道がここにあるかもしれないと考えるからである。すなわち、律令国家対「夷」の戦争でありながら、なぜ早々から積極的に国家側につき、同じ「夷」である賊軍と激しく闘う夷俘が出てくるのか。いったい彼らにとってこの戦争とは何だったのか。また八一〇年代に「三十八年戦争」が終結して以降も、陸奥・出羽両国司はなぜ確実にさらなる対立や紛争の火種になるような有力「夷」への叙位・饗給を、中央から度々譴責を受けながらも連綿と繰り返さざるをえなかったのか。しかもこの施策は第1節で検討した「民夷を論ぜず」行なわれる賑給と並行する。これらが反抗的な蝦夷や「夷」を懐化する目的で行なわれているとすれば、東北在地社会においては文屋朝臣綿麻呂の「三十八年戦争」終結宣言が行なわれた八一一年（弘仁二）以後も、戦争状態は形を変えて持続していたのではなかろうか――「夷」対「夷」の紛争という形で。これらの問題を併

表2　八・九世紀の蝦夷動向

年代	時期区分	キーワード
7世紀末～733年	北方変動期	靺鞨との関係変動、「北方支配体制」瓦解 海道への波及→海道反乱Ⅰ　「俘囚」出現
734～760年代	戦間期Ⅰ	「夷俘」留住政策　夷対夷の矛盾顕在化
770～781年	山海二道戦争	海道反乱Ⅱから山道反乱、胆沢戦争Ⅰに発展
783～788年	戦間期Ⅱ	「俘奴婢」　夷俘と王臣の結合
789～802年	胆沢戦争Ⅱ	大軍による殲滅策の限界　「俘軍」出現
803～810年	戦間期Ⅲ	「俘囚計帳」　夷俘の叙位任官増加
811年	奥地紛争Ⅰ	「奥地」はじめて注目　夷対俘の矛盾
812～835年	戦間期Ⅳ	「夷長」任命　「民夷不論」初出
836～841年	山道紛争	俘対俘の矛盾　「奥邑之民」流出
840年代	戦間期Ⅴ	「夷」の確立　百姓の俘改姓
850年代前半	奥地紛争Ⅱ	飢困による騒擾　俘囚「同種」で殺害
850年代後半～870年代半ば	戦間期Ⅵ	「民夷両立体制」確立　「富饒酋豪」出現
875～894年	元慶戦争	「秋田河以北」自立の提案　奥地紛争Ⅲへ
890年代後半～905年	戦間期Ⅶ	「民夷両立体制」維持（強化？）

せて考えてみたい。

さて、本書第5章末に載せた略年表は、八・九世紀の蝦夷の動向をとらえようとしたものである。以下これによりながら八世紀を中心に「夷」の動向を通観するが、便宜上表2のような時期区分を行なった。区分の軸となるのは、当該期の東北地方を特徴づける状況、すなわち断続的な大小規模の武力対決（反乱・戦争・紛争）(23)である。なお記事の典拠などはすべて略年表を参照されたい。

七世紀末から七三三年にかけての「北方変動期」は、八・九世紀における蝦夷の存在形態を支える、いわば外枠の原型が確立した重要な時期といえるだろう。東北南部から北海道にかけての広い範囲に分布する蝦夷の各集団に対して、七世紀以降、異文化を有する「粛慎」（沿海州一帯に盤踞する靺鞨諸部の一部(24)）の集団がしばしば接触するという事態が起こる。この関係は敵対関係に至ることもあり、七世紀後半に阿倍引田臣によって行なわれた東北経営の実態は、この粛慎と「蝦狄」（＝律令国家による日本海側に住む蝦夷の総称。八世紀前半のみ限定的に用いられる）との関係に介入して当地域の安定を確保し、さらに威信財として価値の高い羆の毛皮などの交易品を一定の交易規制のもとで入手する体制を築くことだったようである[25]。そのため、北海道西部・津軽・秋田などの拠点に、勲位をもつ「蝦狄」の有力者によって郡が設けられ、いち早く蝦夷戸口数の把握なども計画された。また日本海側の各城柵では、おそらく「粛慎」対「蝦狄」・律令国家の戦闘などにより捕虜となった蝦夷・「粛慎」と考えられる「蝦虜」「俘人」を編成し、また有力な「柵養蝦夷」も存在した（『日本書紀』斉明紀[26]）。こうした律令国家による列島北方地域の管轄システムを仮に「北方支配体制」と呼んでおきたい。

この体制は七二〇年代までは一定の機能を果たしたが、七一〇年前後から「蝦狄」の活動が活発化することによって瓦解に向かう。七〇九年（和銅二）には越後・陸奥で蝦夷の反乱が連動的に発生し、また七一五年（霊亀元）には「狄徒」を恐れるという理由で香河村に、また昆布の貢献の便宜をはかるとの理由で閉伊村（陸奥中部の海岸地域、図1参照）に、それぞれ蝦夷による建郡が行なわれている。注目すべきは、「蝦狄」とこれら「陸奥蝦夷」＝太平洋側の蝦夷との関係が、八世紀初頭の時点ですでに対抗と連動の両面をもつような密接なものとして現れていることである。まさに律令国家に自ら従う「夷」対「狄」の矛盾をはらんだ関係の成立といえるが、その背景に右に見たような鞅鞨の動向に起因する東北北部地域の緊張があったことを強調したい[27]。また七二〇年代には北上川下流域に住む「海道蝦夷」の反乱（海道反乱Ⅰ）が発生し、按察使や陸奥国司が殺害されている。従来この事件は陸奥・出羽を管轄する広域行政区の設置、大崎平野における大量移民―建郡と関連づけて理解されてきたが[28]、もう一つの背景としてこのような北方に起因する政治的関係があった点を考慮する必要がある。七三三年（天平五）一二月の出羽柵の秋田村への北上は、逆に北海道西部までも管轄域に収めていた「北方支配体制」の縮小・崩壊を意味するが[29]、この時期に形成された「蝦狄」と「陸奥蝦夷」との関係は、以後も七七〇年代

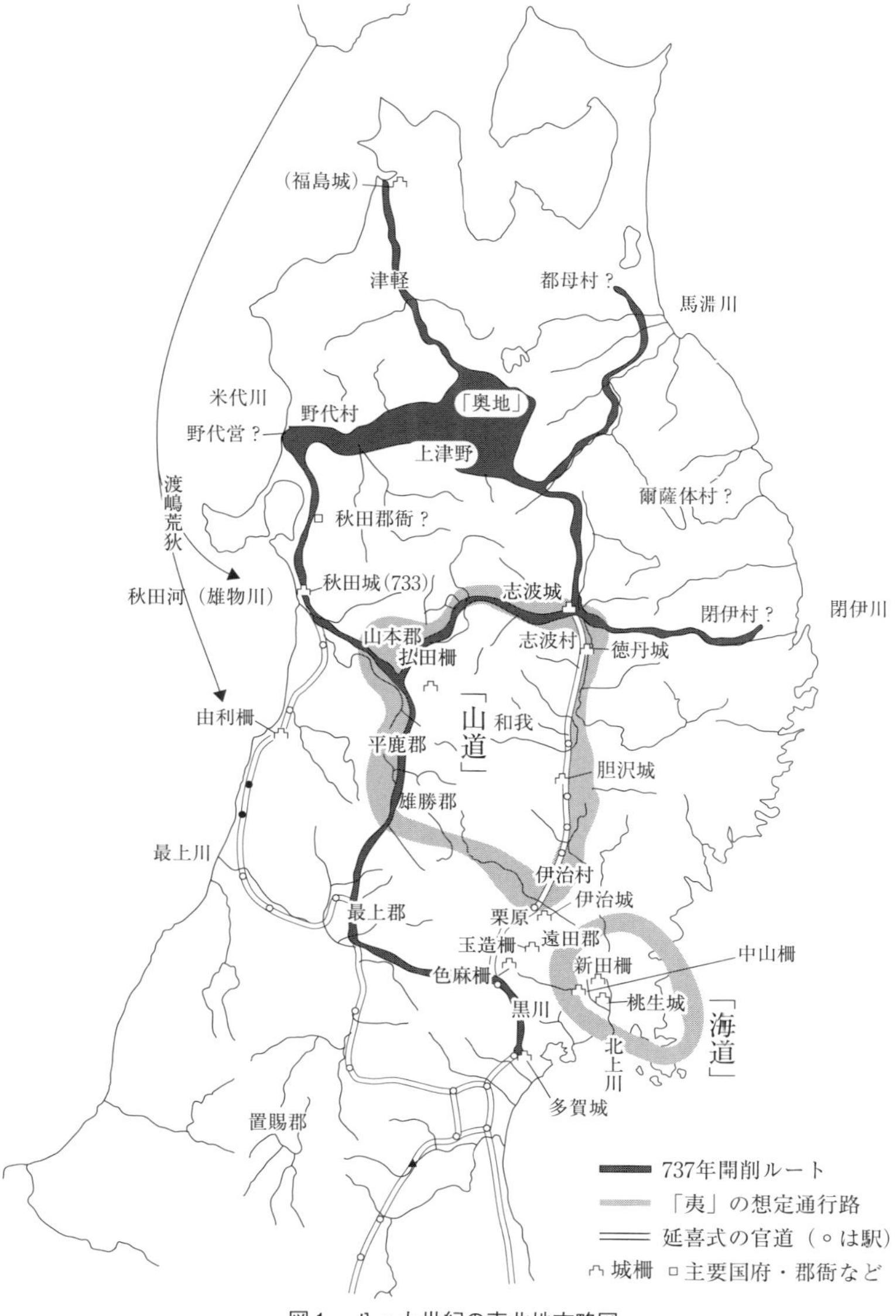

図1　八・九世紀の東北地方略図

の「山道蝦夷」（後述）と「海道蝦夷」の反乱における連携、九世紀代の渡嶋・出羽狄と津軽・陸奥夷の対抗などの形で再生産されてゆく。

さて、七二〇年代には蝦夷の捕虜＝「俘囚」が初めて独自の身分として出現し、七三〇年には自ら律令国家に従うことを申請する農耕民の蝦夷＝「田夷」が現れた。以後、史料中に「蝦夷」の語が急速に使用されなくなり、俘囚・夷が一般的な呼称となる。(30) 俘囚は当初、西海道や畿内など、故地を遠く離れた地域に移配され、また朝廷に送られ官司に隷した者のなかには賤とされた例もある（七七六年）など、本来の語義通りの捕虜としての扱いを受けたが、(31) 戦間期Ⅰ（七三四～七六〇年代）には帰降した「夷俘」＝夷（田夷もこの一類）・俘囚の当土留住政策が実施されるようになる。この推移は、先学が強調してきたように在地の有力豪族である彼らの財力及び兵力を利用した辺境防衛体制への転換を意味するが、これを律令国家による一方的な強制に蝦夷側がやむなく従ったものと断じる根拠はないように思う。七三七年（天平九）の大野朝臣東人による多賀柵から出羽柵に抜ける直通ルートの開削には、田夷遠田郡（山海二道の中間に位置する郡）の郡領遠田君雄人、帰服狄の和我君計安塁が先発隊として不安定な山海二道の慰撫を行なうという重大な任務を負っており、さらに開削事業には帰服狄二四九人が加わっている。また山海二道戦争（七七〇～七八一年）においては荒廃している秋田城・由利柵の補修を自ら申し出る「狄志良須俘囚宇奈古」があり（七八〇年）、すでにして彼ら夷俘の積極的な協力が確保できなければ、在地支配を遂行すること自体困難であった。

さらに、戦間期Ⅱ（七八二～七八八年）の段階になると、王臣百姓と個別的な交易を行なう夷俘が現れる（七八七年）。そこでの「夷」側の交易品目に馬とともに「俘奴婢」（俘囚出自をもつ奴婢か）が含まれている点は極めて重要である。これはまさしく国家と蝦夷との、あるいは「夷」相互の紛争の結果生み出されたものであり、農耕具を作るための鉄を入手する代わりに奴婢を売却するという水準に「夷」の社会構成が達していたことを明瞭に示す事例である。[32] こうして蝦夷に出自をもつ「夷」は、在地に自らの権力を扶植しつつ、律令国家の東北経営において不動の位置を占めるに至った。

しかし他方で、国家から与えられた地位である夷・俘囚の境遇に満足できず、積極的に公民化を進める蝦夷もまた八世紀後半には増加する。牡鹿郡出身の道嶋宿禰嶋足の肝煎りによる七七〇年前後の俘囚改姓は、一度に四〇〇〇人近くが公民的な姓に一斉に改めるという大規模なものであった。また「海道」と「山道」の間に位置する遠田君押人（天平九年の雄人と同族か）も、「田夷之姓」を改め遠田臣と名乗ることを許されている（七九〇年）。この正反対の状況が示すのは、「夷」という新しい自他認識の型をめぐって、蝦夷の間で深刻な齟齬と対立が生じており、しかもその主体的な選択が律令国家や他の蝦夷との政治的関係を（一時的にせよ）決める場合があったということである。七八〇年に伊治公呰麻呂が道嶋大楯に「毎淩二侮呰麻呂一。以二夷俘一遇焉。」を理由として反乱を起こしたことは、その端的な例といえるだろう。

右の傾向は、賊帥「夷」阿弖流為が活躍した胆沢戦争Ⅱ（七八九〜八〇二年）期以降ますます強まる。この戦争の主な舞台は北上川中流域に点在する志波・胆沢・伊治等の蝦夷村・郡であるが、国家は常に後背地である出羽国平鹿・雄勝などの郡の動静を注視している。「山海二道戦争」期の陸奥蝦夷と出羽狄の連動なども考慮に入れると、史料に現れる「山道蝦夷」の実態は、奥羽山脈を中心としてその両側にまたがる陸奥・出羽蝦夷を指す可能性があるように思う（図1参照）。この地は律令国家の蝦夷征討の主要目標となる地域であり、いわば蝦夷支配の矛盾が最も集中する場であるため、征討軍側につくか反乱軍に加担するかをめぐって「夷」対「夷」の厳しい対抗関係が見られた（七九二年一月の「斯波村夷」対「伊治村俘」など）。また陸奥・出羽両国においても、有力な

「夷」を味方としておくために威儀を正して迎え（同年七月）、国司の判断により叙位・饗給を行なうなどの努力を惜しまない。七九九年（延暦一八）に停止されている出羽国「山夷禄」は出羽国側に属する「山道蝦夷」への定例的な禄物支給だったのではないだろうか[33]。

こうして、八世紀後半までに成立した有力「夷」と国司との妥協による奥羽両国の運営形式は、九世紀以降制度化され、さらに安定した形で進められることとなった。まず禄（俘囚料・夷俘料や賑給料）支給などの台帳となる「俘囚計帳」が作成され、すでに作られていた蝦夷爵をもつ「夷」の位記とともに、律令国家と恒常的な関係のある「夷」の実数・名前が把握され、これが蝦夷側からの改姓申請の根拠ともなった。また「夷」のなかから統括者としての「夷長」（管見の限り奥羽に「俘囚長」はいない）が選出され、日常的な「夷」間の問題を処理した。そして未服蝦夷との戦争の際には、夷俘の私兵である「俘軍」が征夷軍の主力をなす。従って有力な「夷」はここに至り、「夷」・公民の混住する両国諸郡、あるいは未服蝦夷と「夷」の雑居地域において、蝦夷に関する行政権の大半と軍事権の両方を掌握し、律令国家の東北在地支配体制における主導者となったといえるだろう。

ところが、「夷」をその境遇に止めるだけの規制力はないに等しく、彼らの国家への帰趨は九世紀を通じて極めて不安定であった。とりわけ陸奥・出羽両国の「奥地」として史料に現れる地域（ここでは米代川流域を中心とする大館・鷹巣盆地、馬瀬川流域一帯か。図1参照）では、奥地紛争Ⅰ（八一一年）、Ⅱ（八五〇年代前半）が発生しており、Ⅱ期には「奥地俘囚」が「同種」で殺傷し合う状況であった（八五五年）。律令国家はもはやこれを強圧的に武力をもって抑えることができず、鎮兵を境界に駐屯させて動向をうかがうのみである。また元慶戦争（八七五～八九四年）は、当初国家への反乱という形で開始しながら、「夷」対「夷」の対抗が激化した結果、賊軍が瓦解して休戦となった。国家支配の末端を担う勢力が、反乱にも容易に加担する。これが九世紀における「夷」の実質であり、前節で分析した「民夷」の区別ない賑給とは、まさにこうした状況下で行なわれた施策だったのである。

おわりに

本章での考察結果を簡略にまとめておく。

①「民」と「夷」とを隔てなく饗給の対象とする政策は、両者の融和を意図したものではなく、両者がともに在地秩序を支えることを公式に確認するものであった。九世紀以降、自ら「夷」であることを標榜する者があとを絶たないのは、すでにこの時点で「夷」の出自が社会的に認知され、いわば在地有力者のステータスと化していたためと考えられる。彼らにとって「夷」の出自は、ここに至ってはもはや恥じるべきことではなかった（改姓要請記事の消失）。従って当該地域社会に限っていうならば、小帝国構造の解体による「夷狄」消滅（石上英一氏）などという事態はなく、むしろ逆にこれ以後「夷狄」であることが蝦夷の自己意識の核となると考えうる。

②八・九世紀における当該地域支配の一貫した方針を一言で表現するなら、「夷」への軍事的圧迫ではなく、「夷俘間バランスの安定化」であるといえる。八世紀末以降、夷俘の私兵は征夷軍の枢要な一角を構成し、しかも戦局の転換をもたらす重大な役割を担っていたこと、また交通路の開削や、桃生・伊治・秋田城などの城郭造営や維持にも、有力「夷」の労力や経費提供が不可欠であった。言い換えれば、国家は夷俘なしにこの地域の秩序を維持することはできなかった。これこそ「国家による蝦夷支配」の実質である。

③国家がこうした政策に踏み切った背景には、慢性化した戦争状態のなかで公民百姓が疲弊し、陸奥「奥郡」

へ逃亡する者も増加した結果、兵制を支える物的・人的基盤が崩壊したことにより、実質的な軍事力の大半を夷俘の私兵（俘軍）に求めざるをえない現実があった。しかし蝦夷側に視点を置けば、その転換は七五八年（天平宝字二）の夷俘在地留住開始以降、戦争状況のなかで徐々に進められてきたものであり、八一一年（弘仁二）の戦争終結後に初めて可能となった施策ではない。従って戦争の終焉に伴い、中央主導の征夷から陸奥出羽両国への委任支配へ、という政策基調の急激な転換があったとする通説の理解は、在地における「夷」を基盤とした秩序構築の連続面を過小評価したものといわざるをえない。

④以上より、東北・北海道地域における主要な政治的関係は「夷」対「民」ではなく、「夷」対「夷」の関係であった。公民と蝦夷の間の境界線を主導的に引いたのは、「夷」であったと考えるべきである。

以上、論じ残した問題も多いが、この視点をもとにしてさらに検討を進めていきたい。

【第6章　注】

（1）たとえば今泉隆雄「律令国家とエミシ」（『新版古代の日本』第九巻、角川書店、一九九二年）は、古墳や土器の分布、アイヌ語地名などに注目し、生業によって蝦夷を狩・猟エミシ、海人エミシ、稲作エミシに分類した上で、史料上で蝦夷が「異類」などと表現された例を挙げ、「律令国家のこのようなエミシ異「種族」観は、中国の中華思想による文飾だけとはいえず、前にみたエミシの生業と文化に関する公民との相違が基礎となっており、国家のエミシ政策の根底をなしていた。」（一七三頁）と述べる。

（2）石母田正「日本古代における国際意識について―古代貴族の場合―」（初出一九六二年。同著作集第四巻、岩波書店、一九八九年所収）。伊藤循氏は、蝦夷・公民間の本来的な文化的差異を重視する見解に対して、いち早く大和王権の支配下に組織された地域間でもかなりの文化的差異が認められるとして、律令国家による政治的イデオロギーの反映がこうした差異を生んでいる点を考えるべきであると批判し、次のように述べる（「蝦夷と隼人はどこが違うか」、『争点日本の歴史』第三巻、新人物往来社、一九八九年）。

古代国家の設定した蝦夷・隼人の枠組みをとり去ってしまったら、東北や南九州の古代人をまとめる政治的結合は存在しえなかった。蝦夷・隼人をそれぞれ一つのものとして実態化することと、蝦夷・隼人を非和人とすることとは、ともに古代国家の蝦夷・隼人に対するイデオロギーの枠のなかでの論理展開であり、客観性を欠いたとらえ方といわねばならない。（六二一〜六二三頁）

（3）夷俘と蝦夷や俘囚の関係をいかに理解するかに関しては、すでに俘囚の吉弥侯部姓と夷俘の姓を比較したり、陸奥・出羽両国における分布状況から地域性を追究するなど、多くの論がある。私は「夷俘」自体が特定の身分呼称であると考えるより、「夷」と「俘囚」とを同じく蝦夷に出自をもつ服属者として一括的に呼ぶ場合の集合呼称と見る方が適切ではないかと思う。語順が逆転している「俘夷」等という表記が九世紀に現れる（事例21）ことも裏付けとなろう。このように考えるので、本節で取り上げる九世紀初頭以降の「夷」と蝦夷一般とを無限定に同一の実体と見る通説にはよらない。この時点でなお、律令国家との関係を基本的にもたない蝦夷が「奥地」（第2節参照）以北の地域には多くおり、反乱記事中の「蝦夷」にはこうした未服蝦夷の一部が常に含まれていた可能性が高いと考えている。

右の見解はかつて平川南氏が示されたものに近い（「俘囚と夷俘」、青木和夫先生還暦記念会編『日本古代の政治と文化』、吉川弘文館、一九八七年、二八七頁）。ただ、姓秩序の上で公姓を有する夷俘（本章のいうところの「夷」）が、部姓・某姓を負う俘囚より上位に位置づけられた、などとされる点には直ちに従えない。「夷」と「俘囚」とが姓の尊卑をめぐって争ったような事例は管見の限り見られず、両者が一律に従う序列はおそらくなかったと思われる。また両者の差に関して、これを本貫地や服属した時期の違いによって複雑に説明する論が多く見られるが、むしろ彼らと律令国家との支配隷属関係が成立した当初の存在形態の差による名付けであると考えれば説明がつくのではないか。つまり、国家に武力をもって敵対し、あるいは反抗勢力に合力するなどして敗れ、捕虜になり服属したという実経験、あるいは父祖がそれを機に国家に従ったという譜第的な歴史認識を有する者が「俘囚」であり、田「夷」あるいは蝦夷郡領のように、そうした経験がなくはじめから何らかの目的をもって国家への服属を自ら申請し、許された者が「夷」姓や蝦夷爵などをもつ「夷」であって、蝦夷から夷俘になる具体的なプロセスや服属の度合いなどは一律には説明できず、個々の例によって異なると理解する。両者の共通項は、国家から見て当面服属の形をとっている「元」蝦夷である、という一点のみであろう。

こうした視点からすれば、従来「俘囚」と「夷俘」との顕著な相違点としてしばしば指摘されている集団規模の差、すなわち「俘囚」が服属者個人のみ、もしくはその家族十数人程度を単位として移配される例が多いのに比べ、現地に留置される「夷俘」の集団規模がはるかに大きくなる点についても、基盤となる勢力の大きさが異なることの反映などではなく、当初の服属のしかたが異なるためであると考えうる。つまり、反抗勢力からリーダー格の蝦夷のみを選んで遠方に隔離する施策の結果、「俘囚」の移配単位が小さくなったのに比べ、自ら積極的に律令国家の庇護下に置かれることを請うた「夷」に対しては、国司・鎮守府がその「夷」の率いる集団全体について饗給や勧農を行なわねばならないため、相対的に規模が大きくなった。このように理解できる。

なお「俘囚」「夷」身分は基本的に子孫へと継承されるものと思われ、改姓を申請して公民になるか、逆に反乱を起こして姓や官位などを剥奪されるかという道を選択しない限り、夷俘の子は夷俘と認識されていただろう。この点は史料中に宇漢米公、爾散南公など、同姓の夷の有力者が世代を重ねて現れることからもわかる。熊谷公男「九世紀奥郡騒乱の歴史的意義」（虎尾俊哉編『律令国家の地方支配』、吉川弘文館、一九九五年）には宇漢米公・爾散南公両氏の年表が掲げられており、有益である。

（4）征夷大将軍坂上大宿禰田村麻呂の第四子。若くして家風に慣れ「武芸絶倫」であり、特に騎射では「天下騎射抜群之士廿人」にも選ばれた。陸奥との関係は二七歳の時、下総国匝瑳郡を本貫とする物部匝瑳連（承和二年に改姓して匝瑳宿禰）、陸奥国田村郡三春出身と思われる御春朝臣と、在地豪族化した移住者が当時連続して務めていた鎮守将軍に任じられて以来のことである。坂上氏として鎮守将軍となったのは祖父苅田麻呂（神護景雲四年）に次いで二人目であり、以後も陸奥介（弘仁一一年）、陸奥出羽按察使（天長一〇年）を歴任する。

（5）事例17では三宗の行政手腕が「辺を撫するに方あり、胆略著聞」と評されている。

（6）平川南「東北大戦争時代―東北の動乱―」（『古代の地方史』第六巻、朝倉書店、一九七八年）一八七～一九〇頁。
（7）この点はすでに今泉隆雄前掲1に指摘がある。
（8）鈴木拓也「陸奥・出羽の調庸と蝦夷の饗給」（初出一九九六年。同『古代東北の支配構造』、吉川弘文館、一九九九年所収）。
（9）寺内浩「律令制支配と賑給」（『日本史研究』二四一、一九八一年）。
（10）古垣玲「蝦夷・俘囚と夷俘」（『川内古代史論集』四、一九八八年）二六頁。
（11）熊谷公男前掲3、二〇六～二〇七頁。
（12）第2節で触れるが、すでに八世紀最末期（七九二年）出羽南部において「狄田」が営まれていたことがわかる。また八二八年（天長五）には、豊後・豊前の俘囚がそれぞれ三〇〇人を越える百姓に酒食あるいは稲を輸し、叙位されている。九世紀にはこのように、各地で公民化せず「夷（狄）」のまま租免の水田を耕作する例は多かったと思われる。基本的に農耕民である彼らにとって、賑給は確かに再生産の補助となったであろうが、本節で見たようにもはや公民でなくともその対象になることがはっきりしている以上、賑給の実施が即、調庸民化あるいは編戸民化のプロセスにはならないことは明白である。また賑給が契機となって夷俘の改賜姓例が急激に増加したなどということも、史料上特に確認できない。
（13）ここでは主に熊谷公男氏の所説を念頭に置いている（前掲3他）。
（14）「東北大戦争」の語は平川南氏が使われている（前掲6）。また「三十八年戦争」は文屋朝臣綿麻呂の奏言中に見られる語句（『日本後紀』弘仁二年閏一二月一一日条）によるものであり、近年の主要な学説の多くがこの表現を用いている。代表的な例としては熊谷公男「平安初期における征夷の終焉と蝦夷支配の変質」（『東北文化研究所紀要』二四、一九九二年）、伊藤循「古代国家の蝦夷支配」（鈴木靖民編『古代蝦夷の世界と交流』、名著出版、一九九六年）が挙げられる。ただ、ここでの「三十八年」という区切りは文屋朝臣綿麻呂の個人的回顧中の文言であり、ここには長年の戦争を終結させた功績を自らのものとする彼自身の戦争観が明らかに反映している。しかしどういう状態を戦争と想定するかによって、その範囲や期間は変わるものであり、私は以下述べるように必ずしも綿麻呂のいう宝亀五年（七七四）から弘仁二年（八一一）までの「三十八年間」を戦争の一区切りとは考えないので、本文中では先学の見解について述べる時以外、この語句は用いないこととする。

(15) 高橋富雄『蝦夷』（吉川弘文館、一九六三年）の三章「蝦夷征伐」4節「武装植民」を参照。

(16) 熊谷公男前掲14、六頁。

(17) 熊田亮介「蝦夷と古代国家」（初出一九九二年。同『古代国家と東北』、吉川弘文館、二〇〇三年所収）は、「三十八年戦争」以降、東北北部地域において「七・八世紀を中心に城柵—蝦夷村」という形の政治的編成が行なわれるようになり、さらにその外部に位置して村に編成されない津軽・渡嶋蝦夷もまた、朝貢制支配のもとに置かれていたとする（一二一～一三頁）。

(18) 熊谷公男前掲14、一七頁。

(19) 熊谷公男前掲3。

(20) 今泉隆雄前掲1、一八一～一八五頁。

(21) 例外として八七五年（貞観一七）に発生した「渡嶋荒狄」の出羽国二郡百姓二一人の殺害事件があるが、これは七世紀以来断続的に行なわれている渡嶋狄と秋田城司・百姓との交易に関係があるか、または渡嶋狄の背後にある靺鞨集団の動向と関わるかのどちらかであろうが、現在のところ成案はない。なお、本文のようなあり方は、関東地方に移配された俘囚の末裔の一部が群盗化している例（八七〇・八八三年の上総国夷俘、八七五年下総国俘囚など）と極めて対照的であり、この点も移配の実態を考える上で示唆に富む。

(22) この事件については本書第7章を参照されたい。

(23) ここでは、蝦夷の側から律令国家に敵対するアクションを起こしたものを「反乱」、蝦夷・国家双方が出兵して広域で長期間にわたって断続的な戦闘を行なうものを「戦争」、蝦夷対蝦夷の地域紛争を「紛争」と便宜的に呼び分けておくこととする。

(24) 若月義小氏はこの「粛慎」（アシハセ）の実体を、『新唐書』北狄伝などに現れる莫曳（皆）靺鞨＝莫設靺鞨とされ、従来サハリン北部などと考えられてきたその住域を、サハリン南部から北海道北東部地域に比定された（「北東アジア国際関係史における列島北部地域の実像―七・八世紀を中心に―」、『京都経済短期大学論集』三―二、一九九六年）。私は現在において最も整合性のある理解と考える。本書第8章を参照のこと。

(25) 若月義小同前論文。

(26)『日本書紀』斉明四年秋七月甲申条には、朝貢を行なった二〇〇人の蝦夷のうち、「柵養蝦夷二人」に位一階を授く、とある。この時には同時に渟代郡や津軽郡の蝦夷郡領や、都岐沙羅柵・渟足柵の柵造も叙位（一ないし二階）の対象とされており、この点を見る限り「柵養蝦夷」と同列の扱いである。従って「柵養蝦夷」を「柵に養われる」という語感から後の俘囚などと同質の存在とするのは問題であり、むしろ柵の設置に際して柵造を補佐する功のあった有力な蝦夷と考えるべきであろう。「柵養」は残念ながら管見では他に類例なく確かめる術もないが、九世紀後半の元慶戦争における「義従俘囚」（『日本三代実録』元慶二年一〇月一二日条）が律令国家に「義によって従った」俘囚という意味の称号であった点を想起するならば、この表現も「柵を養う」功を挙げた蝦夷、という個人的・臨時的な称号であって官制ではなく、だからこそこの一例しか残らなかったという解釈もありうるのではないか。字は異なるが、陸奥国優嶂曇郡の「城養蝦夷脂利古が男、麻呂と鐵折」（持統三年正月丙辰条）もこれであろう。

(27) 七一二年（和銅五）には出羽国が設置されるが、「蝦狄」が「皇民」を脅かすことがその理由に挙げられている（表1の1）。

(28) 虎尾俊哉「律令国家の奥羽経営」（初出一九七八年。同『古代東北と律令法』、吉川弘文館、一九九五年所収）。

(29) 若月義小前掲24。

(30) このことは、七世紀後半において蝦夷を国家的身分秩序に位置づけてゆく現実的な過程が計画的なものというよりは、むしろ偶然に左右される流動的なものであった可能性が高いことを示唆する。蝦夷から公民への一律的な「身分的上昇」をアプリオリに想定し、その過渡的階梯として俘囚を位置づける石母田正氏以来の論があるが、こうした「身分的上昇」は、俘囚という律令国家・蝦夷間の新たな交通関係が出現した八世紀半ば以降、初めて意識されたものであり、いまだ俘囚の存在しない律令国家形成段階から一貫しているような静態的な観念ではない点、注意が必要と思われる。

（31）石母田正「古代の身分秩序」（初出一九六三年。同著作集第四巻、岩波書店、一九八九年所収）。

（32）このことは急激に蝦夷社会の階層化がこの時期に進んだことを必ずしも意味しない。考古学の成果を参照すれば、北上川流域において急速に農耕が定着するのは七世紀のことであり、八世紀は蝦夷の社会編成において七世紀代や九世紀以降ほどの変動は見られないようである（辻秀人「蝦夷と呼ばれた社会」、鈴木靖民編『古代蝦夷の世界と交流』、名著出版、一九九六年）。むしろ律令国家側が田夷の存在や本章で想定した事態から、七世紀以来の蝦夷社会における農耕化の進展について、遅蒔きながら知ったのがこの時期であると考えるべきであろう。

（33）なお、「山夷」を通説のごとく「狩猟民のエミシ」などと考えず、本章のように考えると、七九二年（延暦一一）に出羽国平鹿郡の狄田租が永免になっていることと「山夷禄」停止を関連づけることも可能である。

附記

本章の主張について、児島恭子氏から次のようなご批判を頂いた（『アイヌ民族史の研究―蝦夷・アイヌ観の歴史的変遷―』、吉川弘文館、二〇〇三年）。

まず律令国家が東北地方の住民を「夷狄」として把握したことは、彼らの文化的実体とは無関係であり、律令国家側の支配領域を反映したに過ぎぬという。また「夷狄」観念が当の蝦夷において定着する際、民か夷かの区分決定に蝦夷が関わることはありえないと主張される。この前提には、地域における肯定的な自己認識としては強勢者を意味する「エミシ」から転化した「エビス」があり、「夷」の観念はマイナスのイメージのみを付与されて民衆から拒絶されているという理解があるようである。

当該地域において、蝦夷・俘囚における自他認識を直に示すような史料が皆無に等しい以上、律令国家の官司・貴族の残した文献史料を用いてそれを想定する他ない。本章のもととなる論考において私が行なったのは、蝦夷と公民を対比するかのような表現「不ㇾ論二民夷一」の意味するところを、賑給や戦争など、それぞれの局面における対応との関係で整理することであり、忌むべき被差別的境遇であったはずの「夷俘」が、蝦夷村や近夷郡を支配する蝦夷出自の有力者における政治的地位（ステータス）へと転化していると考えるに至った。先行研究は、夷狄を「民族」的異文化集団としての実体があるものととらえる場合も、児島氏のように辺境の住民であり国家による観念を付与されたと考える場合も、夷狄＝被差別民（身分）という前提に関しては疑わない点で共通している。しかしそれでは、この変化がなぜ起こり、蝦夷社会にどう作用したかを説明できないのではないか。

私見はこの前提自体に疑義を呈し、「夷狄」観も具体的状況に応じて変容すること、その変化は国家による必要に応じて一方的に起こるのではなく、断続的に国家との戦争状態が継続する状況のなかで、当事者たる蝦夷や隼人らの主体的な活動の結果であると考えている。それは彼らにとって切実なことであり、たとえば九世紀初頭の夷俘呼称による差別問題（弘仁五年十二月一日官符）などは、夷俘の生活する地域にまで、夷俘を名乗る住民を異質な存在として区別・排除する意識が広がっていたことを明瞭に示している。国家の一方的喧伝のみでは、こうした問題は起きない。このような状況にあった九世紀の東北地域社会において、「夷長」に選出されて支配し、戦時には「俘軍」を率いる夷俘が現れ、賑給の際には「夷狄」身分として「公民」と同額の饗給を「不ㇾ論二民夷一」で受けている。これまで強調されてきた、虐げられた被差別民的なイメージから程遠い境遇だが、それでも彼らの多くは改姓要求もせず、吉弥候部のような俘囚名を堂々と名乗り続ける。「夷狄」が被差別的なアイデンティティの強制であり続けるなら、こうした事態は起こらないであろう。そうした歴史的基盤の上に、奥州藤原氏の自称「東夷之遠酋」「俘囚之上頭」が登場するのである（起草者の観念を檀越である藤原氏が受け容れ、名乗っている）。「夷狄」の生活空間の絶え間ない変容のなかで、意味内容も変わる。その当事者の視点を、基本的に官辺の史料しかない状況でいかにして考察に組み込み、理解するかが重要であろう。それはもはや蝦夷が異民族か辺民かといった、単純素朴な問題ではない。

エミシ観念は確かに古代国家の生み出したものである。しかしそのように呼ばれる当事者の受容なしに、この観念は維持・変容されることはないと考える。

図1・表1・表2　田中聡「民夷を論ぜず―九世紀の蝦夷認識―」（立命館史学会『立命館史学』一八、一九九七年）をもとに作成。

第7章　元慶戦争の歴史的意義

はじめに

元慶二年（八七八）三月、出羽国の秋田城が夷俘の大軍の攻撃によって焼き尽くされ、その鎮圧に向かった征討軍も壊滅状態に陥るという未曾有の反乱事件が起こった。いわゆる〝元慶の乱〟である。事件に関する『日本三代実録』（以下、『実録』と略記）等の記述は詳細であり、在地社会の状況を伝える史料が不足する九世紀後半にあって、例外的に多くの情報が残存している貴重な例としてこれまで注目され、在地土豪層の動向・地方軍制の再編過程・良吏の施政・王臣諸家の地方交易の実態などを考える上で重要な論点を提供してきた。

この事件について言及する諸説は、事件の歴史的意義に関して次のような理解を共有している。すなわち、〝元慶の乱〟とは日本列島の東北辺境地域に盤踞して律令国家成立期に「夷狄」として把握された蝦夷が、律令制支配に対して起こした最後の抵抗行動であり、列島各地で九世紀後半から一〇世紀前半にかけて広範に展開した「反国衙闘争[1]」の一例に数えることができる。事態の推移のなかで律令国家の地方支配体制、就中軍制の弱体化が露呈したことにより、九世紀初め以来進んでいた当地域での支配体制再編に拍車がかかり、事件以前に比べて統制はより強化された[2]。またこの反乱に敗北した蝦夷側では内国化＝公民化が進み、結果として古代的「夷狄」世界は消滅に向かうというものである[3]。ここに見られるのは、蝦夷を律令国家によって「王民共同体」の外部に位置する「夷狄」の一種として[4]把握された辺境の被支配者集団ととらえる視角である。言い換えるなら「夷狄」を、律令国家が周辺社会に対して観念的・実質的な一種の〈境界〉を一方的・強制的に設定した結果、新たに生み出された疑似民族的集団[5]ととらえ、これを政治的支配に利用した国家側の視点に立ってその政策意図を論じてきた。この視点に立てば、彼らの反乱は基本的には苛酷な支配に対するリアクションでしかなく、また「夷狄」そのものが古代貴族によって創作された観念に過ぎないのであるから、支配形態の変質によってたやすく消滅することとなる。

だがはたしてこのような認識は妥当といえるだろうか。蝦夷集団が、政治的交通の極限形態である軍事行動＝戦争を国家との対抗手段として選択しうるということは、それだけの社会結合・統制を実現する政治権力が、蝦夷社会において形成されていた証左である。また戦争の終結後に東北中・北部において勢力を保持した安倍氏・奥州藤原氏が「夷俘」出自を公言したことを見れば、当の蝦夷社会において「夷狄」観念がまさに在地化し、根強く生き続けていることがわかる。しかしこうした点についてはこれまでほとんど等閑視されている。当事者たる蝦夷にとって「夷狄」化とは何だったたか、という根本的な視点が欠落してきたといえるのではないか。

本章ではこの事件を律令国家側対出羽夷俘側との戦争であったとみなす立場から、〝元慶戦争〟と呼び、関連史料に検討を加えて経過を復元し、その歴史的意義を考察することを通して、日本古代における「夷狄」生成の意味を具体的に問うことを試みる。

第1節　研究史と分析視角

九世紀の東北地方史を論じた論考のなかで元慶戦争に言及したものは数多いが、事件に関する専論は意外に少ない。本章ではそれらが提示した論点を整理し、考察を必要とする問題点を明確にしたい。この〝戦争〟についての通説的理解は次のようである。すなわち、夷俘は秋田城司良岑近による数年来の苛政に対して、鬱積した不満を武装蜂起の形で爆発させた。反乱開始（四月）から六月にかけて、賊軍の勢いは陸奥・出羽両国の兵五〇〇〇人を圧倒していたが、七月に入って「名吏」と謳われた藤原保則が出羽権介として着任して以後、軍の再建、津軽・渡嶋蝦夷の帰順が進む。やがて八月末には賊三〇〇余が秋田城下に降伏し、九月には官軍の別働隊として鹿角地方に入っていた小野春風一行が賊首七名を伴い秋田営へと帰着して、戦争は終結した、とするものである。

右は概説書や辞典等に見られる一般的な説明であり、諸説は〝戦争〟発生の歴史的背景や終結の原因については微妙に見解を異にするものの、事件の経過については概ねこれに従っている。こうした通説のもととなったのが、高橋富雄・新野直吉氏らの見解である(6)。両氏はこの事件に関する『実録』や三善清行撰『藤原保則伝』（以下、『保則伝』と略記）の該当記事を網羅して、かなり複雑な経過を辿る〝戦争〟の推移を整理・復元し、史料中に現れる「村」の名称から賊軍に与する在地勢力の地域的広がりを具体的に明らかにして、この問題についての研究の基礎を築いた。その分析視角の特徴は、〝戦争〟における情勢の急変（賊側の圧倒的優勢から一転して賊の降伏へ）を、秋田城司の悪政から「良吏」藤原保則の善政へという地方政治の刷新に伴う直接的変化であるととらえる点である。〝戦争〟の主因は、国守良岑近らの夷俘に対する過酷な収奪が夷俘側の反発を招いたことであり、出羽国の鎮兵体制がすでに崩壊していたことが事態をさらに悪化させ、事件の長期化につながったが、これらの悪条件は藤原保則の政治的手腕によって徐々に解消されていった。要するに事件の動向を左右したのは現地の施政者の力量の差であり、当事者たる夷俘の行動には特別の政治的意図が認められないことから見て、元慶戦争はつまるところ国守の施政に対する夷俘側の偶発的反抗に過ぎないと評価されている。

しかしこうした見方には疑問がある。その第一は、施政の善し悪しを〝戦争〟の発生・終結を規定する根本の要因とみなしうるかどうかである。平安中期の中央貴族層にとって、藤原朝臣保則が理想的な地方行政官であったことはすでに先学の指摘するところだが[7]、『実録』の記事によると事態は保則がその手腕を発揮するよりも早いペースで刻々と変化しており、次節で見るように彼自身が下しえた主な指令とは、現地着任直後の近郡への饗給と、賊降伏後の鎮兵体制再編についての施策のみである。これを見る限り保則が動向を左右するような抜本的対策を講じているとはいいがたい。むしろ現地の情勢の変動こそが、強攻策でなく暫定的な安定策をとることを余儀なくさせたのである。その点を考慮せずに事件の解決を保則という個人の力量に帰してしまうことは、この〝戦争〟に対する超歴史的な評価につながりかねない。

疑問点の第二は史料の扱いについてである。通説の〝良吏〟保則のイメージを創る上で決定的な影響を与えているのは『保則伝』であるが、そこでの〝戦争〟の経過に関する記述を見ると（表1）、『実録』の該当箇所では複雑な経過を辿ったように描かれている数度の戦闘がわずか二回に整理されている。『実録』と『保則伝』における元慶戦争についての記述は、その大枠で共通した内容になっていることから見て同一の史料源「元慶注記」[8]に依拠したものであると考えられるが、そうであるならば『保則伝』のこうした叙述は原史料を著しく凝縮・単純化したものといえよう。また『保則伝』では、保則が常に〝戦争〟の全容を把握して的確な指令を下し、降賊には温情をもって対したというように、彼を顕彰する目的に基づく徹底した誇張がなされていることは明白である。ところが従来説は両史料の性格の差異を問わず、両者をほとんど同列の次元で扱って、『保則伝』から抽出される理想の国司＝保則像をそのまま『実録』記事へとあてはめたために、伝記のもつイデオロギー性[9]を実体視

表１　『藤原保則伝』の元慶戦争部分の構成

（１）	元慶２年２月　出羽国蝦夷反乱、秋田城を焼く。城司介良岑近・国守藤原興世逃亡。 《中央》昭宣公（太政大臣藤原基経）、陸奥国に兵3000を起こさせる。 《現地》陸奥守源恭・大掾（押領使）藤原梶長　－　兵2000 出羽掾藤原宗行・文室有房・小野春泉　－歩騎2000
（２）	戦闘①　秋田河下流 官軍4000　⇔　賊徒1000余　＋　伏勢数百（奇襲） ⇒賊軍の圧倒的勝利。出羽国弩師神服真雄ほか奥羽両国部将数十人が斬られ、軍士多数が捕虜に。軍実甲冑が奪われる。文屋有房重傷・小野春泉は死体に隠れ、藤原梶長は草間に逃れて、５日後陸奥へ至る。
（３）	保則の登用と作戦変更 《中央》５／２　両国より飛駅到来。昭宣公、藤原保則を起用。 保則の意見。①乱の原因は秋田城司良岑近の重税・苛政にある。 ②一騎当千の夷数万兵を治めるには、徳義をもって彼らの野心を変える必要がある。 ③勇将小野春風を起用し、精兵を率いさせて朝廷の威信を示し、しかる後に徳によって招致すれば、数ヶ月で乱は潰えよう。 ５／４　保則・春風・坂上好陰に叙位、数日後、出羽へ出立。 《現地》６月末　保則ら出羽国府に到着。 春風・好陰ら、各々陸奥国精騎を率い、「虜の境」に入って酋豪を召し、国家の威信を示す。数万の賊が要害を守るが、春風は一人甲冑を脱いで虜のなかへ入り、王命を伝える。→夷虜叩頭し、「秋田城司の苛政が原因」と述べ、幕府への帰命を願う。 ⇒豪長数十人、出羽国府へ出頭し、戦闘①で虜掠した生口・軍器を返す。
（４）	戦闘②（？）　降伏した豪長と帰附しない渠帥２名との間に対立。 ⇒数日後、豪長らが両夷の首級を献上。 《現地》保則、「佃の余りの種を撫え」津軽から渡嶋まで皆悉く内属。 秋田城を旧の倍の規模に再建。 元慶３年　保則、出羽守となる。 保則着任前の出羽国の状況 ・民夷雑居し、田地は肥えて広く珍貨が多い。 ・豪吏が自由に租税を課し、徭賦を加えるが、辺民は愚朴で告訴を知らない。 着任後 ・朝典・憲法を厳正化したため、百姓は安堵し、夷道も清平となった。 《中央》元慶４年４月、官軍、京へ入る。 勲功はあるが賞されず。衆議、昭宣公を誹る。

してしまう傾向があったように思う。やはり両者は別個に分析する必要があろう。以上より、『保則伝』を論拠にして〝戦争〟の性格を施政の反映という面のみから評価するのは一面的であり、従うことはできない。

第三の疑問点は、〝戦争〟の当事者たる夷俘側の行動にはたして本当に主導性が認められないのかということである。通説がこの事件を「特定指導者による計画的な反抗でなかった」[10]などと評価する際の根拠は、〝戦争〟指導者の個人名が史料中に記されていないこと、当該地域の社会における生産力の発展に限界があり、しかもすでにかなりの程度農耕民化した夷俘等に中央政府の庇護下を離れるだけの積極的意図・必然性は特に認めがたいことである。しかし、これらは本当に夷俘側の政治的主体性の欠如を示す明証たりうるだろうか。個人名に関しては、八・九世紀の蝦夷や隼人の〝反乱〟においてその指導者の名が特記されるのはむしろ稀であることからいって、夷俘側指導者の不在を示す証拠にはならない。加えて史料中に「賊首」の語が見られること（『実録』元慶二年一〇月一二日条）は、夷俘中に一定の政治権力が発達していたことをうかがわせる。

また新野氏の強調する夷俘側の国家に対する依存傾向の強さについては、この事件の歴史的評価に直接関わる重要な問題であり、慎重な検討を要するが、これを考える際になおざりにできない点が二つある。それは夷俘側の目的意識が決して従来漠然と考えられていたように〝戦争〟全体を通じて不変だったのではなく、何度か重大な方針転換の契機があったこと、及び夷俘の内部に方針をめぐる内訌があったらしいことである（次節参照）。これらは夷俘側の意志統一が不安定な状況を示すが、〝戦争〟におけるアクションがほとんどといっていいほど彼らの側から起こされていることを考え合わせるならば、夷俘がこの〝戦争〟に対して無計画・没主体的な「あわよくば」という程度の意識[11]をもって臨んだことの傍証にはならない。むしろ夷俘の内部に異なる目的をもった複数の集団がおり、これらが状況の変化に伴ってそれぞれの目的を実現するために別個に活動したことが、この

〝戦争〟の経過を複雑なものにしているのではないだろうか。もし夷俘の律令国家への依存という生活条件が彼らにとって侵すべからざるものであるならば、彼らと国家との最も重要な接点たる秋田城を焼き討ちし、機能を麻痺させることは自殺行為に等しい。そうした行動にあえて踏み切った要因をこそ問題にすべきだろう。

以上挙げてきた疑問点は、通説的見解が夷俘の在地における主導性をほとんど評価しないことに起因する。これに対し、この〝戦争〟を蝦夷社会内部の「生産力の発展とその限界、それと律令国家支配との矛盾、それらのもっとも典型的な現象形態として」考察されたのが佐藤宗諄氏である[12]。氏は通説が城司の苛政を反乱の基本的要因と考えるのは「問題の矮小化」だとしてこれを退け、次のように説明する。すなわち、九世紀末の段階で、すでに蝦夷の自然村落であり氏族共同体的社会構造をもつ「村」は、予想以上に高い生産力を有するに至っており、そこで培われたエネルギーが前年の不作を直接の契機として反乱の形で発散された。蝦夷側は秋田河（雄物川）以北の比較的生産力の高い地域を自らの土地として、律令国家支配からの脱却をはかったが、数ヶ月に及ぶ激しい戦闘で村邑は焼き尽くされ、農地も荒廃したために反乱を持続するだけの生産力が維持できなくなった結果、降伏せざるをえなくなった。

右の解釈は、これまで顧慮されることの少なかった夷俘側の利害や、反乱を起こし、戦闘を持続するための条件、敗北の要因等について、蝦夷社会における生産力の内在的発展という点に注目して一貫した説明を加えたものといえよう。私は夷俘の自立性を積極的に評価する佐藤氏の視座を基本的に継承すべきであると考える。征討軍とよく対抗しうる夷俘の強大な軍事力は、確かに夷俘社会における生産力の一定の拡大に裏打ちされたものだろうが、共同体内部で生産力が飛躍的に発展することと、その成員が戦争などの政治的行動を起こすこととは明白に次元が異なっており、両者の間には夷俘内部における政治権力の形成という大きな契機がある。生産力の発展は夷俘の政治的自立を支える基本的条件であるが、それだけでは〝戦争〟発生の直接の原因とはいえない。蓄積されたエネルギーが、なぜ他の方法ではなく国家に対する反抗という極端な政治的行動に結びついたのか、その理由を考える必要がある。加えて、夷俘の形成していた「十二村」がすべて同規模・均質な共同体で、生産力の発達レヴェルも同等であったかどうかについても、新野氏[13]のいわれるように検討の余地があるように思う。

さて、これまで取り上げてきた施政論（通説的見解）・内在的発展論に対し、八月末に夷俘側に急激な戦意喪失が起こる理由の説明に物足りなさを感じるとして、〝戦争〟の経過を詳細に復元し、反乱勢力の主体に関する新見解を示されたのが熊田亮介氏[14]である。氏は『実録』記事中、特に事態の大きな転換点にあたる時期について伝えるはずの四つの上奏文がいずれも「史欠」となっている点に注目し、欠落した内容を周辺条文によって補った結果、夷俘勢力中の津軽・渡嶋蝦夷の帰趨が〝戦争〟の展開及び終息に決定的な影響を与えたという見解に至った。この説は元慶戦争研究の現時点における到達点であり、従来平板に把握されていた夷俘の内部構成に質的差異を有する二つの集団（反乱主体と寝返り分子＝「義従俘囚」）があること、北海道・津軽勢力の反乱軍や政府側に対する呼応、〝戦争〟前後の時期、東北地方に百姓の三分の一が「奥地」に逃亡するというアナーキーな社会状況があったことなど、氏によって新たに注目された事実も多い。こうした点については具体的に復元していく作業が今後不可欠であろう。

ただ、熊田氏の見解については疑問を感じざるをえない点がいくつかある。ここでは〝戦争〟の本質規定に関わる重要な疑問点を一つだけ挙げておく。それは、氏が事件の遠因を王臣諸家と蝦夷との活発な商業活動を媒介して莫大な利益を得、次第に権限を拡張しはじめた国衙官人の過酷な支配にあるとし、その意味で「元慶戦争は官人の誤りから起こったともいえる[15]」と評価される点である。この結論は通説的理解の延長上に位置づけられるものであり、九世紀に入って飛躍的に拡大する王臣諸家・蝦夷間の交易を元慶戦争の背景と考えるところに新しさがあるものの、通説のもつ夷俘側の主体性の過小評価という問題点については、津軽・渡嶋俘囚を除きあまり考慮されない。この商業活動においては、王臣家・地方官人のみならず夷俘・俘囚の「酋豪」（保則伝）も巨利を得ており、このことは彼らの内部の権力構造にも当然ながら一定の影響を与えていたはずである。[17]この点を捨象して元慶戦争を語ることはできず、その意味で熊田氏の結論はこの〝戦争〟の重要な一側面への評価を欠いているといわざるをえない。また夷俘の内部構成や事態の推移、「奥地」などの地域名称に関する氏の解釈にもいくつか異論があるが、これらについては以下の行論中で必要に応じて触れることとしたい。

以上の研究史をふまえ、本章では先学の示された視角と論点を批判的に継承しつつ、事件の主体となった夷俘側の目的・計画性や、「賊村」と呼ばれた結合状態を追究することにより、彼らにおける政治権力の形成と変質の過程を考察してゆく。その際特に注目したいのは、夷俘側から「秋田河已北」を「己地」とする要求が出された点である。この点はこれまで充分な位置づけがなされていなかったが、[18]古代日本の反乱史上こうした要求が他に例を見ないことを考えれば特筆すべきであり、この〝戦争〟の性格を考える上でも見落とせない事態といえよう。

また、熊田氏が注目された渡嶋・津軽の蝦夷集団の南下は、この事件の前後にも見られる状況であり、単なる一時的・単発的な行動とは考えがたい。最近の北方考古学の著しい進展は、古代の蝦夷世界において国際的な交流が大規模・広範囲に展開していたことを明らかにしつつあるが、[19]これを勘案すれば彼らの活発な動きの背景に九世紀末の東北アジア情勢の変動からの影響を見る必要があろう。

以上のように、夷俘側の政治権力の生成（内的規定要因）と東北アジア情勢の変動（外的要因）相互の関係に注目しつつ元慶戦争の歴史的意義をとらえ、日本古代の「夷狄」像の変容を再検討する。これが最終的な目標である。

第2節　経過の復元

本節では先に提示した視角に基づき、『実録』に見られる元慶戦争関係記事の検討によって、その展開過程を具体的に復元していく。次に挙げる表2は、関連記事を時間を追って配列したものである。そのほとんどが出羽国府もしくは「秋田営」から発した上奏と、それに応じる勅符からなり、両者の間には飛駅を用いても最短で一〇日の時差がある。『夷俘』の欄には「賊」・征討軍を問わず夷俘・俘囚勢力全体の動向を、『征討軍』の欄には在地の情勢に対応する中央政府・現地「営」の施策を記した。この表をもとに夷俘の動向に焦点を合わせ、事件の勃発から終結までを三つの局面に分けて整理する。

（1）発生と戦線の拡大（第一局面）

元慶二年（八七八）三月一五日、夷俘は大規模な軍勢を突如として動かし、秋田城とその周辺を攻撃して「郡院屋舎城辺民家」を焼亡せしめた。この攻撃が城側にとって予想外の事態であった点は、事件発生の二日後になってようやく諸郡の兵を徴発しはじめたことから明白である[20]（表2、元慶二年三月二九日条）。日に日に増加する夷俘によって「城北郡南」一帯が焼かれ、「公私舎宅」は灰塵に帰した[21]（同二年四月四日条）。夷俘側の動きは極めて迅速なものといえよう。注目すべきは彼らの攻撃が決して散発的な蜂起の形をとらず、当初より秋田城とその

表２　「元慶戦争」略年表

年　月　日	「賊村」夷俘	律　令　国　家　の　征　討　軍		渡嶋・津軽
		〈　地　方　〉	〈　中　央　〉	
貞観17　(875)				渡嶋荒狄、秋田飽海に来寇。
元慶元　(877)	＊「出羽登らず」			
元慶２　(878)				
３／15	出羽の夷俘反乱。秋田城と周辺を焼く。			
３／17		鎮兵で守り、各郡の兵を集める。		
３／21	夷の軍勢日に日に加わる。城の北、郡の南の「公私舎宅」が皆焼失。城内にて合戦するが城兵側不利。		12日間	
		14日間　３／29	出羽を督励し、陸奥に国内鎮護と出羽への救援を命ずる。	
		４／４	出羽を督励、陸奥に兵2000人の徴発を命ず。	
４／15	賊側の勢いいよいよ盛ん。征討軍600、焼山で賊1000に襲われ500余殺さる。城下村邑焼失。			
４／19	征討軍の主力、秋田河（＝雄物川）の南側の秋田営へと移動。偵察に出た征討軍兵560、賊兵300余と合戦し、賊19・征討軍７負傷。征討軍側の伴貞道戦死。			
４／20	賊の衆さらに増加。			
４／21	賊と征討軍の接戦。征討軍死傷21、賊死傷83 焼失した賊の舎12、捕虜７。		10日間	
		４／22	坂上好陰＝陸奥権介	
		４／28	出羽は援軍を待て。陸奥は兵2000を早く出羽へ送れ。上野・下野２国から各1000人の兵を出羽へ送れ。	
	４／末	［陸奥より］出羽に兵2500を送ったが、国内の夷警戒のためさらに兵2000を用いてよいか？		
		13日間前後　５／４	藤原保則＝出羽権守。すぐに出羽へ発つ。	
		５／５	陸奥は精兵を鍛えよ。諸国はむやみに飛駅を用いるな。	
５／７	征討軍の俘魁玉作宇奈麿、賊に殺害される。 俘囚３名が秋田営を来訪し、「秋田河以北を己の地とする」賊側の案を示すが、征討軍側はこれを一蹴。以後賊の勢い強まり侵攻止まず。			

5／25	陸奥・出羽兵からなる征討軍の主力5000余、「秋田旧城」に武器を取りに入ったところを賊軍に包囲攻撃されて壊滅状態となる。賊側、甲冑300、兵糧米700、衾1000、馬1500等を奪取。（4／19～5／25までの状況が5月末に飛駅上奏）				
6／3	賊側の勢いますます強まり繰り返し攻撃を加える。	秦能仁、甲冑110を征討軍へ返す。【4年2／17条】 陸奥兵2000、引率役の藤原梶長とともに逃亡。		13日間前後	
		13日間前後	6／7	小野春風＝鎮守将軍。	
			6／9	春風と好陰、各々500の兵を率いて陸奥経由で出羽に向かい出発。	
			6／16	春風と好陰を出羽へ向かわせ、陸奥へも連絡を別途行なった。逃亡した陸奥兵は直ちに連れ戻せ。	
		この頃、藤原保則秋田営到着か。	6／21	東海道・東山道諸国より軽鋭の兵290名（騎兵？）を徴発。	
	6月下旬、添河・覇別・助河の「賊村」3村の俘囚が、愁状10カ条を掲げて征討軍側に寝返り「義を慕う夷人」と呼ばれる。【3年3／2条】				
			6／28	僧8名に「降賊法」を修めさせる。	
6／末	「賊側12村」（上津野・火内・榲淵・野代・河北・腋本・方口・大河・堤・姉刀・方上・焼岡）に対し、征討軍側は秋田河以北に主力を、添河に俘囚300を配置。また雄勝・平賀・山本3郡に饗会を行ない慰留。 →「向化俘地」3村の俘囚、夜襲をかけて賊側の80人を討ち取る。				
		津軽警戒のため、常陸・武蔵より兵2000を送って欲しい。		13日間前後	津軽の夷狄の動向が不明。
		この頃、保則は集まった諸国兵を交雑し労う。また城塞の補修を行ない、用いた役兵はその後本国へ返した。【3年3／2条】	7／10	夷をもって夷を制す策をとったのは賢明であった。津軽が火急の際は飛駅で知らせよ。 7月中、上野兵800、下野兵800、陸奥から追い返した兵200が現地入り【3年3／2条】	

７／22頃	俘囚大辟法天・（玉作正月丸）ら、「賊村」側にかなり大きなダメージを与える。【史欠上奏①、３年１/13条】			春風・好陰の別働隊、津軽・（渡嶋狄も？）と談判し、「賊村」を牽制させる。【史欠上奏①】
		「以夷制夷」策成功【史欠上奏①】「殺獲生禽」護送開始？【史欠上奏②】	13日間前後	
８／４			史欠上奏①都に到着。国宰（藤原保則）の臨機の策を評価。また秦能仁・大辟法天らの功は特に著しい。	
８／５		「義従俘囚」に綵帛140疋を給う。		
	８月半ば頃、「賊村」連合の崩壊が進む。【藤原保則伝、史欠上奏②】			
８／23	「賊の気、已に衰ふ」【史欠上奏②】			津軽渡嶋俘囚ら「以夷制夷」策を乞う。
８／29	賊300人余（＝「近城の反虜」）、秋田城下に降伏。			
８／29		坂上好陰、陸奥兵2000を率いて秋田営に至る。	13日間前後	
９／４			史欠上奏②都に到着。	
９／５			現地で判断し別働隊を帰還させよ。俘囚への饗会は時期尚早。生禽は賊を破った証である。速やかに功を為せ。	
９／25	小野春風と兵470人、「賊首」７名を連れて秋田営の北に来着。「義従俘囚」、賊の殲滅を求める。	14日間		
10／12			賊の降伏を受諾せよ。反乱の再発を注意。	
12／10	賊、甲22領を返却。	賊の帰服を許す。		
		13日間前後		渡嶋夷首103名とその「種類」3000人、津軽俘囚中で賊に荷担しなかった100余人が秋田城を訪れ、饗会を受ける。
元慶３（879）				
１／13		俘囚３人に叙位		
１／11			（飛駅上奏到着）→勅符（史欠）を出羽へ	

	2月初　(軍功大により)朝廷、「奥賊」の討伐を命ずる？	13日間前後	
	2月中旬　【3年3／2条】		
	藤原保則の状況報告①【3／2条】	13日間前後	
	3／2	上野下野両国兵の甲冑器仗を出羽に留めよ。	
	3月末頃　3／5	出羽へ勅符（不明）	
	諸国兵を帰還させ、代わりに例兵	？日間	
	6月中旬　を置け。		
	保則状況報告②	13日間前後	
	6／26		
元慶4　(880)			
2月初	春海奥雄を「奥地」に派遣し、賊より甲冑66領を受け取る。また俘囚らが勝手に所持していた百姓の「死亡位記」106枚を取り上げる。	13日間前後	
	2／17		
2／25	出羽国にて「不登」「荒飢」。雄勝・平鹿・山本の3郡の調庸を2年休ませたい。	1年の復を認める。	
		不動穀6209石7斗を3郡の狄俘803人に給付	
		8月	佐渡・越後に弩師を設置。
元慶5　(881)	2／26	3郡の調庸を1年免除	
	4／25　夷虜による被害総計算出。		
	5／3	陸奥蝦夷訳語物部永野に叙位。	
	6／28　乱で殺害された百姓99人を戸籍から除く。	このうち30人は戸籍に載っておらず、死亡の確認された69人の名を除いた。	
	8／14　乱の間、狄俘への大饗会で3257石5斗を用いた。	免除。	
	11／17　小野春風、平季長に叙位。		

＊史料は特に断らぬ限り『日本三代実録』の該当条。『藤原保則伝』は岩波古典文学大系『古代政治社会思想』所収のものを利用した。

周辺に集中していることである。これらの施設は何れも出羽国における律令制支配の中心拠点であり、夷俘の軍勢はまず秋田城とその附属施設を攻略し、その後で周辺村落を焼いている。彼らの目標が最初から城の諸施設に定まっていたのは明らかであろう。また実際の戦闘場面を見ると、数百から数千人規模の兵が出羽国の兵数百と互角に闘っており、しかもその迅速で整然とした攻撃ぶりは、彼らが単なる寄せ集めの軍勢ではなく、内部に指導者がおり一定の軍事的計画が練られていたことをうかがわせる。[22]

こうした夷俘の熾烈な攻撃に対し、出羽国守藤原興世は矢継ぎ早に朝廷への飛駅上奏を行なって策を請う一方、急遽集めた各地の郡兵をもって防守に努めた。朝廷もそれに応じて近隣国に援兵の派遣を要請しつつ、出羽・陸奥両国に対しては在地安定策を与えているが、[23]飛駅を用いても最低一〇日を要する秋田城・平安京間の遠さによって、政府からの指示は刻々と変化する現地情勢を後から追う形となったため、現地ではいまだに有効な対策をもちえぬままであった。四月に入ると、夷俘軍一千は「野代営」[24]に向かう途中の出羽国の兵六百を焼山で奇襲してほぼ全滅させ、それ以後次第に戦域を南へ移し、同月末には出羽の全軍を秋田河（雄物川）の南岸に臨時に設置されたらしい「秋田営」に封じ込めるに至る。そして五月七日になって俘囚三人を使者として秋田営に送り、重要な提案を行なったのである。『実録』は次のように記す。

有二俘囚三人一来言。賊請三秋田河以北為二己地一。（元慶二年五月七日条）

ここで「賊」側が要求しているのは、「己が地と為さん」という表現から見て明らかに領域的独立であり、具体的には秋田城司の秋田河北からの撤退に他ならない。しかもこの要求は、夷俘軍のほとんど一方的な攻勢によって「秋田城」「城北郡南」「焼山」「秋田営」と、秋田河の北側から南に向かって戦域が移動した、言い換えれば夷俘側が出羽国の兵を河の南方へと追いやった末に、軍使を「秋田営」に派遣して正式に提示したものであ

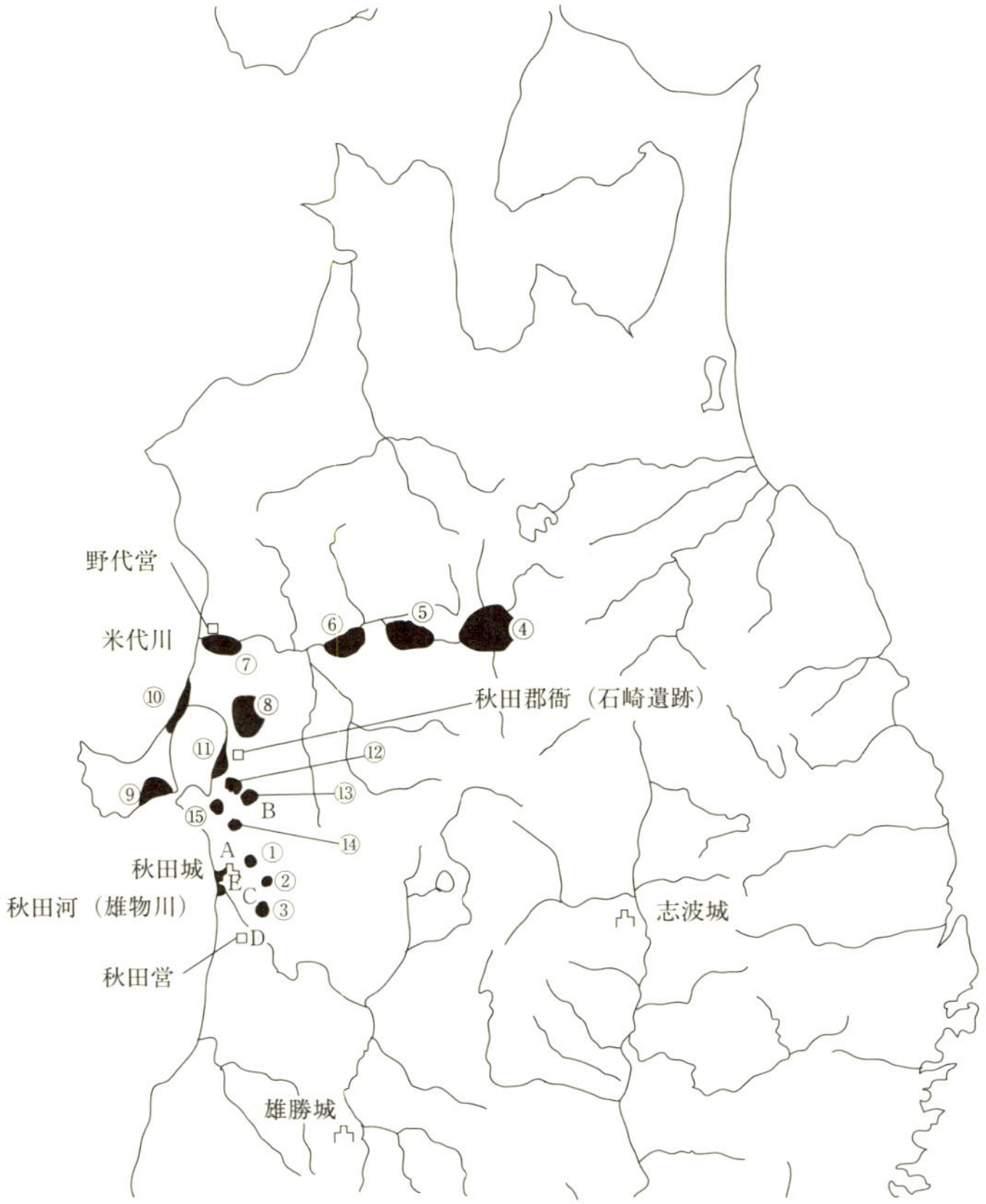

図1　現地情勢（Ⅰ）戦争開始～6月初め　【●は「賊村」＝夷俘勢力】

①添河（旭川流域）	⑥榲淵（鷹巣附近）	⑪大河（大川）
②覇別（太平川流域）	⑦野代（能代）	⑫堤 ）（井川流域？）
③助河（岩見川流域）	⑧河北（琴丘・森岳方面？）	⑬姉刀 ）
④上津野（鹿角）	⑨腋本（脇本）	⑭方上（昭和町）
⑤火内（比内）	⑩方口（浜口）	⑮焼岡（新城方面？）

A　3／15　秋田城・郡院焼亡、3／21　城内にて戦闘
B　3／17　「城北郡南」（＝秋田郡域）が焼ける
C　4／15　焼山で城側の兵500余が戦死
D　4／19　秋田営入り→4／21　城軍対夷俘軍の接戦
　　5／7　俘魁玉作宇奈麿戦死　⇒「秋田河以北独立」要求
E　5／25　秋田旧城にて城側兵5000、夷俘に四方を包囲さる
　　→6月「賊勢強盛、日に暴慢を増す」状態に

る。この点から推察するに、三月一五日以来夷俘側が主導してきた数回の戦闘は、皆この要求を突きつける目的で展開された可能性があるのではないか。

しかし両者による対等な会見を拒絶する秋田営側にとって、こうした要求は到底受け入れられぬ性格のものであった。結局秋田営は一方的にこれを拒否する。その直後から「賊徒猥盛。侵凌不ㇾ息。」（同前条）という激昂した状態になったことを見れば、夷俘側にとってこの要求の提示が極めて重い意味をもっていたことがわかる。

右の状況は五月から六月中旬にかけて続き、特に五月末には、秋田城の焼跡（「秋田旧城」）に入って武器と兵糧を整えていた出羽・陸奥両国の併せて五〇〇〇の兵が、不意に現れた夷俘の軍勢に城の四方から攻められ、壊滅的打撃を受けた。六月初めに至っても増加する一方の夷俘は秋田営を包囲して（「圍守」）去る様子もない。この無言の圧力に怖れをなした陸奥の兵二〇〇〇とその押領使藤原梶長はことごとく逃げ去ってしまった。少なくともこの段階においては、兵の数・戦略・戦意・統制の度合い、どれをとっても夷俘軍側が秋田営側を明らかに上回っており、まさに現地の支配体制は存亡の危機を迎えていたといえよう。

（２）状況の急変（第二局面）

ところが六月末に状況は一変した。次に挙げる元慶二年七月一〇日条はその変化の内容の詳細を具体的に伝えている。

十日癸卯。出羽国飛駅奏曰。

①正五位下守右中弁兼権守藤原朝臣保則到ㇾ国。察二向前之行事一。運二行軍之籌策一。

a、遣上権掾文屋真人有房。左衛門権少尉兼権掾清原令望。上野押領使権大掾南淵秋郷等一。率二上野国見到兵六百余一。屯二秋田河南一。拒中賊於河北上。

b、又秋田城下賊地者。上津野。火内。榲淵。野代。河北。腋本。方口。大河。堤。姉刀。方上。焼岡十二村也。向化俘地者。添河。覇別。助河三村也。令下此三村俘囚并良民三百余人一。拒中賊於添河上。

c、次攻二雄勝一。後将レ侵レ府。其雄勝城承二十道一之大衝也。国之要害。尤在二此地一。仍遣二左馬大允藤原滋実。左近衛将曹兼権大目茨田貞額等一。以二雄勝。平鹿。山本三郡不動穀一。給二郡内及添河。覇別。助河三村俘囚一。慰二喩其心一。令二相励勉一。

②於レ是俘囚深江弥加止。玉作正月麿等。誘二率三村俘囚二百余人一。夜襲殺二賊八十人一。焼二其粮食舎宅一。感二恩賞一也。

③或云。津軽地夷狄或同。或不レ同者。以二上野国軍一。将レ得二討滅一。遂同者。雖二大兵一難レ可二輙制一。上野。下野。陸奥三国軍士。惣四千人。其陸奥軍先既亡帰。上野軍且来六百余人。下野軍雖レ入二堺首一。未レ知二強弱一。津軽夷俘。其党多レ種。不レ知二幾千人一。天性勇壮。常事二習戦一。若速二逆賊一。其鋒難レ当。請発二常陸武蔵両国軍合二千人一。以誡二備非常一。

これを見ると、藤原朝臣保則の秋田営着任に伴って、〝反乱〟主体となった夷俘の本拠地＝「賊村」一二村の所在が明らかとなり（①―b）、秋田河の南岸と、「向化俘地」と呼ばれている味方についた俘囚の三村の一つ添河村の併せて二ヶ所で夷俘軍を阻止する体勢ができあがったこと（①―a・b）、また同時に後背地域である雄勝・平鹿・山本の三郡と「向化俘地」三村とに饗給が行なわれ（①―c）、それが早速俘囚の夜襲による征討軍側最初の大捷に結びついたこと（②）、津軽夷俘に対する備えとして常陸・武蔵両国に援軍を請うたこと（③）などがわかる。この時期を境に、これまで圧倒的優位に立っていた夷俘側は次第に勢力を弱め、ついには八月末の

「賊気已衰」という状態に至るのである。その意味で六月末は、元慶戦争の帰趨をほぼ決定した一大転機であった。

それではこの〝戦争〟の結末を決定づけた状況の急変は、一体何を契機として起こったのだろうか。通説はそれを、先に見たごとく新出羽権守藤原保則の卓越した行政手腕による現地体制の再建に求めるが、彼がこの時施した政策を見ると、秋田営に集結した兵の一部を割いて河南を守らせる策はあくまで秋田営本体の防御策にとどまり、再建した軍で「賊村」に攻撃をしかけるような積極的なものではない。俘囚らに対する饗給も、元来は営の後背地を安定させて敵軍の攻撃に備える目的で行なったのであり、夷俘軍に対する攻撃を積極的に命じたような痕跡は特にない。また北方の一大勢力である津軽夷俘に関しても、具体的な動向に即応した防御策ではなく、単に帰趨がはっきりしないので防備の兵員を増加しようとしたに過ぎない。これらはみな彌縫策と呼ぶにふさわしい消極的なものであり、保則の着任が動揺する現地情勢に一定の影響を与えたことは否定できないとしても、その施策自体に事態を収拾に向かわせるだけの画期的意義を認めることは困難である。[25] むしろ現地の状況変化が、保則にそうした策をとることを余儀なくさせたと考えるべきではないか。

そこで注目すべきは、俘囚深江弥加止等に率いられた「向化俘地」三村の俘囚が饗給に恩義を感じて夜襲を敢行し、賊八〇人を殺すという戦果を挙げたことである。彼らは征討軍の派遣した軍官に領導されることなく自主的に「賊村」を攻撃したのであり、これが強制的な〝以夷制夷〟策の結果ではなかった点を重視したい。

さらにこの行動の意義を考えるために、ここで〝戦争〟の発生当初から六月末までの夷俘側の構成について分析を加えてみよう。先行研究の多くは、七月一〇日条①—ｂに挙げられた「賊村」一二村（上津野・火内・榲淵・野代・河北・腋本・方口・大河・堤・姉刀・方上・焼岡）対「向化俘地」三村（添河・覇別・助河）という対抗関係の図式が、〝戦争〟発生から終結までの間不変であると考えている。[26]しかしこの条から読み取れるのはあくまで六月末段階における夷俘側の状況に過ぎず、これらが戦闘過程の全体を通じて不変であったかどうかまではわからない。従って〝戦争〟発生当初から添河等三村が征討軍に与していたと速断すべきではない。

六月初めまでの記述に戻って再度考えてみると、三月一五日の最初の秋田城攻勢以来夷俘軍は常に秋田河以北から南下し、しかも秋田営を「囲守」している。もし秋田城のすぐ南方に位置する添河等三村が当初より征討軍側に味方していたならば、夷俘軍が秋田城や秋田営を包囲攻撃することは不可能であろう。かくして「向化俘地」三村が〝戦争〟の始まった段階で「賊」側に加わっていた可能性が出てくる。さらに『保則伝』に描写されている秋田河での戦闘（表1の戦闘①）の記述を参照すると、賊徒千余人は「軽舸」に乗り、流れに従って秋田営へと攻めかかったという。秋田河（雄物川）は南東から北西へと流れて日本海に注ぐから、夷俘軍は秋田河の上流地方すなわち「向化俘地」三村の方角から秋田営に向かって攻め下ったことになる。これらのことから、少なくとも保則が着任する直前の六月初めまで、添河・覇別・助河の三村が「賊村」側に加わっていたと考えることは充分に可能であろう。

そうするとこの段階における「賊村」構成は、七月一〇日条の一二村にこの三村を加えた合計一五村となる（図1）。三村の俘囚は当初「賊村」に与していたが、その後保則の着任して間もない頃、いまだ周辺諸国からの援軍も整っていなかった六月半ばに突如として征討軍へ寝返り、[27]六月末には「向化俘地」すなわち王化に向かいつつある俘囚の村と認識されるに至ったのである。そうした顕著な変化を表現するために付せられた称呼こそが「向化」なのだろう。この三村の「向化俘地」化、言い換えれば「賊村」への裏切りが、秋田営にとって朗報であったことは想像にかたくない。これら三村俘囚の情報により「賊村」の全貌が大略判明し、秋田営北方の守りが固められただけでなく、征討軍側は秋田河の北側つまり対岸に「秋田城下」奪還のための橋頭堡を得た。保則は彼らの帰属を安定させるために三村と後背の三郡に饗給を行なったが、これが結果として三村俘囚等による夜襲という予想外の戦果へとつながったのである。六月末の急な情勢変化の直接的な契機となったのは、まさに三村俘囚の「賊村」離脱と征討軍への帰属という自主的な行動だったといえよう。

（3）「賊気已衰」（第三局面）

六月末を境にして夷俘軍の優勢は動揺しはじめ、七月下旬には出羽俘囚大辟法天ら「夷人慕レ義之至切」の「俘虜」が「多殲二醜類一」という大功を挙げる[28]（元慶三年一月一三日条）。この「夷人慕レ義之至切」の「俘虜」と八月四日条に現れる「義従俘囚」は、語義から見て同一の集団を指すのは明らかであろう。一〇月一二日条には、彼らが国家に従ったために賊に怨まれており「若不二殄滅一。後必相報。仇家多種。何得レ不レ恐。」とある。もうすでに事件の大勢が定まった（表2）九月末段階にこの恐れ方は尋常のものではない。これは彼らが当初賊側に加勢していたが中途でいち早く征討軍側に寝返ったために、降伏した夷俘からの厳しい報復があるのを恐れていることを示すのではないだろうか。従ってこの「義従俘囚」の実体は「第二局面」で見た「向化俘地」三村俘囚の代表者である可能性が高いと考えられる[29]。

一方、各々五〇〇の兵を率いて陸奥側から出羽「奥地」へと足を踏み入れた小野春風・坂上好陰ら征討軍の別動隊は、同じ頃ようやく「賊村」の一つ上津野村へと至り、当地の夷俘に帰順を求める一方で、未知というに等しい大勢力＝津軽夷俘・渡嶋夷にも征討軍への呼応を働きかけた。その結果が一月後の「賊気已衰」となって現れ、八月二九日には賊三〇〇余が秋田城下に投降、さらに九月二五日に小野春風に引率された「賊首」七人が秋

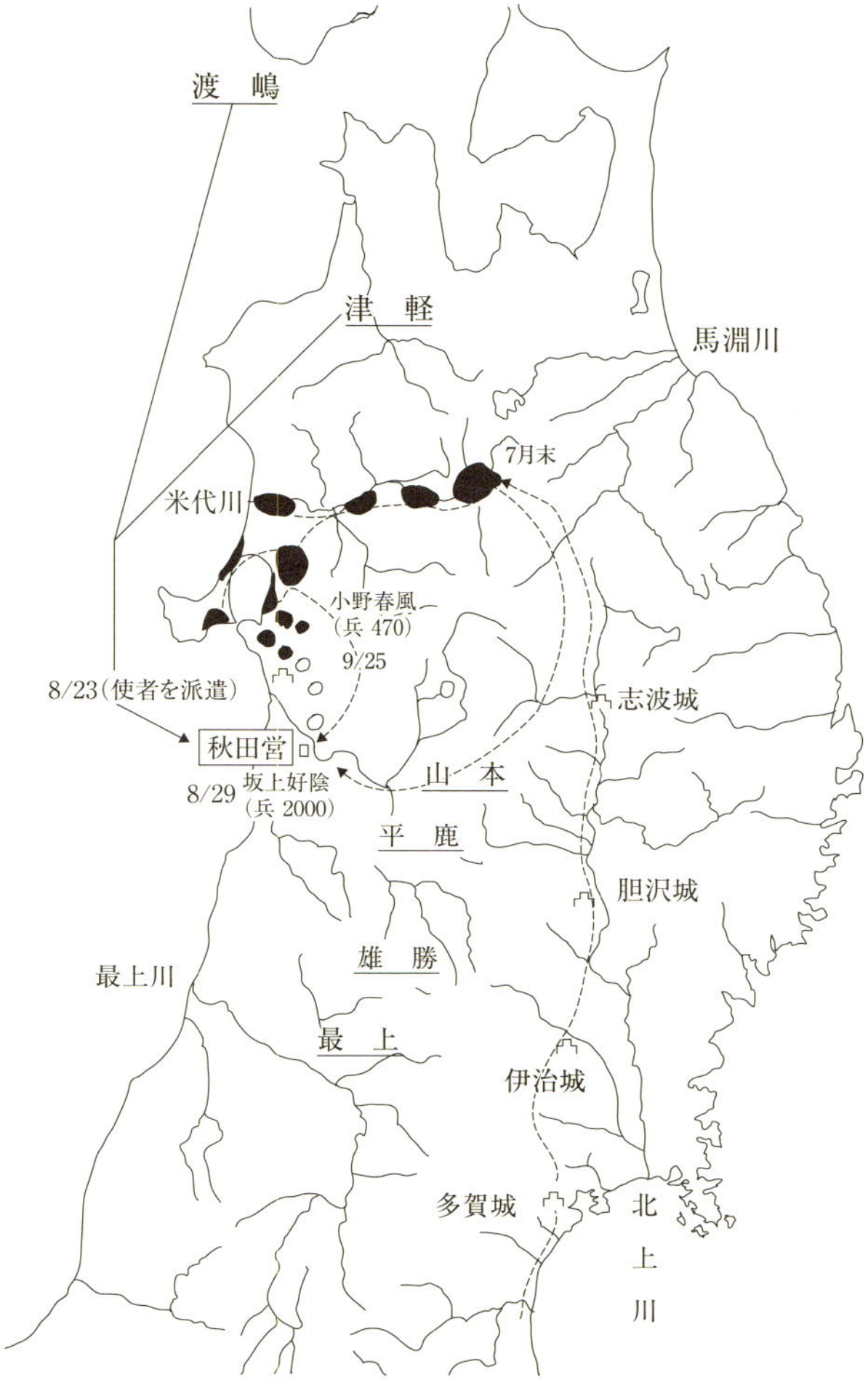

図２　現地情勢（Ⅱ）６月末〜８月末（停戦時）

●「賊村」＝夷俘勢力　○「向化俘地」三村　地名　中立もしくは政府軍側に呼応する勢力

田営の北に到着するに及んで〝戦争〟は一応の決着を見るのであるが、ここで二つの疑問がある。それは、投降が八月末と九月末の二度に分かれた理由は何か、また七月末に大きなダメージを被った夷俘が、なぜすぐ降伏せずに八月末に至ってようやく動いたのかである。

まず最初の点について再び夷俘軍の構成に立ち返って考えてみたい。

図1と図2を比較してみると、六月初めの段階には出羽・陸奥二国軍が秋田城・秋田営を夷俘軍に文字通り包囲され孤立していた状況であったが、同月末以降には三村の「向化」によって秋田河南から添河付近までを回復し、その後北方の大勢力たる津軽夷・渡嶋狄が征討軍側に呼応・恭順の意を表すに至って、「賊村十二村」は南（秋田営・向化俘地・三郡）と北（津軽・渡嶋の俘囚）から挟まれ、これまでとは逆に孤立する状態になったことがわかる。この態勢がなったのは、小野春風・坂上好陰らが上津野に入り「要略を得た」七月末から八月にかけての時期であろう。以後好陰は陸奥兵二〇〇〇を率いて「流霞道」より秋田営入りし、春風はそれより一月遅れて帰投したが、その際に賊地より「賊首七名」を伴った。彼ら別働隊が現地に向かう時点で課せられていた任務は、六月半ばに逃散した陸奥兵を秋田営に追還する一方、陸奥側から出羽「奥地」に入り、反乱勢力を北方から牽制することであった。前者を好陰が、後者を春風が担ったのだろう。このことは七月末に上津野入りした両者が兵を分け、別個の経路を辿って保則の待つ本陣に合流したことから推察される。問題は春風が出羽「奥地」でどのような策を施したかであるが、この点に関して『保則伝』にある、春風が単身賊中に乗り込んで彼らの不満を聞き、ついに降伏せしめたというエピソードは示唆的である。春風が征討軍を代表して夷俘側と談判するなどということは、彼自身の裁量の認められた、言い換えれば直接藤原保則の手の届かぬ「奥地」においてのみ可能なことであろう。おそらく彼はこの地域における反乱勢力の「村」を巡回しつつ説得にあたったのではないだろうか。

第Ⅰ期（878年３／15～５／７）　開戦～「秋田河（＝雄物川）以北独立」要求の提示
第Ⅱ期（５月半ば～６月下旬）　戦闘のピーク（５／25～６／３）～３村の裏切り
第Ⅲ期（６月末～７月半ば）　征討軍側の態勢立て直しと反攻
第Ⅳ期（７月末～９／25）　「賊村」連合の瓦解（奥賊／近城反虜に分裂）～停戦
第Ⅴ期（10月～881年）　後始末（停戦状態の持続）

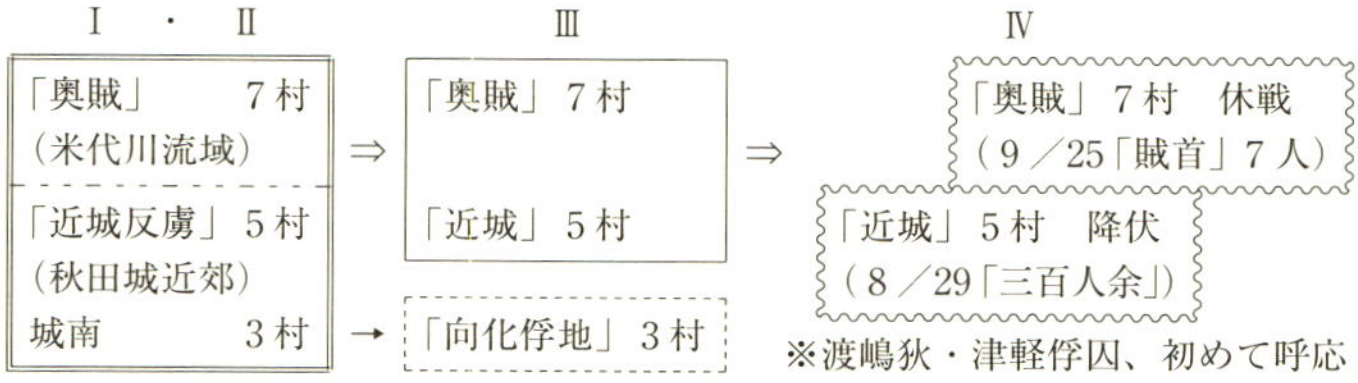

図３　「賊村」側構成の推移

そして帰順の証として「賊首」を伴うことを承知させた上で彼らを率いて、すでに降伏の意を示して戦塵も一応収まった「賊村十二村」中を通過し、秋田営に至った。春風が好陰の到着より一ヶ月遅れたのはこのルートをとったためと考えられる。

それではこの「賊首」の実体は何か。従来の諸説では漠然と反乱勢力のリーダーと考えられていたが、こうした理解では「賊」の降伏が二度に分かれたことの説明がつかない。図３は降伏の性格を考えるために整理したものだが、これを見ると両者ははっきりと性格を異にしている。すなわち八月末の場合、一挙に三〇〇人という大人数が自主的に来降して保則との会見に臨んだのに比べ、九月末の例はわずか七名の、しかも小野春風に引率された帰服であった。この差は降伏した主体がそれぞれ異なった夷俘勢力に属していることを示すのではないだろうか。八月末の「逆賊」来附が、すでに秋田城近辺までを回復して防衛態勢も整っているにも関わらず征討軍側にとって予期せぬ突然の事態として現れることは、この時降伏した集団が秋田城付近に居住することを意味する。他方九月末の「賊首」は遠く出羽「奥地」に棲む反乱勢力の代表であろう。このように考えれば、三年三月二日条に対比的に列挙されている「近城之反虜」「奥賊之士卒」はまさにこの二つの勢力を所在によって書き分けたものと理解できる(30)。このことは、従来複数の均質な蝦夷村からなる一枚岩的な連合体として想定されることの多かった「賊村十二村」の内部に、質の異なる勢力が少なくとも二つ存在したことの証左である。

右のように考える場合、これら「賊村」に対する国家の支配形態が秋田郡の内と外とで異なる可能性がある、という新野直吉氏の指摘[31]は改めて重要な意味をもってくる。氏は秋田県南秋田郡五城目町石崎の石崎遺跡を立地などから秋田郡衙に比定し、その郡域の北限をこことした。一方南限は秋田城であり、この両官衙を南北端とした秋田平野のほぼ全域が秋田郡域にあたる。この地では八世紀以降郡制が施行されており、また郡域外すなわち秋田郡衙以北の地は朝貢制下にあったと考えられている。ここで七月一〇日条に現れる「賊地十二村」を秋田郡域内・外で区分すると、郡域内に含まれるのは大河・堤・姉刀・方上・焼岡であり、郡域外に該当するのは残る上津野・火内・榲淵・野代・河北・腋本・方口である。先ほどの想定にならえば、秋田城の近辺に位置する前者五ヶ村が「近城之反虜」にあたり、秋田郡外に点在し、秋田城までの距離が遠いために「士卒」を編成して戦闘に参加した後者七ヶ村が「奥賊」と呼ばれたのではないか。小野春風に率いられて降伏した「賊首」が奇しくも七名であったことを想起すれば、彼らはおそらくこれら「奥賊」各村の代表者であろう。仮にこの想定が成り立つならば、これら二集団は〝戦争〟の開始当初、一致協力して律令国家に対抗したが、事件が収拾に向かう過程でそれぞれ独自の動きを示したこととなる。この興味深い動向は、当該期の出羽における夷俘の存在形態を説明する上で格好の素材といえるが、詳しい分析は第3節で行なうこととしたい。

さて残る問題は「賊」三〇〇余の降伏時期が八月末になった理由である。この点について従来最も明確な解釈を示されたのは熊田亮介氏であろう[32]。氏は『実録』元慶二年九月五日条所収勅符から八月二三日付（中央到着は九月四日）史闕上奏の内容を推測し、八月の半ばに「狄俘」＝津軽俘囚を主体とした征討軍の部隊が大いに賊を破る戦闘があり、これが降伏の直接的契機となったとされた。問題の史料を次に挙げる（(イ)〜(ニ)の分類は便宜上熊田論文に従うが、私は後述のごとく(ロ)と(ハ)は一連と考える）。

五日丁酉。勅二符出羽国司一曰。得二八月廿三日奏状一。具知二消息一。

(イ)初所下以遣二春風等一発中精兵上者。為レ赴二彼国之急一。而今来奏以為。賊気已衰。官軍思レ旧。重レ之迎レ軍運レ粮。為レ煩不レ細。因レ茲論レ之。春風等前却。在二彼国之強弱一耳。量レ勢施レ計。不レ得二遥度一。若当国之力足二以制レ賊者。移告而返レ之。不レ可二必迎引一。

(ロ)且津軽渡嶋俘囚等所レ請之事。以レ夷撃レ夷。古之上計。但野心難レ馴。動静易レ変。偶生二他意一。後恐難レ制。

(ハ)至三于饗二会狄俘一。非事之急一者也。若弥盡二賊徒一。労賜不レ晩。今挙レ城焼亡。無レ処二会聚一。但抜二有功者一。加二其賞賜一。足三以勧二励戎士一。何必大饗。更致二騒動一乎。

(ニ)且其殺獲生禽。頗知レ破レ賊。弥以勉励。速成二大功一。州書頻奏。駅使屡馳。務施二平レ寇之策一。莫三以延二引歳月一。

氏はまずこれまで看過されてきた(ニ)に注目し、この傍線部は賊に大損害を与える「生禽を捕獲する」ような戦闘があったことを示しており、その時期は少なくとも上奏の日付八月二三日以前（八月中旬頃か）であって、俘囚法天らによる七月末の攻撃とは別であるとされた。次に(ハ)より、出羽の現地（秋田営）が饗給の対象とした「狄俘」は、傍線部の「弥盡二賊徒一」「有功者」という表現から見て問題の戦闘に参加したのであろうとし、その実態は(ロ)の「津軽渡嶋俘囚」に他ならないという。その根拠は、①(ハ)で饗会の場所として「城」を想定していることから有功者の数が多かったと考えられる。②『実録』三年正月一一日条に「渡嶋夷首百三人率種類三千人」と「津軽俘囚不レ連レ賊者百余人」がともに秋田城に帰服したとあり、これが二年八月に予定され実際には見送られた饗会の延長上に位置づけられる、以上二点である。いずれも斬新な理解であり、もしこれに従えば、まず従来考えられていたよりも実際の戦闘に参加していた蝦夷・俘囚の範囲がはるかに広くなり、また見方を変えれば征討軍側の戦略・施策はその広範囲に及んでいたという評価に結びつく解釈であるといえよう。

私は元慶戦争の意義を考察する上で北海道や津軽まで視野に入れることには全く賛成である（後述）。しかし津軽俘囚が実戦において夷俘軍に壊滅的打撃を与えたこと、及び八月中旬にそのような大攻勢があったこと、以上の二点に関しては次のような疑問をもたざるをえない。「八月中旬の大攻勢」の存否から問うてみたい。

まず九月四日条（「史闕」上奏）と五日条（その返答の内容をもつ勅符）の関係について。もし仮に氏のいわれる「八月中旬の戦闘」が、戦争の帰趨を決定づけるほどの重大なものならば、『実録』編者はなぜその大捷を述べた上奏そのものを採用せずわざわざ「史闕」扱いにしたのか、この点が不明という他ない。

次に五日条全体の構成で（二）の部分が占める位置について。本条の冒頭を見ると、従来の蝦夷征伐記事（たとえば元慶二年八月四日条）のごとく、戦勝を讃え征討軍指導者の戦功を賞讃する表現は見当たらず、「賊気已衰」と極めて冷静な文言が文中に見えるだけであり、この条の主題が事務的な事後処理にしかないことを感じさせる。「賊」の戦闘意欲は最近急速に潰えたのではなく、八月二三日段階でもう「已」に失われていたのである。記録者が夷俘側の敗北からかなり時間が経つという印象をもっていることに注意したい。加えてこの条は原史料となった勅符の主要部分をそのままの形で載せたものと考えられるが、仮にその「戦闘」の結果「賊気已衰」の状態になったなら当然そのような説明の文面になるはずなのに、（二）はあたかも補足のように他の文の末尾に置かれている。しかも内容的にも（二）は早急に必要な政策課題を具体的に述べた他の条とは違い、中央における現況（「殺獲生禽。頗知破賊。」）と一般的な命令文言（「速成大功」「務施平寇之策」）からなっており、明らかに他から独立している。

右の三点より、私は（ニ）の部分が八月二三日付（九月四日着）の「史闕上奏」に本来書かれていなかったと考えたい。この五日条はあくまでも勅符の文言なのであって、熊田氏のごとく「史闕上奏」の内容に全面的に対応したものとする必要はないであろう。このように考える場合問題となるのは「殺獲生禽」をどう理解するかであるが、これを七月末の大攻勢（主体は俘囚大辟法天ら）の際に征討軍によって捕獲された首級・捕虜と考えてはどうか。秋田営から平安京まで徒歩で要する日数は運脚等の例を勘案すれば四〇日前後であり、これは七月末の戦闘から九月五日の勅符発給までの日数にほぼ合致する。憶測に過ぎないが、中央貴族は四〇日余かかって都に護送された首級や捕虜の行列を実際に目のあたりにし、「頗る賊を破るを知」り、勅符末尾にそのことをことさらに付して職務への一層の精勤をうながしたのではないだろうか。従って氏のいわれる「八月中旬の大攻勢」は幻であった可能性が高い(33)。

では（ロ）（ハ）で問題になっている「津軽渡嶋俘囚」＝「狄俘」はどう解すべきか。彼らが実戦に参加した証拠として熊田氏が注目されたのは、彼らが「以夷撃夷」の策を請い、しかも「有功者」への大規模な饗会が計画されていることであるが、いずれも根拠としては弱いといわざるをえない。

まず第一に、津軽渡嶋俘囚は確かにこの時賊を撃つための戦略を求めているが、（ロ）の後半を見る限り中央政府は彼らの「野心」を強く疑っており、続く（ハ）では「性急に大々的な饗会を行なって現地に無用の混乱を起こすべきではない」という穏健な判断を下している。この（ロ）（ハ）は内容的に一連と見るべきであり、（ハ）の「大規模な饗会」は決して現時点での切迫した課題などではなく、もし仮に彼らの要求を受けて新たな

「以夷撃夷」策を展開した場合、結果的に必要になると予想されることである。その後狄俘への饗会記事は熊田氏のいわれる通り翌年一月一一日条まで現れない。このことは、征討軍側が八月中旬時点で津軽渡嶋俘囚の要請に結局応えなかったことを明らかに示す。彼らの一部がこの時点で果たした「功」はおそらく実戦参加とは別のところにあったのである。

また（ハ）文中の「若弥盡二賊徒一。労賜不レ晩。」は、いずれ賊を根絶した時には存分の恩賞がある、よって今急ぎ饗会を行なう必要はないという含意であり、性急な饗会を戒めるために置かれた句である。これから即、狄俘の実戦参加までも論ずるのは無理であろう。加えてこの際秋田城の焼失に触れているのも、出羽において従来夷俘に対する狄禄支給の場が秋田城に定められていたために、これが機能していない現時点では饗会の場所がないという現実的な難点を述べているに過ぎず、これをことさらに狄俘数の多さと結びつけるわけにはいかない。以上より、津軽渡嶋俘囚が戦争を終結させる大戦闘に直接加わったという氏の推定は成り立たないと考える。

それでは彼ら狄俘の「功」とは何か。私はこれを、それまで鳴りをひそめていた彼らの代表者が、八月中旬に至って初めて「以夷撃夷」策を積極的に請うてきたこと自体を指すと考える。もう一度先の図2で狄俘の所在を確認すると、ちょうど「奥賊」の棲む米代川流域の後背地である。この地域に得体の知れぬ蝦夷の大勢力があり充分な注意が必要である、このような記述が六月末以降の上奏に繰り返し見られることは、彼ら狄俘の帰趨がこの〝戦争〟の結末自体を左右しかねないという秋田営・中央双方の一致した認識を明瞭に示している。しかし重要なことは、実際の戦闘場面に狄俘が姿を見せることは一度もないということである。そして夷俘側の降伏が二度に分けて行なわれてから三ヶ月を経た一二月末になって、突如として三〇〇〇人を越える多数の渡嶋夷と津軽俘囚百余人が秋田城に現れる。

これらのことから想定されるのは次のような経緯である。すなわち、津軽渡嶋俘囚（の大部分）[34]が〝戦争〟発生当初は状況を傍観しており、「賊村」連合側の劣勢が明らかとなった八月中旬になって初めて小野春風らの呼びかけに応じ「以夷撃夷」の策を自ら要請して旗幟を鮮明にし、その見返りに禄を得ようとした。現地征討軍は彼らを味方につけることによって「奥賊」を後背地から牽制できるため、この要求に応えようと一度は大規模な饗会を計画したが、財源の問題から難色を示す中央の反対によって結局実現されず、ただ彼らの代表者＝「有功者」にのみ小規模な叙位賜禄が実施された。そこで彼らは三ヶ月後大挙して秋田城に乗り込み、今度は改めて大がかりな饗会が行なわれた。元慶戦争における津軽渡嶋俘囚は、終始傍観者的立場を堅持したと考えるべきであろう。

以上迂遠な考証により、八月中旬の大攻勢はなかったこと、また渡嶋と津軽の俘囚が実戦で功を挙げたという理解は疑問であることを述べた。従って「近城之反虜」三百余人が八月末に降伏したことについては別の理由を考えざるをえない。残念ながら詳細をうかがわせる史料は皆無に近いが、夷俘側に決定的ダメージを与えた七月末の戦闘の行なわれた地域を、この戦いで「義従俘囚」＝「向化俘地」三村の俘囚が主導的役割を果たしていることから秋田郡域と想定すれば、これによって最も被害を受けるのは「近城之反虜」の村々である。一方「奥賊」の地では先述のように小野春風による説得が一月余り順々に続けられている。こうしてそれまで続いていた「賊村」の結合は分断され、結果として「近城之反虜」の村では合議によって八月二九日一斉に降伏することが決められた。右の想定が成り立つならば、夷俘側の政治的結合が分裂するのに一ヶ月近い時間がかかったため、降伏が八月末までずれ込むことになったと説明できるのではないか。すなわち、戦闘の大勢はすでに七月末の段階で決したが、「賊村」の結束が征討軍側の予想をはるかに越えて強固であり充分な余力が残っていたため、その解体・「降伏」[35]についての夷俘内部の意見調整に一定の時間を要したということである。かくて〝戦争〟は、従来いわれてきたようななし崩し的な瓦解ではなく、七村・五村それぞれの自主的降伏（または休戦）という結末を迎えた。

（４）戦争の総括（終局）

以上のように復元できる事件の全貌に関して、元慶三年二月末の段階で現地征討軍の総責任者たる藤原保則が総括と提言を行なっている（『実録』元慶三年三月二日条）。長くなるが内容により整理して引用する。

二日壬辰。正五位下守右中弁兼行出羽権守藤原朝臣保則飛駅奏言曰。

①臣保則等。謹須下依二去正月十三日勅符旨一早討上レ虜。而行事相違不レ能二進止一。何者。

②臣等所レ賜諸国之兵千八百余人。上野下野両国各八百人。陸奥国追還散卒二百人是也。以二此輩一。且撃二破奥賊之士卒一。且討二平近城之反虜一。次須下重請二諸国之兵一攻中伐奥賊上。

③而相二待陸奥鎮守将軍小野朝臣春風。権介坂上大宿禰好陰等一之間。未レ有レ所レ定。

④於レ是。賊徒進二愁状十余條一。陳二怨叛之由一。詞旨深切。甚有二理致一。即弛二法禁一。慰二其冤枉一。

⑤爰古老言曰。

a用レ兵之道。尤在レ練レ士。固二塞其後一。出征入休。動静去「静」《行カ》留。莫レ不レ據レ此。

b又当国形勢。地迫二北陸一。秋天多レ雪。当二此之時一。営塹難レ恃。

c不レ如下選二練士卒一修二造城柵一。相中待春風等之来上。

⑥臣等用二古老之言一。

(1)選二諸国当士之軍一。為二上兵一者一千人。分二配官人一。令二其労賜一。但当士之卒。縁レ无二甲冑一。不レ能二輙進一。

交雑二諸国之軍一。令レ増二兵衆之勢一。

⑵其中国下兵擔夫。役二立柵之事一。還二向本国一。此事由趣。上奏先畢。

⑦凡当国可レ有二兵士鎮兵千六百五十人一。而承前国司。无レ置二一人一。今計二諸国見留之兵一。未レ及二当土例兵之数一。臣等定二城下一之後。殊廻二方略一。此待二隣兵一。作二為城柵一。軍士得レ休。国内无レ慮。

⑧其後賊三百許人。詣二秋田城一乞レ降。雖レ然不レ受二其降一。

⑨臣等因有レ所レ議。春風等且擁二於鎮守府一。待二後告一可レ應レ機之状。馳二権掾小野春泉一。告二春風等一。春泉未レ達二鎮守府一之間。去年九月十五日。好陰来レ自二流霞路一。廿五日。春風来レ自二上津野一。是時道路泥深。風寒粛烈。経二過嶮岨一。士卒疲労。

⑩春風言曰。「銜レ詔之日。伏奉二聖略一。先教二喩賊類一。必令二降伏一。若不レ革二逆心一。進レ兵討滅。仍奉二宣勅旨一。教二喩賊徒一。賊徒帰伏。相随到来。至誠无レ疑。不レ可二更討一。」

⑪臣等初謂。以二所レ賜之兵一。与二春風等一。表裏合レ勢。刻レ日討平。而春風之足歴二虜庭一。令レ降二逆党一。降伏之後。更進二官軍一。虜謂レ欺レ己。殊死而戦。其鋒難レ制。蠆尾施レ毒。亦賊地隘狭。潜通多レ路。以二此小軍一。難レ可二輒赴一。故随二春風之言一。暫停二征伐一。

⑫厥後賊類亦来請レ降。返二進官物一。臣等依二彼来降一。漸計二利害一。征戦之弊。（現状分析により追撃を取りやめた根拠を示す。a兵数が全く不足し士気も低い、b国内の民の三分の一が奥地に逃亡し残った者も疲弊、c無用の卒が騒動、d最上郡への道が悪く大軍の移動は難しい）今重請二大兵一。将レ討二降虜一。国弊民窮。難レ可二克堪一。若慰二撫部内之窮卒一。験二出奥地之逃民一。留二中国之甲冑一。選二当土之例兵一。降虜雖レ反。不レ可レ足レ畏。由レ是降レ賊之状。頻以上奏。

⑬（保則の私見。後顧の愁いを断つために大軍により撲滅すべき）

この条はこれまで事件の総括を主な内容とした極めて重要な上奏と認められながら、複数の情報が錯綜したまま時間の経過を無視して配列してあるために複雑かつ難解な構成をなすとされ、充分な分析が加えられなかった。原因の一端は、②傍線部の内容（ある時点での戦勝の事実を指すか、中央からの命令か）及び時期についていまだ定説がないことにあり、そのため結局全体の構成論理がつかめなかったことにある。しかし私は①②を次のごとく理解すれば、この条が全体として着任以来現時点（元慶三年二月末）に至るまでの経緯を、藤原保則自ら継起的に整理して述べたものであることはほぼ疑う余地がないと思う。以下①から順を追って見ていく。

まず①では、正月一三日勅符（「史闕」）に従って早々に討伐を完了すべきであるが、諸々の事情から進退窮まったという（臣保則等～進止）。これはこの上奏文が作られた二月末時点での現状を大づかみに表現した文である。これを受けた「何者」は「不レ能二進止一」に陥っている原因を自ら問うているのであって、本条の趣旨が討伐を終了する理由の釈明であることを考慮すれば、これに対する答えは明らかに②から⑫の経過説明全体であろう。いわば①は当上奏全体の表題的部分にあたる。

続く②には保則に与えられた兵数が一八〇〇余人とあり、これだけの兵力は保則の着任した六月末には現地に到着していないこと（いまだ上野兵六〇〇のみ）、また征討軍が単独で俘囚軍とは別個に②傍線部にあるような大規模な征討行動を行なわなかったこと等を根拠に、傍線部を中央からの二度にわたる討伐命令と考える説[36]がある。仮にこれが八・九月以降に発せられた命令であるとすれば、これ以後⑧（八月末降伏）・⑩（九月末降伏）に至る間の（③から⑦にかけての）政策が行なわれた時期を特定できず、六月末以降一ヶ月間の秋田宮の施策が空白となってしまう。この上奏の主題が〝戦争〟の総括であることを顧みればそうした不備は考えがたく、別の解釈が必要と思われる。

私はここでの「臣等所㆑賜諸国之兵千八百余人」を、最終的に保則（すなわち秋田営）の下に属することとなった兵数の総計と見る。彼は元慶三年二月末の時点でこれまでの施策全体を振り返っているのだから、文中で時期や具体的施策を明確に指定していない限りこの時点までに順次達成された事実と考えるべきであろう。直後の傍線部「且撃㆓破奥賊之士卒㆒。且討㆓平近城之反虜㆒。」はこの兵力でこれまでに挙げた成果をまとめて表現している。直先に見たように、この時点までに夷俘側の二勢力はそれぞれ別個に降伏・休戦の形をとっており、この文はまさに二月末現在の状況を簡潔に表現したものといえよう。傍線部はさらに「次須㆘重請㆓諸国之兵㆒攻㆗伐奥賊㆖。」と続くが、この短い一文から「十二月頃の新たな命令[37]」までを想定するのは過剰と思われる。諸国兵のさらなる増派を「請う」べきだ、と考えるこの文の主語は明らかに保則自身であり、これは「奥賊之士卒」を討ったがいまだ「奥賊」の地を制圧しえていない彼に対して、当然中央から求められるであろう最終目標を自ら先取りして述べたに過ぎない。こうした表現は、状況が極めて流動的であるために具体的な作戦・施策の立案がほとんど現地（保則・小野春風）で先行し、十数日遅れて情報を得る中央が状況に即応した策を立てえなかったという実状によく合致する。よって②全体の趣旨は、「秋田営は諸国兵千八百余人を以て現在までに「奥賊之士卒」「近城之反虜」を討ち平らげてきた。次いで再び諸国の援兵を重ねて要請し、この大軍によって「奥賊」自体を攻め滅ぼすべきであった。」となる。これは何ら具体的な特定時期の命令などを指してはおらず、成果と現時点での目標とを簡略にまとめたに過ぎない。

さて①と②を右のように解釈するならば、以下は保則が六月末以来の事実を回顧し、②＝現在に至るまでの過程として再構成した記述と考えることは充分に可能である。③は六月末の段階である。当時保則はすでに現地に着任していたが、彼の手中にはいまだ上野国兵六〇〇しかなく、一方別働隊の春風・好陰は陸奥経由で兵を集めつつ任地に向かっている最中であり、保則と彼らとの連携はいまだ成立していない（「未レ有レ所レ定」）。そこに「愁状十余條」を掲げた「賊徒」が降伏し、その反抗理由に理に叶うものがあったためこれを受けた（④）。これこそ前節に見た「向化俘地」三村の降伏であろう。⑤⑥⑦はその後七月から八月にかけて好陰の引率する「隣兵」到来を待ちながら保則が施した策（出羽国兵制の再建と三月に破壊された秋田城の修築）である。⑦の「軍士得レ休。国内无レ慮。」はその成果を自画自賛した言であろう。

やがて別働隊の到着する以前に「賊三百許人」が秋田城に降伏してきた（⑧）。これは八月末の「近城之反虜」である。保則はすぐには降伏を受けず春風・好陰の到着を待ち[38]（⑨）、九月末ようやく帰着した春風の意見を参考にしつつ（⑩）、現有兵力や降伏した「賊」の感情などを考慮して暫時征討行動を停止した（⑪）。その後さらに「賊類」が降伏を請い「官物」を返してきた。これは一二月一〇日に略奪した甲二二領を返還した二〇〇余人であろう（『実録』元慶三年正月一一日条）。ここで保則は改めて現状を分析し、これ以上の戦闘は現段階ではすべきでないという最終的な判断を下す（⑫）。⑬は現状から離れて将来的に「奥賊」を殲滅しておかねば危険であるという彼自身の見解である。以上、この上奏が事件の推移を継起的に整理することで征討行動が行き詰まっている原因を説明したものであることは明白であろう。

こうして全文を通読してわかることは、保則が報告すべき内容を巧みに取捨選択して自らの功を誇張し、また征討を途中で中断せざるをえなかった責任の所在を意図的に糊塗していることである。右の⑤⑥⑦を見る限り、着任以来保則が施した策は前線を降伏した俘囚に守らせ、援軍の到着を待つ間に兵を休ませて城を直すという弥縫的かつ消極的なものに過ぎず、しかもそれらは結果として成功したとはいいがたい（⑫a・c）。ところが文中には、七月以降征討軍の事実上の主力となった「向化俘地」三村の「義従俘囚」・三郡俘囚の活躍は全く現れず、加えて最も重要な情報であり総括の眼目となるべき夷俘側の反抗・降伏理由などについて片言も述べられていないのである。おそらくそれは、これらの点を明確にすれば、攻撃によって夷俘側に決定的な打撃を与えた功は「義従俘囚」の、また「奥賊」服属・「津軽渡嶋俘囚」呼応を直接交渉により実現させた功は小野春風のものとなり、保則自身の功が相対的に小さなものと認識されるためであろう[39]。

現実には、「奥賊之士卒」「近城之反虜」の降伏は「義従俘囚」が報復を深く恐れていることからもわかるように形式的なものに止まり、また一度も戦場となっていない奥地の「奥賊」は充分な余力を保ち、七村の代表たる「賊首七人」を派遣して交渉に及んだのであり[40]、現地の残存兵力ではこれらを制圧することは不可能であった。加えて渡嶋・津軽俘囚勢力も大挙して秋田城に姿を現し饗会を求めており、これは夷俘側の一種の示威といえる。戦争は鎮圧されたかに見えたが、事実は夷俘側の内部分裂に乗じてようやく勝ち取った一時的休戦に他ならなかった。この時点で事情をいまだによく把握しえていなかった中央政府はさらなる戦果を期待したが（①）、以降元慶三年から五年にかけて繰り返し行なわれた飛駅上奏の内容が現地例兵制の再建と狄俘への饗給であることから、現地が相変わらず極めて不安定な情勢であり、夷俘勢力も衰えを見せていないことを推察し、結局この事件における藤原保則の成果を低く評価するに至ったと考えられる。事後の賞賜において小野春風、義従俘囚、陸奥訳語等に特例的な叙位が行なわれているのに対して保則にはそれがなかった点にも、当該期政府の首脳らにとってこのことがほぼ一致した見解であったことを端的に表している[41]。

以上の検討によって〝戦争〟発生から収束に至る過程のなかに確認したのは、各局面の動向を終始左右したのが夷俘・俘囚の（敵味方に分かれての）主体的な行動に他ならず、藤原保則を中心とする征討軍首脳は結果的に彼らの在地支配を追認する以外に途がなかったということであった。夷俘がこうした行動を取りうるのは、その内部に「秋田河以北」の領域的独立を政治目標として標榜するほどに成長した政治権力が生成しているためと考えられる。

第3節　歴史的意義

前節で見たように、夷俘は元慶戦争において高次元の軍事的・政治的統制のもと、「秋田河以北独立」という明確な目標に向かって少なくとも元慶二年七月半ばまでは着実に軍事行動を進めたが、結果的には「近城之反虜」「奥賊」別個に降伏するに至る。このことはそれまで一枚岩的なまとまりをもたず内部にさまざまな政治的指向性をもつ集団が並存していた出羽の蝦夷社会が、この事件を契機として一時的にせよ「賊村」と呼ばれる結合をなすに至ったこと、しかしその結合はいまだ流動的で不安定であったことを明瞭に示している。最後にこうした夷俘集団の実態、彼らを結集させた契機について考察することにより、夷俘の権力構造の一端を明らかにし、元慶戦争の意義を考えてみたい。

〝戦争〟を主導した「賊村」一二村は、秋田郡域内の「近城之反虜」五村（大河・堤・姉刀・方上・焼岡）と郡域外の「奥賊」七村（上津野・火内・榲淵・野代・河北・腋本・方口）に分けられる。この二つの「村」結合は、戦闘への参加形態（前者は村の成員全員、後者は「士卒」のみ）や〝戦争〟終結のプロセス（前者は降伏、後者は代表七名の談判による休戦）において看過しえぬ差異を有していた。両者を分かつ主な要因とは何であろうか。この点を考えるために再び『実録』の記述に戻り、立地条件・住民・国家との関係に注目しつつ双方の特徴を列挙する。

まず前者（五村）は主たる戦場となった秋田城の近郊に位置し、村々に「公私舎宅」が並んでいた（元慶二年四月四日条）ことから、その成員は夷俘のみならず秋田城司に所属する官人や百姓良民を多く含んでいたことが想像される。こうした夷・民雑居のあり方はいち早く降伏した「向化俘地」三村とも共通している。これらの村において主導的立場をとっているのは夷俘であり、[42]有力な夷俘が有事の際などに百姓を率いるケースは九世紀後半以降「民夷同居の地」の各村で一般的に見られた可能性がある。[43]右のような住民構成をなす秋田城近辺の八村（五村＋三村）では秋田城との関係が緊密であり、官人制的秩序はもとより行政（調庸・出挙）・軍制・経済活動（交易）・文化（漆紙文書に見られる暦や城の近隣に位置した寺院の存在）等、日常生活においても不即不離の関係にあったと考えられる。[44]このことと九世紀前半以降東北在地で進展した地方官人としての夷俘身分のステータス化（本書第6章参照）とを合わせて考えるに、元慶戦争における「近城之反虜」「向化俘地」の夷俘は、まさに在地において勢力を増しつつある支配層に他ならず、彼らは形式上は秋田城司のもとに属しながらもその立場を積極的に利用して各「村」で他の夷俘や百姓を統括・支配していた。[46]こうした状況で「村」内外における夷俘間の関係や百姓に対する支配力の強弱を左右する最大の要因は、城司との交通関係の強弱であろう。

他方、後者「奥賊」（七村）は、村を挙げて焦土戦を戦った「近城之反虜」と異なり「士卒」を派遣して戦闘に参加したことが端的に示すように、その住域は秋田城から遠く離れている。村々は「奥地」（米代川中・下流域、男鹿半島）の広範囲に点在し、村の代表者たる村「首」を介してその所在を以前より秋田城に把握されていた。小野春風ら別働隊は、おそらく「奥地」と日常的に交流のある陸奥夷俘らを道案内とし、その情報をもとにこれら諸村に入ったのだろう。「奥地」夷俘は不定期的に秋田城を訪れて不定量の物品（黒貂や羆の毛皮、鷹狩用の青鷹など。馬は高価な交易品であり、貢納品であったかどうかは不明）を貢納し、[47]秋田城司は饗会を催して彼らに「狄禄」（布帛・粮食など）[48]を支給した。従来〝朝貢制的支配〟と呼ばれてきたこのルーズな政治的・経済的「交通」形式が定着したのは、渡嶋津軽津司の廃止後、秋田城が高清水岡に移転され（七三三年）狄俘の申請と協力によって整備され[49]、日本海側における対蝦夷・靺鞨政策の中核施設となった七八〇年以降のことであろう。この形態においては交通における主導権は明らかに不定期的に到来する夷俘側にあり、秋田城側には彼らに対して常時朝貢を強要するだけの規制力はなかった。これを通説に従って支配と呼ぶにしても、極めて不安定かつ流動的な形態[50]といえよう。彼ら七村と秋田城との日常的な関係は総じて疎遠であり、裏を返せば政治的にも経済的にも自立性の高い地域集団であったと思われる。彼らの目はむしろ、津軽・渡嶋蝦夷を介して、靺鞨諸部などの盤踞する広大な北方世界へと向いていた（本書第8章）。

これら「奥賊」諸村成員のなかには、〝戦争〟の事後処理の過程で「奥地夷俘」のもつ一〇六枚もの「死亡位記」の詐取が問題となっていること（元慶四年二月一七日条）から見て、貢納に応じたことへの対価等として官位を取得した夷俘が想像以上に多かったことがうかがわれる。また『保則伝』や菅原道真の漢詩「哭奥州藤使君」[51]（延喜元年（九〇一）九月二二日）のなかに鷹・馬・皮衣・金などの交易によって莫大な利益を得る「富饒酋豪」のことが描かれている点から、夷俘間にすでに大きな経済的・政治的格差が生まれ、時にはそれが高じてか「殺傷同種」に至ることもあった[52]ことがわかる。交易品目中の馬・鷹の原産地としては古来渤海の咸鏡道付近が有名であり、また古代貴族に珍重された皮衣の原料たる貂皮は沿海州一帯の特産品である（『三国志』夫余伝・挹婁伝、『晋書』粛慎氏伝、南宋の『三朝北盟会編』巻三、『松漠紀聞』）ことから見て、「富饒酋豪」の経済基盤の重要部分が沿海州の靺鞨や渤海との直接あるいは津軽・渡嶋蝦夷を介した交易に依拠していたことはほぼ確実である。小野春風に引率されて休戦の会談に臨んだ「賊首七人」はおそらく「奥賊」夷俘中の有力「酋豪」に違いない。また元慶二年一二月末に三〇〇〇余人もの渡嶋夷が一挙に秋田城へ来航した際、彼らを引率したのは一〇三人の「夷首」であったという記述などから、複数の「首」によって統括される「奥賊」の形態が渡嶋狄や津軽俘囚の場合にも共通していたことが想像される[53]。

以上のように、「近城」八村（「近城之反虜」五村＋「向化俘地」三村）と「奥賊」七村は、それぞれの利害に基づいて秋田城との関係を形成していた。前者においては夷俘が秋田城司のもとで俘囚計帳によって把握され、事実上の地方官人としての職掌を果たしつつ権力を拡大し、また後者においては「首」と呼ばれる地域の日常的な支配者が、こうした「交通」の当事者となっていた。両者の存在形態に見られる差異は、七世紀後半以降に国郡制によって把握された歴史的経験の有無に端を発し、以後形成されてきた律令国家との、あるいは北方勢力との双方向的で流動的な「交通」形態の相違に起因するといえるだろう。

では質的に異なるこの村々を一時的にせよ結びつけ、広域の反国家的な連合体を形成させた契機とは一体何であろうか。本章の分析により、この戦争が単なる出羽国司に対する場当たり的な武装蜂起や、地方行政の秩序回復を求める運動等とは異質であったことが明らかとなった。ここで改めて注目したいのは、夷俘軍側が五月七日に「秋田河已北為二己地一」という要求を示したことである。秋田城と周辺を焼き払い、出羽国の行政機能を麻痺させ、さらには雄物川を境としてその北方地域を夷俘の広域連合体が支配下に置くというヴィジョンが、代表者によって公然と政府に対して表明された。それが九世紀の第4四半期に起こった背景として、北方交易の規模が拡大するなかで、この頃「奥賊」夷俘同様に財力をもち勢力を伸ばしつつある渡嶋蝦夷との対立が高まっていた点を挙げたい。元慶戦争の三年前には「渡嶋荒狄」が秋田・飽海に船団を組んで襲来しており、また〝戦争〟中は「賊村」側の結合が崩壊した八月になって秋田城に現れ、「以夷撃夷」策を乞うている。渡嶋蝦夷のこの時期の行動には、律令国家に完全に服属する形はとらず、一定の自立性を確保しながら遠距離交易の利を得るために秋田城に不定期的に「朝貢」するという、独自の戦略が見てとれる。「奥賊」夷俘がこれに対抗するためには、北方交易のセンターとなっている秋田城を使用不能な状況とし、交易の拠点を自らの支配下に置く必要があったのではないだろうか。「己地と為さん」にはこうした意図も含まれていたと想像する。

こうした「奥賊」の利害は、国司や有力夷俘による苛政や不正（「富饒酋豪」が賂を国司に贈り虚納し、位階を買うなど）、権門勢家による強引な交易などの被害を日常的に直接蒙っていた「近城之反虜」のそれと相俟って、秋田城を焼亡するという当初の戦略につながったのではないかと考えるのである。

しかし、「近城之反虜」も「奥賊」も、律令国家的秩序から完全に自立することは結局なかった。「奥地」俘囚が官人の死亡位記を一〇六枚も所持していたことは、夷俘側も在地における支配の正当性を官位に求めていたことを表すものである。また、この戦争で活躍した夷俘には「狄禄」の名目で布・米穀が支給された。これは北方交易のための財源にも利用された可能性がある（本書第8章）。こうしたことが、元慶戦争における「近城之反虜」と「奥賊」との内訌、「賊村」連合体の崩壊要因の一端となってゆく。

おわりに

本章では元慶戦争の分析を通して、九世紀後半の蝦夷社会における政治権力の発達と変容を追究した。結果として、秋田城司との密接な関係のもとで、民夷両立体制（本書第6章を参照）の「夷」を代表する有力な夷俘が出羽国の統治を代行しつつある「近城」地域と、渡嶋・津軽蝦夷を介した北方交易を基盤に富を蓄えて有力化した「夷首」が現れた「奥地」地域とで、夷俘社会が異なった発展を遂げつつあること、そのなかで、同様に北方の鞅鞨勢力との交易によって有力化した渡嶋蝦夷と「奥地」夷俘との対立が激化し、これが大規模な戦乱の引き金を引くこととなったこと、現在の秋田県・青森県一帯を含み込む広域の「賊村」連合体がつくられ、雄物川以北一帯を支配下に置くという政治的要求を示すまでに至ったが、征討軍による離間策や利害のズレから、最終的に連合体は瓦解すること、などが明らかになった。もし「秋田河已北」の領域的独立が維持されていたら、この地域の蝦夷社会のなかに蝦夷文化を核とする夷俘「民族体」的な結合が生じた可能性もある。だが、「近城」・「奥地」夷俘と渡嶋・津軽蝦夷の間の懸隔は大きく、これらが一体化するという事態は、九世紀末の時点では起こらなかった。

以後、渡嶋蝦夷は北海道で鞅鞨との関係を深め、渡嶋蝦夷の名を捨てて、その一部は後にエゾと呼ばれてゆく。東北地方の夷俘集団は、国家との関係を維持しつつ、中世に至るまで自らを「夷」「俘」の後裔として政治的に表象してゆく。これを古代国家によって一方的に蝦夷集団へと強制された「被差別的なアイデンティティ」等と理解するのは一面的であり、むしろ国家による「夷狄」化政策を受容した蝦夷側が、それぞれの置かれている環境や歴史的状況に即してそれを変容させ、自他認識の一部として利用していったと考えるべきである。元慶戦争のなかで夷俘らが見せる多様な行動は、九世紀末の日本における「夷狄」観念の質的変容を明瞭に表している。

【第7章　注】

(1) 戸田芳実「中世成立期の国家と農民」(初出一九六八年。同『初期中世社会史の研究』東京大学出版会、一九九一年所収)二四頁。

(2) こうした理解を端的に示す研究として関口明『蝦夷と古代国家』(吉川弘文館、一九九二年)第五「元慶の乱とその意義」、斉藤利男「蝦夷社会の交流と「エゾ」世界への変容」（鈴木靖民編『古代蝦夷の世界と交流』、名著出版、一九九六年）を挙げておく。

（3）石上英一「古代東アジア地域と日本」（『日本の社会史』第1巻、岩波書店、一九八七年）八七頁。

（4）石母田正「古代の身分秩序」（初出一九六三年。同著作集第四巻、岩波書店、一九八九年所収）。古代の「夷狄」を論じる際常に言及される「王民共同体」について、氏自身による最も端的な定義を挙げておく。

自己の支配する臣下と人民を「王民」として組織し、それによって「化内」と「化外」を対立せしめ、化外の民に夷狄と諸蕃とを設定し、居留外国人を夷狄視し、捕えた夷狄を賤民とするような体制、いいかえれば支配下の人民を専制的に支配するだけでなく、それを支配民族として組織するような体制（初出一九六二年。同前掲書所収）。

（5）石上英一前掲3。

（6）高橋富雄『蝦夷』（吉川弘文館、一九六三年）一四三〜一六〇頁。新野直吉「元慶の乱」（『秋大史学』一五、一九六八年）。同「「元慶の乱」の史的意義」（『歴史』四一、一九七一年）。

（7）山本幸男「律令的政治観の変質とイデオローグの動向」（『日本史研究』二〇四、一九七九年）。

（8）『藤原保則伝』の終章にこの伝記のもととなった軍中記録として「元慶注記」の名がある。『古代政治社会思想』（岩波日本思想大系、一九七九年）所載『保則伝』の大曾根章介氏補注を参照。

（9）『保則伝』は一〇世紀初頭、三善清行により起草された良吏伝である。この当時、富豪層による激しい反国衙闘争や王臣諸家による大土地所有の増加により、律令制的地方支配の変容が急激に進んでおり、時の藤原忠平政権のイデオローグであった清行には、律令官人制の政治理念としての儒教イデオロギーが形骸化してゆくことへの強い危機感があった（山本幸男前掲7）。そこで彼は、部内巡行・儒教教化・勧農を完遂した国司の理想像である「良吏」の典型として『保則伝』を書き、儒教的政治理念の復興を訴えようとしたのである。表1にもあるように、この伝記には随所に「徳義による教化」や「憲法を定め百姓を安堵する」などと儒教の徳目が挙げられ、その有効性が強調されている。

（10）高橋富雄前掲6、一五九頁。

(11) 新野直吉前掲6「元慶の乱」。

(12) 佐藤宗諄「蝦夷の叛乱と律令国家の崩壊―元慶の乱を中心として―」(初出一九六七年。同『平安前期政治史序説』、東京大学出版会、一九七七年所収)。

(13) 新野直吉前掲6「元慶の乱」。

(14) 熊田亮介「元慶の乱関係史料の再検討―『日本三代実録』を中心として―」(初出一九八六年)、同「賊気已衰―元慶の乱小考―」(初出一九八七年。ともに同『古代国家と東北』、吉川弘文館、二〇〇三年所収)。

(15) 熊田亮介同前書。

(16) 中村英重「渡嶋蝦夷の朝貢と交易」(木本好信編『古代の東北―歴史と民俗―』、髙科書店、一九八九年)にも同様の理解が見られる。

(17) 本章のように考えることにより、一〇世紀から一二世紀にかけて環日本海交易による莫大な経済力を権力の基盤として当該地域に勢力を張った安倍・清原・奥州藤原氏勢力と、オホーツク文化を次第に包摂しつつプレ・アイヌ文化に転化しつつあった擦文文化荷負集団の前史として、八・九世紀段階の夷俘・俘囚・津軽渡嶋蝦夷の歴史過程を位置づける視角が得られるであろう。詳細は本章第3節、本書第8章を参照。

(18) 関口明『蝦夷と古代国家』(吉川弘文館、一九九二年)は、この要求について、高橋富雄氏・新野直吉氏がいうような「当該地における国家権力の干渉排除ではなく、従来の関係秩序の回復を求めた」行動であるといわれるが、次節で詳述するように夷俘側の実力が無視しえぬ状況になっていた当時の現地情勢を勘案すれば、こうした理解はこの地域における国家の支配を過大評価したものであり従いがたい。この点に関して、蝦夷側の視点から終始一貫して元慶の乱をとらえた田牧久穂『元慶の乱・私記』(無明舎出版、一九九二年)には学ぶべき点が多い。

(19) 菊池俊彦「環オホーツク海とオホーツク文化人」(『環オホーツク海古代文化の研究』、北海道大学図書刊行会、二〇〇四年)。小嶋芳孝「環日本海交流史の様相」(前川要編『北東アジア交流史研究―古代と中世―』、塙書房、二〇〇七年)など。

(20)『実録』三月二九日条。これに関して新野直吉前掲6「元慶の乱」は「政府も対策の心構えをしていた」とするが、この二九日発勅符は、同月一五日に戦端が開かれて二日後に出羽を発った飛駅が、一二日間かかって都までもたらした上奏に対して時をおかず応えたものであり、朝廷が事件を知ったのは二九日になってからである。当初、充分な対応はできていなかった。

(21) この「城北郡南」の郡とは、新野直吉前掲6「「元慶の乱」の史的意義」にあるように秋田郡を指し、その郡治は石崎遺跡（秋田県南秋田郡五城目町石崎）に比定されている。門間光夫「推定古代郡衙址「石崎遺跡」の調査概報」（『秋大史学』一五、一九六八年）。

(22) 熊田亮介前掲14書。

(23) この段階での中央政府の施策は、戦争の第一報に応じて民の農事の妨げにならぬよう「方略を設けて」辺民を安んぜよというものであり、高橋氏や新野氏が言われるように「戦わないで和平を実現する方略」（高橋富雄前掲6）、「現地民生の安定を第一とする行き方」（新野直吉前掲6「元慶の乱」）であった。ただこうした方針は、状況に応じて容易に「我が兵威を奮い、一挙誅滅せよ」（『実録』同年一〇月一三日条）などと変化するものであったことを見落とすべきではない。

(24) 現在の有力な比定地は能代市田床内の大館遺跡である。熊田亮介「元慶の乱と蝦夷の社会」（熊田亮介・八木光則編『九世紀の蝦夷社会』、高志書院、二〇〇七年）参照。

(25) 夷俘側は当初、藤原保則なる人物が有名な良吏であることなどそもそも知らないのであり、彼の着任が夷俘の一部を降伏せしめたかのような理解は『保則伝』の記述に無批判に依拠したものと言わざるをえない。

(26) 高橋富雄前掲6など。

(27) 添河・覇別・助河の三村は、ちょうど秋田城と秋田河に挟まれた地域に位置する。しかもこれらの村には「良民」も含まれており（七月一〇日条）、日頃から秋田城と密接な関係を結ぶ夷俘村だったのではないかと推測される。

(28) 法天については、元慶三年一月一三日条からその姓「大辟」及び七月末時点での官位（外正八位下）が判明する。

(29) 熊田亮介氏はこの「義従俘囚」を津軽俘囚の一部（「津軽俘囚不連賊者百余人」）とし、彼らは乱の途中で征討軍側に寝返った集団であるとされる（前掲14書）。彼らが賊の復讐を恐れ執拗にその殲滅を求める理由を裏切りに求める解釈は首肯できるが、これを津軽俘囚にあてる点については従えない。中央政府はすでに六月末から「津軽地夷狄」の動向を注意していたが、当初は彼らが「賊」側に加担しているか否かを知らなかった（七月一〇日条）。彼らがこの乱にはっきり姿を現すのは八月末に至ってからであり、津軽俘囚中に夷俘軍に連ならなかった者がいたことが判明するのは一二月末のことである。もし「義従俘囚」が津軽俘囚の一部ならば、渡嶋・津軽の動向が全くつかめていない段階でいち早く征討軍側に加わった、まさに国家にとって最も理想的な有力俘囚ということになり、そのことは上奏や勅符に特記されてしかるべきなのに、そうした記述は片言もない。またいまだ夷俘軍側の戦意が高く結束も固い七月中旬以前の段階で、米代川よりさらに北方に位置する津軽俘囚の一部が圧倒的多数の味方を裏切り、はるか南方の秋田城近辺で行なわれている実戦に参加するというのは、想定しがたいことである。しかも「夷人慕㆑義之至切」の代表格たる大辟法天（前掲28）があくまでも「出羽俘囚」であり、決して「津軽俘囚」とは書かれていないことも、「義従俘囚」＝津軽俘囚の一部でないことの傍証となろう。

（30）熊田氏はここでの「奥賊」に関して、乱の早い時期に律令国家側に寝返った津軽俘囚を指すとされる（前掲14書）。その主な根拠は『実録』元慶三年正月一一日条に、「津軽俘囚不㆑連㆑賊者」という語句が見られることから、翻って夷俘軍側に与した津軽俘囚の存在を想定しうる点である。この乱の過程に彼らが何らかの形で関与していること自体は充分に考えられるが、もし仮にここでの「奥賊」がすでに周知の津軽俘囚ならば、なぜそう書かずに「奥賊」などとまわりくどい表現を用いたのかが説明できない。熊田氏はこの点を解消するために古代東北における慣用表現としての「奥地」を博捜し、後世の絵地図に見られる「津軽大里」等を引いて津軽と「奥地」との関連を示唆されるが（前掲14書、三五頁）、〝元慶の乱〟に関する『実録』の記事（皆同一の史料源「元慶注記」に基づく）に限っていえば津軽と「奥地」は明確に使い分けられており、同一の集団に対して異なる地域呼称をあてるような混乱した用語法を想定することはできない。また氏は「国内黎氓苦㆓来苛政㆒。三分之一逃㆓入奥地㆒。」（『実録』元慶三年三月二日条）という記事を引用して「奥地」の広大さをいわれるが、出羽百姓は国内の土地が狭いために流出しているわけではないのだから、この記述から出羽や津軽の土地の規模を論ずるのは明らかに不可能である。同様に、本章のごとく「秋田城下十二村」の内部に「近城之反虜」と「奥賊」の二つのブロックを想定できるという見地に立つならば、「城下賊地」と「奥地」を地域的に峻別しなければならぬ必然性もない。史料中に「城下奥地」という記述がないのは、現地官人らにとって「奥地」が「秋田城下」すなわち行政管区として秋田城司の管轄下に形式上属することはことさらに断る必要がないほど自明のことだったからであろう。なお、渕原智幸氏はここでの「奥地」を陸奥衣川以北の特定地域を限定的に指すと考えられている（同『平安期東北支配の研究』、塙書房、二〇一三年）。だが元慶戦争時の「奥地」にそうした限定は考えがたく、この語句自体相対的に用いられているとの批判が熊谷公男氏によって行なわれており、穏当な理解だと考える。同「秋田城下の蝦夷と津軽・渡嶋の蝦夷―元慶の乱を中心として―」（小口雅史編『海峡と古代蝦夷』、高志書院、二〇一一年）。

(31) 新野直吉前掲6「「元慶の乱」の史的意義」。

(32) 熊田亮介前掲14書、二六頁。

(33) 加えて、現地征討軍の総指揮者である藤原保則が元慶三年二月末の時点で行なった事件の経緯の総括（三月二日条）にも、ある時期に征討軍の総攻撃によって賊側が急激に衰えたことを示唆するような記述はない（なお後述）。

(34) 熊田氏の指摘されるように、元慶三年一月一一日条には「津軽俘囚不〻連〻賊者」とあり、津軽俘囚のなかに賊側につく者と従わなかった者の両方が存在したことがわかる。しかし問題は加担の方法や度合いである。「賊に連ならない」ことは、必ずしも即、義従俘囚のごとく「征討軍側に武器をもって与する」ことを意味しない。現実的に考えれば「第三者的立場をとって戦況を傍観する」という選択肢は充分に想定可能であり、またそれはこの切迫した状況においては、国家にとって「反逆に加担しなかった」賞讃すべき行動となる。

(35) この降伏が実質的には停戦に他ならなかった点については、すでに田牧久穂前掲18に指摘がある。

(36) この条について従来最も詳細に検討を加えられた熊田亮介氏は、②の「且撃二破奥賊之士卒一。且討二平近城之反虜一。」を八月四日ないし九月五日付勅符にあった中央からの命令の文言とされる（熊田亮介前掲14書）。しかし以下本章で述べるように、この条の全体構成から見てこの文を特定時期の具体的命令などと考える必然性はないと思う。

(37) 現地の情勢が中央の施策よりもはるかに早く変化していることを考慮すれば、保則が中央の指示なしに策を立てられなかったかのように考えるのは、中央政策への過剰な一元化といわざるをえない。

(38) すぐに「降伏を認めなかった」とあるのは、別働隊の状況をつかみえていないために一時判断を保留したの意であろう。実際にはさほど時をおかず坂上好陰・小野春風が到着し、彼らとの協議の結果降伏を受け入れ、⑪の「暫停二征伐一」に至ったようである。

(39) ここには保則の夷俘に対する意図的な過小評価の指向が端的に表れている。そのため本上奏から得られる印象は、保則が在地秩序を維持し続ける間に、何故か賊の一方的な降伏が相次いだため、その本拠地を掃討しようとしたが、小野春風らが慎重策を提言し、理に叶うところもあるのでその言を容れることとしたというものである。しかし本章で述べるような征討の事実上の中断状況において「奥賊」征討が不可能であると直言すれば、保則自身の責任が追及されることは明白であるから、「追討すべきだが時期尚早」というニュアンスでまとめなければならない⑬。その苦心がこの部分にはよく表れている。いうまでもないことだが、本条は決して事実の直接的反映などではなく、保則の政治的意図や利害認識を「総括」の形をとって巧妙に自己弁護したものであることに注意すべきであろう。

(40) もしこれが記述通りの降伏ならば、この七人には、反逆の大罪に対し死罪を含む厳罰が科せられるはずであるが、そのような記録は皆無である。おそらく彼らは保則・春風らと会談し、現行の在地支配を黙認される代わりに征討軍からの略奪品を返却することを確約して「奥地」へと帰り、この取り決めに基づいて元慶四年二月初めの春海奥雄による甲冑六六領その他の「勘取」が行なわれたと考えられる。

(41) 『保則伝』にはこの点に関して「衆議昭宣公（藤原基経）を詰る」とあるが、これは公卿の一部に保則の処遇に関する別の意見があったことを示唆している可能性がある。

(42) 『実録』元慶二年七月一〇日条によると、この三村の「俘囚并良民三百余人」をして賊を添河村に防がせたとある（前節引用の同条①b）。

(43) 三郡俘囚の深江弥加止など。

(44)『秋田城跡調査事務所研究紀要Ⅱ』に収められた木簡や漆紙文書には、出羽国内の郡名を付した調の荷札や、大帳様の文書、出挙歴名帳、具注暦の断片等があり、秋田城が他の国衙同様の行政的・文化的機能を果たしたことを推測するに足る。これらに関しては平川南「律令支配の諸相」(『新版古代の日本』第九巻、角川書店、一九九二年)を参照。

(45)古代の秋田郡衙がいつ頃まで機能を果たしたかをうかがわせる史料はないが、この地域の夷俘が国郡制のもとで過去に俘囚計帳に登録され、調・庸と兵役を含む力役を負担した経験がある点は、「奥賊」と彼らとを分ける重要な差と思われる。

(46)秋田城周辺に点在する八・九世紀の終末期古墳・土壙墓からは、しばしば蕨手刀や甲冑とともに律令官人としての身分を表す銙帯が出土している。亀田博「銙帯と石帯―出土銙・石銙の研究ノート―」(関西大学文学部考古学教室編『考古学論叢』、一九八三年)、奈良文化財研究所編『銙帯をめぐる諸問題』(二〇〇三年)等を参照。

(47)『延喜式』巻二十三民部下・交易雑物条

陸奥国(葦鹿皮。独犴皮数随得。砂金三百五十両。昆布六百斤。索昆布六百斤。細昆布一千斤。)　出羽国(熊皮廿張。葦鹿皮。独犴皮数随得。)

(48)新潟県の的場遺跡からは「狄食」と連記した習書木簡が出土している。

(49)『続日本紀』宝亀一一年(七八〇)八月二三日条。本書第5章参照。

(50)近年、熊田亮介氏や熊谷公男氏、今泉隆雄氏らが律令国家による蝦夷支配の形態を、蝦夷村、蝦夷郡、近夷郡の三つに分類して説明されている。この分類に拠るならば、本章での「奥賊」は蝦夷村支配に該当する。この理解は従来研究蓄積の薄かった九世紀までを射程に含み、八・九世紀を通して対蝦夷支配のシステムを一貫した論理で整理したものであり、現時点における到達点といえる。これらの研究によって、八世紀前半に蝦夷支配の強化が進み、後半にそのことへの反発として「三十八年戦争」が起こるが、九世紀初めにこれが終結して以降は大きな反抗も見られなくなり、在地の支配は徐々に蝦夷の有力者に委ねられ、やがて夷俘は在地化し消滅するという従来の通説は、支配の規模と継続性に関して再検討されざるをえなくなった。私なりに敷衍すると、九世紀以降の支配形態の特徴は八世紀のそれよりもはるかに細密で(地域の条件に柔軟に対応してパターンを変える)、しかも津軽俘囚あるいは渡嶋夷にまで族長(「夷首」)を介した支配が及ぶという広域支配である。律令国家形成期の蝦夷支配の形態よりも数段強化され深化した形態といえよう。

私は九世紀の律令国家による蝦夷支配がより柔軟になり、またその視野が北海道や津軽にまで及んでいた点に関しては全く同意するが、蝦夷支配が八・九世紀を通じ一貫していたという静態的な視角、及び支配がより強固になったとする点には従えない。こうした視角では、元慶戦争において夷俘・秋田営の双方が複雑な行動を示す理由が説明しがたいのではなかろうか。それほど強力な支配が貫徹していたならば、一〇世紀以降に蝦夷関連の史料が急速に見られなくなり「夷狄」は消滅したなどと評されるようになるのは何故か、等についても充分に説明できないように思う。問題とすべきは蝦夷が何故そうした支配に従い、時に反抗したのかであり、状況に応じて彼らの利害を具体的に明らかにすることではないだろうか。九世紀以降の複雑な支配システムや「夷俘長」の設置も蝦夷側有力者との妥協の産物と見る視点が必要であると思う。

(51)　友人である陸奥守藤原滋実の死を悼む詩。陸奥国において「兼金」（上質の黄金）や「重裘」（重ねた皮衣）、「鷹馬」（鷹狩り用の青鷹や駿馬）などが取引され、滋実の同僚はそれを黙認して賄賂を得ているとの連句がある（『菅家後集』）。

(52)　『日本文徳天皇実録』斉衡二年（八五五）正月一五日条。彼らの権威の大きさを示す好個の資料として蝦夷森古墳の甲冑と環頭太刀が挙げられる。

(53)　この時「夷首」に率いられていた三〇〇〇人はその「種類」にあたるという（『実録』元慶三年一月一一日条）。同日条に見られる「津軽俘囚不ㇾ連ㇾ賊者百余人」もおそらく彼らの総数ではなく、秋田城に保管されていたであろう「俘囚計帳」に名前の記載された津軽の有力者であって、彼らのもとに「種類」にあたる成員が当然いたはずである。私見のように「奥賊」と渡嶋・津軽蝦夷との間に社会構成上の共通点を認める場合、逆に問題となるのは、「奥賊」がこの〝戦争〟に積極的に関与し、渡嶋・津軽蝦夷が中立的立場を守ったのはなぜかという点である。ここにそれぞれの集団の構成原理の違いなどが表れている可能性が高いのではないか。

図1・図2・表1・表2　田中聡「〝元慶の乱〟の歴史的意義」（古代史サマーセミナー報告資料、一九九〇年）をもとに作成。

第8章　九・一〇世紀の東北アジア情勢と蝦夷社会の変容

はじめに

九世紀後半、渡嶋蝦夷の活動が活発化し、しばしば船団を組み秋田城付近に出没し、当地の百姓との間に武力衝突も起こっていた。こうした状況は、八七八年から八八一年にかけて出羽・陸奥両国を舞台とする〝元慶戦争〟発生の遠因ともなり、渡嶋蝦夷の帰趨が勝敗を左右すると現地の征討軍指導者が認識していたほどであった（本書第7章を参照）。この戦争後も、出羽・陸奥「奥地」における渡嶋狄と両国俘囚との間で緊張した状況が持続する。八九三・四年、九〇三年には現地が不穏な情勢となり、九三九年には「異類」を率いた俘囚が四ヶ月間にわたって秋田郡を襲い、官稲を略奪し百姓の財物を焼いている[1]。なぜ元慶戦争が終結した後も、九世紀末から一〇世紀にかけて半世紀もの間、日本列島東北北部地域で軍事的緊張が高まるのか。この問題に関しては、当該期の蝦夷社会の情報を伝える史料が少なく不明な点が多い。が、この時期は、古代的な蝦夷（エミシ）社会が俘囚・中世蝦夷（エゾ＝プレ・アイヌ）社会へと変わるターニング・ポイントといわれており、その歴史過程が以後の北方世界と日本社会との関係性を大きく規定していることを考えると、やはり地域に新しい社会変動を生み出す何らかの動因を想定する必要がある。

ところで当該期の蝦夷を考える際に、石母田正氏の「王民共同体」、すなわち「自己の支配する臣下・人民を支配民族＝「王民」として組織し、王化の及ばぬ民として夷狄と諸蕃を設定した上で、王民とこれら化外の民を対立させる体制」の概念を承け、これを日本古代の「帝国」構造論と読み替えた石上英一氏の説[2]が多くの研究の基礎となっている。氏は、蝦夷は夷狄の主要部分を構成するものとして創出された「疑似民族」であり、夷狄世界は八世紀を通じての軍事的侵攻と行政的支配により九世紀には内国化して消滅し、以降帝国の構造のみが観念的な次元で維持されていくと主張された。言い換えるなら、古代蝦夷の異「民族」的な実態は日本人のなかに吸収されて同化し、九世紀以降には中央貴族の観念の世界にのみ「夷狄」が残っていくという理解である。ここには当時の蝦夷を「日本人」と対照的に没主体的な集団ととらえる傾向が看取される。

こうした「夷狄」観は、たとえば元慶戦争の時期に再三、秋田城周辺に出没した渡嶋蝦夷について、その生産基盤が脆弱なため、律令国家との交易なしには日常生活が成り立たず「自生的な発展が閉ざされて」いた彼らが、秋田城の復活を待って飢えを免れるためにとった窮余の行動であった、とするような評価[3]と結びついている。蝦夷社会においては政治権力がいまだ成熟しておらず、律令国家との交渉においても各地域集団の意向を代表できる政治主体がいないため、寒冷化や自然災害、国司による収奪の激化等に対して個別に無計画な対応をすることしかできなかった段階であるという理解が、基盤にあるのではなかろうか。元慶戦争の原因を陸奥・出羽国司による苛政と、富豪層の収奪への反発に求める通説は、まさにこうした夷狄観を前提にしており、蝦夷社会のもつ諸問題をすべて日本列島内秩序の次元から説明する結果となっている。

だが他方で、一九八〇年代以降の北方考古学の進展は、八・九世紀の北海道・東北北部地域が交易を通じて密接に結びついており、北海道周辺地域の擦文文化・オホーツク文化人と、東北北部住民とが広域の交易圏を形成していたことを明らかにしつつある。さらには、渡嶋蝦夷を介して、中国東北部やサハリンからもたらされたと思われる靺鞨・同仁文化の遺物（青銅製品・錫製品等）も北海道・東北北部地方の各所で発見されており、沿海州にまで広がる交易範囲の広大さを想定することができる[4]。古代の蝦夷社会は、実態としては日本列島交易圏・東北アジア交易圏の両方に不可分に組み込まれていたのであり、決して日本列島北辺において孤立した小さな社会などではなかった。

この点を勘案した時、九世紀後半以降の蝦夷社会における活発化の要因について、通説とは別の可能性を考えてみる必要があるのではないか。古代の東北アジアにおいては、八世紀初頭から二世紀余にわたって「海東の盛国」と呼ばれた渤海が、黒龍江流域から沿海州一帯に部族ごとに分かれて居住していた靺鞨や、国の西北に位置する契丹を常に政治的に圧迫し、唐との国交や商旅をも規制していた。ところが、渤海が九世紀末以降、王権の継承をめぐる貴族間の紛争などによって弱体化しはじめたことで、それまで活動を規制されていたこれら周辺勢力が独自の経済・政治的活動を一斉に再開し、この動きがやがて一〇世紀前半の渤海滅亡へとつながってゆく。同時期にやはり内訌等により国内情勢が不安定化した新羅のもとでも、周辺海域での海賊の活動が活発化しており、その影響は同時期の日本に及んでいる。冒頭に挙げた渡嶋・津軽蝦夷や俘囚の「奥地」における軍事的緊張も、こうした東北アジア動向の一環として位置づけられるという仮説を立て、考察を進めてみたい。

第１節　隋末・唐初期の東北アジア情勢

この当時、北海道・東北北部とその周辺地域に居住していた集団としては、陸奥・出羽両国の夷俘（蝦夷・俘囚）、渡嶋蝦夷（渡嶋狄。北海道中央部・南部にかけて同時期に居住した擦文文化人にあたるか）とともに、北海道北

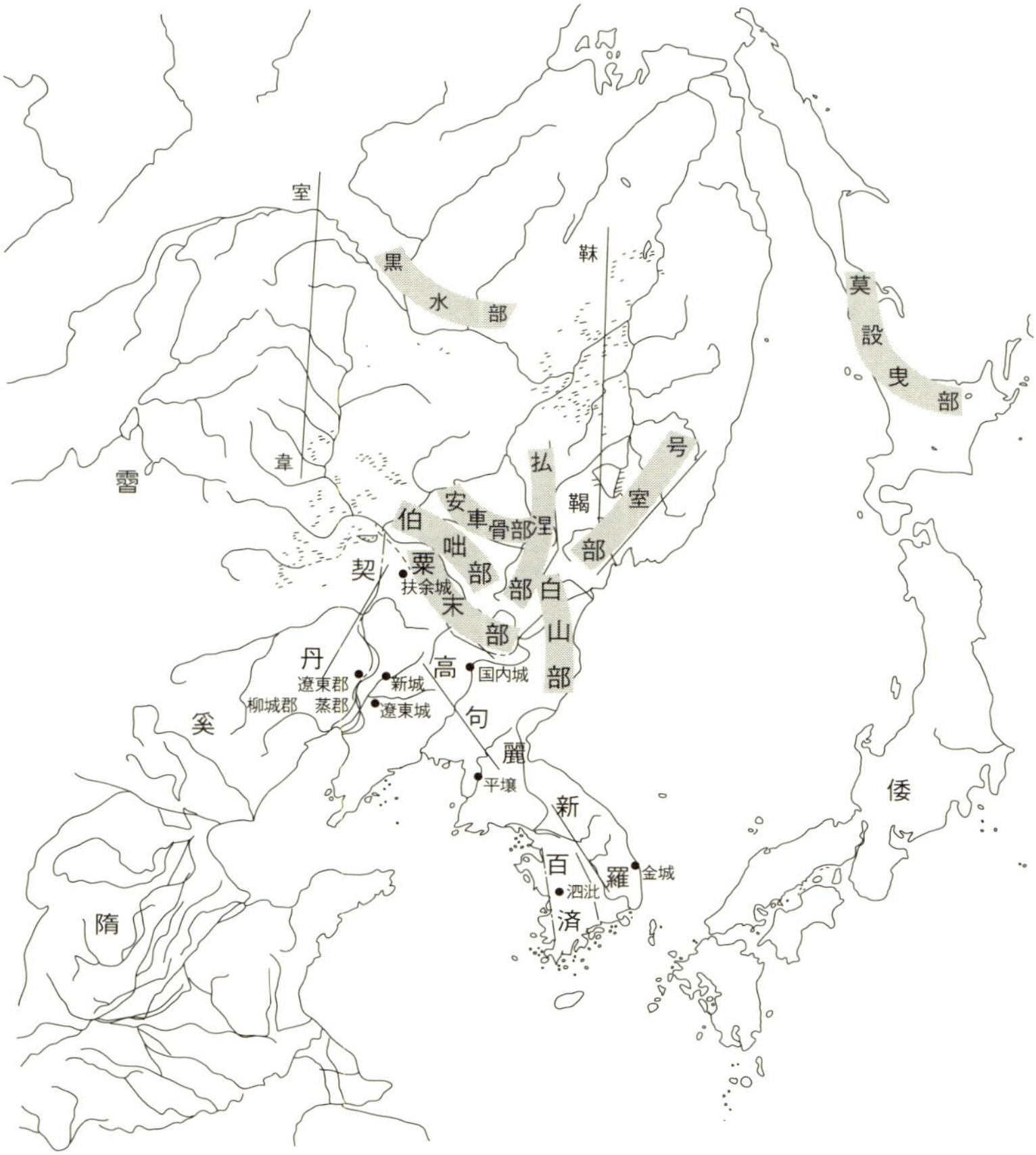
東突厥
室韋
黒水部
靺鞨
莫設曳部
霫
伯咄部
安車骨部
払涅部
号室部
契丹
粟末部
扶余城
白山部
高句麗
国内城
遼東郡
新城
柳城郡
蒸郡
遼東城
奚
平壌
新羅
金城
百済
泗沘
倭
隋

図1　隋代の靺鞨諸部

部・東部海岸地域や千島列島・サハリン南部にかけて広く分布したオホーツク文化人を挙げることができる。このオホーツク文化人が文献史料上で何と記録されているかに関しては諸説あるが、『隋書』・『旧唐書』・『新唐書』東夷列伝等の中国史料に見られる靺鞨関連記事の比較から、八世紀頃までの各部族の系譜関係と消長について論じた若月義小氏の理解(5)を参考にしつつ、それ以後の状況を考えてゆく。

隋から唐にかけての時代、中国東北地方には、『国語』巻五を初見とする「粛慎」や、『後漢書』等に名が現れる古アジア系民族集団の挹婁の系譜を引く靺鞨が散居しており、隋代には主要な部族七種に分かれていると認識されていた。

『隋書』巻八一・東夷伝靺鞨

靺鞨、在二高麗之北一、邑落倶有二酋長一、不二相総一一。凡有二七種一、其一号二粟末部一、與二高麗一相接、勝兵数千、多驍武、毎寇二高麗中一。其二曰二伯咄部一、在二粟末之北一、勝兵七千。其三曰二安車骨部一、在二伯咄東北一。其四曰二払涅部一、在二伯咄東一。其五曰二号室部一、在二払涅東一。其六曰二黒水部一、在二安車骨部西北一。其七曰二白山部一、在二粟末東南一。勝兵並不レ過二三千一、而黒水部尤為二勁健一。自二払涅一以東、矢皆石鏃、即古之粛慎氏也。（後略）

右の傍線を付した諸部のうち、『旧唐書』巻一九九下の靺鞨・渤海靺鞨伝にもその名が現れるのは伯咄・安車骨・号室・黒水・白山の五部であるが、唐代以降も渤海や唐に吸収されず独立性を維持し続けていたのは、最も精強な黒水靺鞨のみであった。『新唐書』巻二一九黒水靺鞨伝には、黒水部が一六落に分かれ、南北をもってそれぞれを称していたとある。七二六年には黒水府が設置され、黒水靺鞨は唐朝への入貢を続けてゆくこととなる。粟末部は渤海の前身となる震国が建国する際に、高句麗遺民とともにその主力となった。『旧唐書』靺鞨伝は、伯咄・安車骨・号室等の諸部が高句麗滅亡後に微弱となり、もともと高句麗に服属していた白山部は、多くが唐

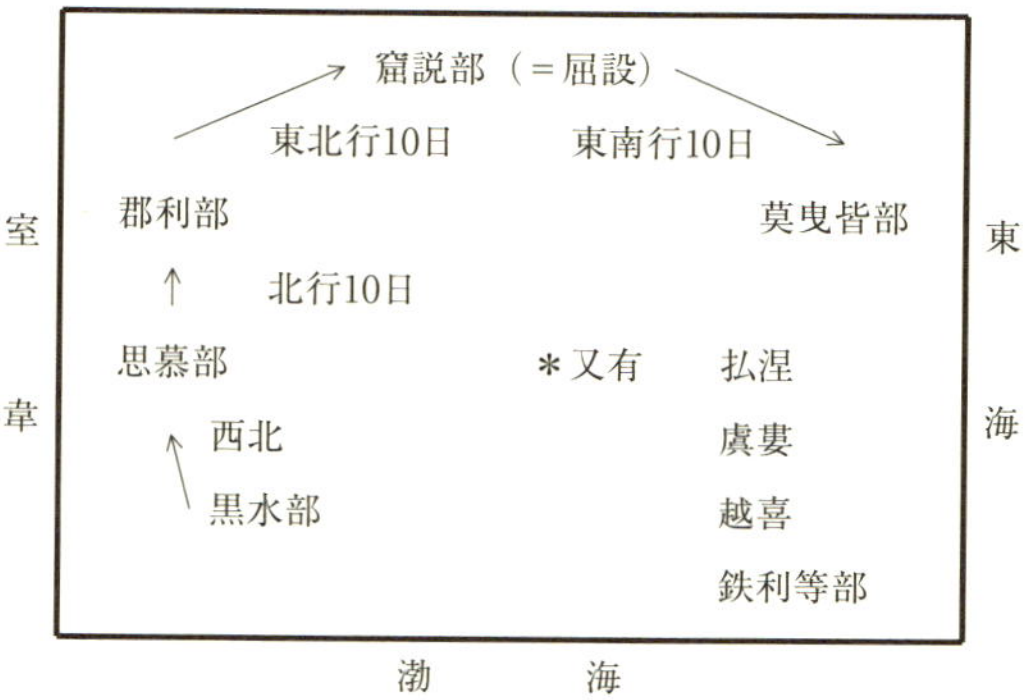

図２『新唐書』黒水靺鞨伝における靺鞨諸部分布概念図

に服したと記す。払涅部については後の『高麗史』に現れる「弗奈国」にあたり、住域を考えると渤海の支配下に入りながらも部族としてのまとまりを維持し、一〇世紀には「弗奈国」を称するに至ったと思われる。

右のうち、号室部は元来、靺鞨諸部のなかでも払涅と並ぶ有力な集団であり、隋代までは靺鞨諸部のなかで最も東方の綏芬河流域と以北の日本海沿岸地域に位置していた。挹婁以来の海民文化を継承し、大型船を用いて定期的に北海道西部やサハリン南部一帯に出漁して、その地に移住する例もあったようである。若月氏はこの号室靺鞨こそ、『日本書紀』欽明五年一二月条に登場する、佐渡島周辺に出没・留住し島民と対立した「粛慎人」の実体とされている。その可能性は高いと思われる（本書補論Ⅰ）。

ところがこの号室部は唐代以降姿を消し、新たに虞婁・越喜・鉄利・郡利・窟説（屈設）・莫曳皆という靺鞨諸部が現れる。

『新唐書』巻二一九　黒水靺鞨

黒水靺鞨居二粛慎地一、亦曰二挹婁一、元魏時曰二勿吉一、直二京師一東北六千里、東瀕レ海、西属二突厥一、南高麗、北室韋。離為二数十部一、酋各自治。其著者曰粟末部、居二最南一、抵二太白山一、亦曰二徒太山一、與二高麗一接、依二粟末水一以居、水源於二山西一、北注二它漏河一、稍東北曰二汨咄部一、又次安居骨部、益東曰二払涅部一、居骨之西北曰二黒水部一、粟末之東曰二白山部一。部間遠者三四百里、近二百里。（中略）初、黒水西北又有二思慕部一、益北行十日得二郡利部一、東北行窟説部、亦屈設、稍東南行十日得二莫曳皆部一、又有二払涅、虞婁、越喜、鉄利等部一。

其地南距二渤海一、北東際二於海一、西抵二室韋一、南北袤二千里、東西千里。払涅、鉄利、虞婁、越喜時通二中国一、而郡利、屈設、莫曳皆不レ能二自通一。今存三其朝京師者附二左方一。（後略）

それぞれの住域に関しては、池内宏氏・三上次男氏・日野開三郎氏らが異なった比定地案を示しており、(6)特に唐朝への朝貢が「不レ能二自通一」とされている郡利・屈設・莫曳皆の三部のうち屈設・莫曳皆に関しては、これらを黒龍江下流域に位置すると見るか、サハリンから北海道に住むと見るかで見解が分かれる。この莫曳皆は、以下の別史料では以下のように莫設とされており、「莫曳」の用字はモッセツという発音によって「莫設」を「莫洩」と書いた史料からくるものと考えられ、両者は同一の実体を指すと思われる。(7)

『通典』巻二百・辺防十六・流鬼条

流鬼在二北海之北一、北至二夜叉国一、余三面皆抵二大海一、南去二莫設靺鞨一船行十五日。（中略）靺鞨有二乗海一至二其国一貿易、陳二国家之盛業一、於レ是其君長孟脛遣二其子可也余志一、以唐貞観十四年、三訳而来朝貢。（中略）其長老人伝言、其国北一月行有二夜叉人一、皆豕牙翹出、噉レ人。莫レ有渉二其界一、未二嘗通聘一。

屈設・莫曳皆の住地を黒龍江下流域とする論者は、右の「流鬼」をサハリン北部に比定し、これが現在の通説となっている（菊池一九九五など）。だがここでの「北海」は「少海」（間宮海峡の北方のネヴェリスコイ海峡）の誤記であり（『新唐書』・『唐会要』は「少海」とする）、そのさらに北方とはオホーツク海と考える場合、オホーツク海に向かって三方が海に囲まれており、さらに北に「夜叉国」の住む陸地が連なっているとすれば、この流鬼の地はカムチャツカ半島に充当できるのではないか。そこから南に莫設まで船で一五日間かかるという距離を、先の『新唐書』の方角・日数（屈設から莫曳皆まで東南へ一〇日）とあわせて考えた場合、屈設はサハリン北部、莫設＝莫曳皆靺鞨の住地はサハリン南部から北海道にかけての地域と理解して大過ないと思う。これは時期的に見てもオホーツク文化人の出現とほぼ合致する。

第2節　九世紀の北方交易ルート

渤海が建国し、唐・新羅の介入を排して中国東北地方における支配権を確立する七三〇年代以降、日本列島北部の蝦夷社会のさらに北方には、以上のように屈設・莫曳皆靺鞨が位置していた。彼らは交易を通じて、故地である綏芬河流域の靺鞨諸部や、住域の近い渡嶋蝦夷、さらに南方の陸奥・出羽夷俘との間に活発な交通を展開し、北方交易圏を構成していたと考えられる。

八世紀以降、日本の貴族社会においては、宮廷儀式の場で虎・豹・羆などの毛皮によって身分を表象することが行なわれるようになり[8]、これらは各自で自弁するとされていたため、王臣諸家は常に貴重な毛皮購入の機会をうかがっていた。主な入手先は新羅使や渤海使に随行する商人であったが、七四六年に突然、渤海人と鉄利（靺鞨の諸部）が一一〇〇余名もの人数で、大挙して出羽に来航するなど（『続日本紀』天平一八年是歳条）、八世紀前半の東北アジア地域ではいまだ不安定な状況が続き、渤海使の来航が不定期的だったため、日本での需要の高まりに比して慢性的に供給量が少ない状態であったと想像される[9]。

こうしたなか、比較的安定した入手先として八世紀後半以降に重要視されたのが、蝦夷を介したルートであった。陸奥胆沢地方を中心とした蝦夷反乱が終末を迎えつつあった八〇二年には、「渡嶋狄」（渡嶋蝦夷）が来朝した時に王臣諸家が争って質の良い皮を購入し、残った劣質の皮が官に納入されるという状況が問題視され、以後そうした貴族による先買を禁じている（延暦二一年六月二四日官符）。このように渡嶋蝦夷が朝貢時に都にて交易を行なう形式の他、王臣諸家が陸奥・出羽国府周辺に使者を派遣し、現地で夷俘と直接交渉を行なって入手するという形式も恒常化していたようである（延暦六年正月二一日官符「応陸奥按察使禁断王臣百姓与夷俘交関事」）。そこで取引される皮は、北海道以北の地に生息する羆や、出羽国のみの交易雑物として挙げられている「葦鹿」（ニホンアシカ・オットセイなど）、「独犴」（アザラシ）[10]などであり、これらは陸奥・出羽夷俘が渡嶋蝦夷を介して入手した、オホーツク文化人すなわち莫設＝莫曳皆靺鞨の生産物であろう。

また菅原道真が陸奥守藤原滋実の死を悼んで九〇一年に作った漢詩「哭奥州藤使君」には、陸奥国において「兼金」（上質の黄金）や「重裘」（重ねた皮衣）、「鷹馬」（鷹狩り用の青鷹や駿馬）などが取引され、滋実の同僚はそれを黙認して賄賂を得ているとの連句がある（『菅家後集』）。金は東北地方で多く産出されていた砂金と予想されるが、重裘の主な素材となった黒貂の毛皮は北海道以北や咸鏡道・平安道、青鷹や駿馬（率賓の馬）は号室靺鞨の故地（朝鮮半島北部・夫余の地）が産地として有名であり、一一世紀以降この地に居住した靺鞨の後身たる「女直」（女真）が、高麗に対して年貢した品も「麩金・貂皮・良馬」等であった（『高麗史』巻一四　睿宗世家一〇年正月条）。日本の貴族らが「珍貨」と呼んだこれらの供給源は明らかに綏芬河から日本海沿岸にかけての地域であって、この地を支配下に置く渤海か、あるいは靺鞨諸部を介する他に入手は困難であったと思われる。

その結果、これら稀少な交易品の売買は、陸奥・出羽夷俘や渡嶋蝦夷中の有力者に莫大な富をもたらすこととなった。胆沢戦争が終息に向かう九世紀の初め、蝦夷のなかに律令国家の地方官人として夷・民を編成し、城柵の防備・維持等を行なう「俘囚長」に任ぜられる者が現れる。彼らは夷・民雑居の「蝦夷村」や「蝦夷郡」において公民をも支配下に置く場合があった。八三〇年代以降、律令国家が「民夷不論」政策、すなわち公民と夷狄の有力者を区分した上で、両者を等しく饗給・賑給などの対象とする代わりに、現地の行政・軍事を部分委任する形態をとるに至り、夷俘のなかには「富饒酋豪」と呼ばれる土豪が出現した（本書第6・7章を参照）。彼らは国司に対して賄賂を贈り虚納を恒常化させ、その支配力を頼みとする国司側は夷俘に対して不法な位階・官職授与を行なってゆく。さらには、出羽国のみで年料狭布一万端に及ぶ「狄禄」の恒常的給与も加えられた。

こうして夷俘中の有力者は、北方世界との交易による財力を基盤にしつつ、律令国家の地方支配を担う国司との関係を強化し、九世紀半ばには政治権力として急速な成長を遂げつつあった。東北「奥地」にて夷狄がしばしば軍事的に対立し、また渡嶋蝦夷が八〇艘の船団を組んで秋田城付近の百姓を攻撃するといった活発な行動をとるには、このような集団間の競合という背景があったと考えられる。

八七八年三月に秋田城において始まる元慶戦争の大きな原因の一つにも、この交易の利益をめぐる対立を想定できよう。本書第7章で経緯を詳述したように、出羽の律令制支配の拠点であった秋田城が夷俘の大軍により攻撃され、秋田城司が城を捨てていったん雄物川南岸への撤退に追い込まれるという未曾有の大乱であった。征討軍側は蝦夷内部の内訌を利用した分断策をとり、ようやく休戦に漕ぎ着けるが、この時に国家側からの働きかけで北方の津軽・渡嶋蝦夷も加勢している。両者は実際の戦闘には兵を出さずに戦況をうかがい、渡嶋蝦夷は夷俘軍側の「賊村」連合体が分裂・瓦解するのを確かめた上で秋田城に大挙して現れるという冷静な態度をとった。ここで、元慶戦争の最中に「賊村」側が「請₂秋田河已北為₁己地₁」という明確な政治的要求を示したことを併せて想起したい（『日本三代実録』元慶二年六月七日条）。私見では、この〝戦争〞において津軽・渡嶋蝦夷の多くは中立的な立場を守り、出羽夷俘らはまさにこの要求を秋田城司に突きつけるために計画的に蜂起したと考える。この事件における両者のポジションは全く対照的だが、共通している点がある。それは、ともに秋田城の意味を決定的なものと見ているということである。なぜであろうか。

元慶戦争について記した三善清行『藤原保則伝』の記述を主な根拠に、戦争の原因を秋田城司（出羽国司）による苛烈な収奪に求める通説[11]に立てば、支配の拠点として出羽国府は当然攻撃の主目標に据えられるべきであろう。だが、三月一五日の蜂起は秋田城と周辺の「郡院屋舎」や「城辺民家」までが焼亡するという徹底した攻撃ぶりであった。もし夷俘らの怒りの対象となっている城司を除くことが目的であれば、城内の官庁のみを攻めて城司を捕えたら果たせるはずだが、夷俘軍は城の周辺地域一帯までも焼き払い、支配拠点としての機能をほぼすべて失わせたのである。戦争の原因を「豪吏」・権門勢家による交易時の厳しい収奪に求める説[12]にも同様の問題を感じるが、秋田城が出羽国における夷俘―渡嶋蝦夷―莫設＝莫曳皆靺鞨と律令国家との公・私的交易のセンターであった点は重要である。夷俘軍側は、国司らによる収奪の激しい朝貢交易の場を廃止し、より自立性の高い交易市場を新たに設けようとした。このように考えた時、「秋田河」（雄物川）以北を「己が地」とするという、日本古代において他に例を見ない要求の含意が理解できるように思う。戦況の転換によってこの要求はついに実現せず、やがて秋田城が征討軍の手によって回復されると、一二月には「渡嶋夷首百三人」が三〇〇〇人もの「種類」を率いて秋田城を訪問し、「津軽俘囚」の一部とともに服属を申し出、大規模な饗会が催されている。この時渡嶋蝦夷らは、再び北方交易の拠点として秋田城を受け容れたのであろう。以後、奥州藤原氏が平泉の都市化を進める一二世紀初頭まで、北方との交易は多賀城・秋田城において行なわれていく。

第3節　蝦夷と兀惹部の関係

東北アジア交易圏の日本列島における以上のような動向は、他の北方の異文化集団に何らかの影響を及ぼした

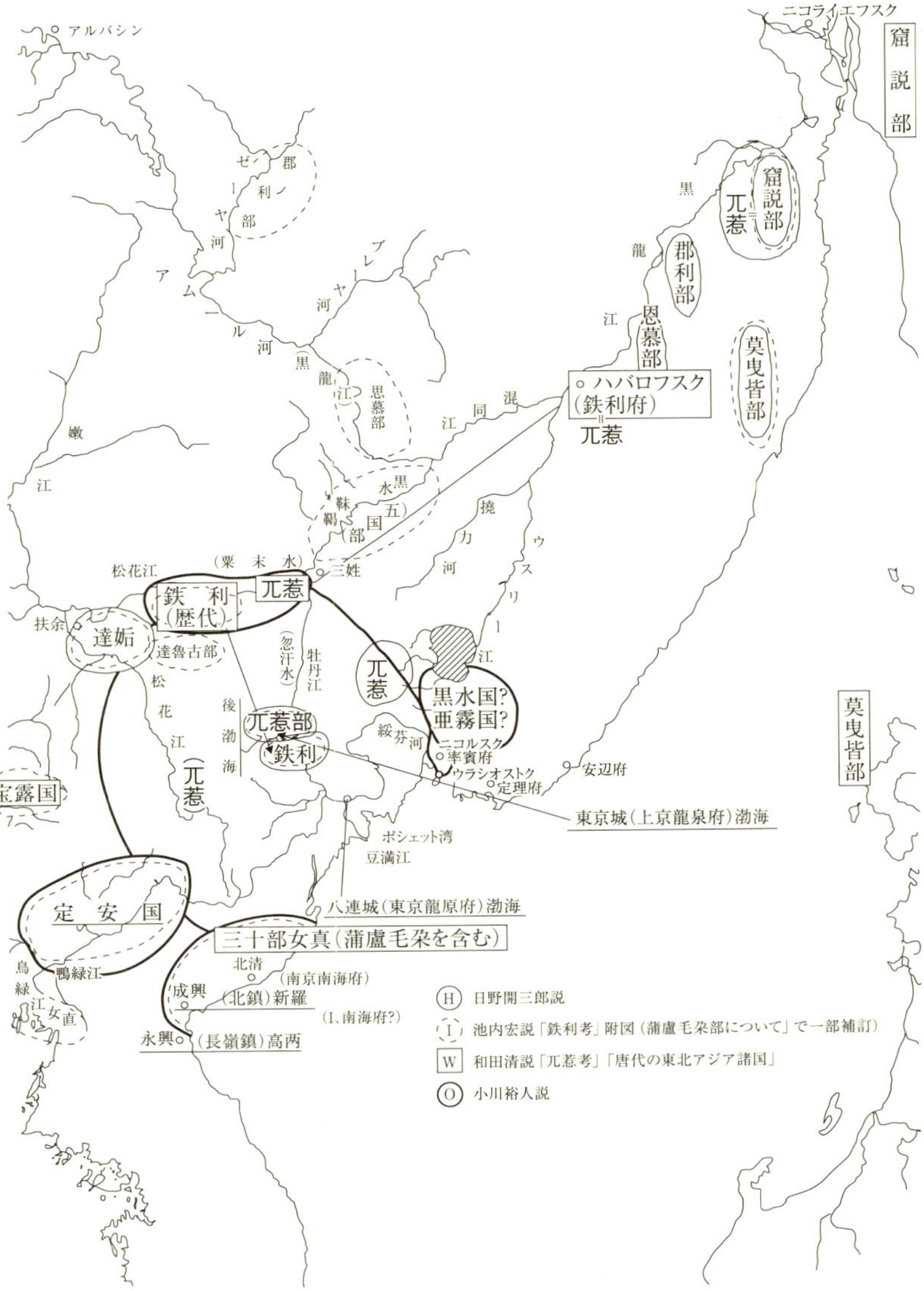
ニコライエフスク
窟説部
アルバシン
郡利部
ゼーヤ河
アムール河
ブレヤ河
黒龍江
恩慕部
窟説部
兀惹
郡利部
恩慕部
莫曳皆部
ハバロフスク
(鉄利府)
兀惹
混同江
嫩江
黒水(五国部)
靺鞨
撓力河
ウスリー江
(粟末水)
三姓
松花江
鉄利(歴代)
兀惹
扶余
達姤
達魯古部
忽汗水
牡丹江
兀惹
黒水国?
亜霧国?
後渤海
兀惹部
鉄利
綏芬河
ニコルスク
率賓府
ウラジオストク
定理府
安辺府
莫曳皆部
宝露国
(兀惹
東京城(上京龍泉府)渤海
ポシェット湾
豆満江
八連城(東京龍原府)渤海
定安国
三十部女真(蒲盧毛朶を含む)
鴨緑江
北清
(南京南海府)
成興
(北鎮)新羅
(I、南海府?)
永興
(長嶺鎮)高两
女直
H 日野開三郎説
I 池内宏説「鉄利考」附図(蒲盧毛朶部について」で一部補訂)
W 和田清説「兀惹考」「唐代の東北アジア諸国」
O 小川裕人説

図3　兀惹部の比定地

であろうか。

まず渡嶋蝦夷だが、九世紀後半から一二世紀にかけて、北海道東部のオホーツク海沿岸地方で擦文文化とオホーツク文化の融合が擦文文化優位で進んでおり、この地域ではトビニタイ文化が展開してゆく[13]。本章第2節で述べたように、オホーツク文化人が莫設＝莫曳皆靺鞨にあたるとすれば、この集団は渡嶋蝦夷と文化的に融合し、その活動が東方にも拡大するなかから、プレ・アイヌ文化が形成されることとなる。これに伴い「渡嶋蝦夷」や「莫曳皆靺鞨」といった集団呼称は史料上から姿を消す。

また、莫設＝莫曳皆靺鞨が金や黒貂皮・良馬・青鷹などを入手した先としては、号室靺鞨の故地に居住する靺鞨諸部が想定可能である。莫曳皆靺鞨は、おそらくこの地の産物を関係の深い屈設部＝窟説部を介して入手し、それをサハリン経由で、あるいは日本海を直接渡って北海道に運び、渡嶋蝦夷と交換したのであろう。渤海建国後、靺鞨諸部間の交通は渤海によって規制され、特に黒龍江下流域に位置する郡利部・屈設部が直接的に唐に遣使を行なうことが困難となった。ところが九世紀の後半に渤海が弱体化すると、靺鞨諸部への規制力が低下し、郡利部・屈設部の後身にあたると思われる集団の活動が活発化する。遼・宋王朝代の史料に「兀惹」「屋舎」等として現れる集団がこれである。集団としての名称「兀惹部」の初見史料は九七五年まで下がり（『遼史』本紀・景宗保寧七年）、清に至るまで以下のように表現を変えつつ中国史料上に現れる。

遼・宋　兀惹・烏惹・烏舎・屋舎・温熱
金　的改・烏底改
元　吾者・兀者野人
明　兀者・兀狄介・兀狄哈（Weji-kai）

清 窩集（weji）

先行研究によれば、「兀惹」（Wujya）とはもともと「深い森林」を指すツングース系の語である。後の「兀者」等の住域がみな黒龍江下流域であることから見て、「兀惹」の故地は中国東北地方の極辺であり、そこに居住する部族、すなわち屈設靺鞨が前身にあたると類推されている。[14] 日野開三郎氏は、この兀惹部の痕跡が地名・城名として、黒龍江下流域、松花江と牡丹江の交わる三姓、そして渤海の上京龍泉府付近に残ることから、次のような歴史的経緯を想定された。[15]

①屈設靺鞨の一部が、九世紀後半に、何らかの理由で松花江に沿って南下を始め、そこの住民＝黒水靺鞨を南に逐い、三姓付近を支配した。この時に故地を追われた黒水靺鞨の一部は一〇世紀初頭、渤海と新羅の国境地帯に「黒水国」を設け、新羅と和を通じようとした（『三国史記』巻一二 新羅本紀、憲康王一二年条）。

②一〇世紀初頭、さらにその一部が牡丹江を南下し、崩壊直前の渤海宮廷に参入して貴族の地位を得る。兀惹を率いる烏氏は渤海宮廷の実権を掌握し、その滅亡後にやがて「後渤海」の実質的支配者となる。

③「兀惹城」は上京龍泉府を指し、渤海瓦解後しばらくここに兀惹部が拠ったためにその名が付いたが、鉄勒の地（阿城）に生女真が勢力を張るようになって以降は衰退した。

この説の前提にあるのは、「兀惹」部に類する名称をもつ集団は、基本的に同一の「民族」集団に属し、他の地域にあるのはその分派とする理解である。名称の特異性と登場する時期の集中から見て、氏の解釈には一定の蓋然性が認められると考える。だがわからないのは、屈設靺鞨の一派がこの時期になぜ移動を始めたのか、またなぜそれが可能であったのかという点である。

ここで再び、本章第2節で取り上げた七世紀第3四半期の東北アジア情勢を想起したい。若月義小氏は、高句

表1　東北アジア諸部の住域に関する諸見解（論じた部のみ）

出典	兀惹（烏惹）	蒲盧毛朶部	鉄利（驪）	五国部	三十部女真
池内宏「鉄利考」「麗初の偽鉄利」「蒲盧毛朶部について」	東京城＝汗城	寧古塔と咸鏡道の間（「鉄利考」）→咸興平野（「蒲盧毛朶部について」）	阿勒楚喀河《アノケチュカ》の流域（＝ハルピンの東南、阿城）	三姓の越里吉国を中心に分布（＝前代の黒水靺鞨）	咸興地方の女真の自称（蒲盧毛朶部は、初め特定部の称。後に契丹人が汎称化）
日野開三郎「兀惹部の発展」	東京城（上京龍泉府）＝後渤海／黒龍江下流	咸興平野の城川江流域（三十部女真の一）	926～1005 同上（以降、龍泉府故地に移る）	三姓～鄂里米《オリミ》	南海府故地（咸鏡道）→兀惹を吸収
和田清「兀惹考」	黒龍江中流ハバロフスク＝兀惹城（＝黒水）→賓州に一部移配	女真三十姓（咸鏡道）	同上		
小川裕人「靺鞨研究に関する諸問題」「三十部女真に就いて」	払涅＝弗奈＝兀惹、張廣攦以東の森林地帯（寧安東部）	（＝兀惹）			咸興平野から間島地方・綏芬河地方にわたる（長白山女真も含む）
松井等「満州に於ける遼の疆域」	烏蘇里江下流（鉄驪の南方）		烏蘇里江下流（黒龍江との合流地近辺か）	松花江下流に散在	

麗滅亡後の号室部消失と、唐代に新たに屈設部・莫設＝莫曳皆部が現れることを関連づけ、号室部の遺民は渤海建国に対抗し、その一部は黒水部を避けて黒龍江河口に至り、また日本海をわたり対岸のサハリン・北海道西北部の海岸に移住したという斬新な見解を示された。その一端が、『日本書紀』斉明四年から六年にかけて見られる阿倍引田臣による越地方への遠征記事に現れているとする。[16] 氏の理解に対しては、『斉明紀』の東北経営記事の年紀を操作する方法への疑義、[17] あるいは七世紀半ばの東北アジア情勢の変動を高句麗の滅亡のみに結びつけなくとも靺鞨諸部の変動は説明できるとする批判[18] などが示されている。が、靺鞨諸部の名称が半世紀も経たぬうちに大きく変化していることの意味を、住域の変更という観点から考察することはいまだ有効な方法の一つと考える。隋代の靺鞨七部にとって、その住域の中心に位置する高句麗が滅び、新たに渤海が建国するということは、部族としての消滅や結合の維持、

あるいは唐・周辺の異種集団との交通の規制に関わる極めて決定的な変化であり、それは渤海の支配力の消長に応じて、靺鞨諸部の唐朝への遣使回数が激変することにもよく表れている。

同様の状況が、九世紀後半から一〇世紀にかけての渤海滅亡前後の時期にも起こったと想定し、最後に現時点での見通しを述べておきたい。まず八四〇年にキルギス人による侵攻により回鶻国が崩壊し、一三部一〇万人余が唐の北辺へ移住した。この影響が周辺に位置する室韋・鉄勒に及び、鉄勒の一部は渤海西辺の地（ハルピンの東南）へ移住する。この当時、渤海では官品制や服色制、府州県制など国内諸制度の整備が進み、「海東の盛国」と称されるようになっていたが、これ以後宮廷内では貴族間の対立が強まりはじめた。また渤海使の日本来航の主目的が政治的交渉から貿易へと移り、「首領」と呼ばれる地域の土豪層が使節として頻繁に日本へ送られるようになった。渤海・日本間の経済活動の活発化は、東北アジア交易圏にも影響を及ぼし、同様の産品を正規の交易ルートとは異なる北方ルートで取引する例が九世紀後半以後急増する。

そうしたなかで、屈設靺鞨は従来からの交易路（莫曳皆を介するルート、直接日本海を横断して対岸の北海道に至るルート）を利用して、渡嶋蝦夷から日本の産品（布製品などか）を入手し、大きな財力を蓄えてゆく。このことが屈設部の活動を活性化させ、その一部が号室靺鞨の故地回復等、何らかの目的をもち、渤海の靺鞨諸部に対する規制力が弱まる九世紀末に南下・移住を始める。これが「兀惹」と呼ばれるようになったのではなかろうか。黒水部も活発化し、その一部は咸鏡南道（新羅東北国境）に移り、八八六年には独自に新羅と和を通じようとし、また九一二年には渤海のもとで行なえなかった唐への朝貢を再開するなど、渤海からの自立の動きを見せた。

九二五年に高麗が建国し、九二八年に遼によって渤海が滅ぼされると、その遺民は遼や高麗のもとに再統合されるが、そのなかで兀惹部を中心とした渤海復興運動が起こり、「後渤海」が建国されて一〇〇九年までの八〇年余りの命脈を保ってゆく。

おわりに

本章では九・一〇世紀における蝦夷社会変容の動因を、背後に展開する渤海・靺鞨諸部を中心とした東北アジア情勢の変動に求める一視点を提示した。不明な点が多く臆断を重ねたが、従来日本列島内部での交通関係において説明されることが多かった蝦夷や夷俘と関東地方以南との遠距離交易について、彼らがもたらす北方系の産物の出所に注目して考察した結果、交易の相手として屈設部靺鞨—兀惹部女真を想定するに至った。蝦夷が北方世界から貴重な馬・鷲羽・毛皮などの威信財を得、律令国家貴族層と交易することで財力を蓄え、そのなかから奥州藤原氏などの有力な権門が現れるに至ったのと同様に、蝦夷との交易相手である対岸の靺鞨集団もこの東方との交易が経済力伸張の大きな契機となったのではないか。ここでは新たな視点を挙げるに止め、当該期の考古学的成果や一一世紀以降の中国東北地方の動向も視野に入れつつ、東北アジア情勢と蝦夷社会における政治権力の形成を関連づけて、さらに具体的に追究を進めたい[19]。

【第8章　注】

（1）『日本三代実録』貞観一七年一一月一六日条。『日本紀略』寛平五年閏五月一五日条。なお元慶戦争の経緯と歴史的意義については本書第7章を参照されたい。

（2）石母田正「天皇と「諸蕃」」（初出一九六二年。同著作集第四巻、岩波書店、一九八九年所収）。石上英一「古代東アジ

ア地域と日本」（『日本の社会史』第1巻、岩波書店、一九八七年）。

（3）中村英重「渡嶋蝦夷の朝貢と交易」（木本好信編『古代の東北―歴史と民俗―』、高科書店、一九八九年）。

（4）菊池俊彦「環オホーツク海とオホーツク文化人」（『環オホーツク海古代文化の研究』、北海道大学図書刊行会、二〇〇四年）。小嶋芳孝「環日本海交流史の様相」（前川要編『北東アジア交流史研究―古代と中世―』、塙書房、二〇〇七年）。

（5）若月義小「古代北方史研究の課題」（『新しい歴史学のために』一八八、一九八七年）。同「北東アジア国際関係史における列島北部地域の実像―七・八世紀を中心に―」（『京都経済短期大学論集』三―二、一九九六年）。以下、本章で挙げる若月説はすべてこれらに基づく。

（6）池内宏「鉄利考」「附説　麗初の偽鉄利」（初出一九一六年。同『満鮮史研究』中世第1冊、岡書院、一九三三年所収）。三上次男「新羅東北境外における黒水・鉄勒・達姑等の諸族について」（初出一九三九年）、同「渤海国の滅亡事情に関する一考察」（初出一九五一年。ともに同『高句麗と渤海』、吉川弘文館、一九九〇年所収）。日野開三郎「兀惹部の発展」（初出一九四三～四五年。同『東洋史学論集』第一六巻、三一書房、一九九〇年所収）。

（7）天野哲也「極東民族史におけるオホーツク文化の位置」（下）（『考古学研究』二五―一、一九七八年）。

（8）『延喜式』巻四一弾正台式には、五位以上は虎皮を使用してよいが、豹皮については参議・非参議三位以上のみが使用できるとの規定がある。

（9）武廣亮平「北方地域との交流とその展開」（熊田亮介・八木光則編『九世紀の蝦夷社会』、高志書院、二〇〇七年）。

（10）これを北方の犬と見る論者もあるが、ここでは武廣亮平同前論文に従い、馬具などに広く用いられたアザラシの皮と考えたい。

（11）高橋富雄『蝦夷』（吉川弘文館、一九六三年）一四三～一六〇頁。新野直吉「元慶の乱」（『秋大史学』一五、一九六八年）。同「「元慶の乱」の史的意義」（『歴史』四一、一九七一年）。

（12）熊田亮介「賊気已衰―元慶の乱小考―」（初出一九八七年。同『古代国家と東北』、吉川弘文館、二〇〇三年所収）。同「元慶の乱と蝦夷の社会」（熊田亮介・八木光則編『九世紀の蝦夷社会』、高志書院、二〇〇七年）。

(13) 阿部義平『蝦夷と倭人』（青木書店、一九九九年）。

(14) 三上次男前掲6書。日野開三郎前掲6、同「宋初女真の山東来航の大勢とその由来」（初出一九六四年。ともに同『東洋史学論集』第一六巻、三一書房、一九九〇年所収）。和田清「兀惹考」（『東亜史研究　満州篇』、東洋文庫、一九五五年）。なお小川裕人「靺鞨史研究に関する諸問題」（『東洋史研究』二―五、一九三七年）は、語音と後代の住域から兀惹＝弗奈＝払涅とし、寧安東部の森林地帯出身と考えている。

(15) 日野開三郎前掲6書。

(16) 若月義小「律令国家形成期の東北経営」（『日本史研究』二七六、一九八五年）。

(17) 熊谷公男「阿倍比羅夫北征記事の研究史的検討」（『東北学院大学論集』歴史学・地理学一六、一九八六年）。

(18) 蓑島栄紀「阿部比羅夫の北航と北東アジア地域」（初出一九九五年。同『古代国家と北方社会』、吉川弘文館、二〇〇一年所収）。『日本書紀』における夷狄関連記事の性格に関しては、『斉明紀』のみならず『日本書紀』全体の構成をふまえた史料論からの考察を要する。

(19) 蓑島氏は歴史学研究会二〇一〇年度大会日本古代史部会報告（「北方社会の史的展開と王権・国家」、『歴史学研究』八七二、二〇一〇年）において、一〇世紀前半、渤海の滅亡により国際的な交易規制が弱まり、女真系の奢侈品が蝦夷を介して日本に流入するようになり、日本の中世国家はこの極めて不安定な交易ルートを通じて大陸の文物を入手したと主張された。蝦夷社会の自律性に注目して当該期の東北アジア情勢との交通関係を論じる方法に共感を覚えるが、この交易が蝦夷・「粛慎」の双方の社会にどのような影響を及ぼしたかを考えるためには、中国東北地方にとっての国際的契機という面を蝦夷社会の変貌とあわせて論じる必要があると思う。田中聡「蓑島報告批判」（『歴史学研究』八七四、二〇一〇年）を参照。本書第７・８章はその試みである。

【主要参考文献】

池内　宏「蒲盧毛朶部について」（初出一九二一。『満鮮史研究』中世第2冊、座右宝刊行会、一九三七）

小川裕人「三十部女真に就いて」（『東洋学報』二四―四、一九三七）
菊池俊彦『北東アジア古代文化の研究』（北海道大学図書刊行会、一九九五）
酒寄雅志「渤海国家の史的展開と国際関係」（初出一九七九。同『渤海と古代の日本』、校倉書房、二〇〇一）
津田左右吉「達盧古考」（初出一九一六。同全集第一二巻、岩波書店、一九六四）
日野開三郎「宋初女真の山東来航の大勢とその由来」（初出一九六四。同『東洋史学論集』第一六巻、三一書房、一九九〇）
松井　等「満州に於ける遼の疆域」（『満州歴史地理』二、一九四〇）
丸亀金作「高麗と契丹・女真との貿易関係」（『歴史学研究』五―二、一九三五）
三上次男「高麗顕宗朝における高麗・女真間の交易」（同『金史研究』三、中央公論美術出版、一九七三）
森安孝夫「渤海から契丹へ―征服王朝の成立―」（『東アジア世界における日本古代史講座』七、学生社、一九八二）
和田　清「支那の記載に現はれたる黒龍江下流域の原住民」（初出一九三九。同『東亜史論藪』、生活社、一九四二）
和田　清「渤海国地理考」（『東洋学報』三六―四、一九五四）
和田　清「唐代の東北アジア諸国」（『東方学』八、一九五四）
（以上和田清の三論文『東亜史研究（第一）満州篇』、東洋文庫、一九五五）

図1　若月義小「粛慎・挹婁・勿吉・靺鞨関連地図」（『国立歴史民俗博物館研究報告第84集　古代における北方交流史の研究』、二〇〇〇年）をもとに作成。
図3・表1　田中聡「文献史からみた古代北方世界の『民族』的動態」（北海道大学アイヌ・先住民研究センター「新しいアイヌ史の構築」第2回小シンポジウム報告、二〇一二年）をもとに作成。

結論　古代自他認識論の新たな視座

本書では8章にわたり、日本古代の「夷狄」について考察した。主な論点を整理したい。日本列島周辺地域における〝民族〟の形成・変容に多様性が見られることについては広く受け容れられているが、「夷狄」概念に関しては、古代を通じて「東夷の小帝国」・「帝国構造」の周縁に位置し、差別的境遇のもとに置かれ、国家によって「疑似民族」集団として権力的に構成される存在、という固定的な理解が定説化している。その基盤には「夷狄」概念を、常に「公民」（良人）との対比のもとでとらえる石母田正氏の〝良人―王民共同体論〟がある。この論は律令注釈における夷狄関連の規定から導かれたものだが、大宝令制定の時点における「夷狄」理解と百年後の解釈とを通底させるため、その間の変容を度外視して三〇〇年間も内容の変わらぬ静態的な「夷狄」像を造り出してしまっているのではないかという疑問を得た（第1章）。

また、律令国家形成期における「東夷の小帝国」観念、すなわち中国に対峙して倭国が自らの支配領域を小規模な中華帝国と認識する観念は、『宋書』倭国伝所引「倭王武の上表文」の世界観などを根拠として、五世紀後半にまで遡って存在が認められている。しかしはたして、倭王による「毛人・衆夷・海北」制圧は独自の帝国主義を示すものと理解してよいだろうか。ここにも一方的な支配の対象たる「夷狄」像が影を落としている（第2章）。

さらには、九世紀末以降、古代以来の「夷狄」集団、蝦夷や隼人、南島人等について言及する史料が急速に減少することをもって、「夷狄」は消滅し、ただ宮廷貴族の記憶のなかに残り、境界外の世界への恐怖心を生むものとなると理解されている。確かに八世紀第4四半期のように蝦夷による反乱事件が頻発し、国家が大規模な軍事行動によって鎮圧するといった状況は、九世紀になると見られなくなる。しかし、おそらく古代東北における最大規模の戦争であった「元慶戦争」が終息した後も、東北北部では軍事的な緊張状態が続いている。いったい「夷狄の消滅」とは、何を指しているのだろうか（第6・7章）。

こうした現在の通説には、「夷狄」があくまでも律令国家から辺境の住民・異種集団に対して一方的に付与された被差別的観念であるという理解が共有されているといえる。確かに「夷狄」規定が成立した当初は、律令国家の成員である公民（百姓）と明確に区別された被差別的身分であった。だが、こうした「夷狄」観が日本古代において、「夷狄」を支配する側の貴族・官人のみならず、当の「夷狄」側にまで同じように受容されていたか否かは、具体的な状況のもとでそれぞれ検証すべきではないだろうか。本来多様で流動的な「夷狄」概念の内容を特定してしまい、それに対応しない事例については「夷狄」と認めないというのは、議論の立て方としては本末転倒していると思う。

以上のような研究の現状批判に基づき、本書ではこれまで何らかの形で「夷狄」の実態と関連するといわれてきた神話伝承も含め、三世紀から一〇世紀にわたる多様な異種集団の事例を取り上げて考察を加えた。倭王武が制圧したという「毛人・衆夷」については、中国で四世紀代に東南方海上の島に棲むと考えられていた伝説上の集団であり、また記・紀神話に登場するクマソは七世紀第3四半期頃に日本で成立した原初的な西方の夷狄の観念であって、これらをもって大和国家時代の九州南部の実態を語ることは不可能である（第2章）。

後の「夷狄」の前提となる異種集団が登場するのは、六世紀代半ばのことと考えられる。当該期の日本列島周辺地域や朝鮮半島南部においては、「異種の出自＋人」を名乗る集団が現れ、大和王権との間に多様で広範な交通関係を結んでいた。私はこれを「「夷人」的関係」と名付ける。この関係は国家側からの一方的な強制ではなく、個々の異種集団の主体的な関与に支えられて成立する流動的な関係であり、常に抗争や離叛の契機を含んで成り立つ不安定なものであった（第1章）。近代的な意味での均質な民族集団（エスニック・グループ）とは全く異質の「交通関係」である点に注意されたい。六世紀に佐渡島周辺に出没し、定期的に島の海岸地帯に留まり漁撈を行なっていた「粛慎人」（補論Ⅰ）、当時の倭国宮廷においてすでに存在が知られていた「夷邪久国人」＝「掖玖人」なども、この範疇で語ることができよう。倭国において当時「掖玖人」と呼ばれた集団は、隋の地理認識においては「流求人」と呼ばれていた。二つの国家における同一の歴史的実体に対する認識のズレがここに表れている（第3・4章）。おそらく沖縄島を指すと思われるこの地には、村落共同体間の関係を調停し、軍事徴発権ももつ王を中心とする原初的な国家が存在したが、七世紀初頭に隋軍によって滅ぼされた。事件後数年して大和朝廷と通じたのは、その生存者と考えられる（第4章）。

七世紀後半には、華夷を空間的に配置する観念の導入に伴い、多様で重層的な「夷人」的関係を律令法規定のもとにいったん整理し、住域や出自に応じてこれを「夷狄」・「外蕃」（諸蕃）、そして「公民」身分へと振り分けていく作業が進められる。この時初めて「公民」と対置される「夷狄」の観念が成立したのである。この時期、九州南部では多褹島を支配の拠点としていち早く開発し、遣唐使の南島路の開拓を梃子として国郡制を隼人の住地にも及ぼしていこうとする政策がとられた。このことは九州南部の地域社会に数百年間にわたって築かれてきた南島との密接な交通関係を圧迫し、それに対する反発が多褹・薩摩隼人による反抗の形で現れた。両者の間に、一時的にせよ広範で強い政治的な連合が形成されたことは注目すべき点である（第3章）。他方、朝廷への朝貢を契機として近畿地方に移住する隼人集団も現れた。大隅隼人との競合関係にあった阿多隼人は、祖先の天皇への服属の神話（海幸山幸神話）を朝廷に提供し、神話的系譜を架上することで律令国家との関係を強め、大隅隼人に対抗しようとしたと思われる（第2章）。これらの事例からは、律令国家による「夷狄」身分の強制に対して、地域集団間の連携を強めて隼人・南島間の分断に対抗していく動きと、「夷狄」化を受け容れつつ、それを逆手にとって宮廷での地位を高めようとする強かな対応策の両面を見ることができる。後者は律令国家の与えた枠組み・身分規定を最大限に利用しつつ、自己規定を変容し、抗争の局面でそれを利用して地域社会におけるステータスを確立する戦略と理解できるだろう（第1章）。

一方、北方世界では六六〇年から七二〇年代にかけて、高句麗の滅亡に端を発する北東アジア地域一帯で起こっていた国際秩序の大規模な再編の直接的影響が及んでいた。新羅・渤海による靺鞨諸部支配と政治的交通規制の再生が進み、それまで高句麗の故地に遺存する諸部との交流を保ってきた「粛慎人」に圧力がかかる。これが七一〇年代の「蝦狄」（「粛慎人」そのものか、あるいはその影響下にある蝦夷）の敵対活動活発化につながり、東北北部一帯での軍事的対立・緊張が高まることとなる。蝦夷社会は常に津軽や渡嶋蝦夷を介してさらにオホーツク文化人の社会や、サハリン・アムール川流域に住む靺鞨諸部とも交易活動等を通じて交通関係を維持し続けており、その影響はしばしば蝦夷社会に及ぶこととなる。「夷狄」社会は決して日本との関係のみで成り立っておらず、その外には広大な北方・南方世界が広がっていたことは常に念頭に置くべき点である（第5章）。

七二〇年代から、陸奥国において海道蝦夷の反乱が始まり、七二五年以降、捕虜となった蝦夷は「俘囚」と呼ばれて遠隔地へ移された。しかし同じ時期、国家は積極的な東北統治政策をとり、多賀城―出羽柵直通路開削計画や、桃生城・雄勝城等の城柵造営、多賀城の拡充等を進め、その遂行のために在地の有力蝦夷・俘囚の力を利用しはじめる。この過程で、当初服属形態の違いを表すために用いられていた夷・俘・狄という呼称が、有力な蝦夷の政治的地位に転じていくこととなった。積極的に改姓し、「夷狄」の境遇を脱して調庸民・公民（九世紀以降は「民」の一字で「夷」と対比される）化する蝦夷が増加する一方で、あえて夷俘のままの有力者も多い。この正反対の状況は、民か夷かの主体的な選択が国家や地域における他の夷俘・公民との政治的関係を左右していたことを示している。ここに、八世紀初頭の「強制された被差別身分」から、「地域社会における政治的地位・称号」へと、「夷狄」観念の大きな変容を認めることができるだろう。「民夷不レ論」で均しく賑給を行なうという政策は、国家による民と夷の融和策ではなく、両者がともに在地秩序を支えることを公式に確認するものであった。これを「民夷両立体制」と呼ぶ（第6章）。秋田城周辺の蝦夷村を代表する有力な夷俘と、北方交易を基盤に富を蓄えて有力化した「奥地」（米代川沿岸）の「夷首」とが手を組んで起こした〝元慶戦争〟（八七八年）では、夷俘らの政治権力は秋田河（雄物川）以北一帯から国司を排除し、自らの支配下に置くという政治的要求を国家側に対して示すまでに成長を遂げていたが、互いの利害対立により結果的に夷俘側の広域連合は内部から瓦解する（第7章）。その背景には北方の靺鞨勢力「兀惹」との交易によって勢力を拡大しつつある渡嶋蝦夷と、「奥地」夷俘との対立が激化するという新たな東北アジア情勢の影響があると見られる（第8章）。

以後、渡嶋蝦夷は北海道で靺鞨との関係を深め、その一部は後にエゾと呼ばれてゆく。東北地方の夷俘集団は、国家との関係を維持しつつ、中世に至るまで自らを「夷」「俘」の後裔として政治的に表象してゆく。国家による「夷狄」化政策を受容した蝦夷側が、それぞれの置かれている環境や歴史的状況に即してそれを変容させ、自他認識の一部として利用していったと考えるべきである。〝元慶戦争〟のなかで夷俘らが見せる多様な行動は、九世紀における「夷狄」観念の地域における定着のさまを明瞭に表しているといえる。

また、南方世界においては八世紀を通じて隼人・南島人は独自の文化に根ざした生活形態を維持したが、公民化の進展に伴い、隼人そのものについての記述が急速に消え、また「南島人」という総称も早々に放棄されて、再び「島名＋人」呼称が用いられるようになっていく。これを「夷人」的関係の復興・再生と見ることも可能であろう。

薩摩・大隅両国では延暦一九年（八〇〇）に班田制を施行し、同二四年（八〇五）に隼人朝貢が停止されて、公民化のプロセスも終了する。『令集解』職員令隼人司条朱説はついに隼人を「良人」（＝公民身分）と定義するに至った。こうして律令国家による隼人・南島人への「夷狄」視は姿を消してゆくが、九州南部・南西諸島の住民の間には「夷狄」とされた経験は以後も継承されていく。九九七年には、「奄美島人」が九州海岸諸国一帯を侵犯し、三〇〇人を奪取するという事件が起こった（『小右記』長徳三年一〇月一日条）。『権記』同日条では、ここでの奄美島人が「南蛮賊徒」と書き換えられている。ここから貴族社会における穢れ観念の肥大と、それに伴う古代的な「夷狄」観念の忘却、自閉的な王土思想の出現を看取するのは妥当であるが、こうした具体的な記述の背後に、当該地域社会そのものの変容を読み取る必要がある。また、隋による「流求国」の滅亡によって、その後永く正式な国家間の政治的交通が途絶したことにより、隋を継いだ唐では新たな情報が得られず、結果として『隋書』の「流求」についての知識はほぼそのままの形で以後五〇〇年余にわたって継承・反復された。その過程で混入した「毗舎耶」の情報と混じり合いながら強調・固定されていくのは、食人風習の行なわれている島（『智証大師伝』仁寿三年八月一四日。八五三年）、「虎性」をもつ住民（空海『為大使與福州観察使書』八〇三年）などという「野蛮」イメージである（第4章）。こうした認識は日本固有のものでは必ずしもなく、同時代的に国家の枠を越えて共有されてゆく。ここに必要なのは、地域社会にとっての自他認識の基盤となった「夷狄」観念が、本来の内容をいかに踏み越えて地域の変容とともに展開していったかという視点であろう。

以上、本書では日本古代の「夷狄」観念を同時代の具体的状況のなかに位置づけ直すための方法について、考えを重ねてきた。検討を要する問題は多いが、特に以下の二点を再考する必要を感じている。

一つは唐令の「夷狄」観念の日本令における受容過程である。近年発見された天聖令所引の不行唐令には、唐永徽令以前に成立していた「外蕃」に関する注目すべき規定が含まれており、そこにあるのは具体性を伴う「夷獠」（第1章）のみで、そもそも唐令の理念には「夷狄」身分・形態は存在しなかったとの説がある。(1) 従来、日本令の「夷狄」規定については、唐令における課役負担や百姓化・諸蕃との区分を基準として設定されたと理解されてきたが、天聖令により唐令における「夷狄」観の変容の一端が判明したことによって、本書で問題にした「夷獠雑類」の「夷人雑類」への書き換え、さらに言えば夷狄・諸蕃区分の創出過程も再考の余地が生まれたと思う。「夷獠」の存在しない当該期の日本において、具体的な招慰規定を含む唐令の内容は難解であったに違いない。それがどのように改変され、受容されたかを、「蕃人」まで視野を広げて考察したい。

もう一つは、本書のテーマである「自他認識」の理論的な検討である。これまでの研究においては、「夷狄」の地域集団としての実体と、国家が創出し言語化した観念との関係をどうとらえるかが一貫して重要な課題であった（補論Ⅱ）。それを「民族」問題としてとらえると、その言葉自体のもつイメージに引きずられ、近代国民国家における一系的・自閉的な民族観をそのまま古代の日本列島周辺地域に投影しがちであり、また中国の古典籍から創案された観念という面を強調すれば、現実に存在した蝦夷や隼人らの実態から垣間見ることができる、彼らの自己主張を視野の外に置き、国家による支配の強制・受容過程のみが強調されやすい。本書ではこの課題について、国家側・「夷狄」側の両者に視点を置いて検討し、その認識の相互関係の一端をとらえようと試みたが、それを「夷人」的関係のように「交通関係」から説明するか、あるいは人類学的なエスニシティに含まれる主観的定義を援用すべきか、それともこうした「自己―他者」認識そのものをメタレヴェルからとらえ直す新たな方法的視座[2]を模索するか、改めて検討してゆく必要がある。これらの検討を通じて、歴史学による「夷狄」論の可能性を拡げていきたい。

【結論　注】

（1）石見清裕「唐代内附民族對象規定の再検討―天聖令・開元二十五年令より―」（『東洋史研究』六八―一、二〇〇九年）。

（2）磯前順一『閾の思考―他者・外部性・故郷―』（法政大学出版局、二〇一三年）。

補論I　佐渡島をめぐる古伝承——「禹武邑」の比定地について——

はじめに

『日本書紀』欽明天皇五年一二月条に、佐渡島の周辺に「粛慎人」が来住し、島の住民と対立していたことを想像させる記事がある。断片的でなおかつ伝承的な内容を含むことから、これまでその史実性をめぐってさまざまな解釈が与えられてきた。特に論が分かれるのは、文中に現れる「御名部碕岸」「禹武邑」「瀬波河浦」という地名の比定地であり、いずれについてもいまだ確定していない。

これらの地名をめぐる議論には、『日本書紀』のもととなる記録が成立した当時の地理観や、後世の佐渡島における歴史観の変容などが表れており、北方からやって来た粛慎人に対する認識を知る上での格好の素材と考える。本論では、これまで先行研究が挙げた主要な論点を整理した上で、地名に関する私見を述べてみたいと思う。

第1節　『日本書紀』欽明天皇五年一二月条の性格

『欽明紀』の当該条文は、越国が朝廷にもたらした伝聞情報として、佐渡島内の三つの地名の由来譚と思われるものを挙げている。要旨は以下の通りである。

a　佐渡島の北　「御名部碕岸《みなべさき》」

粛慎人が一船に乗って滞留し、春夏魚を捕り食用に充てる。島人は「人ではない、鬼魅だ」と称して近づかない。

b　島の東　「禹武邑《うむのさと》」

邑人が椎の実を拾い食べようとして灰のなかで炒ると、実の皮が二人の人と化して火の上一尺ほど飛び跳ね、やがて闘いはじめた。邑人は怪しく感じ、これらを庭に置いたが、先のように争ってやむことがなかった。人が占うことには「この禹武邑の人は、必ず鬼魅によって迷惑するだろう」とのことであった。時をおかずに言葉の通り、鬼魅に抄掠されることとなった。

c　「瀬波河浦《せなかわのうら》」

粛慎人が瀬波河浦に移動した。浦の神の霊威は激しく、あえて近づく者はいなかったが、渇水で浦の水を飲んで死ぬ者が半数に達し、その骨を洞窟に積み上げた。俗に「粛慎隈」と呼んでいる。

当条を通して読むと、bの鬼魅＝a・cの粛慎と関連させて理解できるが、鬼魅とは化け物を一般的に指す語に過ぎず、そのまま「粛慎人」を指してはいない。物語のまとまりという点からも、bの話に完結性がある点にまず注目したい。もしbを「禹武邑」に伝わる口碑を採取したものだとすると、aとcの情報源は何であろうか。この点について参考となるのは、大和朝廷の六世紀半ばにおける越地方経営について論じた若月義小氏の見解である（「越のミヤケと「越国」」、『立命館史学』一一、一九九〇年）。氏は、文中の「粛慎」とは中国正史に現れる靺鞨系の「挹婁」にあたるとし、次のように述べる。

「挹婁」は五世紀後半～六世紀前半に北海道北部・サハリン南部に移住し、六世紀半ば頃には、そこからトド・アシカ等の海獣猟、その皮の交易を目的として定期的に南下していた。彼らの交渉相手はおそらく越北部の地方豪族であり、こうした日常的関係は、七世紀後半の「越国守阿倍引田臣比羅夫」による国家的介入まで続いたと見られる。倭国ではこの時に初めて、それまで高句麗使を介して入手する他なかった羆皮を「粛慎」から直接入手することが可能となった。『欽明紀』五年一二月条の記事は、年次の確実性には疑問が残るものの、一定の史実に基づくことを疑う根拠は特になく、六世紀中頃に佐渡島への粛慎の往来が恒常化していたことが判明する。おそらく、佐渡島と緊密な関係を保つ越ミヤケの上申記録（ミヤケに直属する記録官＝越史が記録したもの）ではないか。

以上が若月氏の主張であり、第1章でも取り上げた『斉明紀』に現れる「粛慎」と越蝦夷との対立・争闘事件の前提に、『欽明紀』に書かれたような来航と居住の事実があったとする理解には蓋然性が認められると思う。当条のａ・ｃは氏のいうところの「越ミヤケの史」による「粛慎」との交流の実録であり、『日本書紀』編纂時に佐渡島の由来を記す際、もともと断片的に記録されていたこれらの記事が、改めて首尾一貫したものとして再構成されたのではないか。また「粛慎人」に言及しないｂは、もともとａ・ｃと異なる系統の原史料に基づく可能性があるのではなかろうか。

こう考えるならば、後述するようにこれまで無限定に「粛慎人」をめぐる伝承地として理解されることの多かった「御名部碕岸」・「瀬波河浦」と「禹武邑」とは、本来無関係な地名であり、『日本書紀』の編纂段階で関連づけられた可能性もある。

この仮説を念頭に、ｂの「禹武邑」についての諸説を整理したい。

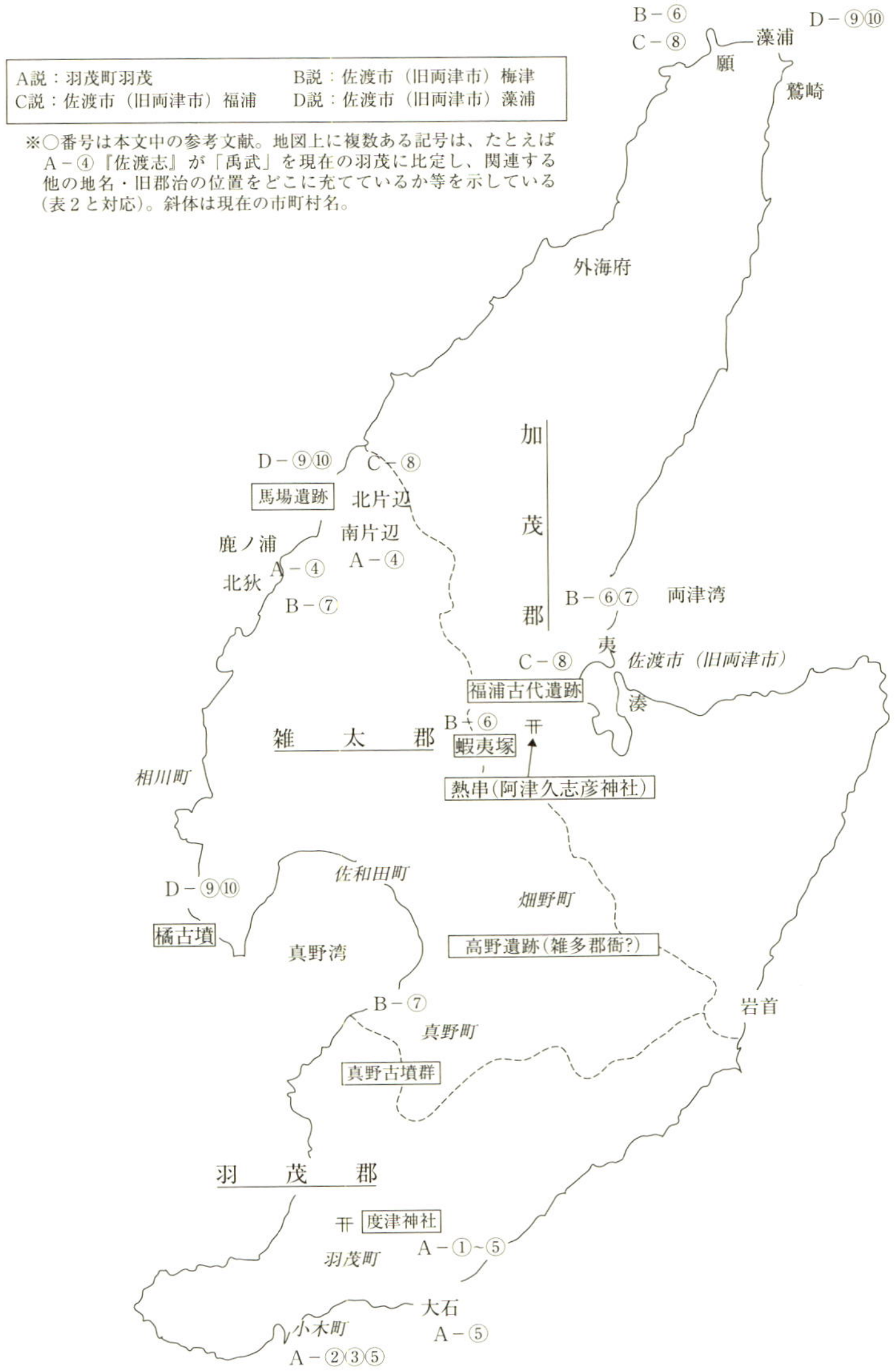

図1　地名「禹武」比定地に関する諸説

第2節　地名比定をめぐる諸説

さて「禹武邑」の比定地については、これまで羽茂町羽茂、佐渡市（旧両津市）梅津、同福浦、同藻浦の四説が示されてきた。それぞれの文献と主張の要点を整理する。

（A）羽茂町羽茂説：①釈日本紀（一三〇一年）、②谷川士清『日本書紀通証』（一七六二年）、③邨岡良弼『日本地理志料』（一九〇二年）、④田中従太郎『佐渡志』（一九一六年）、⑤『羽茂村誌』（一九五六年）・『羽茂町誌』（一九八九年）

「御名部」がもともと「水湊」（部は都の誤りか）であり、禹武＝ウモ＝羽茂の旧名であると推論する。文献⑤は、『欽明紀』にある北・東などの方角は越国から見たものであり、越から見て北にある「御名部」は羽茂の小木岬海岸線で、そこを起点に東の方角を見れば「東禹武邑」＝羽茂、となると主張する。後世の『北越風土記』所載「永祚元年（九八九）八月十三日越佐古図」には、南北転倒した越後・佐渡図があり、これと同様の地理観によるものではないかとした上で、この記事の真の主題は、羽茂を舞台とした粛慎人抄掠への大和朝廷による討伐だと述べる。

また菊地一郎氏は、文献①②④⑤の他に荻野由之「佐渡国地名考」、佐藤利夫「『羽茂』ふるさと探訪」等も参照し、禹武＝ウモ＝羽茂説の補強を試みた（「羽茂の古名「禹武」と「羽茂」について」、新潟県立羽茂高等学校生徒会誌『禹武』四六、一九九六年）。氏によれば、bに現れる椎の実は南佐渡、特に羽茂で多くとれ、小佐渡姫崎の竜王堂が椎の北限といわれているという。また、八世紀以降の佐渡国郡の推移について、当初は佐渡島に雑太郡一

表１　羽茂の訓み方の推移（菊地一郎案）

	奈良平安	鎌倉	室町〜安土桃山	江戸後半〜
ウモ→	「羽茂」→	ハモチ	地域ではハモチ	ハモチに固定
↓		（羽茂の地）	中央ではハモチ／ハモ	
「禹武」	→	→　→	／ウモを併行使用	

郡しかなかったが、養老五年（七二一）に賀茂郡・羽茂郡を立て、一〇世紀の承平年間（九三一〜九三八）には雑太郡に八（四）郷、賀茂郡五（六）郷、羽茂郡九（七）郷が設けられたこと（括弧内は高山寺本の数値）から、古代において羽茂は島内で最も発達した地域であるとし、両郡が立てられた七二一年の時点では郡境はまだ明確ではなく、羽茂郡は現在の佐渡市両尾あたりまでを含んだとする。一六一七年には岩首村も羽茂村の一部であり、真野町豊田に注ぐ小川内川から佐渡市岩首が郡境とされていた（一六五五年）。

『延喜式』巻10・神祇10神名下（九二七年、武田祐吉所蔵本）には、「佐渡国九座並小　羽茂《ウモ（ハモチ）》郡二座並小」（以下略）と、「羽茂」にウモ・ハモチの二通りの訓が充てられている。また『続日本紀』（一六五七年版。立野春節校訂）には「羽茂」をウモと訓み、ついで新訂増補国史大系本（一八九二年新訂）ではハモチとする。これらから考えて、現行のハモチという訓は鎌倉中期以降成立したのではないか。以上が菊地説の大要である。

なお、「禹武邑」＝羽茂説をとる場合、「御名部碕岸」については羽茂水湊（②③⑤菅生スゴウ南西の小木。大日本史国郡志）か相川町南片辺（④。語呂があうため）に、また「瀬波河浦」には羽茂水湊（③）、相川町鹿浦（④）、羽茂大石砂丘（⑤大石のエゾ塚と呼ばれている巨岩のすそあたりか。「度津神社明細調書」も同様）などが充てられている。瀬野山を水源とする瀬波川が大谷を経て岡田に至り羽茂川に合流し、これを瀬川（今の堀切川）と呼び、流域をセノ田とし、その注ぐ浜を瀬波河の浦（浦神＝羽茂の度津神社②⑤）という。また大橋字地田に今も「アシハセの隈」という地名が残り、近くに「石の唐櫃」もあった。こうした伝承の残るところは島内では羽茂以外ないとする。

（Ｂ）佐渡市（旧両津市）梅津説：⑥吉田東伍『大日本地名辞書』（一九〇二年）、⑦新潟県佐渡郡役所編『佐渡国誌』（一九二二年）

この説は、「禹武」は島の東であり、そもそも島の西部に位置する羽茂には合わないとした上で、ウム→海→梅という転訛を想定する。⑥は「此に禹武邑を島東と曰へるにて、地形の大略を弁ずべく、且島北の碕岸とは鷲崎の方を指すや明白なれば、（中略）瀬河（＝後の三瀬川）幷に阿都久志彦社等と相参考して、梅津は禹武津なりと知れる、粛慎人が当年夷湾の諸村里を抄掠したる状態想ふに足る。」と記す。

（Ａ）説が根拠の一つにした羽茂の古訓については、⑥は「ハモチ」（続紀刻本・大同類聚方（八〇八年）の傍訓。江戸初期の松隣夜話に「羽持」、国華万葉記に「葉持」とあり。これらは③によるものか）とし、『佐渡本間遺文桜井家文書』所収の「輔秀書状」（一五八五年）に「佐渡はもち殿」、「羽茂智郡」（一七八二年）などとあり、④の挙げる「羽持の地頭本間某」なども古くからハモチという訓が成立していた根拠となるという。

「御名部碕岸」の比定地は、鷲崎・願（⑥）、北狄（⑦北狄～片辺の古名は「へ」であり、戸中、戸地などの戸は部の転訛であって、その地域の南部つまり最南端に位置するのが北狄）。また「瀬波河浦」は三瀬川（⑥三＝佐為の転訛、すなわち瀬川を指す。加茂湖岸西北）、背合（⑦真野町エン塚＝エゾ塚つまり粛慎隈？）とし、瀬波河浦神とは阿都久志彦社（⑥佐渡市長江）とみなす。文献⑥は『和名抄』水湊郷を羽茂川（湊川）河口付近の大橋（羽茂町）に比定するなど、『欽明紀』の三つの地名とも現在の佐渡市内と考えており、禹武邑と瀬波河浦の近さに特色がある。

（Ｃ）佐渡市（旧両津市）福浦説：⑧橘正隆（号法老散人）『佐越航海史要』（一九四七年。『河崎村史料編年志』、一九五九年も同様）

この説は、加茂湖の「湖邑《うみさと》」を禹武邑《うむのさと》からの転訛とする。橘氏は「羽茂」をウモ（宇毛・宇牟）と訓んだのは『延喜式』からで、決してウムとは訓めないとし、『欽明紀』に「島東の禹武邑」とある方角から見ても、A羽茂説は「笑殺に価する」と批判している（「『羽茂』の読み方に就いて」、『島』1、一九五五年）。他に比定の明確な根拠は示されていないが、umuとumoが通じない点、「島の東」という方角を重視した点について指摘したことは重要な着眼と思われる。

なお、「御名部碕岸」については鷲崎・願、「瀬波河浦」は石花川（相川町外海府《そとかいふ》。万葉集に「石花海」を「世能宇美」と呼ぶ例あり）を比定地として挙げる。

（D）佐渡市（旧両津市）藻浦説：⑨『佐和田町史』（一九八二年）、⑩佐渡博物館編『図説佐渡島―自然と歴史と文化』（一九九三年、同編『図説佐渡島歴史散歩』、一九九八年もほぼ同内容）

昭和三〇年代、藻浦集落の西一六〇メートル、大津川沿いに発見された六世紀から奈良・平安時代にかけての遺跡の存在が主な根拠とされる。「禹武邑」の表記などは問われていない。「御名部碕岸」は「水辺邑」であり、相川町北片辺の潟湖のあたりにある古代の祭祀遺構「馬場遺跡」が御名部で、北片辺集落から突出した藻浦崎がその「碕岸」とする。また「瀬波河浦」は相川町高瀬の瀬戸から橘にかけての海岸であり、六世紀以降の土器・人骨が出土した夫婦岩洞穴遺跡がこれにあたるのではないかとする。この説では島の西北部海岸に比定地が遍在する特徴があり、⑩は⑨にほぼ全面的に依拠したものか。

現時点では以上の四説に整理できる。いずれも一長一短があり、（A）の菊地説は郡域の変化をふまえて「羽茂」を広域と考える視点を提示した点が新しいが、（C）説が厳しく批判するように、『日本書紀』編者が「禹武邑」のみを「佐渡島から見て」東西南北を逆に記すことは想定しがたいであろう。また、（Ｂ）説がいうように「羽茂」が遅くとも九世紀初頭にはハモチと訓まれていたのは確実と思われるが、ではこれがウモと訓読され、『欽明紀』の「禹武」と混同されるようになったのはいつか。その経過を考察する必要がある。

現在各地に伝えられている口碑伝承のなかには、地誌の編纂が盛んに行なわれた近世後期以降、過去の文献にある歴史的名辞を再評価し、現在の特定地名の由来と関連づけて新たに創出されたものも少なくない。もし現在の羽茂地域のみに粛慎関係の口碑伝承が集まっている⑸としても、それをもって直ちに六世紀以来のものが残るとするのは早急である。たとえば何らかの理由で羽茂の各地名を説明することが必要とされた時期に、当地に関する典籍が博捜された結果、『欽明紀』の記事が再発見されて地名の由来譚などと結びつけられ、以後それが広まった可能性も考慮すべきであろう。

第3節　倭人・粛慎人の住域

ここで『欽明紀』五年一二月条に戻ると、『日本書紀』編者は、越国の北西海上に佐渡島があるという知識を明確にもち、この条文を整序している。「禹武」という語句は同時代の他の史料には見られない。漢和辞典類によれば、「禹」には中国古代夏王朝の始祖名・水路を切り開く・跋行（禹歩）・中国人の姓など、また「武」にはひとまたぎ（半歩）・跡・勇ましい・侮る・軍事・軍人などと、それぞれ広い語義があるが、このなかに本条の文脈に強いてあてはめるべき意味はなく、またこの二文字を併せて特定の意味を示す例も他に見当たらない。この点を考えれば、本条の原史料となる記録者が「禹武邑」の口碑を記録した時、六世紀半ば当時の地名を、地域住民の発音によって一字一音にて表記したものと考える他ないであろう。

また「武」字には本来ムの音価しかなく、従って当初から禹武がウ「モ」と訓まれたという説には根拠が不足している⑧。ウム umu→ウモ umo という転訛は考えがたく、本来の発音がそれぞれ禹武＝ウム、羽茂＝ハモ（チ）であったとすると、もともとは関係がなかった両者が後になってウモという訓みを介し意図的に関連づけられ、羽茂＝禹武という通念が成立したと考えうる。

では、「禹武邑」は（C）説が言うように「湖邑」へ転訛したのか。今回調べた範囲では、この地域に古来「湖邑」やそれに類する地名があった事実は確認できず、論理的想定に止まる。「湖」をウミと訓み、これを「禹武」（ウム）からの転訛とする理解についても、U音→I音という母音変化は想定しにくいように思う。従って、現行の地名中、直接的に『日本書紀』の「禹武邑」につながると思われるようなものは残念ながら見当たらず、地名の転訛から遡及的にその所在を探る方法は今のところ困難であるといわざるをえない。

ただ、以上の迂遠な検討から、「禹武」は羽茂とは直接的な関係がもともとなかったこと、六世紀中頃の住民がウムと呼ぶ土地があり、それは「粛慎人」の住域である「御名部碕岸」と「瀬波河浦」とは無関係、言い換えれば異なる場所に位置した可能性があることがわかった。羽茂＝ウモという訓は、現行の羽茂郡と『日本書紀』の「禹武」の関係を遡及的に確認しようとした後世（郡境をめぐる意見対立が背景か）の人々が、『延喜式』等に見られた羽茂＝ウモという古訓に注目し、本来「ハモ（チ）」である羽茂をも「ウモ」と訓めると主張した時点で、新しく成立したと考えられるのではないか。

ここで菊地説の方法に学び、佐渡島に設置された郡・郷の範囲を考えることで、倭人住民が居住した地域の拡がりを確認したい。

表2は地名辞書等を参照し、雑太・賀茂・羽茂の三郡とその下の郷の位置に関する所見を集めたものである。不明な点も多く比定地が重ならないところもあるが、古代以来の各郡の領域を見ると、羽茂郡は一六五五年（明暦元）に確定される郡境のライン（⑥八巻三七七頁）を西で少し越え（真野町四日町付近）、東では逆に少し下げている（畑野町松ケ崎付近）ものの、ラインより南西側一帯にまんべんなく郷が分布し、古代においてこの地域が他所より発展していたことが明らかである。他の二郡はともに国仲平野に比定地が集中している点が特徴的で、雑太郡は佐和田町を中心に平野の南西部一帯を、賀茂郡は加茂湖を中心に北東部一帯をそれぞれ占めており、相川町尖閣湾や外海府、佐渡市内海府などの海岸域には、平安時代に至っても郷はほとんど分布しなかったと推察される。ということは、それ以前はこの地域に倭人住民はあまり住んでいなかったといえるのではなかろうか。

粛慎人がツングース系文化を有する挹婁にあたるとすれば、彼らは靺鞨の一種で、日本考古学においては「鈴谷式土器」文化に対応する。系譜上は八世紀以降、北海道北東部からサハリン南部にかけて住んだオホーツク文化人につながる集団であるが、もし佐渡島来訪・移住が史実であるとすれば、その来航の痕跡を佐渡島の北・東の海岸域で検出しているかどうかが重要となる。管見の限り、現在島内で確認されている古代遺構で発見されるのは皆倭人の文化であり、なかには島の北部海岸に位置する馬場遺跡（相川町北片辺）のように律令国家期の港湾施設もあるが、その周辺に郷は存在せず、いわば空閑地であった。粛慎人＝挹婁の南下が定期的に見られた六世紀中頃の当時、佐渡島では倭人住民と粛慎人とは、弥生時代以来の玉作遺跡や古墳が分布する南西部・平野地帯と、北東海岸部とに「住み分け」ていた可能性が高いと考える。

表２　古代３郡郷の比定地

郡	郷（訓）	比定地と根拠
雑太	石田（イシタ）	佐和田町石田　「曽祢里」（正倉院文書）
	高家（タケヘ）	③新穂村武井　／　⑥金井町本屋敷「国郡」 雑太郡衙＝真野町四日町大願寺付近・高野《こうや》遺跡「平凡」
	八多（ハタ） 播多	畑野町畑本郷
	雑太（サハタ） 雑田	真野町竹田・中沢田「国郡」 ⑥畑野町北三宮～佐和田町八幡～真野町金丸
	（岡）	③真野町吉岡　　⑥いま不詳「国郡」
	（与知）	知→祢の転訛。相川町米郷「国郡」
	（竹田）	③真野町竹田　／⑥真野町竹田国分寺～畑野町大久保　「国郡」 竹田川下流の竹田沖地区に条里遺構（生江臣開発か）「真野」
	（小野）	③小野→真野あるいは相川町外海府小野見「国郡」 ⑥いま不詳（小野→青野ならば）佐和田町五十里《いかり》・沢根
賀茂	大野（オホノ）	③⑥新穂町大野「国郡」
	殖栗（エクリ） 升栗	③畑野町栗野江／⑥新穂村・両津市潟上「国郡」
	賀茂	加茂湖北半地域（佐渡市加茂歌代～夷）
	勲知（クチ） 動知	佐渡市久知川流域一帯（※佐渡第二の良田）
	佐為	⑥金井町三瀬川（加茂湖北西岸）
羽茂	越太（オフ）	③太→入　／　⑥越伏＝真野町西三川字小布施 真野町田切須「荘園」
	大目（オホメ）	真野町吉岡の大目林「国郡」／　⑥真野・新町・恋ケ浦 真野川・小川内川「真野」
	駄太（タダ）	畑野町多田（オオダ）「国郡」／　③多田～赤泊村莚場 ⑥畑野町松ケ崎
	菅生（スカフ／ スカウ）	③羽茂本郷の菅原神社（付近に条里遺構・度津神社）「国郡」 ⑥赤泊村
	八桑（ヤクハ）	⑥八桑→十桑、赤泊村徳和　／　③八桑→入桑、佐渡市入桑
	松前（マツサキ）	今松埼村在駄北「国郡」／　③佐渡市南境強清水～岩首 畑野町鴻ノ瀬鼻の根部にある松埼遺跡「畑野」／　⑥小木町
	星越（ホシコシ）	羽茂本郷星越「畑野」　／　③羽茂町大橋～小木町井坪 ⑥セイノコシと読み、城越を指すか。→羽茂町上川内・下川内
	高家（タカへ／ タキヘ）	③羽茂町滝平・大崎～真野町静平～赤泊村川茂 ⑥羽茂本郷（高家＝郡衙所在地）「国邑」
	水湊（ミナト／ ミナヤ）	③小木町「国郡」／　⑥羽茂町大橋

※池邊彌『和名類聚抄郡郷里駅名考証』（吉川弘文館、1981年）、『新潟県の地名』（平凡社日本歴史地名大系15、1986年）の記述をもとに、関連する文献を参照し、郡郷単位で比定地を整理した。以下の略称を用いる。〇番号は第２節の参考文献。

「国郡」…『大日本史国郡志』、「畑野」…『畑野町史萬都佐木』、「真野」…『真野町史』、
「平凡」…『新潟県の地名』、「荘園」…『荘園分布図（上）』（吉川弘文館、1975年）、
「国邑」…『国邑史稿』

おわりに　「禹武」と「羽茂」の関係

最後に、『欽明紀』に佐渡島の情報が採録されて以降の推移について、ここまでの議論をふまえた現時点での見通しをまとめてみたい。

六世紀半ば、佐渡島における「粛慎人」（挹婁）の恒常的な来住（史料a）と、島人との遭遇または遭難（c）が、対岸の越ミヤケの史によって実録される。この当時、倭人住民と「粛慎人」の住域は隔っていた。

七世紀後半（孝徳朝～天武朝のある時期）、佐渡島に「雑太評」が設けられ、浄御原令制下で雑太郡（いまだ一島一郡）として立郡される。七世紀末、『日本書紀』の編纂過程において、「禹武邑」人の椎実に関する口碑伝承（史料b）が上記の実録と関連づけられ、ともに『欽明紀』五年一二月条に入れられる。「禹武」はこの時点では一字一音で「ウム」と訓んでいたが、以後「禹武」はそのままの形で地名として残らず忘れられてゆく。

七二一年、雑太郡から賀茂・羽茂の二郡が分置され、佐渡島は三郡構成となる。羽茂は当時おそらく「ハモ」または「ハモチ」と訓まれていた。以降、各郡内に郷が設置される。一〇世紀に入り『延喜式』神名帳編纂の際、「羽茂」郡に「ハモチ」と「ウモ」の二通りの訓があてられる。これが当時実際に在地で並行使用されていた呼称か、それとも中央で解釈されたものかは不明だが、いずれにせよこの時点で初めて羽茂＝「ウモ」という訓読が現れたと思われる。

一三世紀以後、佐渡惣領本間氏の領地細分が進み、国人が各地に盤踞するなかで、領地争いが活発であった羽

表3　禹武と羽茂の関係推移（田中聡案）

6Ｃ　奈良平安	室町	江戸後半	明治後～
→「羽茂」ハモ(チ)	「羽茂」ウモ＝「禹武」ウム説成立		別の比定
＊中央ではハモ(チ)/ウモ	→羽茂地域に定着、口碑化		説が出現
「禹武」ウム×　-------------------→			

茂地域において、その由緒の古さを主張するために羽茂＝ウモ＝禹武とする地名の由来が創出されたのではないか。

ずっと下って一八世紀後半、地誌の編纂が盛んになるなかで、「羽茂」＝「禹武」説に基づき「御名部碕岸」「瀬波河浦」の比定が進められる。その過程で「禹茂」という誤記がなされていく。また各地の古墳・遺構等が蝦夷塚・粛慎隈などと呼ばれ、口碑が羽茂地域独自のものとして定着していく。

明治時代から大正期にかけて、郷土史家らによる地誌・郡志・市町村史編纂が進むなかで、再び「禹武邑」比定について諸説が現れ、それぞれ地元社会の歴史の起点を『日本書紀』の記事に求めるなかで、四つの比定説が成立する。

以上、決め手となる史料を欠いたまま類推を重ねたが、『日本書紀』の「禹武」と地名「羽茂」は本来別個の地であったものが、後世になり関連づけられて同一とみなされるようになったとの結論に達した。現状で『欽明紀』の地名を比定するには材料不足の観が否めないが、方角、後の郡郷の分布などから強いてあてるなら、「御名部碕岸」と「瀬波河浦」は北・南片辺あたりの良港のある海岸、「禹武邑」は加茂湖西北の内陸部に位置した可能性が高いのではないだろうか。一案として示し、後考に俟ちたい。

補論Ⅱ　夷狄論の過去と現在——日本古代における自他の境界——

第1節　日本古代史研究の空間認識

単一の種族「倭人」からなる大小の地域共同体が並存する日本列島において、固有の言語・文化を基盤として共同体の政治的・経済的統合が進められ、統一国家（大和国家—律令国家）が形成されていく[1]。

この古代国家は、内国領域のほとんど自然的な持続のもとで列島全域を均質に支配する。「倭人」出自の人民には「公民」（王民）・「奴婢」身分が付与されて定量の税や力役が課され、この人々が国家の存立基盤となる。また東北・北海道在住の蝦夷（エミシ）、九州南部の隼人（ハヤト）、薩南諸島・琉球列島の南島人など、辺境の住民を異民族とみなして排除し、「夷狄」と呼んで特殊な支配形態をとる。その意味で古代日本国家は、中華帝国と異なる独自の「帝国」的秩序を構成しているといえる。律令法に基づく「夷狄」・「公民」区分は強圧的かつ一方的に行なわれ、与えられた身分は生得的なカーストとして子孫に継承されていく。他方、この国家は、朝鮮半島諸国（「諸蕃」）から「大国」として朝貢の対象とされ、また東アジアを一つの歴史的世界として統括する中華帝国＝文明との交通関係においては東方に位置する夷狄＝「東夷」として位置づけられている[2]。

現在の古代史研究は、その多くがこうした空間認識を暗黙の前提とする。ここでの「倭人」は、現在の「日本人」とほぼ同義である。統一国家の出現を民族形成史の起点と無批判に重ね合わせる理解といえる。「夷狄」を異民族視することによって、「倭人」は初めて民族的一体感を得るとされ、「倭人」自体への定義はほとんどの場合行なわれない。両者を分けるのは中国文明継受の経験の有無、水田農耕を生産の基盤としているか否かなどの文化的差異であり、ここには古代における文明／未開の区分が明らかに適用されている。また国家によって序列化され、互いに混淆したり重層したりすることのない、客観的にも主観的にも確認可能な身分境界がこの時すでに存在していることが、この理解の前提となる。

日本古代史の研究者は、外国史料も含めた文献史料の対照・再配列による史実の再構成――「考証」によって、こうした時空間の輪郭をとらえ、その細部まで実体化する作業を繰り返す。実証的な手続きによって明らかにされる古代日本の姿が、まるで近代日本国家・国民の鏡像のように描き出されるのはなぜか、という問いは、研究者の間では少数の例外[3]を除いてほとんど自覚されることがない。

こうした理解はいつ、どのように創出されたのか。本論では、「夷狄」解釈の変容過程を検討素材として取り上げ、この問題について考えてみたいと思う。「公民」のネガ・異端、古代史の空間構造の外縁を構成する不可欠の要素として「夷狄」が位置づけられていくその過程に、現在の日本における自他認識の有り様が明瞭に表れているからである。

第2節　三つの枠組み――「夷狄」研究における基本的問題構成――

形質や文化・風俗などにおいて際だった異種性を表す[4]「夷狄」の姿は、日本と周辺世界との関係に対する意識を喚起させ、時々の民族観を色濃く反映した「夷狄」像が描かれてきた。その底流には、「夷狄」を日本国家や民族の外部に位置する他者とし、これらを統合・同化しつつ日本人が形成されたという民族形成史的歴史観が一貫して認められる。一九六〇年代初頭、転機となる石母田正氏の学説が登場し、「夷狄」は律令国家と不可分一体の「内なる他者」という、新たな位置づけを得る。現在の夷狄論はこうした過程を経て成立してきた。その基本的な問題構成は、民族論・辺境民論・北方―南方史論の三つに大別が可能である。順に見ていく。

（1）民族論――日本人種の亜種・異民族としての夷狄

1　人種への読み替え（一八八〇年代後半）

近代日本は、蝦夷地・樺太・千島列島におけるアイヌの日本国民化（一八六九年行政管区「北海道」設置。一八七五年樺太千島交換条約によるアイヌの道内移住）と、琉球王国の解体（一八七九年「琉球処分」）により、北と南の国境線を引いた。これが暫定的な境界に過ぎなかったことは、その後の歴史を見れば明らかであるが、注目すべきは、急激に作られた国境が、日本列島周辺地域の住民と「日本人」とを区分せしめ、元来不定形の「日本人」なるものに科学的な輪郭を与える作業が求められるようになったということである。[5]

この作業を担ったのは主に人類学・歴史学の研究者だった。人類学では人体の各部を測定して他の人種と比較し、土器の型式を想定し、各地で採集した「口碑」の分析により、日本の先住民の風俗・文化などを復元した。その過程で一八八六年、日本の人類学・考古学界における最初の本格的な論争＝「コロボックル論争」が発生する。[6]この論争の目的は「日本人」の源流を探ることだったが、その際に格好の対照軸とされたのがアイヌ民族だった。坪井正五郎・鳥居龍蔵・小金井良精らは、アイヌが「日本人種」の直接的起源なのか、それともアイヌ以前に列島全域に居住した先住者（坪井はこれをアイヌの口碑にある「コロボックル」とする）がおり、こちらが原日本人なのかで厳しく対立した。だが両者ともに『古事記』『風土記』などの文献史料中に現れる蝦夷・土蜘蛛・隼人などを、そのまま過去に実在した人種として実体的にとらえ、それぞれ出自の異なる種族と考える点では一致していた。論争は結局、坪井の死去（一九一三年）により終息し、以来一九三〇年代まで原日本人＝アイヌとする説が通説化するが、この論争を通して日本人の形成史をアイヌ＝蝦夷など先住民と、中国大陸から朝鮮半島を経由して日本列島に移住した「天孫人種」との混血・棲み分けの歴史であるとする理解が定着したことに注意したい。人類学的概念としての「人種」と文献史料における蝦夷や隼人などとを相即的に直結する理解が生まれ、一般的にも広く流布していく。

こうした状況下で単一の均質な時間軸を創り出す作業が行なわれ、その過程で近代歴史学が生まれる。政府は一八七二年一一月、太陽暦の正式採用を通達した。律令国家以来使用され、生活の細部にまで浸透していた旧暦（太陰暦）の放棄は、国民の間に大きな混乱を引き起こす。これに伴う干支からの換算による国家公認の「皇紀」創出、それに基づく紀元節など一連の「祝日」の設置は、改めて暦のもつタイム・スケール（時間の保持と指標）としての機能をクローズアップする。古代の日本・朝鮮・中国史料に共通して、一定の法則のもとに用いられている紀年を示す記号＝干支と、その指し示す「史実」との不整合が、実証的史料批判を行なう上で、何とかして越えなければならない課題として初めて意識された。(7)

これに対して、一八八〇年代、『古事記』等の史料に干支や某天皇何年という形で表現された紀年を、「韓史」「漢史」という新たな対照軸の設定によって「客観」視する、それまでなかった新しい方法が、那珂通世らによって案出された（那珂一八八八）。このような斬新な解釈に対し、テクストの時間認識をそのまま肯定すべきだとする小中村義象（一八八八）らとの間で、激しい論争が展開された。この紀年論争を経て、同じスピードで過去から未来に向かって流れる時間が普遍的に存在するという、近代の時間認識が共有された。『古事記』『日本書紀』をはじめとするテクストの記事は、干支を標識として設けられた単一的で均質な時間軸の上に継起的に再配列され、「神代」＝「太古」以来現在までの一貫した歴史過程としての「日本史」の時間認識が、この時に初めて確立する。これに伴い、それまで不可知の神代とされていた神武天皇（人皇初代）以前の時代が人間の未開時代と位置づけられるようになり、神話などの伝説的な記載を口承による史実の伝説化などと読み換える方法が一般化する。

だが、この読み換えが進むほど、復元される像は人類一般の原始時代と変わるところがなく、日本と他国との種差は曖昧になってしまう。[8] そこで、久米邦武は「太古」以来の固有習俗の一貫性をもち出し、また那珂は『三国志』魏書東夷伝や朝鮮の『東国通鑑』等の史書、高句麗広開土王碑文など外国史料における「倭人」関連記事を、すべて六国史（日本古代の正史）における「日本人」と同一視することで新たな「日本史」[9]＝「国史」を仮構し、失われた種差を再び確保しようとした（久米一八九一、那珂一八九七）。二人の拠りどころは、蝦夷や隼人、「韓人」とは異なる「倭人」の一貫性である。彼らとともに紀年改変説を唱えた星野恒は、「上古」以来日・韓両国の人的交流が密であったことを日本・朝鮮史書から論じ、これを根拠として日本人による朝鮮の属国視を歴史的に正当な観念とした。[10] 紀年論争は、文献史料における朝鮮をも「日本史」の一部と位置づけたのである。

以上のように、同時期に展開した二つの論争は表裏一体となり、「太古」以来の日本人種・日本史の連続性を確認する方法論を提示する。こうして史料上の夷狄は、日本人種の一部を後に構成する異種、あるいは亜種として、日本史上に位置づけられることとなった。

2　民族と地域の一体性（一九二〇年代）

一九世紀末以後、日本は台湾・樺太・朝鮮・「南洋諸島」・「満州」へと植民地の拡張を進め、必然的に「大日本帝国」は多くの異種を包摂することとなる。人種論的な解釈によって、まさに現実の問題であるアイヌや琉球人との文化的差異を、日本史との分離・融合の時期の違い、つまり同一の時間軸上における時間差に読み替えた従来の方法では、日々増え続ける新たな異種と「日本人」の歴史的関係を説明する術がない。さらに、人種論的解釈がアイヌや琉球、台湾等植民地の人々の間にも知られるようになると、歴史学や人類学が示す文化的・歴史的な位置づけは、帝国内の社会的あるいは政治的地位を端的に表すものと受け取られ、文化的開明度や日本化の程度をめぐって序列化や対抗、あるいは同化／異化の意識が異種間に生じる。[11] 北海道旧土人保護法（一八九九年）制定を機に、アイヌの間に生活改善運動などの形で融和を進め、あるいは日本人と異なる民族としての自覚を文学作品の形で表現するなどの新しい動きが、一九二〇年代から三〇年代前半にかけて現れ、アイヌ自身が古来の蝦夷との同一性を主張するようになった。[12] また一九二〇年の戦後恐慌に始まる沖縄経済の極度の窮迫（「ソテツ地獄」、毒性のあるソテツまで食べて飢えをしのいだ）は、琉球人の日本同化による救済の希望を打ち砕き、「民族自決」を求める声があがりはじめる。民族としての自覚の手がかりとなるものとして注目されたのは、沖縄の社会に古くから存在している土地共有制や相互扶助組織などであった。[13]

こうした情勢の変化は、「夷狄」の歴史を論じる際の視角にも大きく影響し、考察の力点は人種の確定から、「日本人」の枠内での異民族の共存ないし融合へと転じた。現在の「日本人」を構成する各民族の文化混淆が追究され、夷狄にも、かつて列島僻遠の一大民族だったが、その後弱体化して日本民族の一分枝となり、生活文化のなかに日本古来の文化の影響を現在も色濃く残す集団、という新たな解釈が与えられることとなる。

後に「日鮮同祖論」の主唱者として知られる喜田貞吉は、天皇家の系譜をめぐる南北朝正閏問題による失職（一九一一年）を契機として、高みから見下ろすような視点ではなく社会的弱者＝「劣敗者」の立場から日本民族史をとらえ直すべきだと主張し、それまで考察の対象としてこなかった賤民、また蝦夷や熊襲・隼人、琉球人の日本民族への「融和」[14]について、一九二〇年前後から積極的に論じるようになる。人種不変説の立場を守り、アイヌ・蝦夷は本来同系統の異人種だったが、融和が進みことごとく日本人化したという。あるいは琉球人は、「久しく母国から離れて別個の国家をなし」たために言語・風習が異なるが、「本来同系の民族」であるため、「その言語・風習の中には、かへってわが奈良朝以前の古風を多分に存して、紛れもなき同一の日本民族」だという（喜田一九二六・一九三八）。現在の日本民族は血によって天皇家に包摂される複合民族に他ならず、今後もそれは変わらないとし、人種可変説にたつ長谷部言人らに反論した（長谷部一九一七、清野・宮本一九二六）。またアイヌ語文学の研究で知られる金田一京助も、東北地方や北海道・樺太にアイヌ語地名が広範に分布することなどを根拠に、蝦夷とアイヌは切れ目なく連続する同一民族であった、と主張する（金田一一九二五）。

また津田左右吉は、「支那」と日本との文化的差異を強調するとともに、日本文化の固有性を述べる文のなかで蝦夷との関係についても言及している[15]。津田によれば日本民族は、古来より蝦夷と、差別も抑圧もなく平和に共存してきた。現在の天皇家は民族の内から自然に興り、武力を用いず平和裡に全国を統一し、異民族との戦争もなく地位が安定し、これによって「万世一系」の観念が必然的に形成されたのだという[16]（津田一九三三・一九四六）。

喜田・金田一と津田の説とは、日本人を複合民族と見るか、単一民族と見るかという点で明らかな差異がある。しかし「夷狄」に関する理解という点にしぼっていえば、日本列島周辺に位置し、古代以来存在が確認され、史料にもくっきりとその姿を現すアイヌや沖縄人について、それぞれが一貫して民族としての実体を有しているとするところは一致している。具体的にいえば、古代以来の蝦夷は現アイヌの直接の祖先であり、リュウキュウ（流求・琉球）民族は沖縄人である。隼人民族は日本人のなかに早く溶解してしまい、消滅した。日本列島の外縁部に、日本民族と極めて関わりの深い、人種的にも近い異種が存在し、それらの民族は歴史のなかにその系譜を辿ることができる。こうした考えを共有し、前提としている。

このように考える時、時を同じくして展開された、中国の正史『隋書』流求国伝などに見られる「流求」をどこに比定するかについての論争にも、共通する民族観を読み取ることができる。伊波普猷（一九二六・一九二七）や喜田貞吉（一九三二）、秋山謙蔵（一九二九・一九三二）らの流求＝沖縄説と、和田清（一九二四）や東恩納寛惇（一九二六）、伊能嘉矩（一九二八）、白鳥庫吉（一九三五）らの流求＝台湾説とが対峙したこの論争では、「流求」の比定地をめぐって記事中の地名、動植物相、王族や官職などの名称、特異な風俗、生業などについて、歴史学・人類学・言語学などの分野からさまざまな検討が加えられた[17]。その正否はここでは問わないが、どちらの地に比定する場合にも共有されていた評価の基準がある。それは、台湾を「蕃地」とし、相対的に沖縄を開化した地とする文化的序列の観念である。「流求国伝」の記事のうち食人風習らしい記述から、首狩儀礼をなお残す「未開」な「生蕃」の棲む台湾のイメージに重なるものを読み取るか[18]、それとも王や帥という政治的地位、原初的な法・刑が存在することなどから、七世紀初頭にして一定程度の社会組織が形成されている社会と見ているかの差はあるが、文化による序列の意識は動かない。そして、七世紀初頭の「流求」社会を描いた『隋書』の記述が、一九二〇年代の台湾・沖縄のそれと直接比較されたことから明らかなように、それぞれの地域における他地域との交流による文化変容の可能性、あるいは各社会の内発的進化はあまり考慮されていない。

沖縄説を領導した伊波普猷は、これまで「琉球人」と呼んでいた同胞を、この論争の前後から「南島人」と呼びはじめる[19]。古代国家が南方海域の島嶼に棲む「夷狄」を指す呼称として創出したこの語を、わざわざ帝国日本に属する沖縄人の自称として選んだのである。ここには「日琉同祖論」（琉球人の祖先は日本列島から島伝いに南下し、マライ系先住民を征服して琉球王朝を築いた。そのため沖縄には日本文化の祖型が色濃く残るとする説）が確かに認められるが[20]、こうした理解は、結果として伊波の意図とは別に[21]、辺境地域住民＝「夷狄」の文化的停滞性の証左と受け取られてゆく。言い換えれば、異なる時間を今も生きる多様な民族が帝国領域内に偏在するという、新しい民族観が形成されたのである。

3　民族の内発的発展（一九三〇年代後半～一九五〇年代初頭）

民族の文化的差異を地域差という空間の観念に読み替えるこのような理解は、一九二〇年代後半以降、日本に本格的に受容されたマルクス主義歴史学において、不均等発展論という形で継承される。大正デモクラシーが終息し、労働運動が社会主義への傾斜を強める状況下で、一九二八年には『マルクス・エンゲルス全集』（改造社）、『スターリン・ブハーリン著作集』（白揚社）が刊行され、翌年にはマルクス主義研究者を結集してプロレタリア科学研究所（プロ科）が結成された。ここに集まった羽仁五郎・渡部義通・野呂栄太郎らは、生産力の発展を究極的基礎として、経済・政治・法制・道徳・宗教・芸術・科学など、すべての歴史的現象の古代以来の発展を理解するという目標を掲げ、次々と論文を発表した。かれらが拠りどころとしたのは、ソヴィエト連邦の科学者らが主張する「世界史の発展法則」であり、日本におけるその実証を進めることが、従来の「ブルジョア歴史学」に対する「プロレタリア歴史学」の優位性の証明になると考えられていた[22]。

こうした動きは、国家による弾圧の激化により運動が事実上困難となる一九三〇年代末まで続き、そのなかから戦後歴史学にも大きな影響を及ぼす新たな古代史叙述が出現する。伊豆公夫・渡部義通・早川二郎・三澤章（＝和島誠一）・秋沢修二の共同執筆による『日本歴史教程』（一九三七・一九三八。以下『教程』と略記）である。一般人向けの教養書（日本史講座）として作られたこの書における各章の構成――石器時代から始まり、狩猟採集時代から農耕生産時代へ転換し、生産力の発展による社会の規模拡大から、民族国家形成に至る――は、基本的に現在も踏襲されている。

『教程』は「日本人」が同一の「人種」であり、これを基盤に列島各地に多くの種族が存在していたと述べる。この多様な種族が、交換や征服活動により「日本民族」を構成し、長い時間をかけて生産関係や文化・言語等も単一化し、身体の形質も一つに熔融されて今日に及んだという。このような人種・民族理解をもとにしばしば「夷狄」への言及が見られ、たとえば隼人や東夷など永く服属しなかった集団が棲む地方には、古代国家の支配階級を葬った前方後円墳が未発達である（第二冊）、あるいは琉球や「満州」のツングース族の文化のなかに、日本の古文献の記述と即応する要素を探し、「内地において既に消滅したやうな土俗・言語・社会関係がいくた保存されてゐる」（第一冊）などと述べる。こうした表現に、2で見た民族＝地域の一体性の観念を読み取ることはたやすいだろう。生産力の不均等発展、というシェーマにあてはまる歴史叙述が、すでに一九二〇年代までの実証研究のなかに存在していたのである。両者は容易に接合しえた。

ではそこに矛盾はなかっただろうか。『教程』第一冊にのみ参加した早川二郎は、「多元的民族論」とでも呼ぶべき独自の民族論をすでに発表していた。世界の民族にはさまざまな型があり、その差は形成史の差による。人種は可変的・相対的であり、民族意識は民族の形成自体とは必ずしも一致せず、歴史的に変化すると考える[23]（早川一九三六・田中二〇〇八）。この理解はソ連科学アカデミーの指導下で当時単一化が進みつつあった「発展法則」への違和感によるものだと考えられ、これを敷衍すれば「夷狄」諸民族個々の発展、日本民族史に回収・包摂されない独自の歴史発見に至る可能性を秘めていた。だが、こうした主張は急速に見られなくなり、日本社会は原始時代以来、世界の他の地域と同じ進化の道を辿り、欧米よりも遅れて資本主義社会段階に至ったという、現在も一般に流布する歴史像の原型が成立する。この特殊日本史は、まさに一系的な日本民族形成史に他ならないだろう。(24)

この新たな民族史の枠組みは戦後、一九四九年から五一年にかけて、日本とアメリカとの間の単独講和条約・安全保障条約の締結をめぐる国民的な反対運動の高まりのなかで、次世代のマルクス主義歴史学者らによってさらに肉付けが進められていく。「歴史における民族の問題」をテーマに掲げた一九五一年度の歴史学研究会大会で、藤間生大氏は前近代にも「民族」の前身となるフォルク（ロシア語のナロードノスチも使用。「民族体」と訳された）が存在したと主張し、西の熊襲・東の蝦夷（夷狄）を平定した伝説上の皇子「ヤマトタケル」を民族の英雄と呼んだ。当時緊急の課題と認識されていた「民族解放のための民主統一戦線」を構築するため、「広汎な国民層が関心をもっているかあるいは関心をもつにあたいする伝統、文化、叡智、行動、民族的なほこりなどを提供して、国民の心理的な共通性を高め、そして自分に自信をもたせる」ことが、その目的であった（藤間一九五一）。

また石母田正氏は、一九五〇年に翻訳紹介されたスターリンの新しい民族理論をふまえ、『万葉集』など古代文学に見られる「東国方言」と、フォルクロールや民謡など、現在の地域文化の検討によって、日本における民族形成の前史を明らかにする必要があると主張した（石母田一九五二）。この両氏の主張に対して、マルクス主義民族理論の誤った解釈、天皇制への屈服であると批判した井上清氏らとの間に、一九五〇年のコミンフォルムによる共産党批判以後の党争も背景とした激しい論争が展開したことはよく知られている（小熊二〇〇二）。後に黒田俊雄氏はこの論争について、一九五一・五二年当時、「民族文化」を取り上げること自体が優れたことと考えられる傾向があり、内実を伴う議論は行なわれなかったと回顧している（黒田一九七一）。

もっともこうした批判はすでに当時から行なわれており、石母田氏らとともに歴史学研究会を領導していた上原専禄氏は、一九四六年ジュネーヴで開かれた哲学者・科学者の国際討論でヨーロッパ文化の危機が人間性全体の危機として論じられたことを挙げ、それに比べて戦後の日本人には、アジア文化・人間性・民族の危機という意識が欠けていると批判する（上原一九五二）。その上で、「民族や国家の基本的意味」とは、外に向かっては抗争団体だが、内に向かえば成員内抗争を排除する平和団体であるという二元性にあり[25]（一九五二①）、そう考えるならば、個人の自由を実現することは「自主的存在としての民族」の自覚（内に向かう祖国愛）・世界平和に至る世界史の認識（外に向かう平和理念）があって初めて可能であると述べた（一九五二②）。ここには民族の本質と実践課題について、よりふみ込んだ理解が見られる。ところがこうした文脈で「日本民族」を問う時、世界史—民族—個人という三層の空間構造は想定されるものの、旧植民地住民やアイヌ、琉球人がその境界を常に揺るがす可能性をもつ他者として、同時に想起されることはなかった。

日本人種から遠い昔に分岐して別の道を辿った亜種、あるいは帝国領域に広く分布し、発展の度合いのさまざまに異なる異民族、「日本人」のネガとして説明されてきた「夷狄」は、なぜ言及されなくなったのだろうか。

（2）辺境民論——抵抗するマイノリティから「疑似民族」へ

1　内国領域の少数民族（一九五〇年代前半〜一九六〇年代）

「民族文化」をめぐる議論は、マルクス主義歴史学者・学生の主導によって一九五三年頃まで大きな盛り上がりを見せていた「国民的歴史学運動」の急速な退潮とともにしぼみ、以後「民族意識」や「民族文化」の解明をはっきり目標に掲げた日本史の研究は少なくなった。

その傾向は古代「夷狄」研究にも現れた。たとえば『日本書紀』斉明天皇四年から六年にかけて記されている、越地方（現在の新潟県）の蝦夷・粛慎（ツングース系の異種集団）征討記事を分析した坂本太郎氏は、文中で民族論・人種論による説明を避け、古代国家の政治改革（大化改新）による国力伸張の結果と意味づける（坂本一九五六）。『日本書紀』などの編纂史料を完結した構造をもつテクストと考え、その内部を貫く論理によってできる限り合理的に解釈する、いわゆる実証主義的方法論からすれば、従来とられていた民族理論などの史料外的価値による解釈は過剰に過ぎる。その叙述には現実の民族問題——たとえばアイヌの復権などとの緊迫した関係は当然ながら見られない。

こうした研究が次第に大勢を占めつつあるなかで、第二次世界大戦終結以後、植民地支配からの民族独立の動きが世界的に活発化する状況を意識した新たな「夷狄」論が現れる。門脇禎二氏は、戦前以来今日に至るまでの蝦夷研究の多くが、蝦夷という文字の意味の単なる詮索に終始したり、史料の表現を信じて国家による支配拡大・辺境の開拓と馴服の歴史ばかりを描いてきた、このような「傍観者的な学問態度」によって蝦夷研究が立ち遅れたと痛烈に批判する。その上でまず「蝦夷」という蔑称を古代国家の命名によるものとし、日本列島内の政治的社会の不均等な成立が言語・生産力発展等の格差を生み、結果として律令貴族・農民のなかに蝦夷への民族的偏見が表れるとする。蝦夷は本来少数民族として運命づけられてはいなかったが、国家権力の植民・収奪が反抗を誘い、八世紀後半に反乱という形で独立闘争へと発展し、そこでの敗北と内部分裂が、蝦夷を「少数民族」

の境遇に追いやったという。現代において必要なのは、「蝦夷じしんの歴史」、蝦夷の立場からその主体的発展とその蹉跌の理由を解明することである。そのことを通じて、少数民族問題の本質を知る手がかりを得られるだろうと結論した[26]（門脇一九五三）。

「夷狄」を語る時にどこに立つかという重要な問題については、先に（1）の2で沖縄人としての発話の位置にこだわった伊波普猷の例を挙げたが、古代蝦夷の研究でこのことを明瞭に自覚したのは、おそらく門脇氏が最初だろう。ここで提示された基本的な枠組みのうち、不均等発展は一九三〇年代の「民族＝地域」論から継承した視点であるが、「夷狄」があくまでも古代国家との政治的関係によって規定される存在であったこと、しかもマイノリティとして過酷な収奪が行なわれ、「日本人」一般からの差別の対象とされていたことという新たな観点が加わった[27]。以後、蝦夷にとどまらず「夷狄」全般を古代国家内部の少数民族と想定し、国家との抗争を分析した研究が見られるようになる（氏家一九五五、佐藤一九六七、井上一九七四、中村一九七七など）。

他方、アメリカ軍政下の沖縄では、一九五四年から五六年にかけて、人類学者金関丈夫氏と当地出身の言語学者宮良当壮氏との間で、八重山諸島の文化をめぐる論争（起源論争）が展開された。この地域の言語と先史時代の文化の基礎にあるのは台湾―インドネシア系か、それとも日本―アイヌ系かが問われ、日本人の祖先が日本列島から南下したか、南島を経て北上したかが争点となった。古代の文献史料の解釈も問われ、七世紀末に国家が使者を南島に派遣したという記事について、この地の住民がすでに疑いもなく日本人だったからこその派遣だとする宮良氏に対し、金関氏は南島人が律令法上「夷人」と規定されていること、使者が通訳を介さなければ会話できなかったのは、南島人の大和語を受け容れた時期が遅かったからだ、と正反対の結論に至っている（宮良一九五四、金関一九五五①）。当時の沖縄では、「夷狄」を実体としての民族と読み替える一九二〇年代以来の方法論が人類学者らによってとられており、その背景には祖国復帰運動と琉球独立論の間で不断に自己規定を迫られる沖縄人の現実があった[28]。なおこの論争に対し、当時の文献史学からの応答はほとんど見られなかった[29]。

一九五〇年代は、国家内部の少数者としての「夷狄」という視点が加わるいっぽうで、古代史と現在の国際情勢との対応関係を問わない「夷狄」研究の出発点となった。

2　小帝国を支える「内なる他者」（一九六〇年代初頭〜現在）

ここまで見てきた議論は、古代史上の「夷狄」が何らかの人種的・民族的実体を表したものであるという、もはや一般論となった解釈に基づいていた。ところがこの前提そのものが、石母田正氏によって疑問視される（石母田一九六二・一九六三）。

石母田氏は従来それぞれ別個にその実態が研究されてきた蝦夷・隼人・南島人などの「夷狄」について、律令法規定上の共通性——無姓・言語不通・律令官制や税収取体系からの排除など——があることに着目し、古代日本国家の構成員に、「王民」（天皇の徳に従い、名を与えられる臣下・人民。「公民」とも呼ぶ）とそれ以外の人々、化内／化外という区分が成立していたとする。「化外の民」には「夷狄」と「諸蕃（蕃国）」＝朝鮮諸国人が含まれ、両者は天皇に対して朝貢を行なって服属するという共通点があるが、「夷狄」は「列島内部にあっていまだ「教化」に従わない種族」であり、朝鮮諸国のように国家を形成していない点でより未開である。「夷狄」・「諸蕃」は「王民」にとって潜在的な敵＝奴隷と認識されていた。石母田氏はこのような日本古代国家固有の身分構造を「王民共同体」と名付け、その核心を「支配下の人民を専制的に支配するだけでなく、それを支配民族として組織するような体制」（石母田一九六三）と明快に定義した。

しかもこの「夷狄」の位置づけは、律令国家内の身分秩序を支えるだけのものではなく、中華帝国を中心とした東アジアの国際秩序のなかで、新羅や渤海より優位に立つためにも機能した。中華帝国から「東夷」とされている諸国のなかで、ひとり「日本」のみが「夷狄」「諸蕃」に対して異民族支配を行なっている。四世紀以来、中国王朝に朝貢して世界帝国的秩序に組み込まれながら、自らも朝鮮半島南部諸国・列島内異種族に君臨するという二重性を特徴とする「東夷の小帝国」である、という(山尾一九八七)。

この新学説により、史料に現れる蝦夷・隼人・南島人を、古代国家論として構造的に論じるための理論的基盤が成立したことの意味は大きい。これまで異民族としての実質を有し、いわば律令国家の外部としてとらえられてきた「夷狄」は、実は国家の身分制・対外関係理念の内部に位置していた。「夷狄」の位置づけを行なったのは『日本書紀』などを編纂した古代国家であって、「夷狄」側ではない[30]。問われるのは民族的実体ではなく、国家がいかにそうした理念を生んだかである。「夷狄」を考える際の視点は、明らかに古代国家の側に置かれている。

石母田氏が当初、一九六〇年前後の日本を取り巻く国際状況(新日米安全保障条約の締結により、アメリカの保護・支配のもとで台湾・朝鮮に対して果たすべき役割を強いられる)を強く意識し[31]、いわばその古代への投影図として描き出した「東夷の小帝国」は、本来「異民族の実在」を暗黙の前提として、古代国家によるその「内国化」の理念をとらえる方法論だったはずである。ところがこれ以後、この前提はほとんど顧みられなくなり、国家が主体となって一方的に蝦夷・隼人・南島人の実態を「夷狄」化する、つまり「疑似民族」としての夷狄が国家によって創出される(石上一九八四・一九八七)という転倒した解釈が示されることとなる。東北地方での城柵(古代辺境に付設される官衙・防衛施設)や集落の考古学的調査が進み、遺構から復元される生活様式が関東地方と大差がなかったこと（平川一九七八）なども拠りどころとして、「夷狄」の実質は東北地方の辺境民、つまり「日本人」に他ならず、律令国家がこれに対して政治的必要から一方的に「夷狄」と名付け、朝貢制・上番制など特異な支配形態で搾取した。このことが「夷狄」への差別を生み、反乱の要因にもなった、と考えられている。[32]「小帝国」は実体化され、その射程は、倭王が朝鮮半島や日本列島周辺地域に棲む「毛人・衆夷・海北」（『宋書』倭国伝）への制圧を根拠に、自らの支配領域を「小天下」と意識しはじめたとされる五世紀を起点とし、貴族が自閉的な世界認識をもつようになるのと並行して蝦夷や隼人・南島人などの「夷狄」が消滅する九世紀後半にまで及ぶという（石上一九八七、村井一九九五）。

では「夷狄」研究にとって、民族的実体説からこうした「辺境民」説への大きな転換は何を意味するだろうか。ここでの「夷狄」は国家によって観察・区分され秩序化される他律的な「支配の客体」に他ならない。この考えに立てば、古代国家は不断に「公民」・「夷狄」間の境界を一方的に設定し続けることとなり、「夷狄」はどこまでも国内問題として論じられざるをえないだろう。「倭人＝日本人」の先験的措定ではないか（加藤一九八八）との批判が示されている。古代国家の残した史料から、国家による支配の論理を読みとく方法に立てば、礼秩序の外縁に位置すること自体が蝦夷の行動を規制する（伊藤一九九四）とか、「夷狄」は日本との接触で初めて階層化・文明化に向かう（鈴木一九八七・一九九六）といった理解が当然表れる。

だが根本的な問題は、国家がなぜ「夷狄」を想定し、身分として法制化して維持しなければならなかったかを、「夷狄」と名付けられた側の視点からとらえる術を放棄してしまっているということである。独自の文字文化をもたず、従って自ら歴史を綴ることがなかった人々の思惟、行動の意味を、古代国家の残した二次史料からいかに読み取り、叙述するか、そのための方法を追究しようとしない。このような理解では、蝦夷・隼人の反乱の発生・終息の原因、「俘囚」の変質（戦争での捕虜の一括名称から、蝦夷有力者の称号へ転じる）など、具体相が説明できないだろう。[33] こうした状況に飽き足らない研究者の間で、一九八〇年代後半、「内なる他者」の予定調和的な国家への隷属の物語としてではなく、「夷狄」の多様で流動的な実態を動態としてとらえる方法（蓑島一九九六）の模索が始まった。

（3）北方―南方史論――広域的交流と自他認識（一九八〇年代～現在）

その動きは、石母田説の直接的影響を受けていない文献史学の周辺分野から始まる。

①北方考古学（蝦夷考古学）の分野で、北海道北東沿岸地方・サハリン・クリル列島において九世紀頃から一四世紀前後まで展開した「オホーツク文化」の国際的研究が進み、沿海州などで同時期の遺構から、海を越えて活発な交流が行なわれていたことを裏付ける青銅製品、霊送り（北方少数民族が行なう熊などを用いた儀礼）の痕跡などが発見された。遺跡の分布地は、中国の同時代史料に現れる靺鞨・女真の分布範囲とも重なる（天野一九七七、菊池一九八九）。国家の枠を越えて確認できるモノや人の交通に注目することによって、辺境民説のいう「夷狄」像を相対化するための視角を一つ加えることが可能となった。南方考古学における「貝の道」にも同じことがいえる（木下一九九六）。

さらに、中国正史に継続的に記事のある「粛慎」が『日本書紀』にも数箇所現れることに注目し、七世紀末の東北アジア情勢の大変動と、同時期の国家による東北地方経略とを関連づけて理解する斬新な学説も登場した。若月義小氏は、「既に六世紀頃からサハリン南部～道北にかけて形成されていた「粛慎国」（「靺鞨国」）から定期的に南下してくる粛慎と渡嶋蝦夷・津軽蝦夷や倭人との接触を史的前提として、高句麗滅亡直後から渤海成立に至る東北アジア情勢の激変期に、列島の「粛慎国」への相当大規模な避難民の移住が漸次行われ、これまで比較的安定的であった北方の政治的・社会的秩序が動揺し流動化していく」という状況を想定する。これに対応するために古代国家が行なったのが、従来「古代国家の示威行動」や「国家による交易活動の本格化」（熊田一九九四）などととらえられていた「阿倍比羅夫の北征」による支配拠点の設置だったという（若月一九八七）。こうした史料解釈は、研究史のなかで見失われていた「夷狄」の他者性を再評価するものといえる。蝦夷の側の主体的な行動を積極的に評価することによって、古代日本国家と蝦夷・粛慎の関係を双方向的な視点でとらえる方法は魅力的であり、一定の有効性をもつが、北海道の蝦夷を「擦文文化人」、粛慎を「オホーツク文化人」など考古学による文化圏に対応させ、両者が混血してアイヌの原型が成立するという理解を強調しすぎると、新たな民族実体論を再生産することにつながりかねない。この点は注意を要する。(34) 蝦夷や粛慎を名乗る各集団の文化的重層性や「民族」的アイデンティティの変質という問題を、いかにして動態的にとらえるかが、新たな課題となろう。

②蝦夷研究の学説史を回顧した二人の考古学者から、ほぼ同じ主張がなされた。それは従来まで行なわれてきた蝦夷＝アイヌ説（民族的実体論、第2節の（1））と、辺境民説（第2節の（2））を止揚すべきだというものだった（菊池一九七八～一九七九、工藤一九八六）。考古学的には古代の北海道・東北北部に同質な文化が確認され、古い地名のなかにアイヌ語による命名と思われる例も多い。この点は、蝦夷が後のアイヌに文化的に接続する可能性が高いことを示す。

しかし一方で、集落の発掘例からも、遅くとも七世紀までには北上川流域などで稲作農耕が行なわれていたことは確実であり、文献史料のなかに「田夷」と名乗る有力な蝦夷がいること、馬などの交易で得た鉄製武器の鉄を農具に打ち直して用いている例もあることなどから、蝦夷が農耕民だったことも確実である。従って、対立する両説は東北古代文化の二面性をそれぞれ強調したものと考えられるという。その上で、七七〇年代から東北地方太平洋側・北上川流域で起こった蝦夷の大反乱を経、蝦夷の内部にちょうどモルガンが『古代社会』においてイロクォイ族に見出したものと同様の「部族同盟」が成立し、蝦夷にも「英雄時代」と呼べる内部抗争の時代を想定できると主張する（工藤一九八六）。蝦夷の定義については合理的な解釈といってよいだろう。古代国家と蝦夷との戦争状況が蝦夷「村」を結合させるというのも蓋然性の高い想定であるが、各集団の規模や集団構成の差異、相互交通の偏りなどを子細に検討する必要がある（本書第6・7章を参照）。同時代の蝦夷にのみ「部族同盟」が残り、日本列島内の他地域にはそれがないとすれば、社会的結合規模の差を、結局農耕生産力の不均等発展に帰してしまう第2節（2）の2への回帰になりかねない。

必要なのは「夷狄」内部における政治的結合を支えたものが何かを問う視角ではないだろうか。たとえば、八・九世紀の蝦夷は、蝦夷間の抗争や律令国家との戦争などの各局面において、「民」・「夷」などという社会的地位を、国家の強制によらず自ら選択し、表象していた可能性がある（田中一九九七。本書第6章）。八七八年に出羽地方で発生した蝦夷の叛乱において、当初自ら「夷俘」（蝦夷有力者の称号）を誇っていた蝦夷が、叛乱の終結時には死亡した「百姓」（＝公民）の位記を詐取し、「公民」になりすましている。逆に、「百姓」が蝦夷出自固有の姓である「吉弥侯」をわざわざ名乗ることを希望している例もある。もし古代身分が各個人に生得的に固定されたカーストのように強固なものであれば、このような流動的な事態は起こらないのではないか。「夷狄」も「公民」も、実際の状況に応じて相互規定のなかで流動的に選び取られ、表象されるステータスの一種であったという想定も、なお成立の余地がある（本書第1章）。実体概念から関係概念へ、「夷狄」を読み直す必要があるのではないだろうか。

③一九八〇年代末の沖縄では、沖縄の地政学的位置を利して日本との間に政治的・経済的・文化的に対等な関係を構築すべきであるとの主張が高まった。その歴史的アイデンティティの象徴こそ「古琉球」であり、奄美諸島・琉球列島・八重山諸島の島々にグスク（城郭）が築かれはじめる一二世紀から、九州南部の豪族島津氏が沖縄に侵入して、王家を支配下に置く一六〇九年までが、沖縄の独自性の基礎を確立した時代であるとされている。「古琉球」時代はさらに、「日本の中世国家と区別される独自の琉球王国が形成・展開した時代」と、「自前の情報発信装置（おもろそうし、歴代宝案など）がはじめて成立した時代」との二つに分かれ、それ以前、つまり日本列島で古代国家が展開していた七世紀から一一世紀頃までは、「ヤマト国家に対して非一体的な「化外」「異域」であった反面、自己内部についてもいまだ一体的な地域を形成しえていない段階」であった（高良一九九一）。言い換えれば、沖縄文化の個性は日本古代に対応する時代にはまだ存在せず、各島に島民を代表する政治権力が自生し、日本・中国王朝との交流のなかで独自の国家権力が形成される過程で初めて生じたということだろう。

古代国家は沖縄諸島を一括して「南島」と呼び、七世紀の末から八世紀の初頭までの二〇年余の間、不定期的に「南島人」による朝貢儀礼・国家による返賜や賜姓が行なわれていたが、七三三年を境に史料に現れなくなる。その後「南島人」なる呼称そのものが用いられなくなるのに比べ、「多禰人」（＝種子島）、「阿麻弥人」（＝奄美大島）など、「〇〇島人」という呼び方は以後もずっと続けられる。これは、当時の南方の「夷狄」にとって、与えられた「南島人」ではなく、居住する島の名がアイデンティティの核となっていることを想像させるが[35]（田中二〇〇二。本書第1章）、注意すべきはこれらが古代国家との交渉によって記録され、使用が始まったという点である。「古琉球」論は沖縄からの視点をもって、旧石器時代から現在に至る沖縄史を貫く、極めて自覚的で主体的な歴史認識といえるが、古代以来の周辺の国家・異種とのさまざまな次元の交通関係のなかで示された「沖縄」「琉球」観念は錯綜・変質を繰り返しており、決して流求→琉球→沖縄または台湾と、一方向的・連続的に推移しているわけではない[36]。沖縄の歴史的表象をとらえる時、それを沖縄民族の発展史のように配列して理解することは、結局のところ「日本民族史」の自閉した発展の図式の根本的な批判たりえないと思う。今後必要なのは、たとえば「琉球」という観念が、それを用いる局面や立場によってどのように異なるのか、異なったイメージがいかに重ね合わされ、関連づけられていったのかを、実証的に解明する作業であろう。

第3節　小括と課題

補論Ⅱでは、日本古代における「夷狄」についての理解や問題関心が、一九世紀末からの一〇〇年余でどのように変わってきたかを、いくつかの画期を設定して跡づけようと試みた。図式的に整理すると以下のようになる。

問題構成1　民族論

一八八〇年代　国境確定→「日本人」定義　→①人種概念との接合、時間軸上に配列

一九二〇年代「帝国」拡張→異種による定義の反転・読み替え

→②文化差の地域差への転化、民族ごとに異なる時間

一九三〇年代「世界史の発展法則」適用→多元的民族論とのズレ

→③民族ごとの内発的発展（民族史）

一九五〇年代　単独講和→独立の拠りどころとしての民族文化

↓世界史／民族＝祖国／個人、不可視の「夷狄」

問題構成２　辺境民論

一九五〇年代　国民的歴史学運動の失敗／沖縄「復帰」運動、植民地独立
↓①テクスト内完結　⇕国家内部の少数者による抵抗

一九六〇年代　新安保問題↓②東夷の小帝国・王民共同体・「内なる他者」

一九八〇年代　国民国家の枠を越えるマイノリティ↑エスニシティ論
↓③法規定の実体視、「疑似民族」

問題構成３　北方―南方史論

一九八〇年代　地方の「自立」　↓北方／南方考古学・部族同盟論・古琉球論

今回取り上げた夷狄論は一部に過ぎず、また歴史叙述の枠組みがそれぞれ異なる以上、必ずしも同時代の政治・思想状況などがそのまま「夷狄」観に反映しているわけではない。あくまでも特徴的な傾向をとらえようとしたものである。

さて、冒頭で現在の日本古代史研究における空間イメージを少々極端に描いた。ただ、ここに挙げている東アジア世界―日本―「夷狄」の空間的配置は、日本では高等学校の歴史教科書や、一般向けの概説書などでおなじみのものであり、この拡がりを自然なものとして容易に想像することができる。しかしたとえば一九四五年に、はたして同じ古代の空間像を描き出せただろうか。おそらく不可能であろう。歴史的「地域」を設定する行為は、特定の目的に基づいて境界線を引く行為を必然的に伴う。その際、それまで「他者」であったものの位置づけが

変更され、新たな「地域」の内部に繰り入れられる。現在における日本古代史の空間認識に特徴的な（外部としての）「他者」が欠落する傾向は、過去のある時点でそれを必要としない民族史の叙述が追究された結果であり、そのことが、現在もなお古代史の叙述を支えているという面があるように思えてならない。

この歴史意識への問いはまた、「東アジア」という時空間において、「国家固有の暦」という単一的な時間軸の確立、民族概念の導入、神話の歴史への読み替えなど、民族史を成り立たせる基本的要素が近代以降ほぼ同時に形成された他の地域にも向けられうる。日本の帝国主義的支配のもとで、東アジアにおける「他者」の表象はどのように相互に介入しながら変容していったのか。夷狄論の歴史学はこうした現代的な課題に通じている。(37)

【補論Ⅱ　注】

（1）並存する地域共同体間に不均等発展による格差があり、それに起因した多様性を認めるが、それは日本の同質性の枠を越えるものではないという。また中国文明＝律令法・漢字・仏教の導入は、未開性を色濃く残した日本においてすぐには受容されず、倭人社会に文明と未開の重層構造を生むとされる（吉田一九九七）。

（2）第2節（2）で述べるが、こうした見解の源となったのは石母田正による「東夷の小帝国」論である。石母田（一九六二・一九六三）を参照。

（3）李成市（一九九四）などを参照。

（4）日本古代国家の正史『日本書紀』（七二〇年）には、「凶暴な性格をして、村を統括する者もなく、野山を家とし、毛をまとい血を飲み、しばしば辺境を侵す野蛮な者ども」（景行天皇四〇年七月戊戌条）などといった表現が見られる。中国の史書に見られる狩猟・遊牧民への蔑視表現を流用したものと考えられている。

（5）この作業は、近世以来蓄積された世界の「人物図譜」などの知識の「再コード化」を伴いつつも、「人種」の徴候を身体・骨の各部分に見出して記述する、新たな「住民の国家への登記作業」に他ならなかった。冨山（一九九四・二〇〇二）を参照。

（6）京都木曜クラブ（一九九六）参照。日本人種の形成過程を問うこの論争において、原日本人＝コロボックル説を主張した坪井正五郎の論拠の核となったのは、考古資料よりむしろ記・紀などの文献史料、各地に残る風俗や言い伝え、そしてアイヌの伝承などの「口碑」であった。こうした史料を扱う学問分野を「土俗学」と命名し、考古学と並んで人類学の一分野とすることで、日本人の起源を求めようとした（坪井一八八八）。

（7）杉原（一九九六）、西川（一九九八）などを参照。

（8）テクストの固有性が解体し、紀年は「支那」＝韓国・中国を含み込むアジアの時間体系と同一化し、さらに太陽暦に換算されて（神武紀元が西暦紀元前後に出発するため）西暦と同じ長さとなってしまい、普遍的な原始状態が日本史の起点に確認されることで、従来古代日本の種差性を保持する機能を果たしていた『古事記』の「真伝」性、「神代」の不可知性、「神代」と「上古」の断絶、という重要な要素が崩壊してしまった。以上の紀年論争に関する詳細は田中（一九九八）を参照。

（9）那珂（一九一五）を参照。

（10）星野（一八九〇）。後の日朝同祖同源論に直接つながる理解である。

（11）「沖縄学の祖」といわれる伊波普猷は「琉球史の趨勢」（一九〇七）と題する沖縄教育会での講演で、沖縄人の可能性を称揚し、「アイヌを御覧なさい。彼らは吾々沖縄人よりもよほど以前から日本国民の仲間入りをしています。しかしながら諸君、彼らの現状はどうでありましょう。やはりピープルとして存在しているではありませんか。あいかわらず、熊と角力をとっているではありませんか。」と述べている（伊波二〇〇〇）。

（12）北海道庁の指導のもと、一九三〇年に結成された北海道アイヌ協会の機関誌『蝦夷の光』には、松前氏七〇〇年の統治を支えたのは吾々蝦夷人であったとし、往昔の蝦夷の誇りを忘れず、「無能人種」「亡び行く民族」と呼ばれる境遇から早く脱さなければならない、等というアイヌの声が多く紹介されている。

(13) 鹿野（一九九三）第5章を参照。

(14) 喜田のいう「融和」とは、異質な分子間に自然と通婚関係が結ばれ、それが紐帯となって両者を一体化させるという自然的過程である。氏は一九一九年から一九二五年までの間、集中的に被差別部落の歴史を研究し、その過程で混血による融合に重点を置く独自の理解に至った（田中一九九一）。

(15) 津田は、儒教をはじめとする支那思想は、すべてにおいて現実の生活の問題に関わる「処世の術」に他ならず、支那人（の権力階級）のみに適用可能な、普遍性の乏しい民族文化であると断じた。日本人はこれを早くから継受したが、日本独自の家族制度・社会組織・政治形態も、その内に働く精神も大きく異なっていたので、支那文化は根づくことなく、「日本の民族生活の歴史的展開は支那とは無関係に、それとは全く離れて、進行してきた」のだという（津田一九三八）。敗戦後においてもこの主張を堅持した。

(16) 津田（一九三三）の一節を引用しておく。「蝦夷は農耕には適さないものであるから、彼等を奴隷として使用するやうな風習もなく、従つてまた降服したり捕虜となつたりしたものを内地人に売るやうなことも行はれず、それがために一般民衆は彼等と接触することが無かつたのである。さうしてまた此のことは、民衆の間に異民族を劣等視しそれを奴隷として酷使するやうな習慣が無く、さういふ習慣に伴ふ種々の道徳的欠陥が生じなかつたことを、語るものである」。実際は、八・九世紀の史料（『続日本紀』や『類従三代格』等）には戦争で捕虜となった蝦夷を「俘囚」などと呼んで遠隔地に移配し、奴隷として駆使する事例が数多く見られ、喜田貞吉らによって当時盛んに研究されていた。津田は意識的にこうした事例への言及を避けたようである。

(17) 多様な同音異字（留仇・瑠求・琉球など）、分析方法の差異（現行の自然・民俗事例との共通性への考慮、どの言語で「波羅檀洞」「鳥了帥」等の固有名詞を解釈するか、中国との地理的関係など）により、多様な解釈が与えられて今日に至っている（山里一九九三）。本書第4章参照。

(18) 伊波は、『隋書』の流求国にみられる食人のような凶暴で低劣な「蛮習」が、いち早く開化した沖縄のものであるとはおかしい」との批判に応え、食人は過去に沖縄で行なわれていた葬送の古俗であるとする（伊波一九二六）。このように文献史料中の習俗を、民間伝承や歌謡のなかの語句と結びつけ、沖縄の伝統的な風習・文化の原型と見る民俗学的な方法をとる。

(19) 伊波は南島人の血液の複雑さを「(九州から) 南進して来た者が核心となり、それに先住人民や馬来人などの血液が混じて」民族形成したことによるものとし (伊波一九二七)、南下した日本人集団を海部族、アマミキョと呼ぶ (伊波一九三八)。

(20) 一九二一年、伊波は初めて柳田国男と会う。この邂逅は互いの学問に大きな影響を及ぼした。柳田は民俗学の研究法の全体像を示した『郷土生活の研究』(一九三五) のなかで、内地でとうの昔に失われた言語・信仰・家族組織・土地制度・技芸などの原型が残る沖縄を「日本の古い分家」と呼んだ。伊波の「南島人」は沖縄の側からこれを再定義したものといえる。

(21) 伊波の「南島人」は、その内部に「生蕃」文化との交差点である八重山諸島や「未開の女性」など、「日本人」に包摂しきれない領域を含む概念である (冨山二〇〇二の第2章)。

(22) 大川＝羽仁 (一九三〇) は、具体的検討課題として歴史学派の批判、原始共産体の研究、農奴制の研究、日本ブルジョア革命及び日本資本主義発展の歴史、プロレタリア運動史などを挙げている。

(23) 早川 (一九三六) から一節を引用する。「現在を謂ふ民族文化の語から過去に遡つても民族文化があり、ひいては民族もなければならぬと速断するならば甚しい誤謬であらう。(中略) 民族が自己を民族として意識する民族意識の存在は必ずしも民族の形成それ自身とは一致しない。対外的事情などで特に民族意識が強められる場合もあるし、比較的外国との間に平和が続いて民族意識の弱い時代もある。しかしまた民族意識の存在・強度が民族形成の多かれ少なかれの徴標であることも事実である」。

(24) 「プロ科」周辺の人々が日本の歴史的個性を、「異民族との混血の結果」に頼らず説明する時に依拠したのが、朝鮮や「満州」の考古学・人類学・社会学的調査ではなく、むしろ長野県や青森県など日本列島内僻地でのフィールドワークの成果だったことは示唆的である。日本民族の古代を語る史料は内国領域にこそ求めるべきだという思考法が、ここに明瞭に表れている。橋浦 (一九三四) による、長野県松本平における共同労作「ゆひ」の民俗例に氏族制以来の相互扶助関係の遺存を認めようとする研究や、飛騨白川村の大家族制のなかに家父長制的奴隷制の痕跡を探る相川（一九三五）の研究など。

(25) この論文での力点は、二度の世界大戦を経た現代における第一の絶対的格律は「平和」であり、それを「永遠の当為となし存在の格律をなす人類協同体」が具体的一般者として実現できるか、という実践課題に置かれている。上原氏は少なくともこの時点においては、その可能性をもつ「協同体」として明らかに不可分一体の「民族＝国家」を想定しており、日本人は世界史における役割を自覚し、ドイツなどに比べて歴史が浅くいまだ稀薄な民族意識をこれから作り上げなければならないという。日本において民族と国家が一体のものとして意識される傾向があることを指摘しながら、その理由の解明にはほとんど関心を示していない。当時の上原の主張に今日の「自由主義史観」との連続性を読み取る論者もあるが（川本一九九八・小熊二〇〇二）、同時代性を考慮するなら、むしろ一九四一年一一月の有名な座談会「世界史的立場と日本」との類同性を検討すべきではないかと感じる（高坂・西谷・高山・鈴木一九四三）。

(26) 門脇氏は蝦夷の限界について、以下のように述べる（門脇一九五三）。「古代少数民族として、次第に運命づけられてきた「蝦夷」であるにかかわらずその分裂は覆いがたい。本来なら、「蝦夷」が一つに結集する可能性が汲みとれそうでもあるが、「蝦夷」にその内在的条件がないのである。古代権力の外からの圧力だけでは「蝦夷」の政治的統一はありえなかったことを、この事件（＝蝦夷豪族の反乱事件。田中）は決定的にさし示している。」

(27) こうした研究動向は、一九六〇年代の一時期「人民闘争史」研究と呼ばれた。

(28) 宮良氏は、「琉球民族を台湾の蛮族と同じ血のつながりのあるもののようにほのめか」す金関の説が、緊迫した国際情勢のなかで「鷲ににらまれた雀のように」打竦んでいる琉球へのいいがかりに利用されないとも限らない、と述べる。これに対し金関氏は、民族と人種は同一ではなく、異なる三ヶ国語を話す人々が一つの国家を形成し、一つの民族としてまとまろうとする例もあると述べ、「琉球人が日本民族の一派であるかどうかということに関する決定権は琉球の皆様にあるというべきではなかろうか。」と応えた（金関一九五五②）。二人の温度差に注意する必要がある。この論争は明確な決着を見なかったが、沖縄の各地で考古学の発掘調査が進められるようになると、日本文化の基層としての縄文文化が沖縄にまで及んでいたという認識が広く共有された。沖縄の施政権返還＝「祖国復帰」（一九七二年）前後には、弥生文化によって被われてしまう以前の日本文化が沖縄に残っており、それを知ることで「弥生式文化の成立期から古墳時代にかけて、統一的な部族国家を成立させた大和王権を中心とした本土の歴史を、琉球・沖縄の存在の重みによって相対化」できるという主張も現れる（吉本一九六九）。沖縄は「日本の未然の可能性」として消費されてゆく。

(29) 藤間生大氏が中世における琉球民族体の形成を、日本人論の可能性を開くものとして論じるのは、一九七二年になってからである（藤間一九七二）。

(30) 石母田氏が蝦夷の位置づけを構想する際に参照したのは、高橋富雄氏の次のような理解だった。「蝦夷がアイヌであるかないか、また、それにアイヌが含まれるか含まれないか、ということは、蝦夷ということばの歴史的用法には、本来関係がないことなのであって、それは、蝦夷なる名のもとで指し示されているものについて、別な根拠に立って、おそらく、それぞれ個別に論ぜられるべきことである。蝦夷観念は、要するに、何らかの意味で、中央政府の外に立って、それに敵対関係にある方民たちを、一般的に指すというのが、その本来の用法であった。そして、大化改新以降、その地域が奥羽地方に限定されるようになって、その固有の実質は、東北による夷民たちということになっていったにすぎないのである。」（高橋一九六三）

(31) 李（二〇〇〇）を参照。

(32) 石上氏は「化外は元来蕃国であるはずであるが、辺境地帯に異民族国家は存在していない。そもそも、蝦夷も隼人も日本人（倭人）と同人種であり、異民族ではなかった。それを夷狄、すなわち異民族として設定したのは、日本という国家が国家として成立しているためには当然内国化しておかねばならない辺境の人民をとりのこしていた状況を隠蔽するとともに、逆にそれを利用して帝国の構造を作りあげ、内国の王民の統治に利することに目的があった。」と論じている（石上一九八四）。

(33) たとえば「夷狄」の戦乱が多くの場合、「夷狄」集団間の内訌と並行して起こり、「夷狄」出身の郡領（地方行政官）が突然地位を捨てて国家に反するなどの事態は、「夷狄」社会のなかに当初から一定の政治権力が形成されており、在地のへゲモニーを握ろうとして抗争する状況が常態化していたことを想定しなければ説明できない。本書序論・第1章を参照。

(34) アイヌ最大の民族団体である北海道ウタリ協会は、梅原猛氏らによって一九八〇年代盛んに主張された「アイヌ原日本人論」について、当時以下の見解を示した。「最近はまた、確かなイメージとしてとらえがたい、いわゆる「縄文人」とアイヌとを結びつけ、和人とアイヌが同根であるといういい方をした説が、マスコミなどを通じて広められている。これと同類の説は、第二次世界大戦前の研究者によって盛んにとなえられ、戦後になってそれに対する批判や反省がなされた。というのも、和人とアイヌが起源的に一致するということがあるにしろないにしろ、和人のアイヌに対する耐え難い偏見や差別は、ここ数世紀間以上にわたって存続されてきたという事実があるからであり、研究者の人種起源や民族起源の探究によって、それらの問題が解決されるという理由も保証もないということが明らかだからである。このことはこれまでの歴史が証明している。」（北海道ウタリ協会アイヌ史編集委員会、一九八八）

(35) 私はこうした双方向的で流動的な関係性を、「夷人」的関係と名付けた。「夷人」とは律令法規定のなかに見られる語句であり、八世紀初頭の時点では「出自・職掌＋人」という称号で呼ばれる、倭王権との間に個別的な政治的関係を結んだ広範な人々を指していた。そのなかには以後「諸蕃」「夷狄」と分類される人々が混在していた。こうした人的関係の成立は六世紀代に遡り、加羅・百済における出自認定の際に原型が創出され、それが倭国に導入された可能性があると考えている（田中二〇〇二。本書第1章）。

(36)『隋書』以来の流求＝食人の島という誤解に基づく観念は、この海域で九世紀以降、海賊の活動が活発化すると、それと結びつけられて増幅されてゆく。この状況を九世紀なかばの円珍入唐の記事に、北風に流されて流求に至った船頭が「我等まさに流求の噬《くら》ふ所となるべし、之を如何せん」と悲泣したとある（『唐房行履録』）のを経て、一〇世紀末になると、奄美人の海賊が九州の沿岸を襲ったのを、貴族らは「南蛮賊徒」の蜂起と記述するに至る。村井（一九九五）は「九世紀を境とするこうした南島人の転回は、南島人の側の性格変化によるのではあるまい。中央貴族の意識のなかで、境外の夷人が徳化の対象から恐怖の発源へと変貌をとげたのだ。」と評するが、それは古代日本の貴族のみに固有の観念ではない。「夷狄」側の歴史的変化が逆に、『隋書』の知識を附活・再編させたのであろう。この点について、児島（二〇〇〇）の挙げる「俘囚」をエゾと訓む事例は参考になる。

（37）たとえば藤間生大氏と金素雲氏の間で行なわれた「民族の詩」をめぐる論争（藤間一九五四・金一九五六）には、二人の民族観のズレが鮮明に現れている（林二〇〇〇）。

【主要参考文献】

相川春喜「飛驒白川村『大家族制』の踏査並に研究（上）（中）」（『歴史科学』四―九・一〇、一九三五）

相川春喜「日本型の家内賦役制―その残留せる一典型・飛驒白川村「大家族制」の研究を機縁として―」（『歴史科学』四―一二、一九三五）

秋山謙蔵「隋書流求国伝の再吟味」（『歴史地理』五四―二、一九二九）

秋山謙蔵「流求即台湾説成立の過程」（『歴史地理』五八―六、一九三一）

天野哲也「極東民族史におけるオホーツク文化の位置（上・下）」（『考古学研究』二三―四・二五―一、一九七七）

石上英一「古代国家と対外関係」（『講座日本歴史』2、東京大学出版会、一九八四）

石上英一「古代東アジア地域と日本」（『日本の社会史』第1巻、岩波書店、一九八七）

石母田正「歴史学における民族の問題」（初出一九五二。同著作集第一四巻、岩波書店、一九八九）

石母田正「日本古代における国際意識について―古代貴族の場合―」（初出一九六二。同著作集第四巻、岩波書店、一九八九）

石母田正「天皇と「諸蕃」―大宝令制定の意義に関連して―」（初出一九六三。同著作集第四巻、岩波書店、一九八九）

伊豆公夫・渡部義通・早川二郎・三澤章『日本歴史教程』第一冊（白揚社、一九三七）

伊豆公夫・渡部義通・秋沢修二・三澤章『日本歴史教程』第二冊（白揚社、一九三八）

伊藤　循「古代王権と異民族」（『歴史学研究』六六五、一九九四）

林　容　澤『金素雲『朝鮮詩集』の世界―祖国喪失者の詩心―』（中公新書、二〇〇〇）

伊能嘉矩『台湾文化志』（刀江書院、一九二八）

伊波普猷『古琉球』（沖縄公論社、一九一一。引用文は岩波文庫版、二〇〇〇による）
伊波普猷「『隋書』に現れたる琉球」（初出一九二六。同全集第二巻、平凡社、一九七四）
伊波普猷「南島の自然と人」（初出一九二六。同全集第二巻、平凡社、一九七四「孤島苦と琉球史」附録）
伊波普猷「日本文学の傍系としての琉球文学」（初出一九二七。同全集第九巻、平凡社、一九七五）
伊波普猷「あまみや考」（初出一九三八。同全集第五巻、平凡社、一九七四）
井上辰雄『隼人と大和政権』（学生社、一九七四）
今泉隆雄「律令国家とエミシ」（『新版古代の日本』第九巻、角川書店、一九九二）
上原専禄「危機意識の濃淡」（初出一九五一。同著作集第七巻、評論社、一九九二）
上原専禄「永遠の平和」（初出一九五二①。同著作集第七巻、評論社、一九九二）
上原専禄「祖国愛と平和」（初出一九五二②。同著作集第七巻、評論社、一九九二）
氏家和典「蝦夷の抵抗とその背景」（『文化』一九—五、一九五五）
大川豹之介（＝羽仁五郎）「プロレタリア歴史学研究方針」（『プロレタリア科学』二—一、一九三〇）
小熊英二『〈民主〉と〈愛国〉—戦後日本のナショナリズムと公共性—』（新曜社、二〇〇二）
加藤典洋「『日本人』の成立」（明治学院大学『国際学研究』二、一九八八）
門脇禎二「「蝦夷」の反乱—その前章—」（初出一九五三。同『日本古代政治史論』、塙書房、一九八一）
金関丈夫「（kanaseki takeo）八重山群島の古代文化」（初出一九五五①。『叢書　わが沖縄』第三巻「起源論争」、木耳社、一九七一）
金関丈夫「琉球の言語と民族の起源」（初出一九五五②。『叢書　わが沖縄』第三巻「起源論争」、木耳社、一九七一）
鹿野政直『沖縄の淵—伊波普猷とその時代—』（岩波書店、一九九三）
川本隆史「民族・歴史・愛国心—「歴史教科書論争」を歴史的に相対化するために—」（小森陽一・高橋哲哉編『ナショナル・ヒストリーを超えて』、東京大学出版会、一九九八）

菊池徹夫「蝦夷論の系譜」（初出一九七八〜七九。同『北方考古学の研究』、六興出版、一九八四）
菊池俊彦「靺鞨と流鬼」（初出一九八九。同『北東アジア古代文化の研究』、北海道大学図書刊行会、一九九五）
喜田貞吉「東北民族研究序論―歴史家の観たるわが民族観―」（初出一九二六。同著作集第九巻、平凡社、一九八〇）
喜田貞吉「隋書流求の民族的一考察」（『歴史地理』五九―三、一九三二）
喜田貞吉「日本民族の構成」（初出一九三八。同著作集第八巻、平凡社、一九七九）
木下尚子「南から見た貝の道―二つの交易のもたらしたもの」（同『南島貝文化の研究―貝の道の考古学』、法政大学出版局、一九九六）
京都木曜クラブ「特集　初期「日本人類学」と周辺地域」（『考古学史研究』六、一九九六）
清野謙次・宮本博人「津雲石器時代人はアイヌ人なりや」（『考古学雑誌』一六―八、一九二六）
金　素　雲「臆測と独断の迷路―藤間生大氏の『民族の詩』について―」（『文学』二四、一九五六）
金田一京助『アイヌの研究』（内外出版、一九二五）
工藤雅樹「古代蝦夷の社会―交易と社会組織―」（『歴史評論』四三四、一九八六）
熊田亮介「古代国家と蝦夷・隼人」（『岩波講座日本通史』第四巻、一九九四）
久米邦武「神道は祭天の古俗」（『史学会雑誌』二―二三〜二五、一八九一）
黒田俊雄「民族文化論」（初出一九七一。同著作集第八巻、法蔵館、一九九五）
高坂正顕・西谷啓治・高山岩男・鈴木成高『世界史的立場と日本』（中央公論社、一九四三）
児島正弥「「エゾ」・「蝦夷」認識に関する基礎的考察」（『ミネルヴァの梟』六、二〇〇〇）
小中村義象「日本紀年ヲ論ジ併セテ那珂氏ノ説ヲ駁ス」（『文』一―一五付録、一八八八）
坂本太郎「日本書紀と蝦夷」（初出一九五六。同著作集第二巻、吉川弘文館、一九八八）
佐藤宗諄「蝦夷の反乱と律令国家の崩壊―元慶二年の出羽の反乱を中心として―」（初出一九六七。同『平安前期政治史序説』、東京大学出版会、一九七七）

白鳥庫吉「隋書の流求国の言語に就いて」（初出一九三五。同全集第九巻、岩波書店、一九七一）
杉原　達「「均質で空虚な時間」をめぐって」（『江戸の思想』四、ぺりかん社、一九九六）
鈴木靖民「南島人の来朝をめぐる基礎的考察」（田村圓澄先生古稀記念会編『東アジアと日本（歴史編）』、吉川弘文館、一九八七）
鈴木靖民「古代蝦夷の世界と交流」（同編『古代蝦夷の世界と交流』、名著出版、一九九六）
高橋富雄『蝦夷』（吉川弘文館、一九六三）
高良倉吉「琉球史における「古代」」（『新版古代の日本』第三巻、角川書店、一九九一）
田中　聡「喜田貞吉と部落史研究」（『部落問題研究』一一三、一九九一）
田中　聡「民夷を論ぜず―九世紀の蝦夷認識―」（『立命館史学』一八、一九九七）
田中　聡「「上古」の確定―紀年論争をめぐって―」（『江戸の思想』八、一九九八）
田中　聡「夷人論―律令国家形成期の自他認識―」（『日本史研究』四七五、二〇〇二）
田中　聡「転機としての『日本歴史教程』―早川二郎のアジア的共同体論―」（磯前順一、ハリー・ハルトゥニアン編『マルクス主義という経験――1930～40年代日本の歴史学』、青木書店、二〇〇八）
津田左右吉「上代日本人の道徳生活」（初出一九三三。同全集第三巻、岩波書店、一九六三）
津田左右吉『支那思想と日本』（初出一九三八。のち『歴史学と歴史教育』一節として再録。同全集第二〇巻、岩波書店、一九六五）
津田左右吉「日本の国家形成の過程と皇室の恒久性に関する思想の由来」（初出一九四六。同全集第三巻、岩波書店、一九六三）
坪井正五郎「石器時代の遺物遺蹟は何者の手に成たか」（『東京人類学会雑誌』三一、一八八八）
藤間生大「民族問題のとりあげ方」（同『日本民族の形成』、岩波書店、一九五一）
藤間生大「詩と民謡―朝鮮の詩についての感想―」（『文学』二二、一九五四）
藤間生大「琉球民族体の形成とその後」（『歴史評論』二七一、一九七二）

冨山一郎　「国民の誕生と「日本人種」」（『思想』八四五、一九九四）
冨山一郎　『暴力の予感　伊波普猷における危機の問題』（岩波書店、二〇〇二）
那珂通世　「日本上古年代考」（『文』一―八・九、一八八八）
那珂通世　「上世年紀考」（『史学雑誌』八―八・九・一〇・一二、一八九七。『外交繹史』首編として執筆されたが果たさず、『那珂通世遺書』、大日本図書、一九一五に一括所収）
中村明蔵　『隼人の研究』（学生社、一九七七）
西川長夫　「国民化と時間病」（同『国民国家論の射程―あるいは〈国民〉という怪物について―』、柏書房、一九九八）
橋浦泰雄　「日本に於ける原始共産制の遺在」（『歴史科学』三―四、一九三四）
長谷部言人　「石器時代住民論我観」（『人類学雑誌』三二―一一、一九一七）
早川二郎　「日本民族の形成過程」（初出一九三六。「日本民族の話」と改名し同著作集第一巻、未来社、一九七八）
東恩納寛惇　「隋書の流求は果して沖縄なりや」（初出一九二六・二七。同全集第一巻、第一書房、一九七八）
平川　南　「東北大戦争時代―東北の動乱―」（『古代の地方史』第六巻、朝倉書店、一九七八）
星野　恆　「本邦ノ人種言語ニ付鄙考ヲ述テ世ノ真心愛国者ニ質ス」（『史学会雑誌』一一、一八九〇）
北海道ウタリ協会アイヌ史編集委員会　「アイヌ史の要点」（同『アイヌ民族の自立への道』、一九八八）
蓑島栄紀　「古代北海道における「粛慎」と「渡嶋蝦夷」」（初出一九九六。同『古代国家と北方社会』、吉川弘文館、二〇〇一）
三宅米吉　『日本史学提要』（初出一八八六。『岩波日本近代思想大系』一三、一九九一）
宮良当壮　「琉球民族とその言語」（初出一九五四。『叢書　わが沖縄』第三巻「起源論争」、木耳社、一九七一）
村井章介　「王土王民思想と九世紀の転換」（初出一九九五。同『日本中世境界史論』、岩波書店、二〇一三）
柳田国男　『郷土生活の研究』（初出一九三五。ちくま文庫版同全集第二八巻、一九九〇を参照）
山尾幸久　「石母田正氏の古代国家論」（『新しい歴史学のために』一八九、一九八七）

山里純一「『隋書』流求伝について―研究史・学説の整理を中心に―」（初出一九九三。同『古代日本と南島の交流』、吉川弘文館、一九九九）
吉田　孝『日本の誕生』（岩波新書、一九九七）
吉本隆明「異族の論理」（初出一九六九。同全著作集続第一〇巻、勁草書房、一九七八）
李　成市「表象としての広開土王碑文」（『思想』八四二、一九九四）
李　成市「新たな現実と東アジア史」（『本郷』二五、二〇〇〇）
若月義小「古代北方史研究の課題―東北アジア史における日本古代国家の位置をめぐって」（『新しい歴史学のために』一八八、一九八七）
和田　清「琉球台湾の名称に就いて」（『東洋学報』一四―四、一九二四）

初出一覧

序論　日本古代の夷狄研究――問題の所在――（新稿）

第Ⅰ部　「夷人」的関係から「夷狄」身分へ

第1章　夷人論――律令国家形成期の自他認識――『日本史研究』四七五、二〇〇二年

第2章　隼人・熊襲観念の形成と受容

大阪府立弥生文化博物館『日向・薩摩・大隅の原像――南九州の弥生文化――』（原題「隼人・熊襲と古代国家」、二〇〇七年）、「隼人・南嶋と国家――国制施行と神話――」（『日本史論叢』一二、一九八九年）より再構成

第3章　隼人・南島と律令国家――南方の国制施行――

「隼人・南嶋と国家」（同右）、「古代の南方世界――「南島」以前の琉球観――」（『歴史評論』五八六、一九九九年）より再構成

第4章　古代の南方世界――流求の実態と観念――「古代の南方世界」（同右）を基礎として大幅加筆

第Ⅱ部　「夷狄」観念の変容

第5章　日本古代「夷狄」通史――蝦夷と隼人・南島の社会――

『日本史講座』第一巻、東京大学出版会、二〇〇四年（原題「蝦夷・隼人と南島の社会」）

第6章　民夷を論ぜず——九世紀の蝦夷認識——『立命館史学』一八、一九九七年

第7章　元慶戦争の歴史的意義（新稿）

古代史サマーセミナー報告（原題「〝元慶の乱〟の歴史的意義」、一九九〇年）をもとに加筆

第8章　九・一〇世紀の東北アジア情勢と蝦夷社会の変容（新稿）

立命館史学会第一五回大会報告（原題「渤海滅亡後の東北アジア情勢と蝦夷社会」、一九九三年）、北海道大学アイヌ・先住民研究センター「新しいアイヌ史の構築」第二回小シンポジウム報告（原題「文献史からみた古代北方世界の『民族』的動態」、二〇一二年）の原稿をもとに再構成

結論　古代自他認識論の新たな視座（新稿）

補論Ⅰ　佐渡島をめぐる古伝承——「禹武邑」の比定地について——（新稿）

補論Ⅱ　夷狄論の過去と現在——日本古代における自他の境界——

림지현엮음〝근대의국경／역사의변경〟（林志弦編『近代の国境／歴史の辺境』）、ヒューマニスト（韓国）、二〇〇四年（原題「일본고대에서의 '우리' 와그 '들' 의경계—이적（夷狄）론의과거와현재」、韓国語訳：藤井たけし）

あとがき

本書のなかで最も古い稿は、第7章の基盤となった学部卒業論文である。以来二〇数年、表題のテーマについて継続的に考えてきた。

「蝦夷地」で生まれ、大学進学まで札幌で過ごしてきた私にとって、京都という遠い土地で出会った多彩な人々、知りえたことは日々新鮮であり、まさに異文化そのものだった。歴史学を専攻し、研究テーマを決める際に念頭にあったのは、異質な人間・文化同士が衝突し共存することの意味を考えるという、自分にとって一貫して切実なテーマであったと思う。もともと札幌在住当時からアイヌ民族をめぐる現状に関心を抱いており、古代史のゼミに属していたこともあって、卒論では蝦夷を研究対象として選んだ。石母田正氏や高橋富雄氏らの優れた先行研究の厚みに圧倒されながらも、「反乱」記事や夷俘呼称の変遷などを考えるうちに、違和感を覚えたのである。従来の研究は、蝦夷という存在が「日本史」の内に収まることを自明視している。が、はたして本当にそうか。蝦夷とは日本史における「他者」だったのではないのか。その視点に立って日本史を照射するような研究は、どうしたら構築できるだろうか。

そうした新たな課題を得て大学院に進んだものの、なかなか次の展望が見えず悩んでいたところに、学部以来の師・山尾幸久先生から、「君、蝦夷だけを見ていたらあかん。沖縄を見ないと蝦夷は理解できない」との示唆を頂いた。何気ない一言であったが、自分が蝦夷を特殊な存在と位置づけたことにより、「夷狄」という重要な観点を見落としていたことに気がつき、目が醒める思いだった。本書の起点・定点は、疑いなくこの助言である。

また、大学院の先輩・若月義小氏が当時精力的に進められていた北方史研究の視点や方法から多くを学んだ。

一九九〇年代の関西の歴史学会、日本史研究会や京都民科歴史部会等には、さまざまな大学から世代が近い個性的な研究者が多く集い、熱気のこもった議論が行なわれており、自分にとってはもう一つの大学のようであった。学会の科学運動（文化財・歴史教育）担当委員として活動するなかで、陵墓問題や日本神話など、これまで考える機会がなかったテーマに取り組むことができた。また日本思想史、古代文学等の研究会、考古学研究者との勉強会、韓国や台湾の研究者とともに歴史意識の問題について検討した「東アジア歴史フォーラム」等への参加を通して、国家や専攻分野を越えた課題の共有・協業の可能性を知るとともに、自らが拠って立つ「日本古代史学」の成り立ちや思想性について考え直さねばならないとの思いを強くした。研究分野の幅が広がるとともに、そこで得られた視点が本来の課題である古代夷狄研究の新展開にもつながったと思う。「民夷両立体制」（第6章）や「夷人的関係」（第1章）は、そうした他分野研究からのフィードバックの過程で案出した認識の枠組みである。

一九九六年からは、関西の複数の大学の非常勤講師を勤め、講義のなかで研究成果の一端を学生・院生諸君に紹介し、さまざまなヒントを頂いた。さらに、京都府が開いた二〇世紀展の構想・展示、滋賀県での古経典・梵音具調査などに従事するなかで、地域資料の調査・保存の現状を目の当たりにし、ここ数年は京都府下で未調査の地域資料の発掘と整理・目録作成を、問題関心を共有する若手研究者とともに進めている。二〇一二年、母校である立命館大学文学部の専任教員となり、「京都学」を教えることとなった。これまで古代夷狄・史学史研究で追究してきた視点と、地域資料研究の方法を組み合わせ、人文学の可能性を拡げていきたいと考えている。未熟であるが、本書をその足がかりにしたい。

本書のもととなった原稿・図表の一部は手書きであり、入力作業に毛利憲一氏とそのゼミ生諸君、松川雅信氏、宮本敦恒氏の助力を頂いた。また初校の校正作業の一部を樽本修氏に手伝って頂いた。その他、多岐にわたるため個々のお名前は省かざるをえないが、これまでの研究生活で出会い、さまざまな局面でご指導頂いた皆様のご厚情に改めて感謝申し上げる。

私事にわたり恐縮であるが、札幌でいまも私を見守ってくれている両親と妹にも、心から感謝したい。

この間、脱稿の遅れにより刊行の時期を再三延ばさざるをえず、その度に塙書房の寺島正行氏には大変ご迷惑をおかけした。筆の遅い私を絶えず励まして頂いたお陰で、何とかここに至ることができた。心からお礼申し上げたい。

なお本書は、立命館大学二〇一四年度学術図書出版推進プログラムからの助成を得て刊行される。

二〇一四年七月九日

田中　聡

事項索引

あ

アイデンティティ……6,8,127,215,285,328,397,389
アイヌ……11,212,235,278,330,337,349,381, 382, 384～386, 390～392, 397,403,407,408
齶田……49
秋田営…289,296,301～309,312,314,315,319,320,336
秋田河(雄物川)……9,242,293,295,297,301,302,304～307,310,323,326,328,331,346,347,361
秋田郡……311,316,323,331,335,337
秋田城…240,242,270,274,277,282,287,289, 293, 296, 301～304, 306, 307,309～312, 315, 316, 318, 321～327,331～333,335～338,346,347,361
葦鹿皮……335,345
アシハセ(ヒト)……48～50,220,233
安曇(安曇連)氏……76,85～87,95,111
阿多—
　阿多君(吾田君)…61,63,66,76～78,85,88,96,111,234
　吾田君小橋……84,87,95
　阿多隼人……31,44,59,61～63,66,75,87～90, 96, 97, 111, 223, 228, 234,360
　阿多御手犬養……67,89
阿弖流為(大墓君阿弖流為)…241,268,275
阿倍(引田臣)比羅夫……47,49,57,229,271,351,367,397
海人……86,87,89,116
阿麻彌(奄美)……100,110,113,207
　阿麻弥人(奄美人)・奄美島人・海見嶋　22,23,26,27,43,44,45,109,113,119,180,222,233,234,244
アムールランド・アムール川……47,231
漢人(あやひと)……27,31,33,38,217,224
　南淵漢人……33
　高向漢人……33
阿児奈波……121

い

夷……25,26,51,69,72,90,238,239
　夷語……255
　夷長……242,266,276,285
　夷虜……258,259,291,301
異域……129,399
胆沢戦争……241,275,345
石崎遺跡……311,331
異種……20～22,24,26,27,32,33,38,39,51,52,221
夷洲……41,72,73,89,139,216
夷人……25,26,46,129,259,298,307,332,392,408
　夷人的関係……7,10,26,27,31～33,38～40, 42, 44, 45, 47, 48, 50～52,56,95,114,218,220,221,228,234,236,243,244,359,362,364,408
　夷人雑類…15,22～24,26,124,218,236
夷狄…3～10,14,15,19～22,24,38,39,44,51, 52, 56, 65, 66, 69, 70, 89, 90, 98,117～119, 127, 129, 183, 211～215,217,218,228,229,235,236,238～240,243,244,251,252,255～259,277,284,285,287,288,296,298,304,328,329,332, 335, 336, 338, 346, 357～364,379～381, 383～385, 387～402, 407,408
　夷狄視……244
　夷狄集団……213,357
　夷狄化……127,224,237,243,288,328,329,360,361,394
狗人……83
夷俘……8,15,237～243,257,261,262,

265〜267，269，270，274，276〜282，285，287〜297，301，303〜309，311，313，315，316，320，322〜328，330〜332，334〜336，339，344〜347，353，361，362，398
異民族……………3，10，19，25，44，54，56，64，75，158，164，190，211〜213，255，379〜381，384，385，390，394，404，405，407，409
夷邪久(国人)……………25，26，43，98，99，101〜103，121，184，203，206，207，221
異類………258，259，261，262，265，278，337
夷獠・獠………………24，41，108，163，221

う

宇漢米公(宇屈波宇・隠賀)………269，280
兀惹部(女真)……215，345，347〜356，396
馬…219，239，241，242，274，324，325，345，349，353，397
海幸山幸神話………8，61，75〜79，82，84，86〜88，92，360
禹武邑……8，365〜367，369〜374，377，378
梅津…………………………………369，371

え

エスニシティ…………………………4，14
　エスニック＝グループ………………13
エゾ……………20，212，328，337，361，409
蝦夷森古墳………………………………336
エビス………………………………………284
衣君……………………………63，115，235
　衣評(督)……………………………116，233
蝦夷(エミシ・毛人)…3，5，6，8，15，16，19，20，22，26，27，32，38，39，43，44，49〜51，66〜72，74，114，183，184，211〜213，215〜220，222，224，225，228〜231，234〜236，238，239，244
　大毛人…………………………32，75，217
　蝦夷国……………………………49，228
　蝦夷爵………………………267，276，280
　蝦夷郡(領)………275，279，283，335，345
　蝦夷村…275，282，285，311，335，345，361
　麁蝦夷……………………………………48
　海道蝦夷…231，237，238，240，269，272，274
　越蝦夷……………………………………57
　柵養蝦夷……………49，57，229，272，283
　山道蝦夷………237，240，241，274〜276
　出羽蝦夷…………………………235，275
　道奥蝦夷…………………………………48
　熟蝦夷…………………………48，228，255

お

王………108，136，138，160，162，165，168，169，172〜182，191，199〜201，203，222
奥州藤原氏…………243，285，288，330，347
王民…………………………5，6，15，214，217
　王民共同体(論)……………………19，127
大隅直(忌寸)………………61，78，88，111
　大隅隼人…44，59，62，64，67，75，87〜90，97，111，115，228，234
大隅国……………………………235，237
贈於君……………………………………116
大野朝臣東人……………………………274
雄勝城………………………302，304，361
沖縄(島・社会)…………41，101，102，118，121，130，131，135，138，139，150，155，159〜161，170，182，187，188，207，221，222，359，384，386，387，392，393，399，400，404〜407
　沖縄説(「流求」沖縄説)……………131，133〜136，138，151 153，159，196
沖永良部島…………………………121，122
奥賊………………242，310，311，315〜317，320〜327，332〜336
奥地……242，259，269，276，279，294，300，307，318，322，324，327，328，332〜334，337，339，346，361
奥邑…………………258，260，262，269，271
小野朝臣春泉……………………291，318
小野朝臣春風…………289，291，298〜300，307〜312，316〜318，320〜322，324，325，334
オホーツク文化……48，214，231，330，338，341，344，349，360，375，396，397

か

華夷……52,359
　華夷観念……14,19,20,24,66,100
　華夷思想……5
　華夷秩序……7,213,225,229,236,256
魁帥……32,87,217
海宮遊幸神話……44
貝輪……167,195
華夏……5,24,26
海北……20,68,69,216,357,395
加士伎県主……66
　加士伎君……116
銙帯……219,335
渇剌兜……163,173,176,178,179,191
蝦狄……49,50,228,231,233,236～238,261,271,272,283,360
何蛮……41,134,151
上毛野君……218
賀茂郡……370,375～377
鹿文……65
加耶……33
加羅……33
歓斯……136,176,178,179,191,201
韓人……5,27,32,224
　韓子……33,54
　韓婦……33,54
元慶戦争(元慶の乱)……9,242,264,270,276, 283, 287～291, 294～297, 305,313,316,323,324,326～328,330～333,336～338,346,347,353,358,361,362

き

義安(潮州)…134,151,153～155,157,158,190
起源論争……392
契丹……339
紀年(論争)……382,383,403
吉弥侯(部)……238,240,250,251,279
饗給・饗会…39,43,51,110,112,228,230,233,234,239,256,263,264,270,276,277, 280, 285, 290, 304, 305, 307,312～316,322,324,345,347

清原令望……303
肝属……110,116,233,235
近夷郡……285,335
近城之反虜……242,310,311,316,317,320～324,326,327,333

く

グスク……161,163,174,181,184,200,204,244,399
国樔人……27,31
百済……32,33,38,68,70,228
　百済人……19,27,32,33
　亡命百済人……39
　百済調使……51
　百済王……172
　百済王都……55
国造……224,225
覓国使……22,44,98,112～117,123,125,126,218,234,235
狗吠……77,78,87,90,95,111,234,236
首狩(儀礼)……138,169,196～198,386
鼊鼊嶼(くへきしょ)……153,155,190,206
熊襲・熊曽(クマソ)……7,8,59,61,62,64～66,75,89,216
　熊曽国……64
　熊曽建……64
　熊県……64
　襲国……64,65
肥人……15,22,26,116,124,125,222,235
クリル諸島……47
黒川以北一十郡……238

け

化内……14,21,24,38,58
化外(人・民)…14,21,24,38,58,127,129,213
外蕃……21,22,24,27,38,39,52
建安郡……40,145,151,153,154,157,189,221
　建安郡東…131,134,145,147,149,159,190
遣唐使……23,112,113,116,118,127,233
原日本人……212,382,403,408

こ

呉(人・国人)……………………27,32,41
高華嶼…………………153～155,158,190
向化俘地……242,304～307,309,316,321,
324,326
高句麗(使)……38,47,48,57,68～70,74,
108,178,351
貢納制支配……41,67,97,99,125,128,230
交通(関係)……7,16,27,51,98,112,126,
235,283,288,324～326,344,349,352,
353,355,359,360,362,364,379,396,
398,399
公民(化)・公民百姓…8,19,20,119,214,
228,236,239,240,242,243,277,283
皇民………………………………231,283
高麗(人)……27,32,55,57,140,184,198,
341,342,352
ゴホウラ………42,103,108,195,196,222
後渤海……………………………350,352
伊治公呰麻呂………240,249,250,270,275
コロボックル論争……………212,381,403
昆布…………………58,219,231,272,335,
崑崘人(崑崙人)…………40,157,182,221

さ

坂上大宿禰清野……………………259,260
坂上大宿禰田村麻呂(田村麿)…241,250,
280
坂上大宿禰當道……………………257,259
坂上大宿禰好陰……………291,297,299,
307～309,317,334
坂上苅田麻呂…………………………280
柵戸…………………227,237,249,250,267
薩南諸島…………………………………40
薩摩…………………………109,113,233
　薩摩君………61,63,66,97,110,115,123
　薩摩君相楽…………………………67,89
　薩摩隼人……45,62,75,89,90,97,100,
　103,115,118,223,235,359
薩摩国……………………………235,243
擦文文化………49,330,338,339,349,397
佐渡島………………………47,365,367
サハリン………………………………47,48
雑太郡(雑太評)……………368～370,377
山夷…………………73,216,250,276,284
三十八年戦争(東北大戦争)……266～270,
281,282,335,341,351

し

鹽土老翁…………………………79,83,94
潮溢瓊・潮涸瓊…………………………77,82
信覚…………………………………………100
自己意識…………………………………277
自他認識……………6,7,10,19,21,52,61
室韋…………………………189,342,343,352
舎衛……………………22,23,43,109,233
衆夷…8,20,59,65,67～70,72,74,75,89,
216,217,357,358
朱寛………41,99,154,155,157,159,178,
179,186,188,201
酋豪…………………………147,188,271
粛慎…9,14,39,49,215,271,272,282,325,
341,355,366,367,369,371,373,378,
391,396,397
　粛慎人………………27,38,47～50,51,
　57, 228～231, 233, 342, 359, 360,
　365～367,369,371 373～375,377
種族…………68,69,379,382,388,393,394
殊俗人………………………………26,38
須弥山…………………………43,48,51,228
食人(風習)…135,138,169,183,186,196,
197,198,362,386,404,408
唱更国司……………………117,125,235
小王………42,108,136,161,163,165,169,
172～179,191,222
小帝国……………………………128,129
小天下…………………… ·20,69,217,395
小中華主義……………………………128
女真………215,345,348,351,353,355,396
諸蕃……4,5,21,27,31,38,39,56,66,213,
229,236
新羅……23,38,47,50,57,54,68,112,229,
231
　新羅客……………………………40,221
　新羅人……………………………23,27

新羅賊……22,23
賑給……107,239,241,258,259,263～265,268,270,276,277,281,284,285,345,361
臣下……175,177,179,182
人種……212,213
親賓……171

す

帥……42,138,161,165,172～174,191,199,222
隋……40,41,43,86,102,108,138,147,153,157,158,178,179,182,183,189,221,359,362

せ

西戎……160
西蕃……39
生蕃……386,405
瀬波河浦……365～367,370～372,374,378
賤(賤民)……15,239,274,329,385
澶洲(亶洲)……73,139,216
泉州……139,145～147,149,189,207

そ

匝瑳宿禰末守……260
蘇我大臣稲目宿禰……31
賊首……242,289,292,299,307,309～311,322,325
続縄文文化……219
賊帥……241
賊村(十二村)……242,295,298,299,302,304～311,316,323,326～328,346
賊地……259,269,304,309,311,318,333
曽君……61,66,123
曽県主……66

た

大王……191
隊帥……162,173,174,196,197
大辟法天……299,307,312,314,331,332
平季長……300
台湾……40,41,73,101,102,121,122,130,133,138,146,148～150,153,182,188,216,221,384,386,392,394,400,406
台湾説(「流求」台湾説)……131,133～136,146,148,153～155,159,187,196
鷹(青鷹)…239,242,324,325,336,345,349
多賀城(多賀柵)…227,238～240,270,274,308,347,361
高塚古墳……62～64,223
他者……3,6,7,19,26,52,193,364,381,390,396,397,401,402,417
達姑……(354)
多禰(多尼)…61,86,99,100,102,103,110,112,113,115～118,120,122,185,203
多禰人……23,27,39,43～45,89,97,100,114,224,234,235
多禰島……180,233,235
田部……32
田部連……41,100,120
玉作宇奈磨……297,302
玉作正月丸(正月麿)……304
墮羅(人)……22,23,27,56
耽羅……39

ち

地下式板石積石室墓……62,223
地下式横穴墓……62～64,223
竹志国人……22,23
中華帝国……255,357,379,394
朝貢(制・者・国・儀礼)……8,12,21,25,29,31,43～45,56,67,86,87,96,97,106,110～112,114,122,123,125,127～129,178,179,214,234,236,243,244,282,283,311,324,325,327,343,344,347,352,360,362,379,393～395,399
潮州……139,154,155,158,189
張陳周(張陳州)……156,157,178
調庸民……239,240,264,281,361
鳥了帥……41,42,108,161,162,164,165,168,169,172,174～177,193,222
鎮兵……238,267,268,276,289,

290,297,318
陳稜…· 154～159,161,162,177～179,191,207

つ

都加留(津軽)……………………8,48,49
津軽俘囚…………………………242
都岐沙羅柵………………………227,283
筑紫君磐井………………………66
土蜘蛛……………………………212,382

て

帝国………………………………20,212
帝国構造…………………………127
帝国主義(的支配)…4,12,13,68,69,75,217
狄…………………………………238,239
狄志良須俘囚宇奈古……………240,274
狄田(租)…………………………281,284
狄馬………………………………219,239
狄俘…………227,238,239,259,264,300,311,312,314,315,322,325
鉄勒………………………………198,352,354
出羽柵…………50,227,231,233,239,272,274,361
出羽狄……………………………274,275
田夷…………238,239,274,275,284,397
天下……………………68,70,74,201,265
貂皮(黒貂の毛皮)……………324,325,345
天聖令……………………………363
天孫人種…………………………212,382

と

問菟………………………………49
唐(代)・唐朝……38,43,57,146,147,182,183,229,231,339,341,343,349,351,352,362,363
唐人(唐国人)・大唐人………14,19,27,51
東夷………………………………23,69,160
東夷之遠酋………………………285
東夷の小帝国………12,19,75,127,213
洞…42,161,163～165,168～182,196,198,199,201,203,222
波羅壇洞…· 109,161,175,176,178,179,197,198,222
同化(融合)…5,19,119,213,244,338,381,384
東番………………………………73,139,187
東陽郡……………………………157
遠田君……………………………238,239
遠田君雄人………………………239,274
遠田君押人………………………275
覩貨邏国(人)・吐火羅国……51,109,228,233
都感(島人)……44,100,110,113,114,234
独犴皮……………………………345
土壙墓……………………………62,63,223
伴(宿禰)三宗……………………259,260
豊玉姫……………………………79,86

な

ナーツィア(民族)………………12,13
ナロードノスチ(民族体)…………11～13
南海郡……………………………191
南海之東…………………………148
南人………………………………54
南朝人……………………………33
南島…· 8,97,98,102,113～115,127～130,185,211,225
南島人……3,5,20,23,38,126～129,180,213,218,228,233,234,236,243,244
南島文化圏……………130,160,180～182
南島路…………………112,113,115,116,118
南蛮…39,100,114,118,119,128,140,160,163,234,244,362,408
南方史………………129,211,214,381,401
南方諸国人………………………157
南方人……………………………163
南方世界……………8,38,40,127,233,243

に

爾散南公…………………………280
日本国……………………………215
日本人……3,5,6,14,33,119,183,214,244
日本人種…· 19,212,213,381,383,390,403
日本史………3,212,383,384,389,391,403

日本民族(文化)……………3,4,212,213

ぬ

渟代郡……………49
渟足柵……………220,227,283
奴婢……………22,227,274,275,379

の

野代営……………301,302

は

秦人(はたひと)……………27,31,33,217
秦能仁……………298,299
馬場遺跡……………368,372,375
羽茂(郡)……………370～378
隼人……………3,5～8,14～16,19,20,22,23,26,27,39,45,51,57,59,61,62,66,76～79,83,86～90,93～97,103,110～126,183,203,211～213,215～217,223,224,228,233～237,243,244
　近習隼人……………44
　―舞……………78,84,90,95
　―楽……………236
　―の調……………111,234
　―十一郡……………243
　波耶……………99
春海奥雄……………300,334
蛮……………110,163,234
蕃夷……………48
蕃国……………14,66
蕃人……………26,27,38
蕃地……………138

ひ

羆(皮)……………47,58,135,160,229,272,324,344,345,367
毗舎耶(人)(国)……………40,140,145～150,159,182,183,188,189,207,221,362
肥君……………61,97,243
百姓(身分)……………32,56,231,236,239,242,257～259,261～263,265,268,269,271,274,277,281,282,291,294,300,324,329,332,337,346,358,363,398
百寮……………228
評……………44,57,110,113,115,118,224,225,233
　評督……………122

ふ

フォルク……………13
フォルクロール……………389
俘夷……………259,261,279
深江弥加止……………304,305,334
福浦……………368,369,371
福州……………134,139,154,155,158,182,221
俘軍……………240～242,271,276,278,285
俘囚……………15,19,32,50,51,220,238,240,243
　義従俘囚……………283,294,299,307,316,321,322,331～333
　俘囚計帳……………241,264,271,275,326,335
　俘囚之上頭……………285
藤原朝臣保則……………259,260,289～291,297～300,303～307,309,310,317～322,331,333,334
藤原興世……………291,301
藤原梶長……………291,298,303
藤原滋実……………304,336,345
藤原忠平……………329
藤原宗行……………291
藤原基経……………291,334
俘人……………27～29,31,38,49,50,229,272
部族同盟……………401
俘奴婢……………239,271,274
福建……………189
扶南……………55
文室朝臣綿麻呂……………270,281
文室真人有房……………291,303

へ

平民……………257,258,261,263
辺境民……………211,215,217,381,395～397,401
編戸民……………49,53,281

ほ

澎湖(島)……………147～149,207
北人……………54
北狄……………160

渤海…………9,47,48,50,53,57,112,231,233,325,339,341～345,349～356,360,394,396
北海道……………………………………47,48
北方世界……………………………………9,47
北方史…………………………129,211,214
北方支配体制…50,58,230,231,233,237,271,272

ま

マイノリティ……………19,211,392,401
靺鞨……………………………9,25,215,239
　靺鞨国……………………………………233
　靺鞨・同仁文化…………………………339
靺鞨諸部(七部)…47,50,57,184,230,233
　安車骨部…………………………47,57,341
　越喜部……………………………………342
　払涅部…………47,57,230,231,341,342
　号室部………………47,48,57,230,231
　窟説(屈設)部……47,48,231,342～344,349～353
　黒水部……47,57,230,231,341,342,352
　　黒水国…………………………348,350
　莫曳(皆)部………47,48,231,342～345,347～349,351,352
　莫設靺鞨…231,282,343,345,347,349,351
　虞婁部…………………………342,343
　郡利部……………………342,343,349
　思慕部……………………………………342
　白山部………………47,57,230,341,342
　粟末部……………47,57,231,340～342
　鉄利部……………………………50,233
　伯咄部…………………………47,57,341
マルクス主義歴史学…3,212,387,389,391
茨田貞額……………………………………304

み

未開(性・時代・社会)…20,138,155,160,165,172,193,197,212,255,380,383,386,393,402,405
未開人……………………………………193
道嶋大楯…………………………240,275
道嶋宿禰嶋足…………………239,240,275
御名部碕岸…28,365～367,369～372,374,378
南淵秋郷……………………………………303
源恭……………………………………291
任那……………………………32,75,228
　任那人……………………………………33
　任那日本府………………………………69
屯倉……………………………32,218,220
　越ミヤケ…………………………………367
三善清行…………………257,289,329,347
明……………………………………………153
民族……………3,5,6,9,10,12,19,25,26
　民族論………………………………………3
　民族集団………………………4,6,14,127
　民族的多元性………………………………4
　民族的複合・多元状況…………………127
　疑似民族……………4,14,20,127,214
　民族世界……………………………………20
　自民族……………………………………193
　民族的アイデンティティ………………215
民夷(夷民)(民と夷)…8,10,21,184,237,240～242,256～271,277,284～286,324,345,361
民狄(狄民)…………………………………259
民俘…………………………256,259,263,264

む

陸奥蝦夷…………………49,272,275,300
村…………160,161,163～165,168～171,174～177,179,180,182,199,222

も

毛人……8,15,20,22,23,26,27,32,38,39,45,49～51,67～75,124,216～220,222,224,225,228～231,234,256,357,358,395
毛民……………70,71,73,74,92,216,217
藻浦…………………………368,369,372
勿吉……………………………57,231,342
物部匝瑳宿禰……………………………280
物部永野……………………………………300
桃生城…………………239,267,270,361

や

夜光貝……103,119
野心……258,261,262,291,312,314
野蛮……183,256,363,402
倭漢直……33,38
掖玖……40,41,98,102,103,113,117,118,120,128,184,185,206
　一人……23,27,38,43,44,99,103,109,114,203,207,221～224,233,234
　屋久島……121
ヤク……206
耶古……99
野族……45

ゆ

挹婁……47,48,50,57,231,325,341,342,366,375,377
幽求……101,102
由利柵……274

よ

良峯朝臣木連……260
良岑近……289,291

り

良人……5,15,119,244
良民……258,259,304,324,331,334
良吏……260,265,287,289,290,329,331
臨海郡……71,216
隣国……14,21
流鬼……343
流求(国)……8,25,38,41,86,99,101,102,108,109,117,120,128～131,133,139,146,149,150,153～155,157～160,164,165,173,174,176,178,179,181～185,188,189,196,199,201,203,206,212,221～224
　流求人……40,43,156,163,203,215,221
　流求論争……131,133,135,138,151,196
流虬……204
留仇国……187,191
琉球……20,133,134,139,148,153
　琉球王国……129,133,150,188
　琉球列島……40,42,122
　古琉球……129,181,244,399,401
　小琉球……150
　大琉球……150
瑠求……133,139,146

わ

倭……74
倭国……23,25～27,33,38,40,47,51,102,215
倭人……5,14,16,20,25,33,119,183,244
和我君計安塁……274
倭(国)王……25,26,33,55,68,69,74,172,201,357
倭王武……20,34,52,65,68,69,74,358
　倭的天下……68,70,75
俳優之民……76～78,83,111
　俳人……83,84
海神……79,82,84
渡嶋……229,233,267,291,332
　渡嶋蝦夷……9,49,57,230,239,282,289,294,325～328,330,336,338,339,344～347,349,352,360,361,396
　渡嶋津軽津司……48,233,325
　渡嶋(荒)狄……242,259,274,282,297,299,309,310,326,337,339
　渡嶋夷(首)……299,307,312,315,325,335,347
　渡嶋俘囚…295,299,309,312,314～316,322

人名索引

あ

相川春喜……406,409
相原康二……220,245
秋定嘉和……10
秋山謙蔵……136,153,185～191,386,409
アグノエル……186
安里進……184,192,194,204,244,245
浅見直一郎……190
阿部義平……245,355
阿部年晴……193
天野哲也……57,215,245,354,396,409
新井白石……131
荒木陽一郎……229
W・アレンズ……197

い

池内宏……343,354,355
石上英一……12～15,53,68,91,183,214,245,329,338,353,394,395,407,409
石川栄吉……199
石田幹之助……188
石母田正……5,11～16,19～21,53,68,69,91,127,183,202,213,245,255,278,284,329,337,353,381,389,393,396,402,407,409
伊地知季安……120,184
伊豆公夫・渡部義通・早川二郎・三澤章（＝和島誠一）……213,245,409
伊豆公夫・渡部義通・秋沢修二・三澤章（＝和島誠一）……409
磯前順一……364,412
井上清……389
市村瓚次郎……189,190
伊藤循…15,56,236,245,278,281,395,409
伊東利勝……55
稲村賢敷……192,200
伊能嘉矩……136,186,187,212,386,409
井上辰雄……15,61,90,91,93,114,116,119,122,124,243,245,392,410
伊波普猷……130,134,136,185,186,187,192,212,386,387,392,403～405,410
今泉隆雄……21,53,122,278,282,335,410
林容澤……409
石見清裕……54,364
岩本次郎……88,96

う

上田正昭……10,11
上野佳也……192
上原専祿……390,406,410
氏家和典……392,410
内田清……92
梅原猛……408

え

江守五夫……200,201

お

大川豹之介（＝羽仁五郎）……387,405,410
大城慧……204
大津透……54
大林太良……79,94,116,124
岡田精司……93,95
岡正雄……11
小川裕人……355,356
荻野由之……369
小熊英二……390,406,410
小倉芳彦……14,92
小関素明……11
小田富士雄……123,194
越智重明……193
乙益重隆……90
大平聡……183,228,245

か

嵩元政秀……123,192,194
加藤三吾……188
加藤典洋……395,410
門脇禎二……15,213,245,392,406,410
金関丈夫……213,245,392,406,410
金関丈夫・大林太良……94
鐘江宏之……218,245
金武正紀……204
金武正紀・当真嗣一……184,195,203
鹿野政直……404,410
鎌田洋昭……90
亀田博……335
上村俊雄……90,223,245
河口貞徳……202,203
川越泰博……121,207,221,245
河原正博……56,191
川本隆史……406,410
川本芳昭……54,192

き

菊地一郎……369,372
菊池徹夫……214,245,397,411
菊池俊彦…57,215,246,330,343,354,356,396,411
菊池英夫……12
喜田貞吉……10,92,212,246,385,386,404,411
鬼頭清明……12,122,201
木下尚子…56,122,194,195,215,222,246,396,411
京都木曜クラブ……403,411
清野謙次・宮本博人……385,411
木村宗文……95
金素雲……409,411
金田一京助……385,411

く

工藤雅樹……14,15,220,246,397,398,411
工藤元男……54
熊谷公男……53,230,246,280～282,333,335,355
熊田亮介……53,55,90,91,119,125,184,246,282,294,311,330～333,335,354,397,411
久米邦武……383,411
黒田俊雄……390,411

こ

高坂正顕・西谷啓治・高山岩男・鈴木成高……406,411
神野志隆光……91
甲元眞之……202
小金井良精……381
国分直一……122,194,198
児島恭子……217,246,284
児島正弥……408,411
小嶋芳孝……330,354
小玉正任……185
小中村義象……382,411
小葉田淳……188
小林茂文……14,96,98,114,120,122,124
小林隆……58
小林行雄……96
河内春人……55,229,246
後藤四郎……95

さ

斉藤利男……329
坂本太郎……391,411
酒寄雅志……356
桜井由躬雄……56
笹川進二郎……124
佐々木高明……194
佐藤宗諄……15,293,330,392,411
佐藤利夫……369

し

志方正和……116,124
清水昭俊……193
幣原坦……134,186
白川静……92
白鳥庫吉……136,187,199,386,412

す

杉原達……403,412
鈴木拓也……56,123,239,246,281
鈴木靖民……55～57,68,91,120～122,124,125,127,183,185,222,246,395,412
テッサ・モーリス＝鈴木……15

せ

瀬川清子……199
関口明……328,330

た

高倉洋彰……195,196
高津純也……54,92
高梨修……126,244,246
高橋明裕……56
高橋富雄…282,289,329,331,354,407,412
高宮廣衛……194,202
高良倉吉……184,185,187,194,244,246,399,412
滝村隆一……200
竹森友子……124
橘正隆……371
田中聡……53,55,58,90,91,96,124,126,184,212,218,223,224,230,236,246,355,389,398,399,403,404,408,412
田中従太郎……369
田中史生……206
谷川士清……369
武廣亮平……53,58,228,246,354
田牧久穂……330,333
田村浩……192
多和田真淳……194

つ

次田真幸……92
辻秀人……284
津田左右吉……11,61,65,66,82,90,91,94,356,385,404,412
都出比呂志……196,199
坪井清足……195
坪井正五郎……381,403,412

て

手塚隆義……216,246
寺内浩……281

と

藤間生大……11,203,389,407,409,412
当真嗣一……203
戸田芳実……328
冨山一郎……403,405,413
虎尾俊哉……283
鳥居龍蔵……381
友寄英一郎……194

な

名嘉真武夫・安里嗣淳……199
名嘉正八郎・知念勇……204
那珂通世……382,383,403,413
永井昌文……195
中林隆之……68,91,218,246
仲松弥秀……192,196
中村明蔵……15,61,90～93,96,114,116,119,123～125,223,246,392,413
中村英重……330,354
中村裕一……191
永山修一……56,57,90,91,125,217,247

に

新野直吉……289,292,311,329～331,333,354
西川長夫……403,413
西嶋定生……12,68,91
仁藤敦史……91

の

野口鉄郎……185,190
野本寛一……195

は

橋浦泰雄……405,413
橋本達也……90
長谷部言人……385,413
早川二郎……14,388,405,413

林田芳雄……………………… 92,216,247
エチエンヌ・バリバール／イマニュエル・ウォーラーステイン………… 15
阪東宏…………………………………… 13

ひ

比嘉春潮……………………………… 191
東徹志…………………………………… 90
東恩納寛惇…… 121,136,186,187,191,386,413
日野開三郎…… 231,247,343,350,354～356
日比野丈夫…………………………… 189
平川南………… 15,279,281,335,395,413
平田嗣全……………………………… 121
平野邦雄……………………………… 21,53
広畑輔雄……………………………… 94,95

ふ

藤本強……………………………… 184,194
渕原智幸……………………………… 333
古垣玲………………………………… 281
古畑徹…………………………………… 58
古野清人……………………………… 197

ほ

外間守善……………………………… 196
星野恆……………………… 383,403,413
北海道アイヌ協会…………………… 403
北海道ウタリ協会アイヌ史編集委員会 408,413

ま

松井等………………………………… 356
松田稔…………………………………… 92
松前健………………………………… 92～95
松本直樹……………………………… 123
松本信広……………………………… 79,93
松本雅明……………… 189,191,196,200
松村武雄…………………………… 79,92,94
丸亀金作……………………………… 356
カール・マルクス…………………… 202

み

三上次男…………………… 343,354～356
三品彰英……………………… 77,92～94
三島格………………………………… 123,195
簑島栄紀…… 214,218～220,247,355,396,413
宮川尚志……………………………… 192
三宅和朗……………………… 77,93～95
三宅米吉……………………………… 413
宮崎市定……………………………… 192,193
宮城栄昌・高宮廣衛………… 186,199,202
宮良当壮……………… 213,247,392,406,413

む

村井章介…… 126,129,184,244,247,395,408,413
郁岡良弼……………………………… 369

も

森克己………………………………… 122,123
護雅夫………………………………… 201
守屋俊彦……………………………… 93,95
森安孝夫……………………………… 356
門間光男……………………………… 331

や

柳田国男……………… 213,247,405,413
山尾幸久…… 10,14,15,55,91,124,394,413
山里純一…… 55,101,120～122,124,185,203,212,247,404,414
山本幸男……………………………… 329

よ

吉井巌………………………………… 92,94
吉田孝………………………… 125,402,414
吉田東伍……………………………… 371
吉本隆明……………………………… 407,414

ら

アーサー・F・ライト ………………… 201

り

李成市……………………………402,407,414
梁嘉彬…………101,121,185,188,189,191

わ

若月義小……… 48,57,215,219,220,230,231,247,282,283,341,350,354,355,366,396,397,414
和田清…153,186～191,196,355,356,386,414
渡部義通……………………………………387
渡辺信一郎…………………………………54

史料名索引

あ行

『異域志』・大琉球・小琉球…147,149,150

「稲荷山鉄剣銘」……68

『淮南子』……71

『延喜式』
- 践祚大嘗祭式……78,93
- 隼人司式……78,111,234
- 民部式・交易雑物条……335

か行

『華陽国志』
- 巻三・蜀志汶山郡……25

『菅家後集』
- 「哭奥州藤使君」……325,336,345

『旧唐書』
- 巻一〇九・馮盎伝……56,191,192
- 巻一九七・東謝蛮伝……192
- 巻一九九下・北狄・靺鞨伝……25,47,230,341

『濡水集』巻五・「與喬叔彦通判」……206

『元史』
- 巻二一〇・瑠求国伝……147

『高麗史』
- 巻一四・睿宗世家一〇年正月条……345

『古事記』
- 上巻(天地開闢)……64
- 神武天皇……95
- 中巻(倭建命)……64
- 履中天皇……44
- 継体天皇……54

『権記』
- 長徳三年一〇月一日条……45,119,244,362

さ行

『薩摩国正税帳』……63

『冊府元亀』
- 巻九八四・外臣部……109
- 巻九五九・九六二・九八〇・九八四・流求国……145,222
  - 外臣部征討二・大業六年条 156
  - 外臣部征討三……189

『三国志』
- 魏書巻三〇・東夷伝倭人条……73
- 呉書巻四七・呉主伝黄龍二年条……41,72,216
- 呉書巻五二・陸遜伝……72
- 呉書巻六〇・全琮伝……72

『三国史記』
- 百済本紀……33
- 新羅本紀・憲康王一二年条……350

『資治通鑑』
- 巻七一・魏紀三・明帝太和四・五年 73
- 隋紀王・煬帝大業六年……156
- 隋紀・大業七年四月条……190

『小右記』
- 長徳三年一〇月一日条……45,119,244,362

『続日本紀』
文武二年四月壬寅条…… 44,114,123,234
文武三年秋七月辛未条……………123
八月己丑条……………123
一一月甲寅条……………123
文武四年六月庚辰条……22,44,63,114,233
大宝二年八月丙申条…… 45,117,126,235
大宝二年一〇月丁酉条……117,235
和銅三年正月条……………51
和銅六年七月丙寅条……………235
霊亀元年正月甲申条……100,235
霊亀元年一〇月丁丑条……………49
養老四年正月丙子条……48,233
養老五年七月壬子条……………243
天平五年六月丁酉条……45,243
天平一八年是歳条……50,233,344
天平勝宝六年二月丙戌条……113
宝亀元年正月条……………51
宝亀元年八月己亥条……………269
宝亀七年一一月癸未条……………239
宝亀一一年三月丁亥条……………240
宝亀一一年八月二三日条……335

『続日本後紀』
承和三年六月壬午条……………96
承和七年三月壬寅条……………261

『諸蕃志』・流求国……145,149,150,182,207,221

『新撰姓氏録』
右京神別(阿多隼人)……………67,89

『新唐書』
巻四一・地理志・泉州清源郡…206,207
巻二一九・黒水靺鞨伝……47,231,341,342
巻二二〇・日本国伝……49,120,228

『隋書』
巻三・煬帝紀……………156
煬帝紀大業三年三月癸丑条…40,131,221
煬帝紀大業六年二月条……189
巻四九・西突厥伝……………190
吐谷渾伝……………201
林邑伝……………198
赤土伝……………198
鉄勒伝……………198
附国伝……………171
食貨志……………156
巻六四・陳稜伝…… 40,42,151,154,156,163,173,190,191,221,222
巻八一・東夷伝・流求国条……8,25,40～42,99,103,108,131,135,136,140,145,146,150,151,154,155,161,173,182,221
巻八一・東夷伝・倭国条…25,120,170,198,201,218
巻八一・百済伝……………55
高麗伝……………198
巻八一・靺鞨伝…… 47,163,190,231,341
突厥伝……………171
巻八二・南蛮伝……………133,192

『山海経』(海外東経・大荒北経)……70,73,74,216

『先代旧事本紀』「国造本紀」……225

『宋史』
巻四九一・流求国伝…146,147,149,188

『宋書』
巻九七・夷蕃伝倭国条(宋書倭国伝)
「倭王武の上表文」…3,65,67,216,357
夷蛮伝……………72

た行

『為大使与福州観察使書』(空海)…… 183,362
『太平寰宇記』
巻九九・江南東同一一・温州……101
巻一七五・流求国……………140,146

『太平御覧』
巻三七三「臨海水土(異物)志」……71
「神異経」……71
巻七八〇「臨海水土(異物)志」……73
巻七八四・流求国……140,146,216
巻七九〇「土物志」……71

『太平広記』
巻四八二・留仇国……191,204

『智証大師伝』
仁寿三年八月一四日……183,362

『通志』
巻一九四・四夷伝一・流求……145,146

『通典』
巻一八五・辺亡一……49,228
巻一八六・辺亡二・流求国……140,146,149
巻二〇〇・辺亡一六・流鬼……343

『島夷誌略』・琉球……147,150

『唐会要』
巻九九・倭国条……99

『投荒雑録』(『説郛』巻二三)……121,207,221

『東番記』……73

『唐令』(『唐令拾遺』)
賦役令辺遠州条……24,54

な行

『日本紀略』
寛平五年閏五月一五日条……353

『日本三代実録』
貞観九年三月九日条……257
貞観一五年一二月七日条……261
貞観一七年一一月一六日条……242,353
元慶二年三月二九日条……296,331
元慶二年四月四日条……296,323
元慶二年五月七日条……301
元慶二年六月七日条……346
元慶二年七月一〇日条……303,311,331,332,334
元慶二年九月五日条……311
元慶二年一〇月一二日条……283,292
元慶二年一〇月一三日条……331
元慶三年一月一一日条……312,332,333,336
元慶三年一月一三日条……307,331
元慶三年三月二日条……269,310,317,332,333
元慶三年八月四日条……307
元慶三年一〇月一二日条……307
元慶五年八月一四日条……264

『日本書紀』
神代第九段……96
神代第十段(海幸山幸神話)……75
履中即位前紀……44
清寧紀四年八月癸丑条……235
景行紀一二年七月～一二月丁酉条……65
一三年五月条……65
二七年八月～一二月条……65
四〇年七月戊戌条……71,402
神功紀四九年……39
応神紀三年一一月条……95
仁徳即位前紀……95
垂仁紀二年条……27
継体紀三年二月条……32
二四年九月条……33
安閑紀元年閏一二月是月条……218
欽明紀元年八月条……31
二年七月条……54
四年九月条……55
五年一二月条……8,47,220,342,365
一七年冬一〇月条……31
三一年四月乙酉条……220
敏達紀一〇年閏二月条……32,217,228
一二年是歳条……54

一四年八月己丑条……… 44,217
用明紀元年五月条………………… 44,217
崇峻紀二年七月壬辰朔条……………218
推古紀一五年秋七月庚戌条…………120
推古紀二四年三月条…· 41,99,103,120,221
同年五月条…· 41,103,120,221
同年七月条…· 41,103,120,221
二八年八月条……………………120
舒明紀元年四月朔条……………… 41,120
二年九月是月条………………120
三年二月庚子条………………120
皇極紀元年九月癸酉条………………220
孝徳紀白雉五年四月条……………… 43
斉明紀元年七月条…………………… 51
元年是歳条……………… 51,235
三年七月己丑条……………… 43
三年七月辛丑条……………… 43
四年四月条…………… 49,230,351
四年是歳条…………… 47,230,351
四年七月甲申条……49,230,272,283,351
五年七月戊寅条(伊吉連博徳書) 48,71,228,230,255,351
六年三月条…… 49,229,230,351
六年五月条………48,51,230,351
天智紀五年是冬条…………………… 38
天武紀四年正月丙午朔条…………… 23
五年九月戊寅条……………… 38
六年六月条…………………… 39
一〇年八月丙戌条……………234
一一年四月甲申条……………229
一一年七月丙辰条…………… 23
一一年七月甲午条…………… 44
一四年六月甲午条…………… 96
持統紀元年五月乙酉条……………32,96
元年七月辛未条……………… 96
二年一一月己未条……………228
三年一月丙辰条………………283
三年一月壬戌条……………38,57
四年一〇月条………………… 27
六年閏五月己酉条…………… 63
八年一月条…………………… 51
九年三月庚午条…… 44,110,126
一〇年三月甲寅条…………… 47

『日本文徳天皇実録』
仁寿三年七月辛亥条…………… 45,244
斉衡二年正月丙申条…………………336
斉衡二年正月戊申条…………………263

は行

『肥後国風土記』逸文(『釈日本紀』巻一六所引)……………………………… 64

『藤原保則伝』……257,289,290,325,347

『文献通考』
巻三二七・流求伝…………134,145,146

『北史』
巻九四・流求国伝…………140,146,149

ま行

『明史』
雞龍伝………………… ………………187

や行

『山背国隼人計帳』 ……………………… 88

ら行

『洛陽伽藍記』
巻三・城南・龍華寺…………………… 25

『李朝端宗実録』
景泰四年三月条………………………186

『臨海水土(異物)志』 ………………71,73

『遼史』
本紀・景宗保寧七年条………………349

『梁書』
巻五四・東夷伝……… ……………… 33

『令集解』
賦役令辺遠国条……………15,22,222
賦役令没落外蕃条…………………22,55
職員令玄蕃寮条……………………15,22
職員令隼人司条……23,45,94,119,244,
362
職員令大国条…………………………53
戸令官戸自抜条………………………22
公式令国有瑞条………………………22
公式令遠方殊俗条……………………26

『類聚国史』
巻一七一・天長七年四月二五日条
241,263
巻一九〇・延暦一一年正月一一日条
241

『類聚三代格』
延暦六年正月二一日官符………239,345
延暦二一年六月二四日官符…………344
弘仁五年一二月一日官符……………285

『嶺表録異』
下・流虬国…………………40,204,221

田　中　　聡（たなか・さとし）

略歴
1964年　札幌市生まれ
1993年　立命館大学大学院文学研究科博士課程後期課程単位取得退学
1996年　立命館大学非常勤講師。以後、大阪樟蔭女子大学・大阪大学・天理大学・神戸大学等の非常勤講師を勤める
1999年　京都府企画環境部企画参事付嘱託
2003年　立命館大学文学部任期制専任講師
2012年　立命館大学文学部教授　現在に至る

主要著書・論文
「喜田貞吉と部落史研究」『部落問題研究』113号　1991年
「「陵墓」にみる「天皇」の形成と変質」日本史研究会・京都民科歴史部会編『「陵墓」からみた日本史』青木書店　1995年
「「上古」の確定―紀年論争をめぐって―」『江戸の思想』8号　1998年
吉村和真・田中聡・表智之『差別と向き合うマンガたち』臨川書店　2007年
「転機としての『日本歴史教程』―早川二郎のアジア的共同体論―」磯前順一、ハリー・ハルトゥニアン編『マルクス主義という経験 1930―40年代日本の歴史と文化』青木書店　2008年
'공동체론'의차질―이시모다쇼（石母田正）익일본고대사학（『共同体論』の蹉跌―石母田正と日本古代史学）、『역사학의세기―20세기한국과일본의역사학』（歴史学の世紀―20世紀韓国と日本の歴史学）、휴머니스트　2009年

日本《にほん》古代《こだい》の自他認識《じたにんしき》

2015年３月20日　第１版第１刷

著　者　田　中　　聡
発行者　白　石　タ　イ
発行所　株式会社　塙　書　房
〒113-0033　東京都文京区本郷６丁目８-16
電話　03(3812)5821
FAX　03(3811)0617
振替　00100-6-8782

亜細亜印刷・弘伸製本

定価はケースに表示してあります。落丁本・乱丁本はお取替えいたします。
 ISBN978-4-8273-1273-7　C3021